浙江省重点专业智库——浙江农林大学浙江省乡村振兴研究院
国家自然科学基金项目(42301328、42371294)研究成果
国家社会科学基金重大项目(23ZDA105)研究成果
浙江省哲学社会科学规划重大课题(21YJRC2ZD)研究成果
浙江省软科学研究计划一般项目(2022C35104)研究成果
浙江省哲学社会科学规划一般课题(21YJRC12-2YB)研究成果

# 森林生态产品价值实现效率评价及其提升路径：理论、方法与浙江实例

徐彩瑶　著

中国农业出版社

北　京

# 序

徐彩瑶副教授是浙江农林大学"生态经济与生态文明"高水平学术科研创新团队的核心成员，博士一毕业就跟随团队学习与工作，她为人踏实、勤奋刻苦、热爱学术，坚守科研和教学第一线，按照学术团队的总体部署，主要从事生态系统服务与人类福祉方向的理论和政策研究。最近三年，她立足所在高校和学科的特色定位，聚焦生态产品价值实现机制重大现实问题的研究，在学术理论上致力于解释森林生态产品价值实现效率及其评价的生态经济学基础，在政策实践上致力于评估国家生态产品价值机制试点省——浙江省森林生态产品价值实现政策的实施成效，在服务决策上积极建言献策提升森林生态产品价值实现效率水平，助力山区跨越式高质量发展，初步形成了较为前沿、富有浙江特色的理论体系、方法体系和政策研究体系，产出了质量较高的研究成果，在理论创新、方法创新和指导实践创新方面作出了艰苦努力，产生了一定的学术影响和社会影响。这本《森林生态产品价值实现效率评价及其提升路径：理论、方法与浙江实例》就是她和团队近三年来在生态产品价值实现研究领域的一个重要阶段性成果。仔细阅读全书，能够切实感受到一位青年学者关注生态文明建设的初心，热衷生态产品价值实现科学研究的情怀，以及她在森林生态产品价值实现效率水平量化评价及其路径优化问题探索中的不懈追求。

认真阅读完全书后，我感觉该书的研究存在三个方面的明显特色。

第一，选题的学科前沿性。森林生态产品价值实现机制是中国建立生态产品价值实现机制的重点领域和优先方向，也是生态文明制度创新的重要内容。在国家和地方战略及其政策的推动下，中国生态产品价值实现机制得以不断完善，生态系统服务功能和价值不断巩固提升，但是，如何客观评价生态产品价值实现机制的实践成效，一直缺乏科学有力的定量评价工具。该书敏锐地抓住了当前生态产品价值实现面临量化评价难的四大困境，即理论依据不足、评价体系缺失、评价结果有争议及实现路径优化的科学依据不足，并针对上述困境开展理论和实例研究，选题上具有理论前沿性。

第二，理论和实例分析的系统性和全面性。该书构建"时代背景—国家需求—基础理论—研究现状—评价方法—指标体系—效率水平—影响因素—模式经验—路径优化"分析框架，对当前中国生态产品价值实现机制理论和政策问题进行了较为详细系统的阐述和归纳总结。在评价方法选择和构建上，基于生态经济学基本原理，结合生产效率理论和量化评价方法，建立了森林生态产品价值实现效率水平评价方法和评价指标体系，选择中国生态产品价值实现机制试点省——浙江省为实例研究对象，从省域和县域两个尺度上量化分析浙江省林业产业发展、森林生态系统服务功能及其生态产品价值、森林生态产品价值实现效率水平的动态变化特征，并对包括数字经济发展在内的影响森林生态产品价值实现效率变化的主要因素进行识别。在典型模式经验总结归纳方面，对浙江省森林生态产品价值实现模式和主要政策进行总结和归纳。在路径优化方面，不同于以往定性的优化研究，该书立足中国全面推进数字经济发展和数字乡村建设的新时代背景，通过深入分析数字经济发展和数字乡村建设促进森林生态产品价值实现的理论机制和实践创新路径，提出以数字赋能森林生态产品价值实现的路径优化策略。该书较为系统完整的分析有助于读者全面、深入地理解生态产品价值实现效率水平变化及其路径优化的内在学术机理和实践创新规律，为政府建立生态产品价值实现评价机制和政策优化工具提供科学依据。

第三，数据的翔实性和分析方法的规范性。该书基于浙江省 11 个设区市和 26 个山区县近 20 年来的社会经济统计数据和自然生态空间遥感数据，将生态学上的生态系统服务功能及其价值评价方法、地理学上的遥感和地理信息系统结合空间统计分析方法、计量经济学上的生产效率分析法等方法引入到森林生态产品价值实现效率水平评价研究之中，在方法上充分体现了自然和社会学科交叉融合与集成运用，这是国内生态产品价值实现程度量化评价研究上的重要尝试和首创。

阅览全书，我感受到了整个研究的规范性、系统性和实用性。这个研究不仅能够为林业经济和生态经济的相关理论研究提供很好的借鉴，还能为当前中国加快建立生态产品价值实现机制提供有价值的参考。这是作者及其团队近年来研究的一个重要的阶段性成果，也可以称得上是生态产品价值实现成效评价与路径优化研究领域的一部代表性成果。

由于生态产品价值实现效率评价及其路径优化问题是一个十分复杂的理论和实践问题，涉及自然、社会和经济的方方面面，加上中国生态产品价值实现机制处在加快推进和不断完善的新阶段，森林生态产品价值实现机制的建立和完善还会面临更多的新问题和新的变化趋势，许多理论问题仍需要做进一步的探索。就该成果而言，无论是在理论研究还是实例研究上，该研究都只能说是对生态产品价值实现效率与路径优化问题的大胆探索，还有很多内容需要进行更为系统深入的研究和讨论。但是，瑕不掩瑜，我完全同意作者关于该书在理论拓展、方法集成应用创新、实例结论以及政策启示和建议等方面所做贡献的自我评价。

我深信，在作者对建立生态产品价值实现机制这一问题的认识不断深入的基础上，未来她能够对那些悬而未决的问题有更为充分的回答。我也深信，该书在中国农林经济和生态经济的理论研究方面必然会有所贡献。同时我也觉得，该书也为数字乡村建设、促进生态产品价值实现和农业农村现代化建设的理论和政策研究提供了有重要价值的参考。

谨以此为序。希望徐彩瑶博士能一如既往地保持高昂的学术热情和追求卓越的学术品质，做有情怀和有温度的研究。

2024 年 6 月于南京

# 前　　言

　　党的二十大报告将建设人与自然和谐共生和全体人民共同富裕的中国式现代化确立为新时代新征程上国家的历史使命，明确提出要建立健全生态产品价值实现机制。生态产品价值实现过程是"绿水青山"向"金山银山"转化的过程，旨在将可利用的生态产品和可供交易的生态系统服务转化为经济价值，实现生态系统服务增值，将生态优势转化为经济优势。生态产品价值实现效率主要是指将生态产品价值作为生态资本投入要素纳入拓展的生产函数而得到的要素产出效率及生态产品价值（GEP）向经济价值（GDP）的转化效率，这既是衡量生态产品价值实现程度和生态资本配置效能的重要指标，又是评估和优化生态产品价值实现机制的重要依据。然而，目前有关生态产品价值实现效率的研究尚处于起步探索阶段，生态产品价值实现机制更多地停留在定性描述和一般性的政策解读与实践案例的归纳总结，仅有的定量研究尚局限于国民经济生产总值（GDP）与生态产品绿色核算价值总值及生产总值（GEP）的简单比例关系，缺乏经济学意义上的生态产品价值实现效率水平评价，以及基于效率水平评价的提升路径的研究探索，致使既有理论研究对建立和完善生态产品价值实现机制提供的科学依据还十分有限。

　　森林生态系统是陆地生态系统的主体，为人类提供丰富的水源涵养、固碳释氧、防风固沙、净化空气、调节气候等多种调节类生态产品，木材、经济林果、生物质能源等供给类生态产品，以及旅游康养、景观价值等文化类生态产品。森林生态资源具有率先探索建立生态产品价值实现机制的禀赋优势，同时建立森林生态产品价值实现机制是中国建立和完善生态产品价值实现机制的重点和优先领域。然而，既有研究尚未系统探索森林生态产品价值实现效率量化评价方法和评价指标体系，也未对全国生态产品价值实现机制试点地区如浙江省进行有引领示范作用的实例研究，从而使生态产品价值实现机制国家试点成效缺乏有力的科学评价工具。

森林生态产品价值实现是生态产品价值实现的重要内容，也是山区推进乡村全面振兴和实现共同富裕的重要路径。森林资源及生态产品富集地区多为山区，其经济发展相对较为落后，是中国解决区域发展不平衡问题的重点和难点，更是推动森林生态产品价值实现效率提升的关键区域。富集的森林资源及森林生态产品价值实现效率变化特征及其关键影响因素识别，是一个需要深入研究的重要理论和政策问题，但既有研究尚未涉及，致使依托森林资源及其巨大的生态产品价值实现促进山区高质量跨越式发展面临诸多理论和实践困惑。此外，森林资源禀赋、人力资本、产业升级、绿色金融发展及数字经济均能对区域森林生态产品价值实现效率水平产生影响。然而，既有的研究尚未对这些关键因素如何具体影响森林生态产品价值实现效率水平变化的机制进行有价值的研究，也未能从国家大力推进数字经济发展和数字乡村建设的全局视角，探索全面提升森林生态产品实现效率水平的实践创新路径。

浙江省承载着率先打造森林生态产品价值实现促进共同富裕样板的重任，对其实践探索进行理论机制和政策优化路径研究，具有典型示范意义。浙江省是习近平"两山"理念和习近平生态文明思想的重要萌发地和率先实践地，是生态产品价值实现机制试点区、高质量发展建设共同富裕示范区和数字乡村建设引领区，承载着国家数字乡村、生态文明和共同富裕先行示范区建设和体制机制创新的重要使命。浙江省素有"七山一水两分田"之称，森林资源是其最主要的生态资源，山区共同富裕的潜力在山，希望在林。2021年9月，国家林业和草原局印发《关于支持浙江共建林业践行绿水青山就是金山银山理念先行省 推动共同富裕示范区建设的若干措施》，指出要充分发挥林业在推动共同富裕示范区建设中的作用。2021年，浙江省以全国2%的林地创造了全国8%的林业产值，重点山区林区县的贡献率达到了50%以上，城乡收入比为1.94。浙江省也是全国数字贸易先行示范区，2021年全省数字经济增加值达到3.57万亿元，占GDP比重达到48.6%，居全国各省（区）第一。浙江省在全国率先探索山区林业数字化改革的实践路径，提出要"深化林业数字化改革"和"健全林业生态产品价值实现机制"。山区26县是浙江省高质量发展、建设共同富裕示范区的重点、难点和关键点。浙江省发布的《浙江省山区26县跨越式高质量发展实施方案（2021—2025 年）》明确要拓宽"两山"转化通道及加快推动山区 26 县实现跨越式高质量发展，同步推动山区人民走向共同富裕。浙江省山区 26 县总面积占浙江全省的 44.5％，森林覆盖率为 82.96％，2020 年末人口总数约占浙江省的 15.8％，GDP 总量占浙江省的 9.65％，其中林业产值占农林牧渔经济总产值的 96.29％，森林生态产品价值实现及林业产业发展对浙江省山区 26 县高质量协调发展至关重要。同时，浙江实施数字化赋能山区 26 县及推动数字生态经济示范区建设推动县域协调发展行动计划，取得了明显成效，积累了比较丰富的实践模式和政策经验，有望为全国山区林区和经济欠发达地区提供数字化赋能生态产品价值实现的制度经验和模式样板。当前，基于浙江省的实践探索，构建森林生态产品价值实现效率水平评价的理论体系和方法体系，实证探讨影响森林生态产品价值实现效率水平的主要因素及其作用机制，厘清数字经济发展和数字乡村建设影响生态产品价值实现的关系机理和路径机制，并据此设计政策体系和实施方案，为新时代新征程推进生态产品价值实现机制创新提供科学依据和决策参考，具有重要的典型示范和推广应用价值。

本书基于海量的数据，运用规范的经济计量模型和空间统计技术方法，系统地量化研究森林生态产品价值实现效率水平及其主要影响因素，提出具体的政策建议，在国内率先研究数字经济发展和数字乡村建设影响森林生态产品价值实现效率的理论机制及实践提升路径，为助力实现人与自然和谐共生与全体人民共同富裕提供学理支撑。经过艰苦努力，课题组先后在《中国农村经济》《中国人口·资源与环境》《自然资源学报》《经济地理》《农业技术经济》《管理学刊》《生态学报》《林业科学》等国内外重要学术期刊上发表学术论文 10 余篇。

本书是在有机整合和提升上述公开发表的学术论文和提交的部分研究报告成果内容的基础上，融合了生态产品价值实现效率评价和数字乡村建设等相关科研项目的研究成果，从而丰富了森林生态产品价值实现效率提升路径及实践创新路径的研究内容，使整个内容体系更为完整、更为体系化。本书分为十四章五十六节，具体内容如下。

第 1 章是生态产品价值实现研究背景与意义。用简明的语言阐述了生态产品实现研究的现实背景、政策背景、国内外研究进展及浙江实例研究的示范意义。

第2章是森林生态产品的内涵与特征。梳理森林生态产品的核心概念及森林生态产品的分类，并对森林生态产品的自然属性、经济属性和社会属性等属性特征进行总结，作为后续研究的概念基础。

第3章是森林生态产品价值实现效率的理论基础。研究和探索森林生态产品价值实现及实现效率的内涵，基于生态经济学理论构建"生态＋"生产函数理论模型，较为全面地梳理森林生态产品价值实现效率的理论基础。

第4章是森林生态产品价值实现效率的评价方法和评价指标体系。基于森林生态产品价值实现效率的理论基础，系统梳理森林生态产品价值实现效率的评价方法，并构建森林生态产品价值实现效率的评价指标体系，指出进行森林生态产品价值实现效率评价的意义，为森林生态产品价值实现效率的实证研究提供方法基础。

第5章是浙江省林业产业与森林生态产品价值动态核算。基于浙江省森林资源基础与林业产业发展动态特征，从"省—市—县"三个层级系统开展浙江省及其山区26县森林生态产品价值核算及其动态变化特征分析，为后续效率研究提供基础。

第6章是浙江省森林生态产品价值实现效率水平评价研究。分别以浙江省和浙江省山区26县为研究对象，在省域、市域和县域尺度上评价森林生态产品价值实现效率水平，为后续深入探讨森林生态产品价值实现效率水平的影响因素提供支撑。

第7章是森林生态产品价值实现效率的影响因素分析。以全国生态产品价值实现机制试点市——浙江省丽水市为研究对象，以森林调节服务类生态产品及其价值实现效率为研究切入点，从自然资源综合利用率的角度，对区域森林生态产品价值实现效率水平的影响因素进行量化分析，以期为深入探索生态产品价值实现效率水平的影响机制奠定基础。

第8章至第12章分别是森林资源禀赋、人力资本、产业升级、绿色金融发展、数字经济对森林生态产品价值实现效率的影响机制分析。通过阐释森林资源禀赋、人力资本、产业升级、绿色金融、数字经济影响森林生态产品价值实现效率的理论机理，基于浙江省11个设区市或山区26县

2001—2020 年或 2001—2021 年的面板数据，实证分析森林资源禀赋、人力资本、产业升级、绿色金融、数字经济对森林生态产品价值实现效率水平的影响及其作用机制，以期为森林资源富集山区森林生态产品价值实现效率的提升路径及策略优化提供科学依据。

第 13 章是浙江推进森林生态产品价值实现的实践模式。基于森林"资源诅咒"的现状描述，着力剖析森林生态产品价值实现的痛点，从森林物质供给类生态产品、调节服务类生态产品以及文化服务类生态产品三个方面总结生态产品价值实现典型案例，通过分析相关做法和成效，提出森林生态产品价值实现的实践创新启示。

第 14 章是数字乡村建设促进森林生态产品价值实现的创新路径。基于前文分析，构建"数字＋"生态经济生产函数模型，从数据、技术、治理要素赋能三个方面阐释数字乡村建设促进森林生态产品价值实现的理论逻辑，面向新征程上中国建设人与自然和谐共生和全体人民共同富裕的中国式现代化的战略需求，聚焦生态资源资产化、生态资产资本化、生态资本资金化三个方面提出数字乡村建设促进森林生态产品价值实现的创新实践路径。

本书是当前国内为数极少的运用生态经济学基本理论和多学科技术方法量化测算森林生态产品价值实现效率水平，研究森林生态产品价值实现效率水平提升路径的理论机制和政策实践问题的创新成果，也是国内最早构建生态产品价值实现效率水平评价方法体系的理论成果，是探索建立我国森林生态产品价值实现效率水平评价理论体系和效率水平提升政策体系的一次重要尝试。

本书的主要创新点在于：研究视角独特、思路清晰，研究框架系统全面且布局合理，数据来源可靠。本书搜集和整理了大量可靠的统计数据和资料，运用科学的定量分析方法，进行理论机制和政策设计的原创性研究，实现了 2 个国内首次。具体而言：第一，首次构建森林生态产品价值实现效率水平理论及其定量评价指标体系，建立理论机制分析框架，用于实证分析浙江省及其山区县森林生态产品价值及实现效率水平的变化特征和主要影响因素，明确了作用机制，获得重要的政策启示。第二，首次构建数字经济发展、数字乡村建设影响森林生态产品价值实现效率的理论分析框架，量化分析数字经济发展水平与森林生态产品价值实现效率水平之间的因果关系及作用机制，提出发展数字经济和数字乡村建设促进森林生态产品价值实现的对策建议和实践创新路径。

本书的主要建树在三个方面：第一，在国内首次构建森林生态产品价值实现效率水平评价的理论框架和方法体系，为量化分析生态产品价值实现程度提供了理论和方法借鉴，取得的重要理论成果发表在中国林业科学研究权威学术期刊《林业科学》上。第二，在国内首次运用经济计量和空间计量的统计分析模型方法，从资源禀赋、人力资本、产业升级、绿色金融等维度实证分析森林生态产品价值实现效率水平提升的路径机制，明确了效应机理和关键影响因素，取得的重要理论成果发表在中国林业科学研究权威学术期刊《林业科学》上。第三，在国内首次基于县域单元数据，采用计量经济模型，验证了数字经济发展和数字乡村建设协同影响森林生态产品价值实现的理论机制，明确了主要影响因素，取得的系列重要理论成果发表在中国经济学和管理学研究权威学术期刊《中国农村经济》和中国资源环境经济学研究权威期刊《中国人口·资源与环境》上。

本书的学术价值和应用价值在于：研究基于国家战略需求和地方实践探索，坚持问题导向与理论分析相结合的研究线路，将理论演绎分析与森林生态产品价值实现效率水平及其路径提升的精准化分析结合在一起，所获得的政策启示和所设计的实践创新路径更具有可行性，从而可以为各级政府建立健全森林生态产品价值实现效率水平提升及促进经济社会高质量发展的政策制定与优化提供参考和借鉴，具有重要的应用价值。

本书凝聚了研究团队全体成员的辛勤劳动，除署名作者之外，为本书做出重要学术贡献的有南京林业大学数字林业与绿色发展研究院院长、浙江农林大学生态文明研究院执行院长孔凡斌教授（全程指导全书研究和写作），浙江农林大学经济管理学院在读博士研究生陆雨（具体承担第11章内容的研究和写作），浙江农林大学经济管理学院的毕业硕士研究生王宁同学（具体承担第4、5章的研究和写作），浙江农林大学经济管理学院的毕业硕士研究生崔铭烨同学（具体承担第6章的研究和写作），浙江农林大学经济管理学院的毕业硕士研究生程文杰同学（具体承担第7、11章的研究和写作），浙江农林大学经济管理学院的在读硕士研究生任燕同学（具体承担第 9、10、13 章的研究和写作），浙江农林大学经济管理学院的毕业硕士研究生钱晨同学（具体承担参考文献的检索、下载、整理和归类）。此外，浙江农林大学经济管理学院的在读博士研究生王苓同学，毕业硕士研究生袁如雪同学、杨文才同学、曹露丹同学、金晨涛同学，在读硕士研究生王永成同学、段淑慧同学、李宁同学、蒋定宏同学等以不同方式关心和支持本书内容的研究和出版，在此一并表示衷心的感谢！

　　本书适合生态经济学、农林经济管理学、发展经济学、区域经济学等学科的研究生阅读，也适合从事自然资源、生态环保、农业、林业和农村管理工作的党政机关工作人员阅读和参考。

　　本书主要素材大多来源于项目组成员已经公开发表和出版的学术论著，还充分吸收了国内外专家学者的研究成果以及互联网相关公开信息，并进行了规范标注，尽管如此，也难免出现遗漏的万一情况，敬请谅解！由于作者学识所限，书中难免有错误疏漏之处，真诚希望各位专家学者及使用本书的同行批评指正，相关意见建议可随时发至作者邮箱：caiyao@126.com，以便进一步完善。

徐彩瑶

2024 年 6 月 23 日于浙江杭州

# 目　　录

序

前言

**第1章　生态产品价值实现研究背景与意义** ················ 1

1.1　生态产品价值实现研究的现实背景 ················· 1

1.2　中国推动生态产品价值实现政策历程 ··············· 3

1.3　生态产品价值实现国内外研究进展 ··············· 14

1.4　森林生态产品价值实现的浙江实例研究示范意义 ········· 18

**第2章　森林生态产品的内涵与特征** ··················· 21

2.1　森林生态产品的核心概念 ···················· 21

2.2　森林生态产品的分类 ······················ 24

2.3　森林生态产品的属性特征 ···················· 26

**第3章　森林生态产品价值实现效率的理论基础** ············· 31

3.1　森林生态产品价值实现效率的内涵 ··············· 31

3.2　森林生态产品价值实现效率的理论基础 ············· 35

**第4章　森林生态产品价值实现效率的评价方法和**

**　　　评价指标体系** ························ 43

4.1　森林生态产品价值实现效率水平的评价方法 ·········· 43

4.2　森林生态产品价值实现效率水平评价指标体系 ········· 52

**第5章　浙江省林业产业与森林生态产品价值动态核算** ………… 54

5.1　浙江省森林资源基础与林业产业发展动态特征 ………… 54

5.2　浙江省森林生态产品价值动态核算方法 ………… 56

5.3　浙江省森林生态产品价值动态核算结果 ………… 61

5.4　浙江省山区 26 县森林生态产品价值动态核算结果 ………… 64

**第6章　浙江省森林生态产品价值实现效率水平评价研究** ………… 68

6.1　浙江省森林生态产品价值实现效率水平评价结果 ………… 68

6.2　浙江省山区 26 县森林生态产品价值实现效率水平评价结果 ………… 72

6.3　结论与政策启示 ………… 75

**第7章　森林生态产品价值实现效率的影响因素分析** ………… 78

7.1　研究背景与意义 ………… 78

7.2　研究方法与数据来源 ………… 79

7.3　结果与分析 ………… 80

7.4　结论与政策启示 ………… 85

**第8章　森林资源禀赋对森林生态产品价值实现效率的影响** ……… 87

8.1　研究背景与意义 ………… 87

8.2　研究方法与数据来源 ………… 88

8.3　结果与分析 ………… 90

8.4　结论与政策启示 ………… 94

**第9章　人力资本对森林生态产品价值实现效率的影响** ………… 96

9.1　研究背景与意义 ………… 96

9.2　理论分析与研究假说 ………… 97

9.3　研究方法与数据来源 ………… 100

9.4　结果与分析 ································································ 104

9.5　结论与启示 ································································ 115

**第 10 章　产业升级对森林生态产品价值实现效率的影响** ·········· 118

10.1　研究背景与意义 ······················································ 118

10.2　理论分析与研究假说 ·················································· 120

10.3　研究方法与数据来源 ·················································· 123

10.4　结果与分析 ···························································· 128

10.5　结论与政策启示 ······················································ 146

**第 11 章　绿色金融发展对森林生态产品价值实现效率的影响** ······· 149

11.1　研究背景与意义 ······················································ 149

11.2　相关文献回顾 ·························································· 150

11.3　理论分析与研究假说 ·················································· 152

11.4　研究设计 ······························································ 156

11.5　实证结果分析 ·························································· 162

11.6　结论与政策启示 ······················································ 171

**第 12 章　数字经济对森林生态产品价值实现效率的影响** ·········· 174

12.1　研究背景与意义 ······················································ 174

12.2　理论分析与研究假说 ·················································· 175

12.3　研究方法与数据来源 ·················································· 178

12.4　结果与分析 ···························································· 184

12.5　结论与政策启示 ······················································ 194

**第 13 章　浙江推进森林生态产品价值实现的实践模式** ············ 196

13.1　森林"资源诅咒"现状及实践模式创新需求 ··················· 196

13.2　森林物质供给类生态产品价值实现的典型案例 ··············· 197

13.3 森林调节服务类生态产品价值实现的典型案例 ················ 208

13.4 森林文化服务类生态产品价值实现的典型案例 ················ 221

13.5 森林生态产品价值实现的实践启示 ······················· 230

**第14章 数字乡村建设赋能森林生态产品价值实现的**

**创新路径** ·········································· 234

14.1 研究背景与意义 ··································· 234

14.2 数字乡村建设推动森林生态产品价值实现的现实困境 ········ 236

14.3 数字乡村建设赋能森林生态产品价值实现的理论逻辑 ········ 237

14.4 数字乡村建设赋能森林生态产品价值实现的创新实践路径 ······· 251

参考文献 ············································· 261

# 第1章 生态产品价值实现研究背景与意义

党的二十大报告将建设人与自然和谐共生和全体人民共同富裕的中国式现代化确立为新时代新征程的国家历史使命，并明确提出要建立健全生态产品价值实现机制。建立健全生态产品价值实现机制，是践行绿水青山就是金山银山理念的关键路径（杨忠诚，2022），对推动经济社会发展全面绿色转型（王颖，2022）具有重要意义。2021年4月，中共中央办公厅、国务院办公厅发布《关于建立健全生态产品价值实现机制的意见》，明确指出要推进生态产业化和产业生态化，建立健全生态产品价值实现机制。生态产品价值实现是国家生态文明战略的重要内容（郝政等，2022；李志萌等，2022；方洁等，2023），是协同推动生态环境改善（刘奇，2022）和经济高质量发展的重要手段。本章阐述生态产品价值实现研究的现实背景、政策背景、研究进展和意义，为后续研究提供理论基础与背景铺垫。

## 1.1 生态产品价值实现研究的现实背景

生态产品价值实现是生态资源富集地区推进经济社会发展和实现共同富裕的重要路径。欠发达地区是中国实现共同富裕的重点和难点。从中国的实际情况来看，大部分欠发达地区包括边远山区、林区及江河源头区，这些区域通常都是生态资源富集地区。丰富的生态资源是欠发达地区实现人与自然和谐共生与共同富裕的优势所在（葛宣冲，2022）。因此，将生态资源优势转化为乡村经济发展和农民福祉增进优势（郝政等，2022），是生态产品价值实现的重要体现，也是推动生态文明建设与实现共同富裕的战略选择（张兴等，2019）。建立健全生态产品价值实现机制（李志萌等，2022），一方面通过政府主导的财政转移支付和生态保护修复补助，以生态产品保护补偿的形式促进欠发达地区的生态保护，维护其自然资源优势；另一方面充分挖掘地区生态资源优势，大力发展生态养殖、生态种植、生态旅游、生态康养等新产业新业态，激活发展潜力，形成具有生态特性和地域特色的绿色发展模式，并借助市场机制，以生态产品经营开发的形式促进欠发达地区的经济社会发展。由此可见，生态产品价值实现必然成为实现高质量发展，进而推动实现共同富裕的重要路径。

生态产品价值实现是满足人民日益增长的优美生态环境需要的必然选择。进入新时代，中国社会主要矛盾转化为人民日益增长的美好生活需要和不平衡不充分发展之间的矛盾，人民群众对优美生态环境的需要已成为这一矛盾的重要方面。良好生态环境是最公平的公共产品，是最普惠的民生福祉。生态产品具有公共物品属性，以往主要依靠政府的大量投入进行生态环境保护，以保证优质生态产品的持续供给。随着生态文明建设的持续深入，生态产品的持续供给迫切需要发挥政府和市场的双重作用，充分调动政府、企业、公众等多元主体的参与积极性。建立健全生态产品价值实现机制，推动生态环境保护者受益、使用者付费、破坏者赔偿，让保护生态环境变得"有利可图"，实现从"要我保护"向"我要保护"的转变，形成源头治理的现代化环境治理体系，提升社会各界主动保护生态环境的思想自觉和行动自觉，激发生态环境保护修复的内生动力，提高优质生态产品的可持续、长期供给能力，进而满足人民群众日益增长的优美生态环境需要。

生态产品价值实现是经济社会全面绿色转型和实现可持续发展的应有之义。中国进入高质量发展阶段，迫切需要大力发展绿色经济、培育绿色增长点，推动经济社会的全面绿色转型。生态产品价值实现搭建起"绿水青山"与"金山银山"之间的桥梁，充分挖掘生态资源蕴含的经济价值，让生态资本成为重要的生产要素，使生产生态产品与生产农产品、工业产品和服务产品一样具有经济效益，依托生态优势发展生态农业、生态工业、生态服务业，培育绿色发展的新业态新模式，让良好生态环境成为经济社会可持续发展的有力支撑，带动生态资源富集的欠发达地区走出一条生态优先、绿色发展的新路子。此外，国际社会高度关注生态环境保护问题，联合国于2015年发布《2030年可持续发展议程》并提出17个可持续发展目标，旨在推动实现经济、社会和环境三个方面的可持续发展。中国推动建立健全生态产品价值实现机制，率先走出一条生态环境保护和经济发展相互促进、相得益彰的中国可持续发展道路，让良好生态环境成为展现国家良好形象的重要窗口，彰显大国担当，为守护好人类命运共同体提供中国方案。综上，生态产品价值实现必然成为支撑经济社会全面绿色低碳转型和可持续发展的核心动力。

# 1.2　中国推动生态产品价值实现政策历程

中国推动生态产品价值实现相关政策发展历程大致可以分为起步探索时期、快速发展时期和全面推动时期三个主要阶段（表 1 - 1）。

第一阶段是生态产品价值实现的起步探索时期（2010—2015 年）。新中国成立以来，特别是改革开放以来，中国国民经济的快速发展和社会进步举世瞩目。然而，粗放的经济发展方式导致生态环境遭到严重破坏。"生态兴则文明兴"，良好的生态环境是经济发展的基础。经济社会可持续发展在面临人口增长、民生质量提升、新型城镇化加速等复合型需求刚性约束的同时，更需统筹应对资源短缺、环境污染与气候变化等挑战。因此，必须转变经济发展方式，将人类社会经济活动限制在生态系统的承载能力之内，以实现可持续发展。2010 年国务院发布的《全国主体功能区规划》明确提出了生态产品的概念，认为"生态产品是指维系生态安全、保障生态调节功能、提供良好人居环境的自然要素，包括清新的空气、清洁的水源和宜人的气候等；生态产品同农产品、工业品和服务产品一样，都是人类生存发展所必需的。"通过将国土空间按开发方式分为优化开发区域、重点开发区域、限制开发区域和禁止开发区域，按开发内容分为城市化地区、农产品主产区和重点生态功能区，对不同国土空间开发进行约束限制，并强调在重点生态功能区开发中要重视生态产品产出，让提供生态产品变成一种衡量生态环境保护的标准，从而促进经济发展方式转变和生态环境保护（何林源，2023）。由此可见，生态产品的提出旨在合理控制和优化国土空间格局（张林波等，2019）。一些国家或地区对生态功能区的"生态补偿"，实质是政府代表人民购买这类地区提供的生态产品。2012 年，党的十八大报告明确指出要"增强生态产品生产能力"，随后，在关于生态补偿机制建设、国家重点生态功能区环境保护和管理、国家生态文明先行示范区建设等政策的制定中，增强生态产品生产能力成为首要任务。生态补偿是持续提供生态产品的重要保障，但仍存在补偿意识淡薄的问题。2015 年中共中央、国务院发布《关于加快推进生态文明建设的意见》和《生态文明体制改革总体方案》，"绿水青山就是金山银山"首次写入中央文件，文件指出要"树立自然价值和自然资本的理念，自然生态是有价值的"。同年，国务院发布的《关于积极发挥新消费引领作用 加快培育形成新供给新动力的指导意见》提出要推进生态产品市场化，为生态产品价值实现的提出奠定了基础。

第二阶段是生态产品价值实现的快速发展时期（2016—2020 年）。随着中国生态文明建设的逐步推进，"绿水青山就是金山银山"理念的不断深入，生态产品由最初国土空间优化的一个要素逐渐演变成为生态文明建设的核心理论基石（张林波等，2019）。深化生态文明体制改革、推动绿色发展不仅在于要在发展经济的同时保护好生态环境，更在于要将"绿水青山"的生态优势转化为"金山银山"的经济效益。在此背景下，生态产品价值实现的概念产生。2016 年国务院办公厅发布《关于健全生态保护补偿机制的意见》，明确指出要"研究建立生态环境损害赔偿、生态产品市场交易与生态保护补偿协同推进生态环境保护的新机制"，"探索建立多元化生态保护补偿机制，逐步扩大补偿范围，合理提高补偿标准，有效调动全社会参与生态环境保护的积极性，促进生态文明建设迈上新台阶"。据此，生态产品通过政府主导的生态保护补偿及市场主导的生态产品市场交易两条路径进行价值实现的总体框架已初具雏形。2017 年"增强绿水青山就是金山银山的意识"写进《中国共产党章程》。实践中，生态产品价值实现有助于生态资源富集的欠发达地区的经济发展，在乡村振兴、城乡融合发展及革命老区开发建设中均得到体现。与此同时，国家在现代化都市圈的培育发展上提出要强化生态环境共保共治，并将"探索生态保护性开发模式，建立生态产品价值实现机制、市场化生态补偿机制"作为"建立生态环境协同共治机制"的重要内容。2016 年以来，国家设立统一规范的国家生态文明试验区，在福建、贵州、海南等地开展生态文明建设体制改革综合试验，积极推动建立自然资源资产产权制度，推行生态产品市场化改革，建立并完善多元化的生态保护补偿机制，通过实践探索生态产品价值实现机制，增强自我造血功能和发展能力，实现生态文明建设、生态产业化、脱贫攻坚、乡村振兴的协同推进，努力把"绿水青山"所蕴含的生态产品价值转化为"金山银山"。2020 年国家发展改革委和自然资源部发布的《全国重要生态系统保护和修复重大工程总体规划（2021—2035 年）》明确指出"生态保护和修复工作具有明显的公益性、外部性，受盈利能力低、项目风险多等影响，市场化投入机制、生态保护补偿机制仍不够完善，缺乏激励社会资本投入生态保护修复的有效政策和措施，生态产品价值实现缺乏有效途径，社会资本进入意愿不强。"由此可见，在这一阶段，无论是在意识形态上，还是在路径框架及试点实践方面，生态产品价值实现均已得到加强和明确，为后续的全面推动提供了坚实的理论和实践基础。值得注意的是，生态产品价值实现仍存在缺乏有效途径的问题。

第三阶段是生态产品价值实现的全面推动时期（2021 年至今）。党的十八大以来，中国生态环境质量持续好转，保持稳中向好趋势，但成效并不稳固。2020 年以来，中国生态文明建设处在压力叠加、负重前行的关键期，已进入提供更多优质生态产品以满足人民日益增长的优美生态环境需要的攻坚期，也到了有条件有能力解决生态环境突出问题的窗口期，人民群众对美好生活的向往更加强烈，对优美环境的诉求更加迫切。为深入践行"绿水青山就是金山银山"理念，加快将生态产品蕴含的生态价值转化为经济价值，中共中央办公厅、国务院办公厅于 2021 年 4 月发布《关于建立健全生态产品价值实现机制的意见》，明确指出要推进生态产业化和产业生态化，建立健全生态产品价值实现机制，并系统、全面地为建立健全生态产品价值实现机制提出了顶层设计和战略部署。随后，生态产品价值实现的探索逐渐深入到长江保护修复攻坚战、黄河生态保护治理攻坚战、现代林业产业示范区、新时代西部大开发及自由贸易试验区生态环境保护推动高质量发展当中。2020 年 9 月，中国确立了争取 2060 年前实现碳中和的战略目标。2021 年 9 月和 10 月，中共中央、国务院发布《关于完整准确全面贯彻新发展理念做好碳达峰碳中和工作的意见》和《2030 年前碳达峰行动方案》，进一步明确提出要"建立健全能够体现碳汇价值的生态保护补偿机制"。从 2021 年开始，中国深入实施重要生态系统保护修复工程提升生态系统质量和固碳增汇能力，作为实现碳中和目标的重要路径。因此，在生态产品价值实现的全面推动时期，推动生态产品价值实现与"双碳"目标深度融合是重要任务之一。2021 年国务院办公厅发布的《关于科学绿化的指导意见》指出要"提升生态系统碳汇增量""制定林业草原碳汇行动方案"。2022 年 10 月，党的二十大报告明确指出要"建立生态产品价值实现机制，提升生态系统碳汇能力，积极稳妥推进碳达峰碳中和"；同月，《建立健全碳达峰碳中和标准计量体系实施方案》发布，明确要加强生态产品价值实现标准修订。2023 年，国家持续推进生态系统碳汇能力的提升，4 月发布《生态系统碳汇能力巩固提升实施方案》，加快构建结构合理、层次分明、适应经济社会高质量发展的碳达峰碳中和标准体系；同时发布《碳达峰碳中和标准体系建设指南》，明确构建生态产品价值实现标准，并将其作为碳达峰碳中和标准体系市场化机制的重要内容。2023 年 9 月，中共中央办公厅、国务院办公厅印发《深化集体林权制度改革方案》，明确将"探索完善生态产品价值实现机制"列为主要任务之一。2023 年 12 月，中共中央、国务院发布《关于全面推进美丽中国建设的意见》，强调要"健全生态产品价值实现机制"。2024 年 5 月，国家发展改革委发布《关于印发首批国家生态产品价值实现机制试点名单的通知》，确定北京市延庆区等 10 个地区为首批国家生态产品价值实现机制试点，浙江省丽水市、江西省抚州市继续开展试点工作。2024 年 7 月，党的二十届三中全会审议通过的《中共中央关于进一步全面深化改革 推进中国式现代化的决定》进一步明确要"健全生态产品价值实现机制"。总体来看，全国各地、各行业、各领域针对生态产品价值实现开展了卓有成效的工作，从"建立健全生态产品价值实现机制"到"健全生态产品价值实现机制"的转变，不仅体现了我国在生态文明建设方面的决心和力度，还意味着在生态产品价值实现方面，我国已经初步建立了相应的机制，并在实践中不断加以完善和优化。

表 1-1　中国推动生态产品价值实现的相关重要文件

| 发布年份 | 发布部门 | 文件名称 | 要点 |
| --- | --- | --- | --- |
| 生态产品价值实现的起步探索时期（2010—2015 年） | | | |
| 2010 | 国务院 | 全国主体功能区规划 | 提出生态产品的概念，并指出"把增强生态产品生产能力作为国土空间开发的重要任务" |
| 2012 | | 胡锦涛在中国共产党第十八次全国代表大会上的报告 | 增强生态产品生产能力 |
| 2013 | 国务院 | 国务院关于生态补偿机制建设工作情况的报告 | 生态产品作为公共产品，生态受益者普遍存在着免费消费心理，缺乏补偿意识 |
| 2013 | 环境保护部、国家发展改革委、财政部 | 关于加强国家重点生态功能区环境保护和管理的意见 | 把保护和修复生态环境、增强生态产品生产能力作为首要任务 |
| 2013 | 环境保护部 | 全国生态保护"十二五"规划 | 强化对区域生态功能稳定性和提供生态产品能力的评价和考核 |
| 2013 | 国家发展改革委 | 贯彻落实主体功能区战略推进主体功能区建设若干政策的意见 | 支持发展具有地域特色的绿色生态产品，培育地理标志品牌 |
| 2013 | 国家发展改革委、财政部、国土资源部、水利部、农业部、国家林业局 | 国家生态文明先行示范区建设方案（试行） | 增强生态产品生产能力 |
| 2015 | 中共中央、国务院 | 关于加快推进生态文明建设的意见 | "绿水青山就是金山银山"首次写入中央文件 |
| 2015 | 中共中央、国务院 | 生态文明体制改革总体方案 | 树立自然价值和自然资本的理念，自然生态是有价值的 |

（续）

| 发布年份 | 发布部门 | 文件名称 | 要点 |
|---|---|---|---|
| 生态产品价值实现的起步探索时期（2010—2015 年） | | | |
| 2015 | 环境保护部、国家发展改革委 | 关于贯彻实施国家主体功能区环境政策的若干意见 | 落实地方政府对环境质量负责要求，提供生态产品和环境公共服务 |
| 2015 | | 中共中央关于制定国民经济和社会发展第十三个五年规划的建议 | 坚持绿色富国、绿色惠民，为人民提供更多优质生态产品 |
| 2015 | 国务院 | 国务院关于积极发挥新消费引领作用加快培育形成新供给新动力的指导意见 | 推进生态产品市场化 |
| 生态产品价值实现的快速发展时期（2016—2020 年） | | | |
| 2016 | | 中华人民共和国国民经济和社会发展第十三个五年规划纲要 | 扩大生态产品供给。丰富生态产品，优化生态服务空间配置，提升生态公共服务供给能力 |
| 2016 | 国务院办公厅 | 国务院办公厅关于健全生态保护补偿机制的意见 | 研究建立生态环境损害赔偿、生态产品市场交易与生态保护补偿协同推进生态环境保护的新机制 |
| | | 关于加大脱贫攻坚力度支持革命老区开发建设的指导意见 | 逐步建立地区间横向生态保护补偿机制，引导提供生态产品的老区与受益地区之间……实施补偿 |
| 2016 | 中共中央办公厅、国务院办公厅 | 关于设立统一规范的国家生态文明试验区的意见 | 推动供给侧结构性改革，为企业、群众提供更多更好的生态产品、绿色产品的制度 |
| | | 国家生态文明试验区（福建）实施方案 | 生态产品价值实现的先行区要积极推动建立自然资源资产产权制度，推行生态产品市场化改革，建立完善多元化的生态保护补偿机制，加快构建更多体现生态产品价值、运用经济杠杆进行环境治理和生态保护的制度体系 |

（续）

| 发布年份 | 发布部门 | 文件名称 | 要点 |
|---|---|---|---|
| 生态产品价值实现的快速发展时期（2016—2020 年） | | | |
| 2016 | 财政部、环境保护部、国家发展改革委、水利部 | 关于加快建立流域上下游横向生态保护补偿机制的指导意见 | 加快形成……的流域保护和治理长效机制，使保护自然资源、提供良好生态产品的地区得到合理补偿，促进流域生态环境质量不断改善 |
| 2017 | 中共中央办公厅、国务院办公厅 | 国家生态文明试验区（贵州）实施方案 | 形成体现生态环境价值、增加生态产品绿色产品供给的制度体系 |
| 2017 | 中共中央、国务院 | 中共中央 国务院关于完善主体功能区战略和制度的若干意见 | 保护生态、修复生态就是提供生态产品，也是发展生产力，要建立健全生态产品价值实现机制，挖掘生态产品市场价值，增强重点生态功能区自我造血功能和自身发展能力，使绿水青山真正变成金山银山 |
| 2017 | | 决胜全面建成小康社会夺取新时代中国特色社会主义伟大胜利 | ……提供更多优质生态产品以满足人民日益增长的优美生态环境需要…… |
| | | 中国共产党章程（修正案） | "增强绿水青山就是金山银山的意识"写进《中国共产党章程》 |
| 2018 | 中共中央、国务院 | 关于实施乡村振兴战略的意见 | 将乡村生态优势转化为发展生态经济的优势，提供更多更好的绿色生态产品和服务，促进生态和经济良性循环 |
| | | 乡村振兴战略规划（2018—2022 年） | 增加乡村生态产品和服务供给 |
| 2018 | 国家发展改革委、财政部、自然资源部、生态环境部、水利部、农业农村部、人民银行、国家市场监管总局、国家林草局 | 建立市场化、多元化生态保护补偿机制行动计划 | 以生态产品产出能力为基础，健全生态保护补偿标准体系、绩效评估体系、统计指标体系和信息发布制度。……鼓励有条件的地区开展生态系统服务价值核算试点，试点成功后全面推广 |

（续）

| 发布年份 | 发布部门 | 文件名称 | 要点 |
|---|---|---|---|
| 生态产品价值实现的快速发展时期（2016—2020 年） | | | |
| 2019 | 国家发展改革委 | 关于培育发展现代化都市圈的指导意见 | 探索生态保护性开发模式，建立生态产品价值实现机制、市场化生态补偿机制 |
| 2019 | 中共中央、国务院 | 中共中央 国务院关于建立健全城乡融合发展体制机制和政策体系的意见 | 探索生态产品价值实现机制。建立政府主导、企业和社会各界参与、市场化运作、可持续的城乡生态产品价值实现机制 |
| 2019 | 中共中央办公厅、国务院办公厅 | 国家生态文明试验区（海南）实施方案 | 生态价值实现机制试验区要探索生态产品价值实现机制，增强自我造血功能和发展能力，实现生态文明建设、生态产业化、脱贫攻坚、乡村振兴协同推进，努力把绿水青山所蕴含的生态产品价值转化为金山银山 |
| 2019 | | 国务院关于财政生态环保资金分配和使用情况的报告 | 加快探索"绿水青山就是金山银山"的有效转化途径和生态产品价值实现机制，继续以流域为重点，加快推进长江、黄河流域横向生态补偿机制建设 |
| 2020 | 国家发展改革委 | 2020 年新型城镇化建设和城乡融合发展重点任务 | 在长江流域开展生态产品价值实现机制试点 |
| 2020 | 国家发展改革委、自然资源部 | 全国重要生态系统保护和修复重大工程总体规划（2021—2035 年） | 市场化投入机制、生态保护补偿机制仍不够完善，缺乏激励社会资本投入生态保护修复的有效政策和措施，生态产品价值实现缺乏有效途径，社会资本进入意愿不强 |
| 2020 | | 中共中央关于制定国民经济和社会发展第十四个五年规划和二〇三五年远景目标的建议 | 支持生态功能区把发展重点放到保护生态环境、提供生态产品上，建立生态产品价值实现机制 |

（续）

| 发布年份 | 发布部门 | 文件名称 | 要点 |
|---|---|---|---|
| 生态产品价值实现的全面推动时期（2021 年至今） | | | |
| 2021 | | 中华人民共和国国民经济和社会发展第十四个五年规划和 2035 年远景目标纲要 | 建立生态产品价值实现机制，在长江流域和三江源国家公园等开展试点。制定实施生态保护补偿条例 |
| 2021 | 中共中央办公厅、国务院办公厅 | 关于建立健全生态产品价值实现机制的意见 | "建立健全生态产品价值实现机制"的顶层设计和战略部署 |
| 2021 | 中共中央、国务院 | 成渝地区双城经济圈建设规划纲要 | 支持万州及渝东北地区探索三峡绿色发展新模式，在生态产品价值实现、生态保护和补偿、绿色金融等领域先行先试、尽快突破 |
| 2021 | 国务院办公厅 | 国务院办公厅关于科学绿化的指导意见 | 增强生态系统功能和生态产品供给能力，提升生态系统碳汇增量，制定林业草原碳汇行动方案，深化集体林权制度改革，加快建立生态产品价值实现机制，完善生态补偿机制 |
| 2021 | 国务院办公厅 | 国务院办公厅关于鼓励和支持社会资本参与生态保护修复的意见 | 增加优质生态产品供给，加强与自然资源资产产权制度、生态产品价值实现机制、生态保护补偿机制等改革协同 |
| 2021 | 生态环境部、商务部、国家发展改革委、住房城乡建设部、中国人民银行、海关总署、国家能源局、国家林草局 | 关于加强自由贸易试验区生态环境保护推动高质量发展的指导意见 | 健全生态产品价值实现机制，开展生态产品价值核算试点，支持安徽自贸试验区建立生态产品价值实现机制 |
| 2021 | 财政部 | 关于全面推动长江经济带发展财税支持政策的方案 | 加快建立生态产品价值实现机制。积极利用世界银行、亚洲开发银行等国际金融组织和外国政府贷款，支持开展生态环境系统性保护修复、污染治理与生态环境监测、绿色发展示范、生态产品价值实现工程等项目 |

（续）

| 发布年份 | 发布部门 | 文件名称 | 要点 |
|---|---|---|---|
| 生态产品价值实现的全面推动时期（2021年至今） | | | |
| 2021 | 财政部 | 支持浙江省探索创新打造财政推动共同富裕省域范例的实施方案 | 鼓励浙江省进一步探索生态产品价值实现机制试点 |
| 2022 | 广西壮族自治区人民政府、国家林草局 | 广西壮族自治区人民政府、国家林草局关于印发广西现代林业产业示范区实施方案的通知 | 探索建立林业生态产品价值实现机制 |
| 2022 | 国务院 | 国务院关于支持贵州在新时代西部大开发上闯新路的意见 | 支持赤水河流域等创新生态产品价值实现机制，支持贵州探索开展生态资源权益交易和生态产品资产证券化路径，健全排污权有偿使用制度，研究建立生态产品交易中心 |
| 2022 | 国家外汇管理局、中国人民银行、中国银行保险监督管理委员会、中国证监会、浙江省人民政府 | 关于金融支持浙江高质量发展建设共同富裕示范区的意见 | 鼓励金融机构积极参与生态产品价值实现机制建设 |
| 2022 | 生态环境部、国家发展改革委、最高人民法院、最高人民检察院、科技部、工业和信息化部、公安部、财政部、人力资源社会保障部、自然资源部、住房城乡建设部、交通运输部、水利部、农业农村部、应急管理部、国家林草局、国家矿山安监局 | 深入打好长江保护修复攻坚战行动方案 | 鼓励生态产品供给地和受益地按照自愿协商原则，综合考虑生态产品价值核算结果、生态产品实物量及质量等因素，开展横向生态保护补偿 |

（续）

| 发布年份 | 发布部门 | 文件名称 | 要点 |
|---|---|---|---|
| 生态产品价值实现的全面推动时期（2021年至今） | | | |
| 2022 | 生态环境部、最高人民法院、最高人民检察院、国家发展改革委、工业和信息化部、公安部、自然资源部、住房城乡建设部、水利部、农业农村部、中国气象局、国家林草局 | 黄河生态保护治理攻坚战行动方案 | 加快推进碳排放权、排污权、用水权等市场化交易，逐步建立生态产品价值实现机制 |
| 2022 | 全国绿化委员会 | 全国国土绿化规划纲要（2022—2030年） | 生态系统碳汇增量明显提升，生态产品供给能力显著增强 |
| 2022 | 市场监管总局、国家发展改革委、工业和信息化部、自然资源部、生态环境部、住房城乡建设部、交通运输部、中国气象局、国家林草局 | 建立健全碳达峰碳中和标准计量体系实施方案 | 加强生态产品价值实现标准制修订。研究完善生态产品调查监测、价值评价、经营开发、保护补偿等标准。加快推进生态产品价值核算、生态产品认证评价、生态产品减碳成效评估标准制定 |
| 2022 | 国家发展改革委、国家统计局 | 生态产品总值核算规范 | 明确了生态产品总值核算的指标体系、具体算法、数据来源和统计口径，是国家层面首个给绿水青山贴上价值标签的规范性文件 |
| 2022 | | 高举中国特色社会主义伟大旗帜 为全面建设社会主义现代化国家而团结奋斗 | 建立生态产品价值实现机制，完善生态保护补偿制度 |
| 2023 | 自然资源部、国家发展改革委、财政部、国家林草局 | 生态系统碳汇能力巩固提升实施方案 | 健全生态系统碳汇相关法规政策，促进生态产品价值实现 |

（续）

| 发布年份 | 发布部门 | 文件名称 | 要点 |
|---|---|---|---|
| 生态产品价值实现的全面推动时期（2021年至今） | | | |
| 2023 | 国家标准委、国家发展改革委、工业和信息化部、自然资源部、生态环境部、住房城乡建设部、交通运输部、中国人民银行、中国气象局、国家能源局、国家林草局 | 碳达峰碳中和标准体系建设指南 | 生态产品价值实现标准。重点制修订自然资源确权、生态产品信息调查、生态产品动态监测等标准。完善生态产品、生态资产、生态系统服务功能、生态系统生产总值等评价标准。健全生态农业、生态产品质量追溯等标准。推动制修订生态环境损害鉴定评估技术标准以及生态产品价值实现绩效评估等标准 |
| 2023 | 中共中央、国务院 | 中共中央 国务院关于全面推进美丽中国建设的意见 | 健全生态产品价值实现机制，推进生态环境导向的开发模式和投融资模式创新。推进生态综合补偿，深化横向生态保护补偿机制建设 |
| 2023 | 中共中央办公厅、国务院办公厅 | 深化集体林权制度改革方案 | 总体要求中明确要"不断完善生态产品价值实现机制和生态补偿制度"，将"探索完善生态产品价值实现机制"列为主要任务之一 |
| 2024 | 国务院 | 生态保护补偿条例 | 明确提出要推进生态保护补偿市场化发展，拓展生态产品价值实现模式；通过购买生态产品和服务等方式开展生态保护补偿；推动生态优势转化为产业优势，提高生态产品价值 |
| 2024 | 国家发展改革委 | 国家发展改革委关于印发首批国家生态产品价值实现机制试点名单的通知 | 确定北京市延庆区等10个地区为首批国家生态产品价值实现机制试点，浙江省丽水市、江西省抚州市继续开展试点工作，试点期限为2025—2027年 |
| 2024 | | 中共中央关于进一步全面深化改革 推进中国式现代化的决定 | 提出要加快完善落实绿水青山就是金山银山理念的体制机制，健全生态产品价值实现机制 |

## 1.3 生态产品价值实现国内外研究进展

### 1.3.1 生态产品概念内涵的研究进展

准确界定生态产品概念定义及其内涵是深入开展生态产品理论研究和实践创新的前提和基础。中国在 20 世纪 80 年代中期便出现了"生态产品"一词（洪子燕等，1985）。任耀武等（1992）对生态产品进行了初次界定，认为生态产品是指通过生态工（农）艺生产出来的没有生态滞竭的安全可靠无公害的高档产品（任耀武等，1992）。2010 年发布的《全国主体功能区规划》首次在政府文件中对生态产品进行了系统的界定：生态产品是指维系生态安全、保障生态调节功能、提供良好人居环境的自然要素，包括清新的空气、清洁的水源和宜人的气候等。生态产品同农产品、工业品和服务产品一样，都是人类生存发展所必需的。随着学术界对生态产品研究的不断深入，对生态产品的理解有了较大变化，其内涵与外延有了较大的拓展。对于生态产品的定义，主要有三类：第一类是认为生态产品主要来自自然生态系统，无论是健康的生态系统，还是经过投入人类劳动和相应的社会物质资源后恢复了服务功能的生态系统，人们最终享受到的生态产品实质上是一种生态系统服务（曾贤刚等，2014）。第二类是认为生态产品是由生态系统与人类社会共同生产的供给给人类社会使用和消费的终端产品或服务，并能满足人们美好生活需要（张林波等，2021b）。第三类是认为生态产品是与物质产品、精神产品并列的，具有供给属性、消费属性的最终产品（廖茂林等，2021）。总体而言，生态产品，狭义上单指生态系统调节服务，而广义范畴等同于生态系统服务，是人类从生态系统中获得的各种惠益，包括生态有机产品、调节服务及文化服务（高晓龙等，2020）。在生态产品的特性上，生态产品具有整体性、空间差异性、动态性、消费的非排他性和非竞争性、公共物品性、外部性及不可逆性（曾贤刚等，2014），以及生物生产性、人类收益性、经济稀缺性和保护成效性（张林波等，2019）。在生态产品的类别上，以 2005 年联合国发布的《千年生态系统评估报告》中对生态系统服务的内涵为基础，按照产品的表现形式将生态产品分为生态物质产品、生态文化产品、生态服务产品和自然生态产品（刘伯恩，2020）。另有学者将生态产品分为自然要素产品、自然属性产品、生态衍生品及生态标识产品，并依据生态产品的消费属性可将其进一步划分为公共产品、准公共产品和私人产品（潘家华，2020）；根据政府主导、政府与市场混合、市场路径等不同的价值实现模式或路径，将生态产品分为公共性、准公共性和经营性生态产品三类（张林波等，2019；张林波等，2021b）。

综合政府文件及前人研究成果，生态产品是指生态系统生物生产和人类社会生产共同作用提供给人类社会使用和消费的终端产品或服务，包括保障人居环境、维系生态安全、提供物质原料和精神文化服务等人类福祉或惠益，是与农产品和工业产品并列的、满足人类美好生活需要的生活必需品（张林波等，2021b）。

## 1.3.2 生态产品价值实现概念内涵的研究进展

生态产品价值实现过程是"绿水青山"向"金山银山"转化的过程，旨在将可利用的生态产品和可供交易的生态系统服务转化为经济价值，实现生态系统服务增值，将生态优势转化为经济优势（孙博文等，2021）。在生态产品价值实现的理论研究方面，学者认为，生态资产资本化是协调自然保护与经济发展的有效手段，是实现生态产品价值市场化的坚实基础（严立冬等，2009；高吉喜等，2016）。开展生态产品与服务价值核算是认识生态价值、将生态价值转化为经济效益的基础（欧阳志云等，2020）。实践中，"生态银行"等模式的出现，为自然资源富集区生态产品价值实现提供了参考（崔莉等，2019）。因生态产品价值（直接利用价值、间接利用价值、选择价值及存在价值）的多样，其价值实现的途径也不同。既有研究基于产权理论（高吉喜等，2016）、交易成本理论（丘水林等，2021）、劳动价值论和效用价值论（刘江宜等，2020）等，通过自然资源产权制度改革，推动自然资源资产所有权与使用权分离，建立多元化的、市场化的生态补偿机制，以及创新自然资源资本化实现路径等来探索生态产品价值实现存在的问题及其解决路径（孙志，2017；张文明等，2019；史哲宇等，2020；庄贵阳等，2020；廖茂林等，2021）。现有文献也对生态产品价值实现的地方探索进行了实证研究与经验总结（兰秉强等，2018；崔莉等，2019；肖文海等，2019；童依霜等，2020；陈梅等，2021）。

综上所述，生态产品价值实现是指生态产品的价值被市场认可并接受，实现生态产品从要素投入到要素产出的转化。生态产品价值实现首先需要明确生态产品的产权，了解生态产品的基本特征、种类及价值构成。其次，生态产品价值的实现需要发挥政府的主导作用和市场的决定性作用，可以运用直接市场法、间接市场法、意愿调查法等方法来核算生态产品的价值，充分发挥市场的作用，并逐渐由政府主导的价值实现方式转向由市场为主体的、多元化的价值实现方式。

### 1.3.3 生态产品价值评估的研究进展

生态系统生产总值（GEP）是指生态系统为人类福祉和经济社会可持续发展提供的产品与服务价值的总和，包括生产系统产品价值、生态调节服务价值和生态文化服务价值（欧阳志云等，2013）。有学者认为，开展生态产品与服务价值核算是认识生态价值、将生态价值转化为经济效益的基础（欧阳志云等，2020）。因此，科学开展生态产品价值核算是探索生态产品价值实现机制的基础性工作（图1-1）。

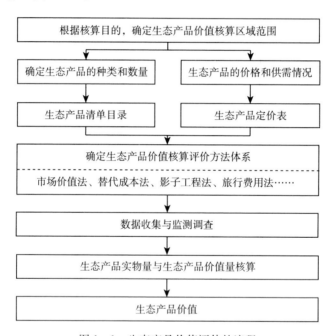

图1-1 生态产品价值评估的流程

生态产品价值核算评估方法大致分为两类，一类是以核算生态产品实物量为主的评估方法，主要是以生态系统服务价值为基础，依托生态系统生产总值进行核算的思路，其基本任务包括生态系统产品与服务的功能量核算，确定各类生态系统产品与服务功能的价格，以及生态系统产品与服务的功能量核算。2020年，生态环境部环境规划院和中国科学院生态环境研究中心联合编制了《陆地生态系统生产总值（GEP）核算技术指南》；丽水市作为全国首个生态产品价值实现机制试点市，于2020年5月出台全国首个《生态产品价值核算指南》地方标准。随后，浙江省于 2020 年 9 月发布了全国首部 GEP 地方标准《生态系统生产总值（GEP）核算技术规范 陆域生态系统》（DB33/T 2274—2020）。2021 年以来，各省级（如贵州省 DB52/T 1608—2021、江西省 DB36/T 1402—2021、甘肃省 DB62/T 4914—2024）和市级（如深圳市 DB4403/T 141—2021、南京市 DB3201/T 1041—2021、黄山市 DB3410/T 12—2021、厦门市 DB3502/T 102—2023）的《生态系统生产总值（GEP）核算技术规范》陆续发布。2024 年 3 月，国家市场监督管理总局、国家标准化管理委员会发布了由中国科学院生态环境研究中心、生态环境部卫星环境应用中心、中国标准化研究院等单位起草的《生态系统评估 陆地生态资产核算技术指南》（GB/T 43677—2024）。这一系列全国或地方性核算标准的出台为推进生态产品价值实现奠定了坚实基础。既有研究在全国、省域、市域和县域等多尺度层面对生态系统生产总值进行了核算工作（白杨等，2017；马国霞等，2017；白玛卓嘎等，2020）。另一类是采用单位面积生态系统服务价值当量因子法进行生态产品价值核算。生态系统服务价值当量因子法由学者谢高地等（2003）提出并修正完善（谢高地等，2008；谢高地等，2015），因其主要依托土地利用数据，在实际应用中具有数据需求少、应用简单、易于操作、评估全面、方法统一、结果便于比较等特点，能够快速核算生态系统服务价值，目前已经广泛应用于不同类型生态系统及不同尺度核算区域的生态系统服务价值研究之中。

## 1.3.4 生态产品价值实现效率评价研究进展与发展趋势

生态产品价值实现效率为生态系统生产总值（GEP）到国内生产总值（GDP）的直接转化效率，是评估和优化生态产品价值实现机制的重要依据（孔凡斌等，2022；程文杰等，2022；徐彩瑶等，2023）。既有研究在生态效率评价方面开展了较为丰富的探索，用随机前沿法（SFA）、数据包络分析（DEA）、非期望产出的超效率 SBM 模型等方法来测度效率值，探索了城市、能源、农业等方面的生态效率及其影响因素（鲁庆尧等，2020；陈菁泉等，2021；王圣云等，2021；闫涛等，2021）。已有学者关注到了生态文明的效率评价，如孙钰等（2021）通过构建生态文明可持续发展效率指标体系，建立生态文明可持续发展效率的动态和静态分析模型，综合评价 2011—2017 年中国 31 个省份的生态文明可持续发展效率与区域差异；王素梅、陈桂香（2021）借助非期望产出 SBM 模型对 2013—2017 年中国 30 个省份进行了生态文明建设效率的测算。还有学者开发了生态经济价值转化水平的能值流向标定方法（方一平，2021），用来测度生态经济价值转化水平。在生态产品价值实现测度研究方面，陈梅等（2021）探索采用生态产品价值和生态文化价值之和来衡量"绿水青山"向"金山银山"转化的价值，但这一方法更多的是评估了生态保护成效，没有深入测度生态产品价值实现程度或转化效率。另外，林亦晴等通过核算 GEP 与生态产品价值实现量，计算两者之间的比值，得出丽水市 2019 年生态产品价值实现率为 24.76%。近年来，学者们基于经济学上的投入产出视角进一步分析 GEP 向 GDP 转化的效率，在浙江省和丽水市的研究发现，森林生态产品价值实现效率不断提升，发展潜力巨大（孔凡斌等，2022；程文杰等，2022；徐彩瑶等，2023）。

总体看来，既有研究在效率评价方法上较为成熟，但对生态产品价值实现程度、转化效率的测度较少涉及。当前，浙江省和其他生态资源富集省（区、市）正在加快推进生态产品价值实现机制的理论和实践创新，深入开展生态产品价值实现的效果评价研究，以期为后续生态产品价值实现路径的科学合理制定与实施提供针对性的决策参考。

# 1.4　森林生态产品价值实现的浙江实例研究示范意义

## 1.4.1　高质量推进生态产品价值实现是浙江经济社会发展全面绿色转型的重要内容

生态产品价值实现是平衡经济发展与生态环境保护关系的根本途径。2021 年 4 月，中共中央办公厅、国务院办公厅印发了《关于建立健全生态产品价值实现机制的意见》，指出要推进生态产业化和产业生态化，加快完善生态产品价值实现路径。建立健全生态产品价值实现机制，既是贯彻落实习近平生态文明思想、践行"绿水青山就是金山银山"理念的重要举措，也是坚持生态优先、推动绿色发展、建设生态文明的必然要求。作为习近平生态文明思想重要萌发地，浙江坚定"绿水青山就是金山银山"理念，承担并积极推进国家生态产品价值实现机制试点建设，于 2022 年出台《关于建立健全生态产品价值实现机制的实施意见》（以下简称《意见》），提出要进一步拓宽"绿水青山"向"金山银山"转化的通道，高质量推进生态产品价值实现。因此，高质量推进生态产品价值实现是浙江经济社会高质量绿色发展的重要内容。

## 1.4.2　构建生态产品价值实现效果的评价方法是高质量推进《意见》实施的必然要求

生态产业化是生态产品价值实现的主要路径，也是"绿水青山"向"金山银山"转化的主要方式。生态产品价值实现旨在将可利用的生态产品和可供交易的生态系统服务转化为经济价值、实现生态系统服务增值，将生态优势转化为经济优势（孙博文等，2021）。《意见》指出要进一步探索丰富高效的生态产品价值多元实现路径，促进生态产品价值高效转化。当前，如何科学量化评价区域生态产品价值实现程度和转化效率，以及如何客观评价各级政府推进生态产品价值转化的实施绩效，国内外在理论和方法上尚缺乏应有的探索，还无法满足政府绩效管理的实际需求，亟待开展研究。因此，面向《意见》实施的目标任务，率先构建具有浙江辨识度的生态产品价值实现成效的评价方法体系，并据此系统开展生态产品价值实现成效的量化分析，具有重要的理论和实践价值。

## 1.4.3　生态产品价值实现的效果评价可以为浙江高质量优化生态产品价值实现路径提供科学依据

系统评价生态产品价值实现效果能够为后续生态产品价值实现路径的科学合理制定与实施提供针对性参考。党的十八大以来，浙江围绕加快生态文明体制改革，率先开展生态产品价值实现工作，制定了全国首部生态系统生产总值（GEP）地方标准《生态系统生产总值（GEP）核算技术规范　陆域生态系统》（DB33/T 2274—2020），《浙江省生态产品价值实现行动计划（2021—2025年）》完成招标，同时于 2022 年发布《关于建立健全生态产品价值实现机制的实施意见》，致力于打造生态产品价值实现的全国标杆。在浙江探索丰富高效的生态产品价值多元实现路径过程中，亟待科学系统地评价生态产品价值实现效果及生态产业化转化效率。因此，以浙江省为研究对象，通过构建生态产品价值实现效果的评价方法体系，筛选并建立生态产品价值实现效果评价模型，系统核算生态产品价值，评估生态产品价值的实现程度、转化效率，为浙江省建立健全生态产品价值实现机制与制定实现路径提供依据，现实意义重大。

## 1.4.4　森林生态资源具有率先探索建立生态产品价值实现机制的禀赋优势

绿水青山是最重要的自然生态资源，决定绿水青山面貌的森林生态资源是中国乡村分布最广、存量最为丰富的生态资源。森林生态资源及其构成的森林生态系统持续提供密切关联乡村经济发展和农民生计的生态服务和生态产品，为发展乡村多元复合式生态产业、破解乡村发展滞后困境及实现共同富裕目标提供了广泛而深厚的物质基础。浙江省是习近平"两山"理念和习近平生态文明思想的重要萌发地和率先实践地，是生态产品价值实现机制试点区和高质量发展建设共同富裕示范区，承载着国家数字乡村、生态文明和共同富裕先行示范建设和体制机制创新的重要使命。浙江省素有"七山一水两分田"之称，森林资源是最主要的生态资源，山区共同富裕的潜力在山，希望在林。2021 年，浙江省以全国 2％的林地创造了全国 8％的林业产值，重点山区林区县的贡献率达到了 50％以上。山区 26 县是浙江高质量发展建设共同富裕示范区的重点、难点和关键点。浙江省发布《浙江省山区 26 县跨越式高质量发展实施方案（2021—2025 年）》，明确要拓宽"两山"转化通道及加快推动山区 26 县实现跨越式高质量发展，同步推动山区人民走向共同富裕。浙江省山区 26 县总面积占浙江全省的 44.5％，森林覆盖率为 82.96％，2020 年末人口总数约占浙江省的 15.8％，GDP 总量占浙江省的 9.65％。其中，林业产值占农林牧渔经济总产值的 96.29％，森林生态产品价值实现及林业产业发展对浙江省山区 26 县高质量发展与共同富裕示范建设至关重要。

# 第 2 章　森林生态产品的内涵与特征

绿水青山是最重要的自然生态资源，决定绿水青山面貌的森林生态资源是中国乡村分布最广、存量最为丰富的生态资源。森林是钱库，森林生态产品既是山区和林区居民重要的生计资本，也是山区实现共同富裕的优势和潜力所在（徐彩瑶等，2023）。建立健全森林生态产品价值实现机制，是践行"绿水青山就是金山银山"发展理念的重要举措，也是森林资源富集地区推进高质量发展和共同富裕的重要路径。森林生态资源及其构成的森林生态系统持续提供密切关联乡村经济发展和农民生计的生态服务和生态产品，为欠发达地区破解发展滞后困境及实现共同富裕目标提供了广泛而深厚的物质基础。本章系统梳理了森林生态产品的概念、分类体系及属性特征，为后续森林生态产品价值实现研究提供概念基础。

## 2.1　森林生态产品的核心概念

### 2.1.1　森林生态系统服务的概念

生态系统服务是指人类直接或间接从生态系统中获得的各种惠益，其分类框架由 2005 千年生态系统评估（Millennium Ecosystem Assessment，MA）首次提出并被广泛使用且沿用至今，具体包括供给服务、调节服务、文化服务和支持服务（图 2-1）。其中，供给服务是指人类从生态系统中获得的各种产品，如食物和纤维、燃料、淡水和生物遗传资源等。调节服务是指人类从生态系统调节过程中获得的各种收益，如空气净化、气候调节、固碳释氧、水土保持、水源涵养、水质净化和调控人类疾病等。文化服务是指通过丰富精神生活、发展认知、大脑思考、消遣娱乐和美学欣赏等方式，使人类从生态系统中获得非物质收益，如生态旅游、美学、教育和文化遗产等。支持服务是指生产其他所有的生态系统服务所不可或缺的服务，如初级生产、水分循环、养分循环、土壤形成等。支持服务是保证其他所有生态系统服务功能正常提供所必需的关键基础，虽无法实现价值转化，但必不可少。

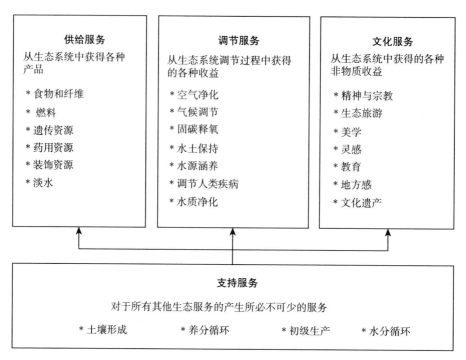

图 2-1 生态系统服务的内涵与关系

森林生态系统作为陆地生态系统的重要组成部分，为人类社会提供了丰富的木材、经济林果、生物质能源等供给服务，水源涵养、固碳释氧、防风固沙、空气净化、气候调节等调节服务，旅游康养、科研教育、景观价值等文化服务，以及维持地球生命生存环境的养分循环等支持服务。森林生态系统服务是指人类从森林生态系统中获得的各种惠益。参照国家标准《森林生态系统服务功能评估规范》（GB/T 38582—2020），森林生态系统服务的具体分类见表 2-1。

表 2-1 森林生态系统服务的分类

| 森林生态系统服务 | 功能类别 | 指标类别 |
| --- | --- | --- |
| 供给服务 | 林木产品供给 | 木质林产品<br>非木质林产品 |

（续）

| 森林生态系统服务 | 功能类别 | 指标类别 |
| --- | --- | --- |
| 调节服务 | 水源涵养 | 调节水量 |
| | | 净化水质 |
| | 固碳释氧 | 固碳 |
| | | 释氧 |
| | 空气净化 | 提供负氧离子 |
| | | 吸收气体污染物 |
| | | 滞尘 |
| | 土壤保持 | 保肥 |
| | | 固土 |
| | 气候调节 | 降温 |
| | | 增湿 |
| | 防风固沙[①] | |
| 支持服务 | 初级生产 | |
| | 水分循环 | |
| | 养分循环 | |
| | 土壤形成 | |
| 文化服务 | 森林康养 | |

①针对防护林而言，防风固沙是森林生态系统的重要服务功能。

## 2.1.2　森林生态产品的概念

森林生态产品与森林生态系统服务的概念一脉相承。森林生态系统通过物质循环、能量流动和信息传递提供生态系统服务，而森林生态系统服务借助人类对森林资源的生态资本化运营，成为能够满足人类需要的森林生态产品（图 2-2）。森林生态产品是指在一定区域或空间内，以森林自然资源为载体，通过生态调节、人为管理等方式，向自然界提供的且能满足人类需要的各类产品和服务的总称（窦亚权等，2022）。

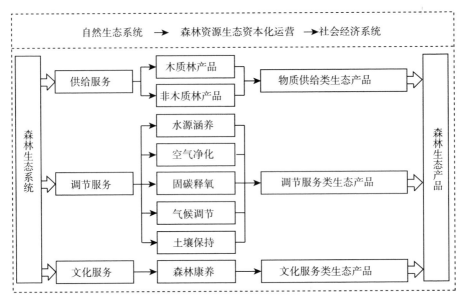

图 2-2　森林生态系统服务与生态产品的关系

## 2.2　森林生态产品的分类

生态产品的分类框架并无定论，从已开展的研究和能搜集到的文献来看，生态产品的分类框架大致可概括为五种。

第一种分类方法是从生态系统服务功能的概念出发，即根据生态产品的表现形态进行分类，主要分为物质供给类生态产品、调节服务类生态产品和文化服务类生态产品。此三种生态产品的概念，与对应的生态系统服务概念一致。另有学者将生态产品分为生态物质产品、生态文化产品、生态服务产品和自然生态产品（刘伯恩，2020），实质上与物质供给类生态产品、调节服务类生态产品和文化服务类生态产品的分类思路一致。

第二种分类方法是基于经济学属性或消费属性进行分类，主要可分为纯公共性生态产品、准公共性生态产品和经营性生态产品。具体而言，经营性生态产品是指具有排他性、竞争性的生态产品，产权明晰、能够直接参与市场交易，如林下经济产品、生态旅游产品等。经营性生态产品与第一种分类方法中的物质供给类和文化服务类生态产品相近，能够通过生产、流通、销售等过程在市场交易中实现其价值。纯公共性生态产品是指具有非排他性、非竞争性的生态产品，如气候调节、清洁的空气、洁净的水源等，与第一种分类方法中的调节服务类生态产品相近。纯公共性生态产品由于具有流动性、无固定且清晰的边界，产权归属难以私有化，因此难以通过市场交易转化为经济价值（张林波等，2021）。准公共性生态产品是介于纯公共性生态产品和经营性生态产品之间，具有有限的竞争性及排他性，在一定政策条件下可以通过市场机制实现交易的公共性生态产品。如可交易的排污权、碳排放权等污染排放权益，取水权、用能权等资源开发权益，总量配额和开发配额等资源配额指标（张林波等，2021）。也有学者指出，准公共性生态产品还可以进一步分为生态资源公共产品和生态俱乐部产品两类。其中，生态资源公共产品具有非排他性、竞争性，具有典型的公共资源属性，如流域水资源、水权、碳排放权等生态产权市场。生态俱乐部产品具有排他性、非竞争性，主要是指所有权明确，但其他用益物权包括生态产品的所有权、收益权、使用权及处分权等需要进一步界定，如土地承包经营权、集体林权等（廖茂林等，2021）。基于政府主导、政府与市场混合、市场主导等不同的生态产品价值实现模式或路径的研究便是基于这一分类方法。

第三种分类方法是按照生态产品供给区域与运行方式的不同，将生态产品分为全国性公共生态产品、区域性或流域性公共生态产品、社区性公共生态产品"私人"生态产品（曾贤刚等，2014）。全国性公共生态产品主要是指具有纯公共产品性质的生态产品，且覆盖范围广，其供给需列入基本公共服务的范围，并应将其纳入均等化的范畴，由政府来供给。区域性或流域性公共生态产品主要是指跨越了单个主体的管辖范围，其生产和供给涉及多个行政主体的参与，如上下游生态环境的保护与治理。这种跨区生态产品的供给，无法由单个地方政府单独有效地解决，地方政府之间的合作是解决跨区生态产品供给的重要途径。社区性公共生态产品作为由居住在一个特定地域内的人口及家庭建立的一种社会与文化体系，由于居住地域的共同性，居民往往对生态产品具有共同的需求。这种生态产品在社区层次上具有公共性，然而对于社区之外的其他居民来说，其具有排他性或私人性。为了满足社区成员对生态产品的需要，社区可以采取社区自治的方式，实现社区生态产品的共享与共同受益。对于"私人"生态产品，根据产权理论，所谓的外部性不过是没有界定清楚稀缺资源的产权而已。对于产权能够界定的生态产品，可以将其转变成私人产品，并通过市场交易实现供给。

第四种分类方法是基于马克思劳动价值理论将生态产品分为纯自然要素与

人工自然要素两大类（杨庆育，2014）。纯自然要素主要是完全由自然生态系统生产出来的生态产品，如空气、水源、森林、气候等。人工自然要素则是需要经过人类劳动加工后所形成的生态产品，如通过植树造林增加碳汇，通过水土保持净化水源等。

第五种分类方法是基于产品的供给视角，将生态产品分为自然要素生态产品、自然属性生态产品、生态衍生品及生态标识产品（潘家华，2020）。其中，自然要素生态产品主要是指非人类生产的、生态系统中的自然物产，缺乏一定的稀缺属性，如干净的空气、清洁的水源、无污染的土壤、茂盛的森林和适宜的气候，以及食物链的完整、生态功能的健全等系统性服务。自然属性生态产品一般是指非人类生产但有一定的稀缺属性，如树木、花草、禽兽等各种植物、动物等，一般具有物质产品与文化产品的双重属性。生态衍生品一般是指人类活动参与密切，依赖于自然要素及自然属性，具有显著的交换价值的产品，如人工林、林下中草药、自然放养的禽畜等。生态标识产品是指几乎完全由人类生产，通过生态中性认证的产品，如生态农业产品、生态工业产品等。生态产品生产主体的演变与人类社会的不断发展密切相关，生态产品的价值在很大程度上也取决于人类在生态产品生产中的参与程度（廖茂林等，2021）。

根据主流观点，森林生态产品主要包括森林物质供给产品、森林调节服务产品、森林文化服务产品。具体而言，森林物质供给类生态产品是人类从森林生态系统获得的所有可利用的物质；森林调节服务类生态产品是人类从森林生态系统获得的固碳释氧、水源涵养、防风固沙等各种生态调节服务；森林文化服务类生态产品是人类从森林生态系统获得的游憩康养、科研教育等文化服务。这些产品既源于森林生态系统中的各种生物（植物、动物、微生物等），也源于森林生态系统中的自然环境（水、土壤、空气等），在森林生态系统环境中产生，并依托森林生态系统存在和发展，在人类社会的生产和生活中有着广泛的应用和需求。此外，森林生态产品的分类按照表现形式可分为有形产品、无形产品，按照其所有权可分为公共产品和"私人"产品，按照其经营性质可分为公益性产品和非公益性产品（窦亚权等，2022）。

## 2.3 森林生态产品的属性特征

森林生态产品具有显著的生态效益、经济效益和社会效益，因此，森林生态产品的属性特征主要包括自然属性、经济属性和社会属性。

## 2.3.1　森林生态产品的自然属性

森林生态产品的自然属性源于森林生态系统及林地资源所具有的生物学特性。森林是陆地生态系统的主体，也是"山水林田湖草沙"生命共同体的关键组成部分，与国家生存安全、淡水安全、国土安全、物种安全、气候安全紧密相连，其蕴含的生态价值远大于直接经济价值。在森林生态产品的利用过程中，要遵循森林生态系统的生长运行规律，保持其生态功能的完整和稳定。

整体性。森林生态系统提供的各项生态服务或生态产品难以分割，而且，消费者在购买森林生态产品时，难以把森林生态产品分割进行消费，尤其是针对森林调节服务类生态产品。

动态性。森林资源的数量和质量随着季节、温度、湿度等的变化而呈现出动态变化的特征，因此，森林生态产品的数量和质量具有动态可变的特征。那么，实时掌握森林生态产品的消长变化对于有效管理至关重要。

地域性（差异性）。任何一个森林生态系统都是特定时空的产物，不同时间和空间结合形成不同功能、不同结构和类型的森林生态系统。森林生态系统的时空变化极为明显。不同的地理位置和条件会形成不同的森林生态系统，同一地理位置的不同海拔高度、不同土壤立地条件也会形成不同的森林生态系统。因此，不同地区所提供的森林生态产品不同，具有地域性或差异性。

不可替代性。森林是水库、钱库、粮库和碳库。森林生态产品不仅能够满足人类的物质需求、精神需求，而且在维持生物圈稳定、改善生态环境等方面具有重要作用。因此，森林生态产品的可持续供给至关重要，具有不可替代性。

范围的有限性。森林是在一定的光、热、水、气条件下形成的，在地球上的分布地区是有限制的，如南北两极、高山和雪原、干旱和荒漠地区及一切不具备森林生长条件的地区都不可能有森林。因此，地球上的森林生态系统是有限的。从古至今，由于人类的破坏，现存于地球上的森林已经很少了。森林资源既是可再生资源，也是可耗竭资源，其负荷能力是有一定限度的。人类对森林资源的开发利用，如果超过了它所能负荷的极限，必然会破坏它原有系统的平衡，甚至可能导致资源因消耗过度而枯竭，造成森林环境的破坏和消失。森林生态系统分布范围的有限性导致森林生态产品生产范围的有限性。

分布的辽阔性。森林生态系统是陆地上最大的生态系统，森林的分布极为广泛，因而也某一地域的森林资源资产与另一地域的森林资源资产在结构内涵与功效发挥上都有不可比之处，各具特色。

## 2.3.2　森林生态产品的经济属性

森林生态产品具有显著的经济价值，可以通过市场化方式进行交易和流通，将生态效益转化为经济效益，将资源优势转化为发展优势，进而成为国民经济高质量增长的保障。

稀缺性。根据第九次全国森林资源清查结果，全国森林面积 22 044.62 万公顷，占世界森林面积的 5.51%。《2022 年中国国土绿化状况公报》显示，中国森林面积 2.31 亿公顷，森林覆盖率达 24.02%。但是，中国仍然是一个缺林少绿、生态脆弱的国家，森林覆盖率远低于全球 31% 的平均水平，人均森林面积仅为世界人均水平的 1/4，人均森林蓄积只有世界人均水平的 1/7，森林资源总量相对不足、质量不高、分布不均的状况仍未得到根本改变。森林生态产品以森林资源为载体，因而森林生态产品具有稀缺性，即森林生态产品的供给相对于人类生态产品的需求而言是有限的。

商品性。森林生态产品既是自然再生产的过程，也是经济再生产的过程，具有价值和使用价值的统一。从价值属性看，森林生态产品凝结着生产森林生态产品过程中所必需的一般的、无差别的人类劳动；从使用价值属性看，森林生态产品既可以供应木材等生产和生活资料，满足人类的物质化需求，又可以满足人类休闲旅游、陶冶情操等精神化需求。

经营的永续性。森林资源资产属于可再生的资源性资产，森林资源资产的消耗可以通过合理的经营，根据森林生长规律和再生能力的特点，采用科学的森林经营利用措施得到补偿。因此，森林资源资产在没有受到自然灾害和人为破坏时，在科学、合理的经营下是不发生折旧问题的。而且每年都出售部分资产（林产品），其森林资源资产的总量保持不变，或略有增长，可长期永续地实现其保值增值的目的。

再生的长期性。森林资源资产是再生性资产，但根据森林生长的规律，其产品要很长时间后才能出售，投入某一森林资源资产经营的资金，少则数年，多则数十年、上百年才能回收。

级差地租特性。一方面，林地肥沃程度等自然立地条件的差异，以及森林资源数量、质量的差异会产生森林生态产品产出数量和质量的差异，进而引起经济收入的差异；另一方面，地理区位的差异造成森林生态产品经营管理和运输距离远近及难易程度的差别，进而引起生产成本的差异，由此形成了级差地租 I。同时，由于利用更加有效的技术或生产手段等，实行集约经营，使森林生态产品的生产力提高，进而产生级差地租。

多维的价值性。森林资源具有经济、社会、生态等多种功能，因此森林生态产品能够为人类提供经济、社会、生态等多种价值。

效益的外部性。包括调节服务在内的森林生态产品属于公共资源或公共产品，具有典型的外部性特征。森林是自然界最重要的生物库、能源库、基因库、二氧化碳储存库、氧气生成库、绿色水库、天然抗污染的净化器，对大气圈、水圈、土壤岩石圈和生物圈都具有极其重要的良好作用。因此，森林生态产品具有巨大的正外部性。因而，森林生态产品保护补偿的意义就是将森林生态产品效益的外部性内部化，从而调动林业工作者的积极性。

### 2.3.3 森林生态产品的社会属性

森林生态产品具有一定的社会价值，可以满足社会公众的物质和精神文化需求，如具有地方特色的森林食品、森林药材、文旅康养项目等，已成为社会文化和民族传统的重要组成部分，对于林区生计改善、社会福利提高具有促进作用。

满足社会物质需求。森林生态产品包括木材和以木材制品为主的各种林产品，以及大量非木质林产品，如干鲜果品、林化产品及依托森林资源培育的动植物、微生物产品、苗木、花卉等。

满足精神文化需求。森林是人类文明的发源地，是森林文化的载体，影响人类的知识水平及生活质量；人类影响森林的物理特性，唤醒了森林的美和价值，彰显了森林文化（朱霖等，2015）。人类与森林的相互影响产生了森林文化，并贯穿人类社会发展的始终。2021 年，国家林草局发布第三期中国森林资源核算研究成果，其中首次发布了"中国森林文化价值评估研究"项目成果。评估显示，全国森林文化价值约为 3.1 万亿元。

林区生计改善作用。森林生态产品是林区农民的生计来源之一，其价值实现能显著地缓解县域发展差距、城乡收入差距（孔凡斌等，2023；徐彩瑶等，2023），能够改善林区农民的生计情况。其中，森林生态产品中物质供给类生态产品能够直接通过市场交易实现价值，增加林区农民的收入。文化服务类生态产品则通过生态旅游、森林康养等形式实现价值。

社会福利提高作用。森林生态产品的优质、充分供给，能够起到有效缓解城市热岛效应、净化环境污染、调控雨洪灾害、保护生物多样性、应对气候变化等作用，为城乡居民提供优美健康的人居环境、充足便捷的休闲场所，拓展城市绿色生态空间，实现人与自然和谐共生。因此，森林生态产品能够推进城乡生态建设，有效增进社会整体的福利。

参与主体的多元性。从森林生态产品的供给者来看，森林生态产品供给具有多元参与的特征，以政府供给为主，同时激励社会、市场共同参与。

安全管理的艰巨性。森林资源资产分布辽阔，既不能仓储，又难以封闭，安全管理十分困难。火灾、虫灾、盗伐等自然或人为的灾害很难控制，因此，森林资源资产容易流失，增加了风险损失的可能性。森林资源资产的经营必须引入风险机制，才能使其适应社会主义市场经济的发展。与其他资产相比，森林资源资产的安全管理任务十分艰巨，也造成森林生态产品的管理困难。

# 第3章 森林生态产品价值实现效率的理论基础

林业既是一项重要的公益事业，又是一项重要的基础产业，不仅承担着生产生态产品、维护生态安全的重要职责，而且承担着生产物质产品、保障林产品供给的重要使命。林业建设是事关经济社会可持续发展的根本性问题，林业要为建设生态文明和美丽中国创造更好的生态条件，发展林业是全面建成小康社会的重要内容，是生态文明建设的重要举措。推进新时代林业现代化建设，既是一项长期的战略任务，又是一项复杂的系统工程。其中，森林生态产品价值实现是林业推进生态文明建设的重要内容，森林生态产品价值实现效率的科学测度与评估是实现林业高质量发展并高效推进生态文明建设的重要基础。因此，准确定义并系统梳理森林生态产品价值实现效率的概念和理论基础对推进森林生态产品价值实现至关重要。据此，本章通过厘清森林生态产品价值实现效率的内涵和理论基础，为森林生态产品价值实现效率的评价方法和实例研究提供理论基石。

## 3.1 森林生态产品价值实现效率的内涵

### 3.1.1 森林生态产品价值实现的概念

自然资本理论认为，自然生态资源是影响国家发展能力和人民福祉的自然资本，一切经济生产都依赖于自然资本存量所产生的自然资源流量（张雪溪等，2020）。随着自然资本理论的兴起，学界开始关注生态系统向人类提供的不同产品和各项效益（Daily 等，1997）。生态系统服务与人类福祉理论则进一步地认为，生态系统服务是人类从生态系统中获得的所有惠益，其多元价值形态与生产资料和劳动力相结合生产出满足人们需求的生态产品，最后通过市场机制实现生态产品的货币化（龚勤林和陈说，2021），此时的生态系统服务为经济学意义上的生态资本，因此，生态资本是能够带来经济、社会效益的生态资源（张雪溪等，2020）。这实质上是承认自然生态系统执行着许多与人类福祉有关的生产活动，其所提供的生态系统服务就是生态资本，即生态资源的资本化。新古典经济增长理论主要关注货币资本、劳动力和技术三要素投入对经济增长的影响，忽视生态资本对经济增长的长期影响。实际上，生态资本能够以生产要素的形式直接进入社会经济生产系统，其循环过程是通过生态技术进行形态和价值的转换成为生态产品，生态产品进入市场通过交易成为生态商品及物质财富（严立冬等，2012；张雪溪等，2020），进而促进经济增长和增进人类福祉。据此，源于生态资源的生态资本作为现实或潜在的投入要素被纳入新古典经济增长理论模型，成为现代生态经济学的核心概念，并成为促进经济增长与生态保护协调可持续发展的理论逻辑。经济增长理论认为全要素生产率增长是经济增长的充分和必要条件，推动经济增长的主要因素包括要素投入量的增加和要素使用效率的提高。因此，生态资本作为一种生产要素存在于经济系统之中，其资本存量、投入水平和转化效率成为影响经济可持续发展和人类福祉持续增进的关键性因素。

森林、土地、气候等自然要素构成的森林生态系统及其物质流和能量流是林业生产中的基础和原始资本。人类将生态资本与劳动、技术、管理和政策等要素结合，产出人们所需要的林产品及其他生态产品。林业部门依靠生态资本而产生，又在不断改变生态资本的过程中得以发展。在林业生产过程中，生态资本及其功能价值既是劳动对象又是生产资料。林业生产过程的本质就是人们通过自身行为改变生态资本的形态使其成为生态产品，完成生态资本使用价值向交换价值的转变，并通过市场交易机制将生态资本的价值变为现实的生态财富，以此适应人类社会需要，即利用对生态资本的消费及其形态的变化过程，推动生态资本、经济资本和社会资本三者紧密结合，共同构成林业生产的复合资本运营系统。具体而言，在林业生产过程中，生态资本持有者将生态资本要素投入到自然和经济再生产过程之中，利用林地、林业技术、资金、劳动和管理等经济社会资本实现生态资本的形态转换，并通过生态产品在生态市场上进行交易实现生态资本的增值（严立冬等，2012；张雪溪等，2020），完成生态资本货币化（使用价值转化为交换价值）（严立冬等，2009），进而推动林业经济增长（图3-1）。

综上所述，森林生态产品价值实现是"绿水青山"向"金山银山"转化的过程，旨在将可利用和可供交易的森林生态产品转化为经济价值，将生态优势转化为经济优势。也就是说，森林生态产品价值实现是森林生态产品的价值被市场认可并接受，实现生态产品从要素投入到要素产出的转化。

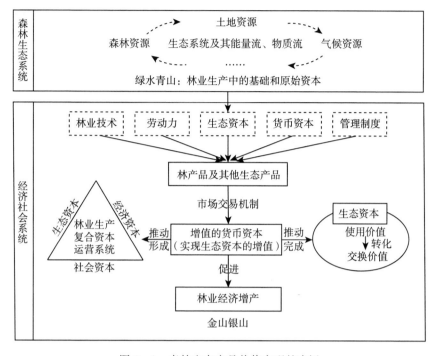

图 3-1　森林生态产品价值实现的内涵

## 3.1.2　森林生态产品价值实现效率的概念

（1）效率与生产率

效率分析是经济学研究的核心，旨在揭示如何用最少的资源获得最大的产出，即解决资源最有效配置的问题。供给侧的效率分析主要体现为成本最小化或利润最大化，而消费侧的效率分析则更偏向于效用最大化（张宁等，2022）。效率主要是指在给定投入和技术等条件下，最有效地使用资源以满足设定的期望和需要的评价方式。要素投入的增加和效率的提高是一个国家或区域实现经济增长的两种方式，其中，提高效率是经济持续增长的关键。

生产率是指要素投入和产出数量之间的相对关系，是用来表示产出与投入比率的经济学术语（张宁等，2022）。从投入的角度看，生产率可分为单要素生产率、多要素生产率和全要素生产率。单要素生产率指产出与一种要素投入之比，如劳动生产率是产出与劳动投入之比、资本生产率是产出与资本投入之比、能源生产率是产出与能源使用量之比。多要素生产率是指产出与多种要素组合投入的比值。全要素生产率指产出与综合要素投入之比，综合要素指资本、劳动、能源及其他要素等两种或多种要素的组合。

全要素生产率是推动中国经济增长的动力源泉。《2015 年政府工作报告》首次明确指出要"增加研发投入，提高全要素生产率"，推动经济由投入型增长转向效率型增长。党的十九大报告明确提出"推动经济发展质量变革、效率变革、动力变革，提高全要素生产率"。全要素生产率与实现更高质量、更有效率、更加公平、更可持续的发展，以及建立现代化经济体系直接相关。新古典经济学派认为，全要素生产率可以衡量纯技术进步在生产中的作用。全要素生产率的概念来自生产率。Solow（1957）提出增长核算，将经济增长中无法被资本、劳动力等生产要素增长率所解释的余值定义为全要素生产率增长率，并将全要素生产率的提升归因于广义技术进步（罗斯炫等，2022）。全要素生产率（Total Factor Productivity，TFP）是指在考虑全部投入要素（包括劳动、资本、能源、土地等）的条件下，全面反映经济发展过程中总投入转化为产出的效率，是一个国家（区域）经济发展质量、管理能力和效率的综合体现。从经济学角度看，全要素生产率是包括人力、物力、财力在内的资源开发利用效率，其来源包括效率改善、技术进步、规模效应。

效率可以分为技术效率和配置效率。技术效率最早由 Farrell（1957）提出，是指在既定的技术水平和要素价格下，投入要素或产出数量可优化空间的大小。一般而言，技术效率可以从投入和产出两个角度来表述，即从投入角度可以将技术效率定义为既定产出时目标投入与实际投入之比，从产出角度可以将技术效率定义为既定投入时实际产出与目标产出之比。因此，技术效率是一个相对的概念，描述的是实际产出与生产前沿之间距离的相对大小（张宁等，2022）。技术效率可分解为纯技术效率和规模效率两个部分。其中，纯技术效率表示实际产出与规模报酬可变（variable returns to scale，VRS）条件下生产前沿的距离，即纯技术效率就是规模报酬可变条件下生产前沿的技术效率。规模效率是指在其他条件不变时，规模报酬不变（constant returns to scale，CRS）条件下的生产前沿与规模报酬可变条件下的生产前沿之间的距离大小。配置效率是指在既定的技术水平和要素价格条件下，通过调整要素的投入比例，以实现要素投入的最小化或产出的最大化。与技术效率一样，配置效率同样可以从产出和投入两个视角进行阐释，即基于投入视角可以将配置效率理解为在既定的产出下，通过调整各种要素的比例数量进而实现成本最小化的目标；基于产出视角可以将配置效率理解为在既定的投入下，通过调整各种要素的比例数量进而实现产出最大化的目标。

（2）森林生态产品价值实现效率

生态产品价值实现效率为生态系统生产总值（GEP）转化为国内生产总值（GDP）的直接转化效率，是评估和优化生态产品价值实现机制的重要依据（孔凡斌等，2022；程文杰等，2022；徐彩瑶等，2023）。森林生态产品价值实现效率则是指森林生态系统生产总值转化为林业产业生产总值的转化效率，即森林生态产品作为投入要素在参与社会经济生产过程中，与资本、劳动、土地等其他要素结合形成商品资本并最终转化为货币资本的效率。森林生态产品价值实现效率分析旨在揭示如何用最少的森林生态资本投入获得最大的产出，即解决森林资源最有效配置的问题。此外，森林生态产业化经营的产业资本运动过程具有自身的特殊性。在森林生态产业化经营过程中，产业资本循环分为购买、生产、销售三个阶段（黎元生，2018）。因此，森林生态产品价值实现效率可根据资本循环的不同阶段进一步细分，以细致考察森林生态产品价值实现不同阶段的实现效率。

## 3.2　森林生态产品价值实现效率的理论基础

### 3.2.1　"生态＋"生产函数：生态经济理论模型

柯布-道格拉斯生产函数，又称"C-D生产函数"，由数学家柯布（C. W. Cobb）和经济学家保罗·道格拉斯（Paul H. Douglas）于20世纪30年代根据1899—1922年的工业统计资料提出的，能够解释不同生产要素的边际产量、边际替代率、产出弹性、替代弹性、技术进步等诸多方面。生产函数是指在一定时期内，在技术水平不变的情况下，生产中所使用的各种生产要素的数量与所能生产的最大产量之间的关系。换句话说，就是一定技术条件下投入与产出之间的关系，在处理实际的经济问题时，生产函数不仅表示投入与产出之间关系的对应，还能表示生产技术的制约。例如，在考虑成本最小化问题时，必须考虑到技术制约，而这个制约正是由生产函数给出的。另外，在宏观经济学的增长理论中，在讨论技术进步的时候，生产函数得到了广泛关注。

C-D生产函数是最常用于研究投入产出效率的模型。土地、物质资本和劳动力是传统投入要素，森林生态产品价值作为现代生态经济增长理论的重要概念，被列入经济增长的要素体系。生产函数模型可转变为"生态＋"生产函数模型（孔凡斌等，2023b）：

$$Y_{i,t} = A_{i,t}^{\mu} N_{i,t}^{\alpha} K_{i,t}^{\beta} R_{i,t}^{\gamma} E_{i,t}^{\delta} \lambda_{i,t} \qquad (3-1)$$

对公式（3-1）取对数可得：

$$\ln Y_{i,t} = \mu \ln A_{i,t} + \alpha \ln N_{i,t} + \beta \ln K_{i,t} + \gamma \ln R_{i,t} + \delta \ln E_{i,t} + \ln \lambda_{i,t}$$

$$(3-2)$$

公式（3-1）和公式（3-2）中，$Y_{i,t}$、$N_{i,t}$、$K_{i,t}$、$R_{i,t}$、$E_{i,t}$ 和 $A_{i,t}$ 分别代表第 $i$ 个行政单元第 $t$ 年的林业产业增加值、林地投入、物质资本投入、劳动力投入、森林生态产品价值和其他投入；$\alpha$、$\beta$、$\gamma$、$\delta$ 和 $\mu$ 分别表示林地投入、物质资本投入、劳动力投入、森林生态产品价值和其他投入的产出弹性；$\lambda_{i,t}$ 表示常数项。

具体而言，生态资源通过生态产品价值实现成为生态资本要素，投入社会经济生产过程，由此，生态产品价值显化并被市场认可和接受，实现生态产品从要素投入到要素产出的转化。针对"生态＋"生产函数模型，理论上，考虑到生态系统保护与修复成本、生态产品替代成本、生态系统承载力及生态失调引致的社会经济影响等因素，生态资本的边际成本通常是相对较高的。在生态产品价值实现促进共同富裕的理论体系中，生态资本应作为要素纳入传统的C－D生产函数中。考虑到生态资本的边际成本较高，那么仅考虑增加生态资本要素投入的生产函数（图3-2）可能呈现以下特征：①生态产品边际产量递减。生态资本的边际成本较高意味着进一步利用或消耗生态资本会付出更高的成本。因此，生产函数曲线的斜率将逐渐减小，表示每增加一个单位的生态资本，额外的生态产品产出递减。②生态资本"枯竭点"。由于地球空间和自然生态系统固有承载力存在阈值，人类的社会经济活动必然要限制在地球"生态承载力"的范围内，因此，生态资本的产出存在最大值，此时生产函数曲线可能会达到"枯竭点"，表示生态资本不再增加，也不会产生额外的生态产品产量。如果进一步消耗生态资本可能会导致环境退化、资源枯竭或生态系统功能的恶化。③限制的生产可能性边界。由于生态资本边际成本较高，生产函数曲线将逐渐靠近生产可能性边界。生态资本投入数量的限制将对生态产品产量的增长产生制约作用。

### 3.2.2 "绿水青山就是金山银山"理论

"绿水青山就是金山银山"理论是习近平生态文明思想的核心理念，是中国生态文明建设的核心。"绿水青山"和"金山银山"的关系经历了三个阶段：

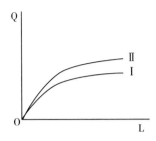 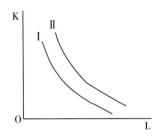

（a）不同投入要素下生产函数的产量曲线　（b）不同投入要素下生产函数的等产量曲线

Ⅰ：传统生产要素投入的生产函数特征；Ⅱ：仅考虑生态资本要素投入的生态经济生产函数特征。

图 3-2　"生态＋"生产函数的产量曲线和等产量曲线

第一阶段是"只要金山银山，不要绿水青山"，在此阶段，中国在短时间内成为世界第二经济体，人们只看中社会经济发展带来的利益，不惜通过牺牲良好生态环境的方式，换取经济社会的快速发展。第二阶段是"既要金山银山，也要绿水青山"，在此阶段，中国的环境污染等现实问题大量涌现，人们意识到生态环境保护与社会经济发展同等重要，开始寻求科学的方法促进社会可持续发展，此阶段中国的经济发展方式实现了由粗放型向集约型发展模式转变。第三阶段是"绿水青山就是金山银山"，该阶段人们认识到良好的生态环境的重要性，认识到发展社会经济需要好的环境作为保障，改善生态环境就是在发展生产力（张波等，2021）。2013 年 9 月，习近平总书记明确强调了"我们既要绿水青山，也要金山银山。宁要绿水青山，不要金山银山，而且绿水青山就是金山银山"。"绿水青山就是金山银山"理论要求人们在发展社会经济的同时必须关注生态环境，在以生态资源为本底、各类要素相互配合与良性互动的前提下，才能创造出更多符合人民需求的生态产品（刘辉等，2022）。因此，"绿水青山就是金山银山"理论成为建立健全生态产品价值实现机制的指导思想。

## 3.2.3　价值理论

价值理论是经济学的基础理论。不同学术流派站在各自立场上形成了各具特色的价值理论，其中影响最大的就是劳动价值论和效用价值论。

劳动价值论作为马克思主义经济学的核心理论，主张商品的价值由生产过程中凝结的社会必要劳动时间决定。经典劳动价值论主要关注工业生产和农业劳动，忽视生态保护（如森林管护、水土保持）中的劳动投入。人类对自然资源基本规律的认识，对自然资源的保护与合理利用的生产生活活动，以及避免自然资源过度开发、环境破坏等所需的成本投入，这些无不直接或间接凝聚着无差别的人类活动（刘伯恩，2020）。生态产品中凝结的无差别人类劳动，既包括生态产品的维护、经营、保护和治理投入，也包括为了保护生态产品而放弃的人类活动介入和发展等机会成本（谢花林等，2022）。

效用价值论作为经济学中的经典理论，强调商品或服务的价值源于其满足人类需求的"效用"（主观满足感），并通过供需关系形成市场价格。生态产品的价值不仅体现为实物产出（如木材、水源），更在于其提供的非市场性效用，例如清新空气带来的健康效益、景观带来的精神愉悦等。这些效用难以通过传统市场直接定价，但可通过消费者支付意愿间接反映。生态资源的稀缺性会提升生态产品的边际效用。例如，当清洁水源因污染减少时，其保护或修复的边际效用显著增加，从而推动更高的经济投入（如污水处理投资）。

马克思指出，未经人类生产加工的自然生态产品，如原始森林、天然草场、自然湿地等都是自然形成的，没有凝结着人类劳动，因而虽然有使用价值，但没有价值。只有经过人类生产加工所形成的人工生态产品，由于生产过程中凝结着人类劳动，因而具有使用价值和价值。自工业革命以来，人类在追求物质产品快速增长的同时，造成了全球性生态环境危机。因此，维护良好的生态环境，不能仅仅依靠自然力的作用，更需要改变人类自身的生产生活方式，采取自觉的保护性行为。可见，优质的生态环境是自然力和人类管护性劳动投入共同作用的结果，既体现了自然界对人类生存发展的恩赐，也蕴含着人类社会内部不同主体间的利益关系。当生态要素一旦成为稀缺性资源、成为产业资本投资获利的对象时，生态产品就具有商品性质，成为使用价值和价值的统一体。

## 3.2.4 外部性理论

外部性理论是经济学理论之一，是指导生态产品供给的外部性治理问题的依据。萨缪尔森认为外部性指一个经济主体通过生产和消费的过程对其他经济主体产生的未在市场交易中反映出的具有正外部性和负外部性之分的影响。外部性亦称外部成本、外部效应（Externality）或溢出效应（Spillover Effect）。外部性可以分为正外部性（或称外部经济、正外部经济效应）和负外部性（或称外部不经济、负外部经济效应）。庇古认为对于前者应予以补贴，对于后者应予以征税。此后，科斯从交易费用入手，认为通过明晰产权和产权交易，将外部问题内部化，以解决外部性问题。后来，奥斯特罗姆发现公共池塘类资源难以进行产权界定或者界定成本过高，因此提倡社区治理模式，通过成员间自我约定和自我执行的协议，提高生态产品的供给。

生态产品的外部性可以体现为生态产品从生产到消费的过程中对他人产生的影响。从生态产品的外部性来看，生态产品价值实现的微观机制可分为政府导向型、市场导向型和混合导向型三类。一是政府导向型。如果生态产品产权不清晰、管理成本较大，则政府供给生态产品是实现其价值的最优选择。政府应按照人们的现实需求，通过科学合理的手段将生态产品供给给人们。政府导向型生态产品实现的方式主要有转移支付、征收环境保护税、生态补偿等。二是市场导向型。如果自然资源产权清晰并且价值明确，则可以通过市场手段让自然资源保护者有收益，让受益者和干扰者付出代价，从而形成生态产品货币化机制。市场导向型生态产品价值实现的方式主要有直接市场交易、生态产品增值、完善产权交易制度等。三是混合导向型。如果生态产品的产权和价值不够清晰明确，或生态产品的现阶段价值相较管理成本偏少，则综合政府和市场两种手段，采取设立环境保护公益基金、土地休耕信托、生态信用奖惩等多种形式，实行政府、企业和社会共同参与的多元管理模式（秦国伟等，2022）。

## 3.2.5　公共产品供给理念

公共产品理论是新政治经济学的一项基本理论，也是正确处理不同类型生态产品价值实现的基础理论。公共产品（Public goods）是私人产品的对称，指具有消费或使用上的非竞争性和受益上的非排他性的产品。公共产品的特点是一些人对这一产品的消费不会影响另一些人对它的消费，具有非竞争性；某些人对这一产品的利用，不会排斥另一些人对它的利用，具有非排他性。

公共产品类生态产品是指具有非排他性、非竞争性特征的生态产品。一方面，非排他性决定其影响群体众多，公共利益是需要考虑的重要内容。另一方面，在大规模消费群体前提下的非竞争性导致"免费搭车"的市场失灵现象，导致市场驱动力弱化。在生态产品价值实现的推进过程中，追求公共利益是主要动力，政府作为公众代理人和交易管理者是生态产品价值实现的主要推进主体。在公共产品类生态产品价值实现具体运行环节中，政府承担着价值标准制定、价值评价、价值核定、统计调查和监测、出资购买、产权界定与保护、税费征收、监督管理、产品及服务提供等工作；市场承担着部分产品及服务提供等工作；公众承担着公共监督、税费缴纳的工作；社会组织承担着公共监督、部分产品及服务提供、部分出资购买等工作。总体而言，政府在生态产品价值实现中发挥着不可替代的主体作用。

### 3.2.6 生态系统服务与人类福祉理论

千年生态系统评估（MA）报告显示，全球 60% 的生态系统服务正在降低，而超过 80% 的生态系统服务消费量在增加，同时指出人类福祉直接或间接受到生态系统服务的影响（Dawson 等，2015）。生态系统服务是人类从生态系统中获取的各种惠益，其目标是提升人类福祉，在良好生活质量的基础上实现个人需求和潜在价值的满足（邱坚坚等，2021）。生态系统服务是连接自然系统与人类福祉的桥梁（Hsieh 等，2015），生态系统通过生态功能持续为人类提供产品与服务，满足人类福祉需求（程宪波等，2021）。生态系统服务的重要价值体现在维持人们良好的生活质量水平上，能够满足人类社会不同层次发展的需要，增进人类社会福祉。生态系统服务与人类福祉同属多尺度、多层次、复杂的动态开放系统，前者主要通过供给、调节、文化、支持服务对人类福祉起承载或约束作用，后者通过经济、社会、环境福祉需求的差异以促进或胁迫生态系统服务及其功能，二者由此形成紧密的双向关联作用。

### 3.2.7 可持续发展理论

生态产品价值实现是建设人与自然和谐共生的可持续发展道路的重要途径。马克思主义关于人与自然关系的思想为生态产品价值实现的形成奠定了哲学基础。马克思主义认为，人不是自然界的主宰者，而是自然界的一部分，人靠自然界生活，人与自然是一个统一的整体。马克思主义进一步提出了人与自然和谐相处的思想，人与自然互为存在的前提。可持续发展理论为生态产品价值实现指明了方向。1987 年世界环境与发展委员会在《我们共同的未来》报告中第一次阐述了可持续发展的概念，得到了国际社会的广泛认同。可持续发展是指既满足当代人的需求又不损害后代人满足其需求的能力，既要达到发展经济的目的，又要保护好人类赖以生存的大气、淡水、海洋、土地和森林等自然资源和环境，使子孙后代能够永续发展和安居乐业（国际环境与发展研究所，1990）。该定义说明了两点，一是人类社会需要发展，二是人类社会发展是有一定条件的，不能超过这个条件只单独谋求当代人的发展，危及后代人的发展。该定义包含公平性、持续性、共同性三大原则，公平性原则是指本代人和后代人之间资源分配的公平；持续性原则是指人类的发展不能超过环境的承载力，能够实现短期利益和长期利益的统一；共同性原则是指不同地区之间拥有共同的发展机会，只有这样才能将局部利益与整体利益有机统一在一起。谋求人类合理利用自然资源和环境来可持续地发展经济，是可持续发展理论的内涵（李雪林，2022）。森林生态产品价值实现是平衡林区林农生计与森林生态保护的重要方式。

### 3.2.8　生产效率理论

生产效率是指在固定投入下实际产出与最大产出之间的比率，它反映了最大产出的可达到程度、预期目标和最佳运营状态，为准确分析在一定技术条件和制度环境条件下经济资源的配置及利用情况，需使用投入-产出模型来反映投入和产出之间的紧密对比关系即要素转化效率。理论上，生产效率分解为技术前沿和技术效率两个部分，随着研究的深入，生产效率又被分解为技术进步效率、技术效率、规模效率和配置效率。此外，经济学理论认为，生态产品价值转化效率需要资源配置效率、资本效率和技术效率的共同作用。由于森林资源禀赋、生态要素投入、人力资本投入、技术水平、产业组织形式、利益分配机制及政策制度等内外因素的异质性特征，不同地区的森林调节类生态产品价值转化效率在不同时间可能会产生波动，生态产品价值转化效率水平也就可能出现差异（程文杰等，2022）。

### 3.2.9　生态效率理论

生态效率（Eco‐efficiency）的概念是由 Schaltegger 和 Sturm 于 1990 年首次提出，主要是指生态资源满足人类需要的效率，它可以看作是一种产出/投入的比值，具体而言是增加的价值与增加的环境影响的比值，可以说是一个广义的性能比。其中，产出是指一个企业、行业或整个经济体提供的产品与服务的价值，投入指由企业、行业或经济体造成的环境压力。生态效率概念被广泛认识和接受是通过可持续发展工商业联合会（BCSD）在 1992 年出版的著作——《改变航向：一个关于发展与环境的全球商业观点》。该书指出，企业界应该改变长期以来的污染制造者的形象，努力成为全球可持续发展的重要推动者。要实现该目标，应该发展一种环境和经济发展相结合的新概念——生态效率，以应对可持续发展的挑战。世界可持续发展工商业联合会（WBCSD）的定义被广泛接受，即"通过提供具有价格优势的服务和商品，在满足人类高质量生活需求的同时，将整个生命周期中对环境的影响降到至少与地球的估计承载力一致的水平上。简单说来，就是影响最小化、价值最大化"。对于工业界而言，生态效率是指在生产过程中，资源利用、工业投资、科技发展等朝着工业附加值最大化，资源耗费、废物污染朝着最小化这一方向前进。在生物学中，生态效率是指生态系统中各营养级生物对太阳能或其前一营养级生物所含能量的利用、转化效率，以能流线上不同点之间的比值来表示。生态效率不但要表征所研究对象的环境影响，而且要评价其经济价值（吕彬等，2006），因而与生态足迹（Ecological Footprint）等可持续性评价方法在范围上有着重要区别。生态足迹是 20 世纪 90 年代发展起来的一种以土地为度量单位的生态可持续性评估方法。该方法通过计算支持特定区域人类社会所有消费活动所需要的土地（生态足迹）并将其与该区域可提供的生物生产性土地（生态承载力）相比较来判断区域发展的可持续性。可以看出，经济价值的计算与评估不是生态足迹方法的核心。评价生态效率的目的是鼓励企业在提高经济效益、竞争力和创新能力的同时，也能更多地担负起保护环境的责任。因此，生态效率作为一种全新的经营管理哲学，是推动产业迈向可持续发展的基本理论，也是森林生态产品价值实现效率的重要理论基础。

# 第4章 森林生态产品价值实现效率的评价方法和评价指标体系

森林生态产品价值实现效率水平分析旨在揭示如何用最少的森林生态资本投入获得最大的价值产出,即解决森林生态资本有效配置的问题。因此,森林生态产品价值实现效率水平评价是高效推动森林生态产品价值实现的评估方法,是保障"绿水青山"可持续转化为"金山银山"的重要前提。生态产品价值实现效率评价是通过采用各种测度生态产品价值实现效率水平的方法来开展的,而生态产品价值实现效率影响因素的研究则是在生态产品价值实现效率水平测度的基础上,通过计量回归分析进一步揭示影响生态产品价值实现效率高低与变化的主要因素。由此可见,生态产品价值实现效率评价,即如何科学又合理地测度生态产品价值实现效率水平是生态产品价值实现研究的首要问题。因此,本章基于森林生态产品价值实现效率的理论基础,通过系统梳理森林生态产品价值实现效率水平的评价方法,构建森林生态产品价值实现效率水平的评价指标体系,凝练森林生态产品价值实现效率评价的意义,为森林生态产品价值实现效率的实证研究提供方法基础。

## 4.1 森林生态产品价值实现效率水平的评价方法

森林生态产品价值实现效率水平的评价方法理论上可以参照生产效率水平、生态效率水平及全要素生产率水平的评价方法。生产效率、生态效率及全要素生产率的定量评价方法比较丰富,在实证研究中既有单要素效率方法,又有全要素效率方法;既有参数方法(随机前沿分析法),又有非参数方法(数据包络分析法);既有只考虑期望产出的效率分析方法,又有考虑非期望产出的效率评价方法。其中,参数方法主要有参数线性规划法、随机前沿分析法和计量经济学方法;非参数方法主要是数据包络分析法。考虑到森林生态产品价值实现效率水平评价的适用性和实证研究的可操作性，此处仅针对参数方法中的随机前沿分析法及非参数方法中的数据包络分析法进行介绍。

## 4.1.1 数据包络分析法（DEA）

数据包络分析（Data envelopment analysis，DEA）是在运筹学家 Charnes 等（1978）评价决策单元相对效率的基础上发展起来的系统分析方法，是一种利用非参数方法估计生产前沿面观测值效率的测算方法，DEA 中的观测值或者研究对象称为决策单元（decision making unit，DMU）。DEA 通过保持决策单元的投入或产出不变，利用线性规划和对偶原理确定生产前沿面，比较决策单元偏离生产前沿面的程度，以确定其相对有效性。DEA 也可以根据多项投入指标和产出指标，利用线性规划的方法，对具有可比性的决策单元进行相对有效性的评价。DEA 的基本模型是 CCR 模型（Charnes 等，1978），因其是基于规模报酬不变的假设，故又被称为规模报酬不变（CRS）模型。将 CCR 模型放宽规模报酬不变的假设，即是 BCC 模型（Banker 等，1984），也称为规模报酬可变（VRS）模型。传统的 DEA 模型只能对截面数据进行效率分析，而生产率指数（如 Malmquist 指数）则可以对面板数据进行生产率分析。除此之外，DEA 模型若与生产率指数有效结合，则能够测度全要素生产率的动态变化特征，并能够进一步分解变动的来源构成，具有不需要对生产函数的结构做先验假设、不需要对参数进行估计、允许无效率行为的存在等独特优势，在全要素生产率变动的研究中应用广泛。因此，DEA 模型与生产率指数有效结合适用于森林生态产品价值实现效率水平的评价。下面将基于 DEA 模型框架，按照全要素生产率指数的演进脉络进行森林生态产品价值实现效率水平评价方法的梳理（程开明等，2022）。

（1）Malmquist 生产率指数（Malmquist 指数）

Malmquist 指数由瑞典经济学家和统计学家 Sten Malmquist 于 1953 年首次提出，即利用缩放因子之比构造消费数量指数（Malmquist，1953），缩放因子表示给定生产组合为了达到某一无差异曲面所需要的缩放倍数。受 Malmquist 消费指数的启发，Caves 等（1982）将 Malmquist 指数引入生产领域，利用距离函数构造出 Malmquist 指数，并将生产分析中的 Malmquist 指数命名为 Malmquist 生产率指数，用于生产率增长分析。1994 年，Färe、Grosskopf、Norris 和 Zhang（以下简称 FGNZ）将 DEA 引入 Malmquist - TFP 测算中，测算了经济合作与发展组织（OECD）主要成员国全要素生产率的变化规律，并主要对比了日本和美国全要素生产率（TFP）的变化，发现日本是基于追赶的全要素生产率增长，而美国是基于技术创新的全要素生产率增长（Färe 等，1994）。FGNZ 把 DEA 与非参数线性规划法结合起来度量距离函数，将 Malmquist 生产率指数定义为相邻两期 Malmquist 指数的几何平均数（Färe 等，1994）。随后，Malmquist 指数在全要素生产率增长测算中得到了广泛应用（杨世迪等，2021）。

Malmquist 指数的测算是基础，而要探寻全要素生产率变动的潜在来源，还需要对 Malmquist 指数进行适当分解。Nishimizu 和 Page（1982）最先进行了全要素生产率的动态分解，包括测度相邻两期技术前沿移动的技术变化和代表相邻时期决策单元至有效生产前沿面追赶程度的技术效率变化，即利用"创新"和"追赶"分析全要素生产率增长的来源。在此基础上，FGNZ（1994）进一步使用非参数线性规划技术估计距离函数，用距离函数表示技术变化（TC）和技术效率变化（TEC）。Färe 等（1994）指出，技术效率变化在规模报酬不变的情况下，可进一步分解为纯技术效率变化和规模效率变化。由此，FGNZ 将生产率增长分解为技术变化（TC）、纯技术效率变化（PEC）和规模效率变化（SEC）。此后，Ray 和 Desli（以下简称 RD）在 CRS 下将 Malmquist 指数分解为 VRS 下的 Malmquist 指数和规模变化，即技术变化、纯技术效率变化和规模变化（Ray 和 Desli，1997）。Simar 等（1998）、Zofio 等（1998）将 RD 的规模变化又分解为规模效率变化（SEC）和规模技术变化（STC），即将 Malmquist 指数进一步分解为技术变化、纯技术效率变化、规模效率变化和规模技术变化。

尽管各种分解方式存在一定的差异，但其皆具有合理性，实际应用中的选择取决于待解决问题的要求及所能收集到的数据等现实条件。当期 DEA 模型与 Malmquist 指数相结合可应用于 TFP 增长测算，其既能避开设定生产函数具体形式和选择随机变量分布假设等问题，也不存在对价格体系的影响，TFP 指数可以分解为技术效率变化和技术进步等因素，从而提供更全面的 TFP 增长信息，且其适用于面板数据分析，由此成为测算 TFP 增长的常用方法（程开明等，2022）。

用 Malmquist 指数测算全要素生产率增长虽然有着很多优点，但其也隐含着一些缺陷。首先，使用一般技术进行参数估计时，构成 Malmquist 指数的一些距离函数可能是不确定的，Briec 和 Kerstens（2009）证明了基于当期 DEA 计算 Malmquist 指数可能会出现无可行解的问题。其次，技术的规模报酬性质对 Malmquist 指数的测算与分解是非常重要的，规模报酬可变（VRS）情况下的 Malmquist 指数并不能准确衡量生产率变化，同时，规模效率变化的分解也存在不一致性（Ray 和 Desli，1997）。只有在技术呈规模报酬不变（CRS）时，Malmquist 指数的测算与分解才是恰当的，此时 TFP 变化仅包含技术变化和技术效率变化两个来源。最后，Bjurek（1996）认为，Malmquist 指数的角度选择较为随意，分解过程忽略了规模混合效率，因而分解是不完整的。O'Donnell（2012）认为，投入和产出导向的 Malmquist 指数不具有乘法完备性，通常不能准确测度全要素生产率的变化。Coelli 等（2005）指出，Malmquist 指数不满足跨期比较时尤为重要的传递性，无法进行多期或多边比较。

（2）Malmquist‑Luenberger 生产率指数

Malmquist 指数是基于 Shepard 距离函数计算的，其存在一个明显缺陷，即在度量全要素生产率增长的过程中仅关注期望产出而忽视了非期望产出的影响。为了弥补这一缺陷，基于方向性距离函数（Directional Distance Function，DDF）的 Malmquist‑Luenberger 生产率指数应运而生。

Pittman（1983）首次尝试在生产率测算中引入非期望产出，但将环境因素纳入生产率分析框架通常会面临以下问题：①如何针对期望产出和非期望产出的联合生产问题进行建模，即受技术因素的制约，扩大期望产出的同时非期望产出也会增加。②如何将非期望产出的减少作为一种效率提升纳入整体分析框架，这其中还存在技术障碍（张少华和蒋伟杰，2014）。为了解决以上问题，Chung 等（1997）将一种方向性距离函数引入生产率测算框架，并以此为基础构建了 Malmquist‑Luenberger 生产率指数。Malmquist‑Luenberger 生产率指数与 Malmquist 指数的主要区别在于前者引入方向向量且考虑非期望产出，因此，Malmquist‑Luenberger 生产率指数也可以称为绿色全要素生产率，因两者的分解思路大致相同，此处不再详述。

（3）Luenberger 生产率指标

无论是 Malmquist 指数还是 Malmquist‑Luenberger 生产率指数，其均是基于比率的测算方法，适合于考察全要素生产率的变化情况，而对变量的"差值"难以反映（董敏杰等，2012）。而且当一个或多个变量等于或接近零时，基于比率的生产率指数难以确定（Boussemart 等，2003）。因此，有学者提出应该考虑基于差异的生产率指标。

Malmquist 指数和 Malmquist‑Luenberger 生产率指数的测算均是基于径

向距离函数，要求投入产出同比例扩张或缩减，而在存在非零松弛时，这种径向方法往往会使生产率测算结果出现偏误。因此，有学者提出可以采用一种非径向（Non‐radial）、非角度（Non‐oriented）的非参数 DEA 方法——SBM（Slack‐based Measure）方向性距离函数及相应的 Luenberger 生产率指标，这既可以解决因未考虑松弛变量而高估评价对象效率的问题，也可以避免出现因不能同时考虑投入和产出而导致生产率失真的情况，以及因生产函数形式误设造成的生产率测算偏差。然而，Zhou 等（2012）认为，上述 SBM 方法虽然可用于计算基于方向松弛的无效率度量，但其并没有正式定义函数本身，故采用与 DDF 所遵循的效率度量公理化方法更为一致且具有理想数学性质的非径向距离函数（Non‐Radial Directional Distance Function，NDDF）代替 SBM 方法，可以避免径向距离函数存在的问题。随后，Fujii 等（2014）引入了基于 NDDF 构建的 Luenberger 生产率指标。

Luenberger 生产率指标和 Malmquist 指数一样可以基于技术角度进行分解，其区别在于形式上是加法而不是乘法。刘瑞翔和安同良（2012）针对 SBM 方向性距离函数和 Luenberger 生产率指标的特点提出一种基于要素角度的分解方法，即在计算全要素生产率的同时考虑单个投入要素生产率的变化情况，以确定某一种投入（如资本、劳动等）的减少或产出的增加对全要素生产率提升的贡献度。可见，Luenberger 生产率指标既可以基于技术角度进行分解，又可以基于要素角度进行分解。

由于 Malmquist‐Luenberger 生产率指数与 Luenberger 生产率指标均是基于当期 DEA 进行测算的，两者不仅拥有 Malmquist 指数所具有的理想性质，还能将非期望产出纳入测算框架，但其与 Malmquist 指数一样仍存在当期 DEA 固有的缺点，故全要素生产率指数仍有待进一步改进（程开明等，2022）。

（4）Global‐Malmquist 生产率指数

Pastor 和 Lovell（2005）认为 Malmquist 生产率指数存在计算结果通常不一致、线性规划可能无法求解、求得的结果具有乘法完备性等三大缺陷，进而提出通过构建由所有决策单元（DMU）的所有时期数据形成的生产技术集作为共同生产前沿面，进而计算 Global‐Malmquist 生产率指数。基于全局 DEA 计算 Global‐Malmquist 生产率指数时，距离函数可以通过求解全局 DEA 模型得到。Pastor 和 Lovell（2005）给出了全局基准技术下的 Global‐Malmquist 生产率指数分解方法，即将 Global‐Malmquist 生产率指数分解为全局技术变化（BPC）和技术效率变化（TEC）。由于 Global - Malmquist 生产率指数具有可传递性、可累乘性，不会因为基期选择不同而产生不同的结果，且不会产生线性规划不可解的问题，因此在实证研究中应用广泛（程开明等，2022）。

（5）Sequential - Malmquist 生产率指数

Shestalova（2003）提出基于序列 DEA 计算的 Sequential - Malmquist 生产率指数，即以 DMU 当期及前期观测值确定的生产技术集构造最佳生产技术前沿面。Sequential - Malmquist 生产率指数的分解与 Malmquist 生产率指数分解的思路类似，其区别仅在于生产前沿面不同。基于序列 DEA 计算 Sequential - Malmquist 生产率指数时，距离函数可以通过求解 DMU 序列 DEA 问题得到（程开明等，2022）。

（6）Biennial - Malmquist 生产率指数

受到 Global - Malmquist 生产率指数的启发，Pastor 等（2011）构建了基于两期生产可能性集的 Biennial - Malmquist 生产率指数。Biennial - Malmquist 生产率指数不仅可以避免无可行解的问题，而且可以衡量技术变动，在增加新一期数据集时保持先前计算的生产率变化，只需要改变新增这一期的前沿面即可。Global - Malmquist 生产率指数的前沿面构建基于所有时期所有样本的观测值，当增加新的一年的数据时，整个前沿面就需要改变，因此计算比较复杂。Biennial - Malmquist 生产率指数的缺点是不满足循环性和传递性要求。此外，Biennial - Malmquist 生产率指数的分解框架与 Global - Malmquist 生产率指数类似，区别仅在于生产前沿面不同（程开明等，2022）。

（7）Metafrontier - Malmquist 生产率指数

常规的 Malmquist 生产率指数可以用作根据事后结果比较国家或群体生产率增长率的工具。但是，有了数据集上的事前信息，计算结果可能会更加详尽，并可用于产生更详细的决策建议。在数据集上使用事前信息的原因是，不能将给定生产技术下运行的生产者的生产率进行直接比较，因为一个特定技术组中的生产者具有与其他组中不同的生产可能性集。因此，为了解决这种技术异质性带来的效率评价问题，Metafrontier（共同前沿）- Malmquist 生产率指数应运而生。

生产率测算往往假设所有评价对象具有相同的技术水平即处于共同生产前沿下，而现实中存在的内部特性或外部环境差异使评价对象具有异质性。为了解决评价多群体效率和生产率问题，Hayami（1969）提出共同前沿模型，

Ruttan 等（1978）将共同前沿生产函数定义为最有效率的生产者的生产点的包络，使共同前沿生产函数的概念更加具体。在既有研究的基础上，Battese 等（2004）提出采用技术落差比例（TGR）衡量不同技术条件下单一群组在整个产业潜在效率中的地位。至此，共同前沿模型基本形成。Rambaldi 等（2007）用距离函数表示共同前沿生产函数，采用 DEA 方法在共同生产可能性集下构建共同前沿的 Malmquist 生产率指数。其后，Oh 和 Lee（2009）在衡量 1970—2000 年 58 个国家的生产率变化时构建了全局 Metafrontier - Malmquist 生产率指数。基于 DEA 的 Metafrontier - Malmquist 生产率指数是基于全域技术构建的，由 Oh（2010）提出。

因此，比较不同技术条件下群体的生产率变化时可计算 Metafrontier - Malmquist 生产率指数，而不是传统的 Malmquist 生产率指数。此外，与 Global - Malmquist 生产率指数类似，Metafrontier - Malmquist 生产率指数同样具有传递性、循环性等优点。共同前沿方法的核心思想是将各决策单元按生产技术条件划分为不同群组，针对全体和各群组分别构建生产前沿面，以考虑不同技术条件下群组之间的技术差异性对群组生产率的影响。为了定义和分解这种影响，当期参考技术、跨期参考技术和共同参考技术需要区分开来。

Metafrontier - Malmquist 生产率指数的分解与 Sequential - Malmquist 生产率指数、Global - Malmquist 生产率指数存在一定的差异，即其可以分解为群组技术效率变化（GTEC）、群组技术变化（GBPC）和技术落差比例变化（TGC）。其中，群组技术效率变化（GTEC）反映了统一生产技术下相邻两时期至当期生产前沿的追赶程度，群组技术变化（GBPC）测度了统一生产技术下当期生产可能性集合与跨期生产可能性集合的最佳技术前沿差距的变化，而技术落差比例变化（TGC）反映了相邻两时期跨期参考技术边界与共同参考技术边界的最优技术落差比例的变化，其可进一步分解为纯技术追赶（PTCU）和潜在技术相对变动（PTRC）。

（8）Slack - based measure（SBM）模型

Tone（2001）提出了 SBM 效率测量方法，该方法也是 DEA 效率测量方法中的非径向效率测度方法，其优点在于可以直接度量多余的投入量与不足的产出量来测算效率，投入与产出到生产前沿面的距离被称为松弛量（slacks）。SBM 测算的效率值小于或等于 CCR 测算的效率值，而且利用各个变量的松弛量，可以直接定义各要素的效率值（程开明等，2022）。

SBM 模型一般分为常规 SBM 模型和含非期望产出的 SBM 模型。常规

SBM 模型用于计算平均投入减少与平均产出增加的比率。它具有非导向性和非径向性的特点，即不强制地将投入与产出均匀地或等比例地改进，通过模型计算每个维度上最大可能的改进。含非期望产出的 SBM 模型，就是在常规 SBM 模型中考虑非期望产出，是 Tone（2004）在他的工作论文中提出的模型，后被广泛使用。

### 4.1.2 随机前沿分析法（SFA）

随机前沿分析（Stochastic frontier analysis，SFA）是一种极大似然估计的参数方法，由美国的 Aigner 等（1977）、比利时的 Meeusen 等（1977）、澳大利亚的 Battese 等（1977）分别提出，早期的模型只针对横截面数据进行分析，且不能处理多投入、多产出问题。Battese 和 Coelli（1992）将其拓展为适用于面板数据且能对前沿函数和技术无效率函数的参数进行估计的随机前沿生产函数模型。Zhou 等（2012）将 Shepard 距离函数与随机前沿生产函数相结合，使 SFA 模型能够同时处理多投入、多产出问题。SFA 模型的一般形式为：

$$y_{jt} = f(x_{jt}, t, \beta) \times \exp(v_{jt} - u_{jt}), j = 1, 2, \cdots, J; t = 1, 2, \cdots, T$$
$$v_{jt} \sim N(0, \sigma_v^2); u_{jt} \sim |N(\mu, \sigma_v^2)| \qquad (4-1)$$

公式（4-1）中，$y_{jt}$ 为第 $j$ 个决策单元（DMU）$t$ 时期的产出，$x_{jt}$ 为第 $j$ 个决策单元（DMU）$t$ 时期的投入向量；$t$ 表示时间，反映技术变化；$f(x_{jt}, t, \beta)$ 为特定函数形式（包括 C-D 生产函数和超越对数生产函数等）；$\beta$ 表示待估计的投入向量参数；$v_{jt}$ 表示随机统计误差，假定服从正态分布；$u_{jt}$ 表示技术非效率所引致的误差，假定服从截断正态分布；$v_{jt}$ 与 $u_{jt}$ 相互独立。

对数形式为：

$$\ln y_{jt} = \ln f(x_{jt}, t, \beta) + (v_{jt} - u_{jt}) \qquad (4-2)$$

利用极大似然估计方法可以确定函数中的参数，得到每个 DMU 各时期的距离函数（技术效率值）。技术效率（TE）用实际期望产出与生产前沿面产出期望的比值表示，则第 $j$ 个 DMU 在 $t$ 时期的技术效率可以定义为：

$$TE_j^t = \frac{\exp(y_{jt} \mid u_{jt}, x_{jt})}{\exp(y_{jt} \mid u_{jt} = 0, x_{jt})} = \exp(-u_{jt}) = d_0^t(x_{jt}, y_{jt}) \qquad (4-3)$$

若 $u_{jt} = 0$，则 $TE_j^t = 1$，该个体恰好在生产前沿面上，即处于技术有效状态；若 $u_{jt} > 0$，则 $TE_j^t \in (0, 1)$，该个体位于生产前沿面之下，即处于非技术效率状态。从时期 $t$ 到时期 $t+1$，第 $j$ 个 DMU 技术效率的变化按以下公式计算：

$$TEC_j^{t,t+1} = \frac{TE_j^{t+1}}{TE_j^t} = \frac{\mathrm{d}_0^{t+1}(x_{j(t+1)}, y_{j(t+1)})}{\mathrm{d}_0^t(x_{jt}, y_{jt})} \qquad (4-4)$$

第 $j$ 个 DMU 从时期 $t$ 到时期 $t+1$ 的技术变化，可以通过对随机前沿函数的参数直接求时期 $t$ 的偏导数计算得出。当技术变化非中性时，技术变化值随着投入向量的不同而有所差异，因此，相邻时期 $t$ 和时期 $t+1$ 的技术变化值应采用几何平均值，即有：

$$TC_j^{t,t+1} = \left\{ \left[ 1 + \frac{\partial f(f(x_{j,(t+1)}, t+1, \beta))}{\partial t} \right] \times \left[ 1 + \frac{\partial f(f(x_{jt}, t, \beta))}{\partial t} \right] \right\}^{\frac{1}{2}}$$
$$(4-5)$$

基于 SFA 计算的 Malmquist 指数可以表示为技术效率变化与技术变化的乘积。与 DEA 相比，SFA 利用随机前沿模型将随机因素的影响分离出来，避免结果受到测量误差或其他随机性误差的冲击，能够较好地消除确定性模型产生的随机偏误所带来的影响，使结论更接近于事实。当然，SFA 也存在生产函数设定具有主观性、需要假定统计误差和技术无效率误差的分布形式等不足（程开明等，2022）。

### 4.1.3　森林生态产品价值实现效率的方法应用

考虑到森林生态产品价值实现效率评价的适用性和实证研究的可操作性，较为推荐的方法包括基于 DEA 的 Malmquist 指数模型及 SFA 模型。

（1）DEA-Malmquist 指数模型

DEA-Malmquist 指数模型的具体公式如下：

$$M(x_{t+1}, y_{t+1}; x_t, y_t) = \left[ \frac{D_i^t(x_{t+1}, y_{t+1})}{D_i^t(x_t, y_t)} \times \frac{D_i^{t+1}(x_{t+1}, y_{t+1})}{D_i^{t+1}(x_t, y_t)} \right]^{\frac{1}{2}}$$
$$(4-6)$$

公式（4-6）中，$M(x_{t+1}, y_{t+1}; x_t, y_t)$ 为 Malmquist 指数；$x_t$ 和 $x_{t+1}$ 分别为第 $t$ 期和第 $t+1$ 期投入指标向量；$y_t$ 和 $y_{t+1}$ 分别为第 $t$ 期和第 $t+1$ 期产出指标向量；$D_i^t(x_{t+1}, y_{t+1})$ 表示以第 $t$ 期的技术为参考，测算 $t+1$ 期决策单元 $i$ 生产率的距离函数，$D_i^t(x_t, y_t)$、$D_i^{t+1}(x_{t+1}, y_{t+1})$、$D_i^{t+1}(x_t, y_t)$ 同理可得。

在规模报酬不变的假设下，Malmquist 指数可分解为技术效率变化指数（EFFCH）和技术进步指数（TECH）：

$$EFFCH = \frac{D_i^{t+1}(x_{t+1}, y_{t+1})}{D_i^t(x_t, y_t)} \qquad (4-7)$$

$$TECH = \left[ \frac{D_i^t(x_{t+1}, y_{t+1})}{D_i^t(x_t, y_t)} \times \frac{D_i^{t+1}(x_{t+1}, y_{t+1})}{D_i^{t+1}(x_t, y_t)} \right]^{\frac{1}{2}} \qquad (4-8)$$

$$TFP = M(x_{t+1}, y_{t+1}; x_t, y_t) = EFFCH \times TECH \qquad (4-9)$$

在规模报酬可变的假设下，技术效率变化指数（EFFCH）可进一步分解为纯技术效率指数（PECH）和规模效率指数（SECH）。纯技术效率指数（PECH）是在规模报酬可变（VRS）状态下求出的技术效率变化，规模效率指数（SECH）是由规模报酬不变（CRS）下的技术效率变化除以规模报酬可变（VRS）下的技术效率变化，具体公式如下所示：

$$PECH = \frac{D_o^{t+1}(x_{t+1}, y_{t+1})}{D_o^t(x_t, y_t)} \qquad (4-10)$$

$$SECH = \left[ \frac{D_o^t(x_t, y_t)}{D_o^{t+1}(x_{t+1}, y_{t+1})} \times \frac{D_i^{t+1}(x_{t+1}, y_{t+1})}{D_i^{t+1}(x_t, y_t)} \right] \times$$

$$\left[ \frac{D_i^t(x_t, y_t)}{D_i^{t+1}(x_{t+1}, y_{t+1})} \times \frac{D_i^t(x_{t+1}, y_{t+1})}{D_i^{t+1}(x_t, y_t)} \right]^{\frac{1}{2}} \qquad (4-11)$$

$$TFP = M(x_{t+1}, y_{t+1}; x_t, y_t) = PECH \times SECH \times TECH$$

$$(4-12)$$

（2）SFA 模型

基于 C-D 生产函数基本架构构建森林生态产品价值实现效率的面板 SFA 实证模型，测算各行政单元森林生态产品价值实现效率。模型如下：

$$\ln y_{it} = \exp \beta_0 + \beta_1 \ln GEP_{it} + \beta_2 \ln L_{it} + \beta_3 \ln P_{it} + v_{it} - \mu_{it}$$

$$(4-13)$$

$$APE_{it} = \frac{\exp(\beta_0 + \beta_r \ln X_{it} + v_{it} - \mu_{it})}{\exp(\beta_0 + \beta_r \ln X_{it} + v_{it})} \qquad (4-14)$$

式中，$y_{it}$ 表示 $t$ 年 $i$ 行政单元的林业产业总值（亿元）；$L_{it}$ 表示 $t$ 年 $i$ 行政单元的林业从业人员数（万人）；$P_{it}$ 表示 $t$ 年 $i$ 行政单元的林业建设资金（万元）；$v_{it}$ 和 $u_{it}$ 均表示误差项，其中 $v_{it}$ 表示无法预测的随机冲击，通常认为该项可假设服从正态分布，$u_{it}$ 表示 $t$ 年 $i$ 行政单元的技术无效率项，通常服从半正态分布。$APE_{it}$ 为行政单元 $i$ 在 $t$ 年的森林生态产品价值实现效率，且 $0 < APE_{it} \leqslant 1$，$APE_{it}$ 越接近于 1，表明效率越高。$X_{it}$ 为行政单元 $i$ 在 $t$ 年的投入要素。$\beta_0$、$\beta_1$、$\beta_2$、$\beta_3$、$\beta_r$ 表示待估计系数。

## 4.2 森林生态产品价值实现效率水平评价指标体系

本研究基于经济学的投入产出视角，构建森林生态产品价值实现效率的投入产出指标体系（表 4-1），具体以森林生态产品价值、劳动力、物质资本作为投入指标，以林业产业增加值（林业一、二、三产业的增加值）作为产出指标，并借助 Super-SBM 模型和 MaxDEA 软件测度省域和县域等不同尺度水平上的森林生态产品价值实现效率水平（孔凡斌等，2022；Wang 等，2022）。其中，劳动力以林业从业人员数量来表征，物质资本采用林业固定资产投资完成额来衡量。森林生态产品主要包括物质供给产品、调节服务产品（水源涵养、固碳、释氧、土壤保持、空气净化、气候调节）和文化服务产品。其中，固碳、水源涵养和土壤保持服务通过 InVEST 模型中的相关模块进行计算。森林生态产品价格参考地方标准《生态系统生产总值（GEP）核算技术规范陆域生态系统》（DB33/T 2274—2020）。

表 4-1 森林生态产品价值实现效率的投入产出指标体系

| 类别 | 一级指标 | 二级指标 | 三级指标 |
|---|---|---|---|
| 投入指标 | 森林生态产品价值 | 物质供给产品 | 林产品 |
| | | 调节服务产品 | 水源涵养 |
| | | | 固碳释氧 |
| | | | 空气净化 |
| | | | 土壤保持 |
| | | | 气候调节 |
| | | 文化服务产品 | 森林休憩 |
| | 劳动力 | 林业从业人数 | |
| | 物质资本 | 林业固定资产投资完成额 | |
| 产出指标 | 林业产业增加值 | 林业一二三产业增加值 | |

# 第5章 浙江省林业产业与森林生态产品价值动态核算

浙江省是习近平"两山"理念和习近平生态文明思想重要萌发地和率先实践地、生态产品价值实现机制试点区和高质量发展建设共同富裕示范区，承载着国家生态文明和共同富裕先行示范建设和体制机制创新的重要使命。浙江省素有"七山一水两分田"之称。2021年9月，国家林业和草原局印发《关于支持浙江共建林业践行绿水青山就是金山银山理念先行省 推动共同富裕示范区建设的若干措施》，指出要充分发挥林业在推动共同富裕示范区建设中的作用。据此，本章基于浙江省森林资源基础与林业产业发展动态特征，从"省—市—县"三个层级系统开展浙江省及其山区26县森林生态产品价值核算及其动态变化特征分析，为后续研究提供基础。

## 5.1 浙江省森林资源基础与林业产业发展动态特征

### 5.1.1 浙江省森林资源基础

浙江省地处中国东南沿海一带，具有优越的地理优势，地理情况复杂，山地和丘陵占到总面积的75%左右，因其地形多以山地丘陵为主，故有"七山一水两分田"之称。全年光照充足，降水量丰沛，土壤类型多样。其优越的自然条件十分适合森林生长。浙江省现有林地面积9 903万亩，森林面积9 113万亩，活立木总蓄积3.85亿立方米，森林蓄积3.46亿立方米，森林覆盖率为61.15%，森林覆盖率居全国前列。浙江省于1999年开始公益林建设试点，目前省级以上公益林达303.2万公顷。在森林资源的构成上，包括针叶林、针阔叶混交林、常绿阔叶林、落叶阔叶林、常绿阔叶与落叶阔叶混交林、竹林、经济林和山地矮林灌丛8个主要森林类型，丰富的森林资源为高质量发展建设共同富裕示范区奠定了坚实的物质基础。

### 5.1.2 浙江省林业产业发展动态特征

从林业产业规模来看，2001—2020年浙江省林业总产值不断增长，从

2001 年的 533.27 亿元增长到 2020 年的 5 016.76 亿元（表 5-1），林业产业规模不断扩大。从林业产业结构来看，浙江省林业一、二、三产业产值均呈现增长趋势，林业一、二、三产业产值绝对量分别增长了 903.52 亿元、2 400.04 亿元、1 188.62 亿元。2000 年之后，浙江省林业第一产业产值增速逐渐放缓，其所占比重逐年减少；第二产业产值不断增长，其产值大于林业一、三产业产值之和，目前在浙江省林业产值中占主导地位，所占比重处于第一位，林业第二产业的快速发展对浙江省林业发展贡献突出；林业第三产业则得益于乡村旅游与森林康养业等新业态的蓬勃发展，整体呈现增长态势，产值超过林业第一产业，排在第二位；林业一、二、三产业产值比重从 33.23：53.57：13.2 变为 21.67：52.94：25.39，产业结构实现了从"二、一、三"格局向"二、三、一"格局的转变。

表 5-1　2001—2020 年浙江省林业产业产值变动情况

单位：亿元

| 年份 | 林业总产值 | 林业第一产业产值 | 林业第二产业产值 | 林业第三产业产值 |
| --- | --- | --- | --- | --- |
| 2001 | 533.27 | 183.71 | 255.89 | 84.98 |
| 2002 | 757.74 | 239.28 | 385.09 | 124.68 |
| 2003 | 827.27 | 282.36 | 435.44 | 109.44 |
| 2004 | 1 035.33 | 358.14 | 519.24 | 145.64 |
| 2005 | 1 059.89 | 320.46 | 561.16 | 160.75 |
| 2006 | 1 216.80 | 359.29 | 631.36 | 226.13 |
| 2007 | 1 247.47 | 367.04 | 582.98 | 254.01 |
| 2008 | 1 455.67 | 412.42 | 742.92 | 300.33 |
| 2009 | 1 574.40 | 452.89 | 774.03 | 347.47 |
| 2010 | 1 712.11 | 549.06 | 978.62 | 184.43 |
| 2011 | 2 790.26 | 656.97 | 1 900.74 | 232.56 |
| 2012 | 3 155.23 | 732.10 | 2 139.32 | 283.82 |
| 2013 | 3 377.30 | 765.85 | 2 290.04 | 321.41 |
| 2014 | 3 554.07 | 829.49 | 2 336.07 | 388.51 |
| 2015 | 3 761.07 | 840.85 | 2 332.84 | 587.38 |
| 2016 | 4 478.29 | 883.91 | 2 455.23 | 1 139.15 |
| 2017 | 4 531.65 | 952.28 | 2 560.94 | 1 018.44 |
| 2018 | 4 894.64 | 1 007.10 | 2 649.38 | 1 238.16 |
| 2019 | 5 175.99 | 1 067.84 | 2 752.09 | 1 356.06 |
| 2020 | 5 016.76 | 1 087.23 | 2 655.93 | 1 273.60 |

## 5.2 浙江省森林生态产品价值动态核算方法

参考《陆地生态系统生产总值（GEP）核算技术指南》和《生态系统生产总值（GEP）核算技术规范 陆域生态系统》（DB33/T 2274—2020），建立森林生态产品价值核算指标体系及方法体系。本研究中森林生态产品主要考虑物质供给产品（林产品供给）、调节服务产品（水源涵养、固碳释氧、土壤保持、空气净化、气候调节）、文化服务产品（森林休憩）3 大类型 7 种具体生态产品（表 5-2）。InVEST 模型具体测度方法参考已有文献（傅斌等，2013；马国霞等，2017；孔凡斌等，2022；Wang 等，2022），该模型所需的生物物理系数参考已有文献（Canadell 等，1996；胡胜等，2014；许联芳等，2015；侯建坤等，2022；孙文浩等，2022）。森林生态产品价格参考浙江省地方标准《生态系统生产总值（GEP）核算技术规范 陆域生态系统》（DB33/T 2274—2020），均以 2015 年为基准进行计算。

**表 5-2　浙江省森林生态产品清单及价值动态核算方法**

| 一级指标 | 二级指标 | 三级指标 | 价值核算方法 |
|---|---|---|---|
| 森林生态产品 | 物质供给类生态产品 | 林产品 | 市场价值法 |
| | 调节服务类生态产品 | 水源涵养 | 市场价值法 |
| | | 固碳释氧 | 替代成本法 |
| | | 空气净化 | 替代成本法 |
| | | 土壤保持 | 影子工程法 |
| | | 气候调节 | 替代成本法 |
| | 文化服务类生态产品 | 森林休憩 | 旅行费用法 |

各类森林生态产品价值核算方法如下。

### 5.2.1　物质供给类生态产品价值动态核算方法

森林生态产品中的物质供给产品主要考虑与森林生态系统密切相关的林产品供给，计算公式为：

$$V_1 = \sum_{i=1}^{n} A_i \times P_i \qquad (5-1)$$

公式（5-1）中，$V_1$ 为林产品价值（元/年）；$A_i$ 为第 $i$ 类林产品产量（吨/

年）；$P_i$ 为第 $i$ 类林产品的价格（元/吨）。

## 5.2.2 调节服务类生态产品价值动态核算方法

（1）水源涵养服务

水源涵养能力是指产水量减去土壤水分饱和后流失的径流量的剩余部分，产水量则是降水量减去实际蒸发量后地表及地下的剩余水量。参考已有研究（刘业轩等，2021），首先利用气象、土壤和土地覆被数据计算产水量，再结合流速、地形和土壤渗透性等因素对产水量进行修正，从而得到水源涵养能力值，计算公式为：

$$Y_x = \left(1 - \frac{AET_x}{P_x}\right) \times P_x \frac{AET_x}{P_x}$$

$$= 1 + \frac{PET_x}{P_x} - \left[1 + \left(\frac{PET_x}{P_x}\right)^w\right]^{1/w} \qquad (5-2)$$

$$PET_x = K_{cx} \times ET_{ox} \qquad (5-3)$$

$$W_x = \frac{AWC_x \times Z}{P_x} + 1.25 \qquad (5-4)$$

$$V_2 = Y_x \times P_w \times \delta \qquad (5-5)$$

公式（5-2）至公式（5-5）中，$Y_x$ 为栅格单元 $x$ 的年降水量（毫升）；$\frac{AET_x}{P_x}$ 为栅格单元 $x$ 的年实际蒸散发量（毫升），其中，$P_x$ 为栅格单元 $x$ 的年降水量，$AET_x$ 表示栅格单元 $x$ 的年实际蒸散量；$W_x$ 为栅格单元 $x$ 的年降水量（毫升）；$PET_x$ 为栅格单元 $x$ 的潜在蒸散量；$K_{cx}$ 为作物蒸散发系数；$ET_{ox}$ 为参考（作物）蒸散量；$AWC_x$ 为植物可利用含水量；$w$ 为经验参数；$Z$ 为 zhang 系数，Zhang 系数是表征降水分布和深度的季节性参数，其取值范围为 1～10，对于以夏季降水为主的季风域，Zhang 系数接近于 1（Zhang 等，2012）；$V_2$ 为水源涵养总价值（元/年）；$P_w$ 为水价（元/立方米）；$\delta$ 为溢价系数，默认为 1。

（2）固碳释氧服务

固碳释氧主要包括吸收二氧化碳和释放氧气两项指标。自然生态系统通过植物光合作用吸收大气中二氧化碳合成有机物并释放氧气，将碳固定在植物或土壤中，维持大气氧气稳定，调节大气组分（马国霞等，2017）。运用 InVEST 模型中计算陆地生态系统碳汇量的 Carbon storage and sequestration 模块计算山区县生态系统固碳服务，具体参考邓元杰等（2020）和侯建坤等

（2022）的做法，基本公式为：

$$C_i = C_{i\text{-}abover} + C_{i\text{-}below} + C_{i\text{-}soil} + C_{i\text{-}dead} \qquad (5-6)$$

$$C_{total} = \sum_{i=1}^{n} C_i \times S_i \qquad (5-7)$$

$$V_3 = C_{total} \times P_{CO_2} \qquad (5-8)$$

公式（5-6）至公式（5-8）中，$i$ 为某种土地利用类型，具体包括林地、湿地、草地、农田和水域等类型；$C_{i\text{-}abover}$ 为 $i$ 类用地类型的地上生物量碳储量（吨/公顷）；$C_{i\text{-}below}$ 为 $i$ 类用地类型的地下碳储量（吨/公顷）；$C_{i\text{-}soil}$ 为 $i$ 类用地类型的土壤碳储量（吨/公顷）；$C_{i\text{-}dead}$ 为 $i$ 类用地类型的死亡有机质碳储量（吨/公顷）；$C_{total}$ 为研究区的碳储存总量（吨）；$S_i$ 为土地利用类型的总面积；$n$ 为土地利用类型数量；$V_3$ 为固碳服务价值；$P_{CO_2}$ 为碳交易价格（元/吨）。

根据植物光合作用原理，植物每固定 1 克二氧化碳，释放 0.73 克二氧化碳（马国霞等，2017）。释氧服务价值计算公式为：

$$Q_{or} = 0.73 \times C_{tot} \qquad (5-9)$$

$$V_4 = Q_{or} \times P_{O_2} \qquad (5-10)$$

公式（5-9）和公式（5-10）中，$V_4$ 为释氧服务价值（元）；$Q_{or}$ 为释氧量（吨）；$P_{O_2}$ 为释氧价格（元/吨）。

（3）土壤保持服务

土壤保持量是指没有地表植被覆盖情形下可能发生的土壤侵蚀量与当前地表植被覆盖情形下的土壤侵蚀量的差值（马国霞等，2017；王莉雁等，2017），其实物量的计算原理主要来自通用土壤流失方程（USLE），土壤保持价值运用替代成本法进行核算：

$$SRET = (RKLS - USLE) \qquad (5-11)$$

$$RKLS = R \times K \times LS \qquad (5-12)$$

$$USLE = R \times K \times LS \times C \times T \qquad (5-13)$$

$$V_5 = \lambda \times (Q_{sr}/\rho) \times P_s \qquad (5-14)$$

公式（5-11）至公式（5-14）中，$SRET$ 为地块沉积物保持量（吨）；$RKLS$ 为潜在土壤流失量（吨）；$USLE$ 为实际土壤流失量（吨）；$R$ 为降雨侵蚀因子；$K$ 为土壤可侵蚀因子；$LS$ 为坡度坡长因子；$C$ 为植被覆盖和管理因子；$T$ 为土壤保持措施因子；$V_5$ 为土壤保持总价值（元/年）；$\lambda$ 为泥沙淤积系数；$\rho$ 为土壤密度（吨/立方米）；$P_s$ 为水库单位库容清淤工程费用

（元/立方米）。

（4）空气净化服务

自然生态系统通过吸收、过滤、分解减少大气污染物，从而有效净化空气，改善大气环境的功能。用二氧化硫的净化量、氮氧化物的净化量及滞尘量作为核算指标，按照《环境空气质量标准》（GB 3095—2012），用替代成本法进行核算：

$$Q_{ap} = \sum_{i=1}^{n} Q_i \qquad (5-15)$$

$$V_6 = \sum_{i=1}^{n} Q_{api} \times C_i \qquad (5-16)$$

公式（5-15）和公式（5-16）中，$Q_{ap}$ 为大气污染物净化总量（吨/年）；$Q_i$ 为第 $i$ 类大气污染物排放量（千克/年）；$i$ 为污染物类别，$i=1$，2，$\cdots$，$n$（无量纲）；$n$ 为大气污染物类别的数量（无量纲）；$V_6$ 为生态系统大气环境净化的价值（元/年）；$C_i$ 为第 $i$ 类大气污染物的治理成本（元/吨）。

（5）气候调节服务

生态系统气候调节包括降温和增湿两个功能，森林和草地系统通过植物的树冠和光合作用吸收大量的太阳光能，减缓了气温的升高。湿地生态系统通过蒸腾作用，将植物体内的水分以气体形式通过气孔扩散到空气中，使太阳光的热能转化为水分子的动能，消耗热量，降低空气温度，增加空气的湿度。采用生态系统蒸腾蒸发总消耗的能量作为气候调节的实物量：

$$E_{tt} = E_{pt} + E_{we} \qquad (5-17)$$

$$E_{pt} = \sum_{i}^{3} EPP_i \times S_i \times D \times 10^6 / (3\,600 \times r) \qquad (5-18)$$

$$E_{we} = E_w \times q \times 10^3 / 3\,600 + E_w \times y \qquad (5-19)$$

公式（5-17）至公式（5-19）中，$E_{tt}$ 为生态系统蒸腾蒸发消耗的总能量（千瓦时/年）；$E_{pt}$ 为生态系统植被蒸腾消耗的能量（千瓦时/年）；$E_{we}$ 为湿地生态系统蒸发消耗的能量（千瓦时/年）；$EPP_i$ 为 $i$ 类生态系统单位面积蒸腾消耗热量（千焦/（平方米·天））；$S_i$ 为 $i$ 类生态系统面积（平方千米）；$D$ 为日最高气温大于 26℃ 天数；$r$ 为空调能效比，取值为3.0（无量纲）；$i$ 为生态系统类型（森林、灌丛、草地）；$E_w$ 为蒸发量（立方米）；$q$ 为挥发潜热，即蒸发 1 克水所需要的热量（焦/克）；$y$ 为加湿器将 1 立方米水转化为蒸气的耗电量（千瓦时），仅计算湿度小于 45% 时的增湿功能。

$$V_7 = E_{tt} \times P_R \qquad\qquad (5-20)$$

公式（5-20）中，$V_7$ 为气候调节服务价值（元/年）；$P_R$ 为电价，以电能作为太阳能的替代产品，电价取 2015 年全国平均值 0.5 元/千瓦时（马国霞等，2017）。

（6）森林调节服务类生态产品价值的提取

考虑到本研究主要关注森林生态系统所提供的生态产品价值，而上述调节服务类生态产品（水源涵养、固碳释氧、土壤保持、空气净化、气候调节）的价值核算方法是针对整个研究区，因此，通过 ArcGIS 软件平台的分区统计功能对森林调节服务产品进行价值提取，具体操作步骤为：利用森林的空间分布数据（土地利用数据中的林地）作为分区统计的依据，对调节服务类生态产品价值核算的结果进行提取，得到相应的由森林生态系统产生的调节服务类生态产品价值。

### 5.2.3 文化服务类生态产品价值核算方法

文化服务类生态产品价值采用各县区旅游收入的 70% 来代替，即假设森林旅游收入占总旅游收入的 70%（马国霞等，2017）。

### 5.2.4 数据来源

样本涉及 2001—2020 年浙江省及浙江省山区 26 县，所使用的数据主要包括社会经济数据和自然环境数据。社会经济数据来源于历年《浙江统计年鉴》及各设区市统计年鉴。自然环境数据主要包含遥感影像数据、土壤属性数据、气象数据、数字高程数据、土地利用数据、陆地蒸散发数据等，主要来源于中国科学院计算机网络信息中心地理空间数据云（http://www.gscloud.cn/）、国家气象数据中心（http://data.cma.cn/）、中国科学院资源环境科学与数据中心（https://www.resdc.cn/）、国家地球系统科学数据中心（http://www.geodata.cn/）和国家青藏高原科学数据中心（http://data.tpdc.ac.cn/zh-hans/）。土壤属性数据来自联合国粮食及农业组织（FAO）和维也纳国际应用系统研究所（IIASA）构建的世界土壤数据库（HWSD）中的中国土壤数据集（1∶100 万）；土地利用数据来自中国土地利用/覆被数据库（China's Land-Use/cover Datasets，CLUDs，https://zenodo.org/record/5816591）（Yang 等，2021）。

# 5.3　浙江省森林生态产品价值动态核算结果

2001—2020 年，浙江省森林生态产品价值总值呈现先降后升的总体特征（图 5-1），各年的价值保持在 2.405 5（2015 年）万亿元至 2.531 7 万亿元（2020 年）。其中，2011—2019 年，浙江省森林生态产品价值总值低于 2.44 万亿元，处于此 20 年间森林生态产品价值总值的低水平状态。总体来看，浙江省森林生态产品价值总值的均值维持在 2.458 5 万亿元左右。

从森林生态产品的具体类别来看，2001—2020 年，浙江省森林生态产品价值大小的排序依次为调节服务类生态产品、文化服务类生态产品和物质供给类生态产品（表 5-3）。森林调节服务类生态产品价值的比重最大，2001 至 2020 年均保持在 95% 以上，平均价值维持在 24 133.268 1 亿元。从森林调节服务类生态产品类别来看（图 5-2），生态产品价值比重大小依次是土壤保持（56.355 1%）、气候调节（25.616 3%）、固碳释氧（14.329 3%）、空气净化（1.836 1%）、水源涵养（0.025 0%）。森林文化服务类生态产品价值呈现不断增加的变化趋势，由 2001 年的 13.607 5 亿元，增加至 2020 年的 1 064.813 0 亿元，且峰值位于 2019 年，达到 1 104.627 1 亿元。森林物质供给类生态产品价值由 2001 年的 31.042 2 亿元，增加至 2020 年的 107.246 9 亿元。

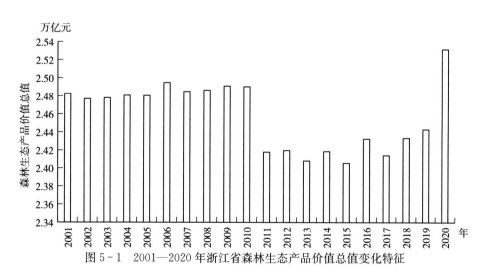

图 5-1　2001—2020 年浙江省森林生态产品价值总值变化特征

（森林生态产品价值实现效率评价及其提升路径：理论、方法与浙江实例）

森林生态产品价值实现效率评价及其提升路径：理论、方法与浙江实例

**表 5-3 2000—2020 年浙江省森林生态产品价值量**

单位：亿元

| 年份 | 物质供给类生态产品 | | 调节服务类生态产品 | | 文化服务类生态产品 | | 总价值 |
|---|---|---|---|---|---|---|---|
| | 价值量 | 占比 | 价值量 | 占比 | 价值量 | 占比 | |
| 2001 | 31.042 2 | 0.125 1% | 24 778.961 3 | 99.820 1% | 13.607 5 | 0.054 8% | 24 823.611 0 |
| 2002 | 34.286 9 | 0.138 4% | 24 715.739 7 | 99.781 2% | 19.903 6 | 0.080 4% | 24 769.930 2 |
| 2003 | 37.386 2 | 0.150 9% | 24 714.582 0 | 99.736 1% | 28.006 9 | 0.113 0% | 24 779.975 2 |
| 2004 | 38.909 5 | 0.156 8% | 24 730.924 3 | 99.692 7% | 37.317 4 | 0.150 4% | 24 807.151 2 |
| 2005 | 43.065 7 | 0.173 6% | 24 710.757 0 | 99.620 9% | 50.960 8 | 0.205 4% | 24 804.783 6 |
| 2006 | 46.996 2 | 0.188 4% | 24 821.757 0 | 99.497 7% | 78.317 0 | 0.313 9% | 24 947.070 2 |
| 2007 | 52.200 5 | 0.210 1% | 24 682.496 2 | 99.336 1% | 112.764 7 | 0.453 8% | 24 847.461 4 |
| 2008 | 56.237 3 | 0.226 2% | 24 670.557 8 | 99.227 6% | 135.813 4 | 0.546 3% | 24 862.608 5 |
| 2009 | 62.967 9 | 0.252 8% | 24 662.155 9 | 99.008 9% | 183.908 0 | 0.738 3% | 24 909.031 8 |
| 2010 | 57.566 9 | 0.231 2% | 24 610.869 5 | 98.830 2% | 233.743 8 | 0.938 6% | 24 902.180 2 |
| 2011 | 63.872 3 | 0.264 2% | 23 894.512 6 | 98.822 3% | 220.883 0 | 0.913 5% | 24 179.267 9 |
| 2012 | 69.395 4 | 0.286 8% | 23 846.632 5 | 98.551 7% | 281.061 1 | 1.161 5% | 24 197.088 9 |
| 2013 | 71.952 8 | 0.298 8% | 23 660.581 2 | 98.248 0% | 349.980 0 | 1.453 3% | 24 082.514 1 |
| 2014 | 76.570 3 | 0.316 6% | 23 669.289 6 | 97.860 5% | 440.904 9 | 1.822 9% | 24 186.764 8 |
| 2015 | 82.775 2 | 0.344 1% | 23 358.824 3 | 97.105 6% | 613.463 5 | 2.550 2% | 24 055.063 0 |
| 2016 | 89.872 1 | 0.369 5% | 23 295.514 9 | 95.767 5% | 939.696 5 | 3.863 1% | 24 325.083 6 |
| 2017 | 95.387 5 | 0.395 1% | 23 245.350 4 | 96.283 6% | 801.839 7 | 3.321 3% | 24 142.577 7 |
| 2018 | 98.969 9 | 0.406 7% | 23 232.420 6 | 95.470 7% | 1 003.228 8 | 4.122 6% | 24 334.619 3 |
| 2019 | 106.846 3 | 0.437 4% | 23 218.327 0 | 95.041 0% | 1 104.627 1 | 4.521 6% | 24 429.800 4 |
| 2020 | 107.246 9 | 0.423 6% | 24 145.108 1 | 95.370 5% | 1 064.813 0 | 4.205 9% | 25 317.168 0 |
| 均值 | 66.177 4 | 0.269 8% | 24 133.268 1 | 98.153 6% | 385.742 0 | 1.576 5% | 24 585.187 5 |

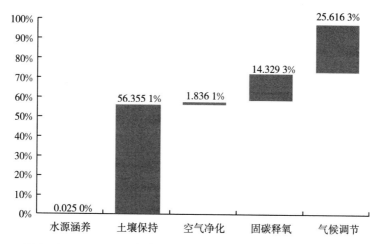

图 5-2 2001—2020 年浙江省森林调节服务类生态产品类别比重

从森林生态产品在市域单元的分布情况来看（图 5-3），2001—2020 年，在浙江省 11 个设区市中，丽水市森林生态产品价值均值位列首位，达到 4 081.975 351 亿元；其次是金华市和杭州市，其森林生态产品价值均值超过 3 000 亿元，分别达到 3 679.632 88 亿元和 3 312.172 836 亿元。森林生态产品价值均值介于 2 000 亿元到 3 000 亿元的设区市包括台州市、衢州市、温州市、宁波市、绍兴市，分别为 2 597.556 2 亿元、2 268.342 0 亿元、2 186.704 3 亿元、2 118.523 5 亿元、2 034.255 8 亿元。嘉兴市森林生态产品价值均值达到 1 208.358 8 亿元。湖州市森林生态产品价值均值为 907.162 6 亿元。舟山市森林生态产品价值均值最低，为 190.503 3 亿元。

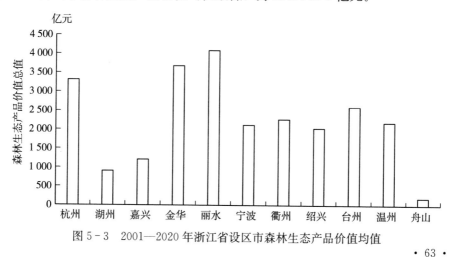

图 5-3 2001—2020 年浙江省设区市森林生态产品价值均值

## 5.4 浙江省山区26县森林生态产品价值动态核算结果

作为高质量发展建设共同富裕示范区的浙江省，有着"七山一水两分田"的自然资源分布格局。根据2022年森林资源监测数据，浙江省现有林地面积660.20万公顷，森林面积607.53万公顷，森林覆盖率为61.15%，居全国前列。浙江省瞄准发展相对落后的山区26县，发布了《浙江省山区26县跨越式高质量发展实施方案（2021—2025年）》，综合考虑了资源禀赋、产业基础、生态功能等因素，将山区26县分为跨越发展类和生态发展类两大类型。其中，跨越发展类包括永嘉县、平阳县、苍南县、武义县、柯城区、衢江区、龙游县、江山市、三门县、天台县、仙居县、莲都区、青田县、缙云县和松阳县15个县（市、区）；生态发展类包括淳安县、文成县、泰顺县、磐安县、常山县、开化县、龙泉市、庆元县、遂昌县、云和县和景宁畲族自治县（简称"景宁县"）11个县（市）。浙江省山区26县拥有丰富的森林资源，林业产值占农林牧渔总产值的96.29%，森林生态产品价值实现及林业产业发展对浙江省山区26县高质量发展与共同富裕示范建设至关重要。

2001—2020年，浙江省山区26县森林生态产品价值总值呈现波动变化的特征（图5-4），均值维持在1.014 8万亿元，其中，2001年为1.010 8万亿元，2020年是1.100 4亿元，变化不大。在此20年间，森林生态产品总价值的峰值出现在2002年，为1.434 9万亿元，最低值出现在2017年，为0.804 5万亿元。

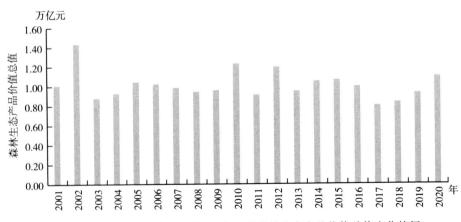

图5-4　2001—2020年浙江省山区26县森林生态产品价值总值变化特征

表5-4 2000—2020年浙江省山区26县森林生态产品价值量

单位：亿元

| 年份 | 物质供给类生态产品 | | 调节服务类生态产品 | | | | | | 文化服务类生态产品 | | 总价值 |
| --- | --- | --- | --- | --- | --- | --- | --- | --- | --- | --- | --- |
| | 价值量 | 占比 | 水源涵养 | 土壤保持 | 空气净化 | 固碳释氧 | 气候调节 | 占比 | 价值量 | 占比 | |
| 2001 | 7.988 8 | 0.079 0% | 0.407 6 | 4 009.996 8 | 21.325 8 | 2056.994 1 | 3 995.119 0 | 99.756 9% | 16.585 7 | 0.164 1% | 10 108.417 8 |
| 2002 | 8.879 5 | 0.061 9% | 0.557 9 | 8 264.515 0 | 21.323 4 | 2056.639 8 | 3 979.692 1 | 99.815 4% | 17.610 3 | 0.122 7% | 14 349.218 0 |
| 2003 | 9.154 8 | 0.104 1% | 0.271 8 | 2 707.171 3 | 21.321 5 | 2056.821 4 | 3 985.414 7 | 99.695 2% | 17.664 1 | 0.200 8% | 8 797.819 5 |
| 2004 | 9.339 8 | 0.100 6% | 0.311 7 | 3 177.757 0 | 21.306 4 | 2057.543 9 | 3 993.789 4 | 99.642 3% | 23.865 8 | 0.257 1% | 9 283.914 0 |
| 2005 | 10.366 4 | 0.099 2% | 0.448 8 | 4 330.892 7 | 21.303 5 | 2055.904 5 | 4 001.414 6 | 99.610 0% | 30.390 5 | 0.290 8% | 10 450.721 0 |
| 2006 | 11.847 6 | 0.115 5% | 0.435 6 | 4 130.638 2 | 21.291 2 | 2055.994 0 | 4 000.246 7 | 99.502 8% | 39.164 4 | 0.381 7% | 10 259.617 7 |
| 2007 | 13.352 3 | 0.135 3% | 0.378 5 | 3 726.461 8 | 18.433 2 | 2055.221 8 | 4 006.670 1 | 99.343 3% | 51.473 1 | 0.521 4% | 9 871.990 8 |
| 2008 | 15.060 7 | 0.159 3% | 0.345 6 | 3 298.817 8 | 18.354 7 | 2053.319 4 | 4 003.516 8 | 99.153 8% | 64.944 5 | 0.686 9% | 9 454.359 4 |
| 2009 | 15.562 4 | 0.161 8% | 0.380 6 | 3 441.098 8 | 18.117 8 | 2052.294 8 | 4 003.400 0 | 98.936 7% | 86.700 1 | 0.901 5% | 9 617.554 3 |
| 2010 | 15.311 2 | 0.124 5% | 0.676 0 | 6 128.089 8 | 18.061 1 | 2031.886 4 | 3 999.896 4 | 99.041 5% | 102.546 9 | 0.834 0% | 12 296.467 8 |
| 2011 | 17.407 4 | 0.190 7% | 0.326 2 | 2 926.456 7 | 17.999 1 | 2022.305 1 | 3 995.119 0 | 98.193 5% | 147.477 4 | 1.615 8% | 9 127.090 9 |
| 2012 | 19.456 3 | 0.162 7% | 0.625 6 | 5 726.132 0 | 17.959 5 | 2026.445 9 | 3 973.268 7 | 98.206 5% | 195.026 5 | 1.630 8% | 11 958.914 5 |
| 2013 | 20.449 4 | 0.214 9% | 0.371 7 | 3 285.718 4 | 17.951 4 | 2009.582 4 | 3 925.268 9 | 97.103 2% | 255.170 6 | 2.681 9% | 9 514.512 7 |
| 2014 | 22.458 1 | 0.213 5% | 0.546 6 | 4 227.016 9 | 17.942 4 | 2006.050 2 | 3 909.035 4 | 96.592 4% | 335.993 0 | 3.194 1% | 10 519.042 6 |
| 2015 | 23.973 5 | 0.225 1% | 0.559 3 | 4 271.366 0 | 17.928 6 | 2026.702 9 | 3 899.148 1 | 95.921 4% | 410.399 2 | 3.853 5% | 10 650.077 6 |
| 2016 | 25.690 7 | 0.257 6% | 0.471 5 | 3 525.227 9 | 17.867 3 | 1 998.875 3 | 3 885.327 4 | 94.517 5% | 521.164 8 | 5.224 9% | 9 974.625 0 |
| 2017 | 26.372 7 | 0.327 8% | 0.169 9 | 1 449.720 0 | 17.951 4 | 1 997.912 2 | 3 883.575 6 | 91.347 3% | 669.776 5 | 8.324 9% | 8 045.478 4 |
| 2018 | 27.920 9 | 0.333 2% | 0.211 2 | 1 680.051 4 | 17.942 4 | 1 997.227 1 | 3 881.823 8 | 90.135 1% | 773.485 8 | 9.231 6% | 8 378.662 6 |
| 2019 | 29.532 8 | 0.317 6% | 0.315 4 | 2 414.745 3 | 17.928 6 | 1 995.311 5 | 3 878.553 8 | 89.341 0% | 961.536 8 | 10.341 4% | 9 297.924 0 |
| 2020 | 27.855 9 | 0.253 1% | 0.419 8 | 4 271.133 9 | 17.867 3 | 1 993.491 0 | 3 860.825 4 | 92.182 5% | 832.384 0 | 7.564 4% | 11 003.977 3 |

从森林生态产品的具体类别来看，2001—2020 年，浙江省山区 26 县森林生态产品价值大小的排序依次为调节服务类生态产品、文化服务类生态产品和物质供给类生态产品（表 5 - 4）。森林调节服务类生态产品价值的比重最大，2001 至 2020 年均保持在 89% 以上，平均价值维持在 9 852.452 2 亿元。其中，气候调节服务占比最大，达到 40.984 5%；其次是土壤保持，占比达 37.763 7%；固碳释氧占比为 21.051 1%；空气净化和水源涵养占比较小，分别为 0.196 6% 和 0.004 1%（图 5 - 5）。森林文化服务类生态产品价值呈现不断增加的变化趋势，由 2001 年的 16.585 7 亿元，增加至 2020 年的 832.384 0 亿元，且峰值位于 2019 年，达到 961.536 8 亿元。森林物质供给类生态产品价值由 2001 年的 7.988 8 亿元，增加至 2020 年的 27.855 9 亿元，且最大值位于 2019 年，达到 29.532 8 亿元。

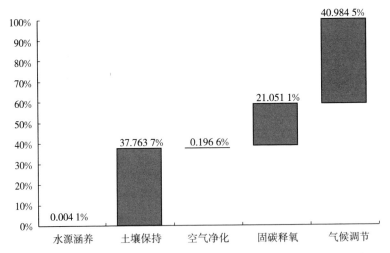

图 5 - 5　2001—2020 年浙江省山区 26 县森林调节服务类生态产品类别比重

从森林生态产品在县域单元的分布情况来看（图 5 - 6），2001—2020 年，在浙江省山区 26 县中，龙泉市森林生态产品价值均值位列首位，达到 761.629 2 亿元；其次是淳安县，其森林生态产品价值均值达到 680.667 4 亿元。此外，青田县、遂昌县和永嘉县的森林生态产品价值均值都超过 600 亿元，分别为 654.155 8 亿元、653.373 6 亿元、636.731 9 亿元。森林生态产品价值均值介于 500 亿～600 亿元的县域单元包括景宁县和开化县，分别为 552.647 8 亿元、519.465 0 亿元。森林生态产品价值均值介于 400 亿～500 亿元的县域单元包括仙居县、庆元县、泰顺县，分别为 474.413 7 亿元、

460.808 5 亿元、418.763 0 亿元。森林生态产品价值均值介于 300 亿～400 亿元的县域单元包括江山市、莲都区、缙云县、武义县、衢江区、松阳县、文成县、天台县，分别为 388.219 3 亿元、344.828 9 亿元、342.488 9 亿元、336.392 1 亿元、333.774 2 亿元、330.034 0 亿元、317.447 5 亿元、308.899 2 亿元。森林生态产品价值均值介于 200 亿～300 亿元的县域单元包括磐安县、云和县、常山县、苍南县、平阳县，分别为 274.254 9 亿元、251.539 5 亿元、224.518 8 亿元、212.398 4 亿元、209.660 4 亿元。森林生态产品价值均值介于 100 亿～200 亿元的县域单元包括龙游县、三门县、柯城区，分别为 175.584 5 亿元、156.996 8 亿元、128.326 0 亿元。

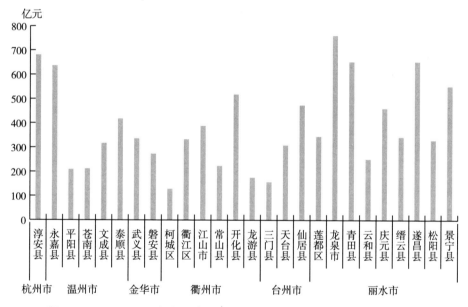

图 5 - 6　2001—2020 年浙江省山区 26 县县域单元森林生态产品价值均值

# 第6章 浙江省森林生态产品价值实现效率水平评价研究

浙江省是全国高质量发展建设共同富裕示范区，推动相对落后的山区 26 县发展是实现全省共同富裕的重点、难点和关键点。2021 年 9 月，国家林业和草原局印发《关于支持浙江共建林业践行绿水青山就是金山银山理念先行省 推动共同富裕示范区建设的若干措施》，明确要充分发挥林业在推动共同富裕示范区建设中的作用，共同打造林业践行绿水青山就是金山银山理念先行省。2022 年 8 月，浙江省正式启动首批林业推进共同富裕试点工作，致力于探索、打造和总结林业助力共同富裕的创新模式与经验（何晓玲等，2021）。鉴于此，本章分别以浙江省和浙江省山区 26 县为研究对象，在省域、市域和县域尺度上评价森林生态产品价值实现效率水平，为后续深入探讨森林生态产品价值实现效率水平的影响因素及对县域发展差距的分析提供支撑。

## 6.1 浙江省森林生态产品价值实现效率水平评价结果

### 6.1.1 浙江省森林生态产品价值实现效率水平评价结果

2001—2020 年，浙江省森林生态产品价值实现效率水平均未达到有效层面，呈现波动上升的态势（图 6-1）。各市情况如表 6-1 所示。

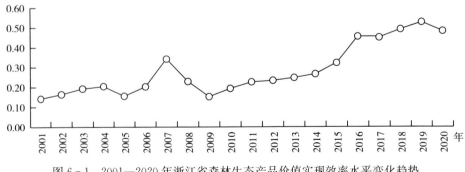

图 6-1 2001—2020 年浙江省森林生态产品价值实现效率水平变化趋势

从整体情况来看，浙江省森林生态产品价值实现效率水平较高，11 个设区市表现为嘉兴＞湖州＞台州＞金华＞宁波＞绍兴＞丽水＞舟山＞衢州＞温州＞杭州。在 11 个设区市之中，除杭州和温州外，森林生态产品价值实现效率水平均达到有效层面，整体情况较好。森林生态产品价值实现效率水平最高的是嘉兴市，为 5.56，效率最低的是杭州市，为 0.52，这说明浙江省森林生态产品价值实现效率水平的区域差异较大。进一步从表 6-1 可以发现，杭州森林生态产品价值实现效率水平虽然最低，但是总体呈上升趋势，温州也呈现总体上升的态势，从 2015 年起，温州的森林生态产品价值实现效率水平就已经达到了 1，达到了有效层面。因此，浙江省森林生态产品价值实现效率水平整体上呈现稳中向好态势（Wang 等，2022）。

**表 6-1　2001—2020 年浙江省设区市森林生态产品价值实现效率水平均值**

| 决策单元 | 2001 年 | 2005 年 | 2010 年 | 2013 年 | 2015 年 | 2018 年 | 2020 年 | 平均值 | 排序 |
|---|---|---|---|---|---|---|---|---|---|
| 杭州市 | 0.09 | 0.21 | 0.30 | 1.20 | 1.09 | 0.38 | 0.42 | 0.52 | 11 |
| 宁波市 | 1.27 | 1.39 | 1.51 | 1.06 | 1.17 | 1.32 | 1.08 | 1.30 | 5 |
| 温州市 | 0.02 | 1.02 | 0.44 | 0.47 | 1.26 | 1.10 | 1.16 | 0.78 | 10 |
| 嘉兴市 | 17.77 | 3.39 | 3.54 | 3.37 | 3.38 | 3.33 | 3.24 | 5.56 | 1 |
| 湖州市 | 1.24 | 1.57 | 1.66 | 1.87 | 1.56 | 2.02 | 2.05 | 1.71 | 2 |
| 绍兴市 | 1.44 | 1.60 | 1.43 | 1.02 | 1.21 | 1.06 | 1.17 | 1.27 | 6 |
| 金华市 | 1.86 | 1.47 | 1.09 | 1.13 | 1.34 | 1.88 | 1.67 | 1.39 | 4 |
| 衢州市 | 0.28 | 1.22 | 1.28 | 1.05 | 1.10 | 1.13 | 1.25 | 1.03 | 9 |
| 台州市 | 2.07 | 1.82 | 1.39 | 1.32 | 1.06 | 1.09 | 1.31 | 1.60 | 3 |
| 丽水市 | 1.09 | 1.15 | 2.61 | 1.31 | 1.22 | 1.21 | 1.21 | 1.25 | 7 |
| 舟山市 | 1.16 | 1.30 | 1.35 | 1.25 | 1.23 | 1.36 | 1.02 | 1.23 | 8 |
| 平均值 | 2.60 | 1.47 | 1.51 | 1.37 | 1.42 | 1.44 | 1.42 | — | — |

## 6.1.2　浙江省森林生态产品价值实现效率分解

全要素生产率（TFP）是一个动态的衡量标准，因此从时间和空间两个维度对 2001—2020 年浙江省森林生态产品价值实现效率水平进行测度，测算结果如表 6-2 所示。从整体上看，浙江省 2001—2020 年森林生态产品全要素生产率均值为 1.04，2001—2010 年整体呈现迅速增长态势，从 0.006 增长至 1.419，但从 2010 年开始快速下降，呈现波动态势，2020 年降至 0.703。从指数构成来看，2001—2020 年的技术效率变化指数均值为 1.016，技术进步指数为 1.024。2001—2020 年技术进步指数波动较大，年度变化不稳定，与全要素增长率呈现同步波动趋势，而技术效率变化指数、纯技术效率指数和规模效率指数变化都不大（Wang 等，2022）。

表 6-2　2001—2020 年浙江省森林生态产品全要素生产率及其分解指数

| 时期 | EFFCH | TECH | PECH | SECH | TFP |
|---|---|---|---|---|---|
| 2001—2005 年 | 1.021 | 0.006 | 1.13 | 0.904 | 0.006 |
| 2005—2010 年 | 1.071 | 5.809 | 1.026 | 1.043 | 1.419 |
| 2010—2013 年 | 0.876 | 1.005 | 0.964 | 0.909 | 0.881 |
| 2013—2015 年 | 1.101 | 0.525 | 1.022 | 1.077 | 0.578 |
| 2015—2018 年 | 0.792 | 1.101 | 0.793 | 1 | 0.873 |
| 2018—2020 年 | 1.317 | 0.534 | 1.272 | 1.036 | 0.703 |
| 平均值 | 1.016 | 1.024 | 1.024 | 0.993 | 1.04 |

注：Malmquist 指数可分解为技术效率变化指数（EFFCH）和技术进步指数（TECH）。规模报酬可变时，技术效率变化指数进一步可分解为纯技术效率指数（PECH）和规模效率指数（SECH）。TFP= EFFCH×TECH。

从整体上看，11 个设区市间技术效率变化指数、技术进步指数、纯技术效率指数和规模效率指数的差距均较小，森林生态产品全要素生产率的变化与技术进步指数的重合程度较高（表 6-3）。分设区市看，2001—2020 年间，浙江省 5 个设区市的林业全要素生产率超过 1，占比达 45.5%。其中，丽水全要素生产率最高，杭州次之，绍兴全要素生产率最低，温州、嘉兴、湖州、衢州、台州等 5 个设区市也出现颓势（Wang 等，2022）。

表 6-3　2001—2020 年浙江省 11 个设区市森林生态产品全要素生产率及其分解

| 决策单元 | EFFCH | TECH | PECH | SECH | TFP |
|---|---|---|---|---|---|
| 杭州市 | 1.207 | 0.855 | 1.196 | 1.009 | 1.031 |
| 宁波市 | 1.03 | 0.982 | 1.085 | 0.95 | 1.012 |
| 温州市 | 1.002 | 0.885 | 1 | 1.002 | 0.886 |

(续)

| 决策单元 | EFFCH | TECH | PECH | SECH | TFP |
|---|---|---|---|---|---|
| 嘉兴市 | 1 | 0.743 | 1 | 1 | 0.743 |
| 湖州市 | 0.959 | 0.79 | 1 | 0.959 | 0.758 |
| 绍兴市 | 0.95 | 0.749 | 1 | 0.95 | 0.712 |
| 金华市 | 1 | 1.01 | 1 | 1 | 1.01 |
| 衢州市 | 1.052 | 0.864 | 1 | 1.052 | 0.909 |
| 台州市 | 1 | 0.796 | 1 | 1 | 0.796 |
| 丽水市 | 1 | 5.617 | 1 | 1 | 5.617 |
| 舟山市 | 1 | 1.013 | 1 | 1 | 1.013 |
| 平均值 | 1.016 | 1.024 | 1.024 | 0.993 | 1.04 |

注：Malmquist 指数可分解为技术效率变化指数（EFFCH）和技术进步指数（TECH）。规模报酬可变时，技术效率变化指数进一步可分解为纯技术效率指数（PECH）和规模效率指数（SECH）。TEP＝EFFCH×TECH。

## 6.1.3　浙江省森林生态产品价值实现效率的投入产出松弛率

表 6-4 表明，整体上看，浙江省每年都有部分设区市处于无效率的状态，说明这些设区市在森林生态产品价值实现方面存在不同程度的效率损失，出现了投入冗余和产出不足的情况。

表 6-4　浙江省森林生态产品价值实现效率的年均投入产出松弛率

%

| 决策单元 | 冗余率 | | | | | 不足率 | | |
|---|---|---|---|---|---|---|---|---|
| | 物质产品 | 调节服务 | 文化服务 | 林业产业从业人数 | 林业投资额 | 林业第一产业产值 | 林业第二产业产值 | 林业第三产业产值 |
| 杭州市 | 0.33 | 0.21 | 0.22 | 0.31 | 0.47 | 0.09 | 2.33 | 0.83 |
| 宁波市 | 0.02 | 0.05 | 0.00 | 0.66 | 0.27 | 0.18 | 0.01 | 0.01 |
| 温州市 | 0.04 | 0.15 | 0.12 | 15.87 | 0.01 | 0.46 | 14.23 | 0.20 |
| 嘉兴市 | 1.76 | 0.43 | 5.38 | 1.54 | 0.00 | 0.87 | 0.93 | 0.00 |
| 湖州市 | 0.00 | 0.08 | 0.60 | 0.00 | 0.03 | 0.00 | 0.33 | 0.53 |

（续）

| 决策单元 | 冗余率 | | | | | 不足率 | | |
|---|---|---|---|---|---|---|---|---|
| | 物质产品 | 调节服务 | 文化服务 | 林业产业从业人数 | 林业投资额 | 林业第一产业产值 | 林业第二产业产值 | 林业第三产业产值 |
| 绍兴市 | 0.00 | 0.45 | 0.10 | 0.00 | 0.31 | 0.22 | 0.00 | 0.00 |
| 金华市 | 0.70 | 0.14 | 0.01 | 0.02 | 0.08 | 0.25 | 0.00 | 0.17 |
| 衢州市 | 0.11 | 0.48 | 0.06 | 0.12 | 0.00 | 0.08 | 0.29 | 0.00 |
| 台州市 | 0.40 | 0.16 | 0.00 | 0.22 | 0.14 | 0.09 | 0.19 | 0.21 |
| 丽水市 | 0.83 | 0.96 | 0.08 | 0.13 | 0.10 | 0.02 | 0.73 | 0.09 |
| 舟山市 | 0.01 | 0.00 | 0.00 | 0.11 | 0.00 | 0.00 | 0.00 | 0.53 |

具体而言，除杭州和温州外，其他 9 个设区市森林生态产品价值实现效率水平已经达到了生产前沿面，生产资源配置效率达到了有效水平。此外，杭州第二林业产业产值出现 2.33％的不足，多项投入指标呈现一定的冗余。温州林业从业人员过剩 15.87％，林业第二产业产值短缺 14.23％。

## 6.2 浙江省山区 26 县森林生态产品价值实现效率水平评价结果

2001—2020 年，浙江省山区 26 县森林生态产品价值实现效率水平整体呈现先降后升的态势，但不同县的变化趋势存在差异（表 6-5）。根据效率的定义，当效率值≥1 时，说明该类县达到 DEA 有效，位于生产前沿面上；当效率值＜1 时，说明该类县处于生产前沿面以下，存在不同程度的改进空间（Färe 等，1994）。

具体来看，淳安县和龙游县在 2001—2020 年间一直处于生产前沿面上，达到了 DEA 有效，具有高森林生态产品价值实现效率水平。柯城区、莲都区、磐安县、三门县、武义县在测算期间内大部分年份达到 DEA 相对有效水平，只有个别年份处于 DEA 无效状态，森林生态产品价值实现效率水平较高但有待改善。苍南县、江山市、松阳县、常山县、天台县、仙居县、永嘉县、衢江区、平阳县、青田县在测算期间内只有部分年份处于 DEA 相对有效水平，森林生态产品价值实现效率水平具有较大的提升空间。其中，仙居县、永嘉县、平阳县、青田县在处于DEA无效状态的年份时，其效率值低于0.6，具有很大的提升空间。此外，缙云县、景宁县、开化县、龙泉市、庆元县、遂昌县、泰顺县、文成县、云和县在测算期间一直处于DEA无效状态，尤其是文成县，20年来，其森林生态产品价值实现效率水平值均低于0.3；泰顺县、龙泉市、云和县、景宁县的森林生态产品价值实现效率水平值在2020年前均低于0.6。值得注意的是，20年来均处于DEA无效状态的大部分县（市）的森林覆盖率高于80%，具有较强的森林生态产品供给优势。

表6-5　2001—2020年浙江省山区26县森林生态产品价值实现效率水平

| 山区县 | 2001年 | 2005年 | 2010年 | 2015年 | 2020年 | 类型 |
|---|---|---|---|---|---|---|
| 淳安县 | 14.125 2 | 3.946 3 | 3.261 6 | 2.218 1 | 1.950 2 | 2 |
| 永嘉县 | 0.090 7 | 0.136 4 | 0.323 3 | 1.069 4 | 0.741 8 | 1 |
| 平阳县 | 0.162 3 | 0.283 1 | 0.457 8 | 0.746 9 | 0.984 6 | 1 |
| 苍南县 | 0.124 0 | 0.273 5 | 0.603 0 | 1.164 8 | 1.016 1 | 1 |
| 文成县 | 0.044 0 | 0.083 6 | 0.178 3 | 0.138 9 | 0.271 3 | 2 |
| 泰顺县 | 0.095 1 | 0.141 8 | 0.251 1 | 0.340 3 | 0.729 6 | 2 |
| 武义县 | 0.579 4 | 1.172 7 | 1.044 9 | 1.042 1 | 1.000 0 | 1 |
| 磐安县 | 1.019 9 | 0.889 8 | 0.368 9 | 1.039 6 | 1.000 0 | 2 |
| 柯城区 | 0.141 5 | 1.019 1 | 1.110 7 | 1.103 7 | 0.736 2 | 1 |
| 衢江区 | 1.031 5 | 0.733 1 | 1.008 6 | 0.614 8 | 0.512 4 | 1 |
| 江山市 | 1.036 1 | 0.529 6 | 1.048 3 | 0.561 6 | 0.461 7 | 1 |
| 常山县 | 0.636 9 | 0.628 5 | 0.205 4 | 1.018 1 | 0.744 5 | 2 |
| 开化县 | 0.586 0 | 0.375 4 | 0.242 7 | 0.430 2 | 0.404 5 | 2 |
| 龙游县 | 1.126 4 | 1.211 5 | 1.014 4 | 1.122 8 | 1.108 5 | 1 |
| 三门县 | 1.389 9 | 0.367 2 | 2.183 7 | 1.252 2 | 1.063 3 | 1 |
| 天台县 | 0.754 4 | 0.187 7 | 1.433 4 | 0.576 0 | 0.628 1 | 1 |
| 仙居县 | 0.239 3 | 0.190 8 | 1.351 7 | 0.415 3 | 0.247 8 | 1 |
| 莲都区 | 1.137 1 | 1.015 1 | 1.032 8 | 1.054 1 | 1.078 2 | 1 |
| 龙泉市 | 0.444 8 | 0.385 0 | 0.459 1 | 0.572 8 | 0.765 9 | 2 |

（续）

| 山区县 | 2001 年 | 2005 年 | 2010 年 | 2015 年 | 2020 年 | 类型 |
|---|---|---|---|---|---|---|
| 青田县 | 0.218 8 | 0.196 2 | 0.246 9 | 0.373 9 | 0.722 8 | 1 |
| 云和县 | 0.435 6 | 0.527 6 | 0.445 2 | 0.582 4 | 0.692 3 | 2 |
| 庆元县 | 0.234 5 | 0.259 3 | 0.407 9 | 0.768 9 | 0.767 4 | 2 |
| 缙云县 | 0.444 3 | 0.339 3 | 0.406 7 | 0.647 4 | 0.893 4 | 1 |
| 遂昌县 | 0.381 9 | 0.367 1 | 0.471 1 | 0.680 5 | 0.754 0 | 2 |
| 松阳县 | 0.541 8 | 0.485 6 | 0.742 4 | 1.000 5 | 0.857 3 | 1 |
| 景宁县 | 0.385 9 | 0.307 1 | 0.401 1 | 0.491 1 | 0.663 6 | 2 |
| 平均值 | 1.054 1 | 0.617 4 | 0.796 2 | 0.808 7 | 0.799 8 | — |

注：类型中 1 表示跨越发展类，2 表示生态发展类。由于篇幅所限，本表仅报告了部分关键年份的结果。

进一步结合《浙江省山区 26 县跨越式高质量发展实施方案（2021—2025 年)》中划分的两大发展类型对各县域的森林生态产品价值实现效率水平（EFF）及分解得到的纯技术效率（PTE）和规模效率（SE）进行综合分析（表 6-6)，可以看出，生态发展类县的森林生态产品价值实现效率水平平均值（0.815 8）高于跨越发展类县（0.728 8）。生态发展类县中，淳安县的 EFF 超过 1；跨越发展类县中，三门县、柯城区、莲都区和龙游县的 EFF 大于 1，其余各县均存在不同程度的低效率状态。此外，文成县、泰顺县、永嘉县、景宁县和青田县的 EFF 低于 0.4，主要原因在于纯技术效率较低，说明这些县域森林生态产品价值实现的相关技术水平和运营管理能力需要提升。这一结论在浙江省（孔凡斌等，2022；Wang 等，2022）和丽水市（程文杰等，2022）的研究中均得到了证实。

表 6-6　浙江省山区 26 县不同发展类型森林生态产品价值实现效率水平平均情况

| 跨越发展类 | 森林生态产品价值实现效率水平 | | | 生态发展类 | 森林生态产品价值实现效率水平 | | |
|---|---|---|---|---|---|---|---|
| | EFF | PTE | SE | | EFF | PTE | SE |
| 缙云县 | 0.512 7 | 0.557 5 | 0.919 1 | 文成县 | 0.120 5 | 0.129 9 | 0.926 9 |
| 武义县 | 0.953 3 | 1.032 1 | 0.917 5 | 庆元县 | 0.471 6 | 0.598 3 | 0.864 0 |
| 苍南县 | 0.613 7 | 0.700 9 | 0.862 5 | 龙泉市 | 0.500 9 | 0.824 0 | 0.690 5 |
| 三门县 | 1.105 5 | 1.504 4 | 0.745 2 | 遂昌县 | 0.486 7 | 0.687 9 | 0.785 2 |

（续）

| 跨越发展类 | 森林生态产品价值实现效率水平 | | | 生态发展类 | 森林生态产品价值实现效率水平 | | |
| --- | --- | --- | --- | --- | --- | --- | --- |
| | EFF | PTE | SE | | EFF | PTE | SE |
| 天台县 | 0.597 7 | 0.698 8 | 0.876 2 | 常山县 | 0.727 5 | 0.807 8 | 0.884 0 |
| 青田县 | 0.382 0 | 0.420 6 | 0.948 0 | 淳安县 | 4.205 7 | 4.815 7 | 0.846 5 |
| 江山市 | 0.771 6 | 0.874 5 | 0.892 2 | 磐安县 | 0.876 6 | 0.930 2 | 0.942 1 |
| 平阳县 | 0.551 6 | 0.609 7 | 0.900 9 | 泰顺县 | 0.274 0 | 0.303 5 | 0.929 4 |
| 松阳县 | 0.635 3 | 0.702 0 | 0.923 0 | 开化县 | 0.466 7 | 0.524 3 | 0.907 3 |
| 柯城区 | 1.064 0 | 4.086 9 | 0.483 9 | 景宁县 | 0.395 3 | 0.428 6 | 0.928 0 |
| 衢江区 | 0.775 5 | 1.049 7 | 0.741 5 | 云和县 | 0.448 5 | 0.540 7 | 0.869 7 |
| 仙居县 | 0.467 4 | 0.504 9 | 0.924 5 | 平均值 | 0.815 8 | 0.962 8 | 0.870 3 |
| 莲都区 | 1.065 4 | 1.143 7 | 0.944 5 | | | | |
| 永嘉县 | 0.293 4 | 0.321 1 | 0.939 4 | | | | |
| 龙游县 | 1.142 8 | 1.162 3 | 0.983 7 | | | | |
| 平均值 | 0.728 8 | 1.024 6 | 0.866 8 | | | | |

注：EFF 表示森林生态产品价值实现效率，PTE 表示纯技术效率，SE 表示规模效率。

# 6.3　结论与政策启示

## 6.3.1　浙江省森林生态产品价值实现效率水平的研究结论与政策启示

第一，浙江省森林生态产品价值呈现波动上升趋势，2020 年森林生态产品价值达 2.531 7 万亿元。气候调节、土壤保持、文化服务是浙江省主要的森林生态产品，说明浙江省森林生态系统在气候调节和保持土壤方面发挥着重要作用。文化服务价值高达 1 064.813 亿元，与浙江省拥有多个全国森林旅游示范市、示范县和 19 个国家 5A 级景区的现状相互吻合，也与森林面积逐年增加，森林生态产品供给能力不断提高有着密切的关系。浙江省森林生态服务产品价值为林业总产值的 1.94 倍，意味着浙江省森林生态产品价值水平高于全国平均 1.73 倍的水平，也说明浙江省在率先建设"生态省"和高质量建设生态文明先行示范区方面取得了巨大成效。

第二，浙江省林业总产值呈现持续增长趋势，2020 年林业总产值增长至 5 016.76 亿元，20 年间林业产业得到了快速发展。其间，林业第一产业产值增速逐渐放缓，林业第二产业成为浙江省林业的绝对优势产业，林业第三产业产值占比快速增长，所占产业产值比重不断增加，全省林业产业结构实现了"二、三、一"格局的转化。这充分说明浙江省在全面建设生态文明先行示范区过程中，始终重视依托森林生态资源优势大力发展特色林业产业，创新森林生态产业化发展模式，不断拓展"两山"转化通道，使全省林业经济发展取得了历史性成就，为高质量发展建设共同富裕示范区奠定了坚实基础。

第三，浙江省森林生态产品价值实现效率水平整体较高，这说明浙江省以"两山"理念为指引，在积极探索"两山"转化有效模式和体制机制改革方面取得了显著成效。与此同时，浙江省 11 个设区市之间森林生态产品价值实现效率水平存在较大差异，但是实现效率均呈现递增状态，部分无效率状态的设区市也逐渐向生产前沿面逼近，这说明浙江省 11 个设区市森林生态资源配置效率不断提高，生态产品价值实现效率趋势不断向好。效率最高的嘉兴市以"画境水乡，森林嘉兴"为建设理念，全面推进林业产业发展，其较高的森林生态产品价值实现效率水平也说明森林投入产出结构较好，资源得到了充分有效利用。杭州市的效率虽然最低，但其森林覆盖率位于全国省会城市的首位，依托森林资源优势，杭州正在做大做强花卉苗木、木本油料、竹业等特色林业产业，还在不断壮大森林康养、绿色生态休闲等新业态。可以预见，未来杭州市的森林生态产品价值实现效率水平必将得到明显提升。

第四，浙江省森林生态产品全要素生产率呈现波动增长态势，各设区市森林生态产品全要素生产率波动趋势与技术进步指数变动的重合程度较高，多个设区市森林生态产品全要素生产率在 2001—2020 年均低于 1。杭州和宁波纯技术效率指数大于 1，而技术进步指数小于 1，表明这两个市林业技术效率提升是改变森林生态产品价值实现效率水平的主要原因，但是林业技术进步尚未体现出正向作用。为了提高森林生态产品价值实现效率水平，迫切需要建立相应的林业技术服务体系，加大新科技产品的推广应用力度，通过技术进步提升森林生态产品价值实现效率水平。

第五，浙江省各设区市森林生态产品价值实现效率水平损失的主要原因是投入过量和产出不足，且不同设区市效率损失的具体原因不同。为此，各设区市要根据实际情况，进一步厘清森林生态产品实现效率不足的具体原因，重点从创新森林生态产业化经营模式、促进森林生态产品价值增值、推进森林生态产品供需精准对接、推进森林生态资源权益交易、健全森林生态保护补偿机制、健全保障机制及建立推进机制等方面，因地制宜地制定具体政策措施，不断优化生产要素的投入结构，进一步提高森林生态资源配置效率和生态产品价值实现效率，为全国探索森林资源富集地区森林生态产品价值实现机制提供示范样板。

### 6.3.2　浙江省山区 26 县森林生态产品价值实现效率水平的研究结论与政策启示

2001—2020 年浙江省山区 26 县森林生态产品价值实现效率总体上显著上升，其中生态发展类县实现效率略高于跨越发展类县。此外，仍有不少县（市、区）存在效率低下甚至无效状态，相关的技术水平及运营管理能力不足是主要原因。

面向优化和提升浙江省山区 26 县森林生态产品价值实现效率水平的目标任务，提出如下建议：

第一，浙江省山区 26 县应根据各自森林资源禀赋特征，在不断提升森林资源质量的基础上，充分挖掘并拓宽森林资源产业化的实现路径，推进森林生态产业融合发展模式，多元化盘活森林资源，实现森林生态产品价值，持续推动县域发展差距的缩小。

第二，浙江省山区 26 县应加强森林资源产业化相关的技术应用和运营管理能力的提升，尤其是 2001—2020 年森林生态产品价值实现效率均处于无效状态的缙云县、景宁县、开化县、龙泉市、庆元县、遂昌县、泰顺县、文成县和云和县。同时，数字技术的应用能够有效破解制约森林生态产品价值实现的"度量难、交易难、抵押难、变现难"等突出难题，提高森林生态产品价值实现效率。

第三，应加强林业一、二、三产业的深度融合，加快打造森林生态产品全产业链，加大林业二、三产业的发展力度，如促进森林康养、森林旅游等生态富民产业的发展，以产业链引导人力资本从农业向非农产业转移。

第四，应加强不同类型县域之间的合作，通过优势互补达到共同推进县域协调高质量发展、实现共同富裕的目标。针对浙江省山区 26 县资源禀赋相近与产业同质性问题，应加大整合力度，依托各自特色森林生态产品，实现优势互补、错位发展、差异化竞争，共同助力山区县的跨越式高质量发展。

# 第7章 森林生态产品价值实现效率的影响因素分析

生态系统服务及其产品供给是连接自然生态系统和经济社会系统的桥梁和纽带，是全面推进乡村振兴和高质量发展建设共同富裕乡村进程中最重要和最具潜力的生态资本及生产要素。当前，探索森林生态产品价值实现效率水平的重要影响因素及其影响机制，能够为优化森林生态产品价值实现路径设计提供科学依据，意义重大。鉴于此，本章以全国生态产品价值实现机制试点市——浙江省丽水市为研究对象，以森林调节服务类生态产品及其价值实现效率为研究切入点，对区域森林生态产品价值实现效率水平的影响因素进行量化分析，以期为探索全国生态产品价值实现路径和政策优化提供科学依据。

## 7.1 研究背景与意义

生态产品是指生态系统产生的物质产品和服务及人类通过付出劳动参与其中生产的产品，包括物质供给类、调节服务类和文化服务类生态产品。其中，调节服务类生态产品作为直接关联人类福祉的极为重要的生态系统服务，主要包括固碳释氧、水源涵养、土壤保持和气候调节四种生态系统服务，关联经济社会系统的方方面面。具体而言，固碳释氧服务与林业应对气候变化及林业生产和产业发展高度关联，水源涵养与森林培育及可持续经营紧密相关，土壤保持影响森林土壤长期生产力和林产品产出潜能，气候调节关乎林业生产和人类生态福祉的各个方面。调节服务类生态产品是生态产品的重要组成部分，占生态产品总价值的比重在70％以上（马国霞等，2017）。因此，探讨森林调节服务类生态产品价值实现效率水平的重要影响因素，对于森林生态产品价值实现及其路径优化具有重要作用。

## 7.2 研究方法与数据来源

### 7.2.1 研究方法

首先，采用 Malmquist 指数模型，从投入和产出两个方面构建丽水市森林调节服务类生态产品价值实现效率的具体测度指标体系。森林调节类生态产品价值用固碳释氧价值、水源涵养价值、土壤保持价值和气候调节价值表示。生态产品价值核算方法及生态产品价值实现效率水平测度方法参见第 4 章和第5 章。

其次，根据 Tobit 回归模型，借鉴已有研究成果，选取影响生态产品价值实现效率的具体因素及变量：①林业有效劳动力。林业有效劳动力资源配置会对生态环境、林农收入及林业经济发展产生重要影响。由林业劳动力乘以人均受教育年限得到。②林业固定资产投资。林业固定资产投资水平会显著影响林业基础设施建设水平。③林业用地面积。林业用地面积会显著影响林业经济发展水平和生态环境。④科技发展水平。较高的科技水平能够在生态产品的社会经济服务和自然生态服务方面都起到提高效率的作用，选取科技人员数量来表示。⑤经济发展水平。经济发展水平表示当地的发展状况，能够在一定程度上对生态产品的认知、需求等产生影响。⑥产业结构。产业结构变化会引发生态状况与资源利用方式等的改变。据此，建立如表 7-1 所示的影响因素及变量。

**表 7-1 变量选取与说明**

| 变量类型 | 变量 | 说明 |
| --- | --- | --- |
| 被解释变量 | 森林调节服务类生态产品价值实现效率水平 | 由 Malmquist 模型计算所得 |
| 解释变量 | 林业有效劳动力 | 当年林业从业有效劳动力人数 |
| | 林业固定资产投资 | 当年林业固定资产投资 |
| | 林业用地面积 | 当年林业用地面积 |
| | 科技发展水平 | 技术工程人员人数表示 |
| | 经济发展水平 | 当地人均 GDP |
| | 产业结构 | 第三产业占总产值之比 |

一般情况下，使用 Malmquist 模型计算的结果为 0～2，而采用普通最小二乘法会产生偏差，因此采用 Tobit 模型进行影响因素估计（石健等，2019）。

$$Y_i = \begin{cases} \beta_0 + \beta^T X_i + \varepsilon_i & Y_i > 0 \\ 0 & Y_i \leqslant 0 \end{cases} \qquad (7-1)$$

公式（7-1）中，$Y_i$ 表示被解释变量，$X_i$ 为解释变量，$T$ 为待估参数，0 为常数项，$i$ 为扰动项。

### 7.2.2 数据来源

影响因素指标数据来自 2010—2020 年的《丽水统计年鉴》《浙江统计年鉴》和浙江省林业局统计数据。影响因素及变量的描述性统计如表 7-2 所示。每个县（市、区）在每年的各影响因素及变量方面均提供 1 个样本量，共 9 个县（市、区），时间范围为 2011—2019 年，因此每个县（市、区）提供的变量样本总数量为 81 个。

**表 7-2 变量的统计性描述**

| 变量 | 均值 | 标准差 | 样本量（个） |
| --- | --- | --- | --- |
| 林业有效劳动力 | 8.704 | 6.695 | 81 |
| 林业固定资产投资 | 1.322 | 1.198 | 81 |
| 林业用地面积 | 33 931.510 | 19 137.120 | 81 |
| 科技发展水平 | 41.382 | 25.653 | 81 |
| 经济发展水平 | 49 550.840 | 12 201.560 | 81 |
| 产业结构 | 0.097 | 0.415 | 81 |

## 7.3 结果与分析

### 7.3.1 森林调节服务类生态产品价值实现效率水平的变化特征

将不同年份的投入产出系统作为决策单元，运用衡量效率变动的 Malmquist 模型，测算出丽水市 2011—2019 年的森林调节类生态产品价值的纯技术效率指数（PECH）变化、规模效率指数（SECH）变化、技术进步指数（TECH）变化和实现效率水平，如表 7-3 所示。结果表明，丽水市各县（市、区）效率水平变化存在以下特征。

从各个县（市、区）情况看，从 2015 年起，森林调节服务类生态产品价值实现效率水平均有所提升，可能的原因是 2014 年《中华人民共和国环境保护法》的出台使林业保护力度得到加强，从而使森林调节类生态产品价值实现效率水平稳步提升，这也表明丽水生态环境保护是富有成效的。2011—2019年，缙云县、云和县和松阳县均有 6 年森林调节服务类生态产品价值实现效率水平大于等于 1；庆元县最少，仅有 3 年。景宁县、龙泉市、庆元县和遂昌县森林调节服务类生态产品价值实现效率水平波动幅度较大，且整体处于较低水平，可能原因是林业保护不足，相关政策和管理有待进一步落实。缙云县在2013 年和 2018 年、青田县在 2013 年和 2014 年、景宁县在 2013 年和 2018 年、庆元县在 2018 年的纯技术效率指数及规模效率指数均小于 1，说明丽水市森林调节服务类生态产品在资源规模配置、管理方式、管理组织结构等方面与这一时段的科技投入相比还存在明显不足。

表 7 - 3　森林调节类生态产品的 Malmquist 指数及其分解结果

| 县区 | 年份 | PECH | SECH | TECH | 实现效率水平 | 县区 | 年份 | PECH | SECH | TECH | 实现效率水平 |
|---|---|---|---|---|---|---|---|---|---|---|---|
| 缙云县 | 2011 | 0.988 | 1.028 | 1.083 | 1.100 | 景宁县 | 2011 | 1.011 | 0.986 | 1.041 | 1.038 |
| | 2012 | 1.109 | 1.086 | 0.788 | 0.949 | | 2012 | 1.012 | 1.025 | 0.760 | 0.788 |
| | 2013 | 0.958 | 0.972 | 1.143 | 1.064 | | 2013 | 0.989 | 0.912 | 1.005 | 0.906 |
| | 2014 | 1.044 | 1.036 | 0.570 | 0.616 | | 2014 | 1.032 | 1.086 | 0.964 | 1.081 |
| | 2015 | 1.000 | 0.905 | 1.370 | 1.240 | | 2015 | 1.072 | 0.867 | 1.489 | 1.384 |
| | 2016 | 1.000 | 1.230 | 1.027 | 1.263 | | 2016 | 1.023 | 1.016 | 0.887 | 0.922 |
| | 2017 | 1.000 | 0.943 | 1.604 | 1.512 | | 2017 | 0.971 | 1.138 | 1.180 | 1.303 |
| | 2018 | 0.925 | 0.909 | 1.361 | 1.144 | | 2018 | 0.889 | 0.936 | 1.193 | 0.994 |
| | 2019 | 1.081 | 0.981 | 0.706 | 0.748 | | 2019 | 1.100 | 0.986 | 0.807 | 0.875 |
| 莲都区 | 2011 | 1.000 | 1.000 | 1.150 | 1.150 | 龙泉市 | 2011 | 1.000 | 0.953 | 1.037 | 0.988 |
| | 2012 | 1.000 | 1.000 | 0.784 | 0.784 | | 2012 | 1.000 | 1.071 | 0.779 | 0.834 |
| | 2013 | 1.000 | 0.968 | 0.865 | 0.838 | | 2013 | 1.000 | 0.926 | 0.993 | 0.920 |
| | 2014 | 1.000 | 1.033 | 0.778 | 0.803 | | 2014 | 1.000 | 1.212 | 0.804 | 0.974 |
| | 2015 | 1.000 | 0.972 | 1.229 | 1.194 | | 2015 | 1.000 | 0.903 | 1.555 | 1.404 |
| | 2016 | 0.977 | 1.022 | 1.039 | 1.037 | | 2016 | 1.000 | 0.918 | 0.942 | 0.865 |
| | 2017 | 1.023 | 1.007 | 1.676 | 1.727 | | 2017 | 1.000 | 1.085 | 1.189 | 1.290 |
| | 2018 | 1.000 | 1.000 | 1.414 | 1.414 | | 2018 | 1.000 | 0.902 | 1.550 | 1.399 |
| | 2019 | 1.000 | 1.000 | 0.670 | 0.670 | | 2019 | 1.000 | 1.142 | 0.638 | 0.729 |

（续）

| 县区 | 年份 | PECH | SECH | TECH | 实现效率水平 | 县区 | 年份 | PECH | SECH | TECH | 实现效率水平 |
|---|---|---|---|---|---|---|---|---|---|---|---|
| 青田县 | 2011 | 1.069 | 1.337 | 1.029 | 1.471 | 庆元县 | 2011 | 1.000 | 1.000 | 1.180 | 1.180 |
| | 2012 | 1.029 | 1.080 | 0.887 | 0.987 | | 2012 | 1.000 | 1.000 | 0.678 | 0.678 |
| | 2013 | 0.999 | 0.920 | 1.015 | 0.933 | | 2013 | 1.000 | 1.000 | 0.967 | 0.967 |
| | 2014 | 0.983 | 0.983 | 0.981 | 0.948 | | 2014 | 1.000 | 1.000 | 0.983 | 0.983 |
| | 2015 | 1.159 | 1.008 | 1.408 | 1.646 | | 2015 | 1.000 | 1.000 | 1.386 | 1.386 |
| | 2016 | 1.542 | 0.725 | 1.083 | 1.211 | | 2016 | 1.000 | 1.000 | 0.890 | 0.890 |
| | 2017 | 0.648 | 1.654 | 1.086 | 1.165 | | 2017 | 1.000 | 1.000 | 1.216 | 1.216 |
| | 2018 | 0.944 | 1.086 | 1.165 | 1.194 | | 2018 | 0.827 | 0.961 | 1.008 | 0.802 |
| | 2019 | 1.211 | 0.936 | 0.808 | 0.916 | | 2019 | 0.919 | 1.009 | 0.911 | 0.846 |
| 松阳县 | 2011 | 1.000 | 1.000 | 1.609 | 1.609 | 遂昌县 | 2011 | 1.000 | 0.911 | 1.087 | 0.990 |
| | 2012 | 1.000 | 0.984 | 0.496 | 0.488 | | 2012 | 1.000 | 1.098 | 0.704 | 0.773 |
| | 2013 | 1.000 | 1.016 | 1.175 | 1.194 | | 2013 | 1.000 | 1.000 | 1.168 | 1.168 |
| | 2014 | 1.000 | 0.967 | 0.592 | 0.573 | | 2014 | 1.000 | 1.000 | 0.624 | 0.624 |
| | 2015 | 1.000 | 1.012 | 1.297 | 1.313 | | 2015 | 1.000 | 1.000 | 1.470 | 1.470 |
| | 2016 | 1.000 | 1.022 | 0.981 | 1.003 | | 2016 | 1.000 | 1.000 | 1.161 | 1.161 |
| | 2017 | 1.000 | 1.000 | 1.436 | 1.436 | | 2017 | 1.000 | 1.000 | 0.953 | 0.953 |
| | 2018 | 1.000 | 1.000 | 1.556 | 1.556 | | 2018 | 1.000 | 0.942 | 1.613 | 1.519 |
| | 2019 | 0.974 | 0.880 | 0.650 | 0.557 | | 2019 | 1.000 | 1.062 | 0.609 | 0.647 |
| 云和县 | 2011 | 1.000 | 1.177 | 1.600 | 1.883 | | | | | | |
| | 2012 | 1.000 | 0.989 | 0.482 | 0.476 | | | | | | |
| | 2013 | 1.000 | 0.841 | 0.963 | 0.810 | | | | | | |
| | 2014 | 1.000 | 1.208 | 0.931 | 1.124 | | | | | | |
| | 2015 | 1.000 | 0.955 | 1.540 | 1.471 | | | | | | |
| | 2016 | 1.000 | 1.068 | 0.949 | 1.013 | | | | | | |
| | 2017 | 1.000 | 1.159 | 1.287 | 1.492 | | | | | | |
| | 2018 | 1.000 | 0.878 | 1.280 | 1.124 | | | | | | |
| | 2019 | 1.000 | 1.110 | 0.713 | 0.792 | | | | | | |

注：PECH 表示纯技术效率指数，SECH 表示规模效率指数，TECH 表示技术进步指数。

从森林调节服务类生态产品价值实现效率水平及各分解效率的关系方面来

看，纯技术效率指数变化较小，规模效率指数趋近于 1，技术进步指数波动幅
度较大，且对森林调节服务类生态产品价值实现效率水平的影响最大，对森林
调节服务类生态产品价值实现效率水平的解释能力最强。为更为精确测算森林
调节服务类生态产品价值实现效率水平和各个分解效率之间的关系，进一步进
行偏相关分析以计算相关程度。结果显示，缙云县、莲都区、松阳县、云和
县、龙泉市、庆元县、遂昌县技术进步指数对森林调节服务类生态产品价值实
现效率水平的相关系数分别达到 0.837、0.995、0.995、0.867、0.890、
0.906、0.983，均通过 0.95 置信水平下的显著性检验，规模效率指数和纯技
术效率指数未通过显著性检验，即森林调节服务类生态产品价值实现效率水平
与技术进步指数之间存在显著的相关性。这表明，必须通过推动技术进步来推
动森林调节服务类生态产品价值实现效率水平的高质量提升。

　　丽水市森林调节服务类生态产品价值实现效率水平呈现波动不定的变化特
征（图 7-1）。在 2012 年产生明显"低谷期"，具体原因是技术进步指数下降
所致，说明在该年的投入水平下，森林资源合理高效利用存在短板；2017 年
出现"高峰期"，具体原因在于技术进步的推动，也表明该年资源利用较为合
理高效。

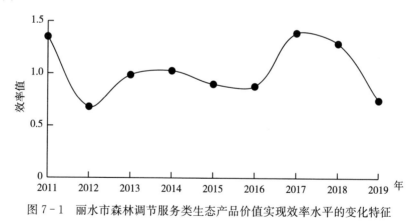

图 7-1　丽水市森林调节服务类生态产品价值实现效率水平的变化特征

### 7.3.2　森林调节服务类生态产品价值实现效率水平的主要影响因素及影响特征

　　进行 Tobit 回归分析之前，为避免伪回归问题，需进行多重共线性分析，
解释变量的方差膨胀系数 VIF 的最大值为 4.19，远远小于 10，故不存在多重
共线性。回归结果如表 7-4 所示。结果表明，不同的影响因素对森林调节服

务类生态产品价值实现效率水平有着不同的影响特征。具体而言，一是林业有效劳动力对丽水市森林调节服务类生态产品价值实现效率水平产生正向影响，并通过了 1％ 的显著性检验，且林业劳动力每增加 1％，森林调节服务类生态产品价值实现效率水平将会增加 3.85％。这表明林业有效劳动力水平越高，森林调节服务类生态产品价值实现效率水平越高，即林业投入和产出水平受劳动力转移影响程度越大，林业经营仍然偏向于粗放经营，没有达到科学适度的规模经营。二是林业固定资产投资水平对丽水市森林调节服务类生态产品价值实现效率水平产生负向影响，并通过 1％ 的显著性检验，且林业固定资产投资每增加 1％，森林调节服务类生态产品价值实现效率水平反而下降 25.27％。产生这种现象的原因是林业投资水平已近饱和状态，投资水平存在冗余，即使继续增加林业固定资产投资规模，丽水市森林调节服务类生态产品价值实现效率水平的边际效率也难以提高。三是林业用地面积有正向影响，并通过了 5％ 的显著性检验，且每增加 1％ 的林地面积，会使森林调节服务类生态产品价值实现效率水平提高 0.86％。由此可见，单纯林地规模面积增加对提高丽水市森林调节服务类生态产品价值实现效率水平的作用有限。可能的原因在于林地面积过于细碎化和分散化，没有实现规模优势，无法有效整合林业优势资源。四是科技发展水平未通过显著性检验，说明林业科技投资不足，科技水平有待提高；经济发展水平和产业结构未通过显著性检验，说明区域经济发展水平和产业转型对森林调节服务类生态产品价值实现效率水平并未产生良好的带动作用。

表 7-4 回归结果分析

| 解释变量 | 森林调节服务类生态产品价值实现效率水平 | |
| --- | --- | --- |
| | 系数 | t 值 |
| 林业有效劳动力 | 0.038 5*** | 2.640 0 |
| 林业固定资产投资 | −0.252 7*** | −3.400 0 |
| 林业用地面积 | 0.008 6** | 2.400 0 |
| 科技发展水平 | 0.000 3 | 0.300 0 |
| 经济发展水平 | 0.004 0 | −0.690 0 |
| 产业结构 | −0.843 0 | −1.150 0 |
| 常数 | 1.050 0*** | 6.230 0 |
| 拟 $R^2$ | 0.420 5 | |

说明：** 和 *** 分别表示在 $p < 0.05$ 和 $p < 0.01$。

# 7.4  结论与政策启示

## 7.4.1  研究结论

丽水市各县（市、区）森林调节服务类生态产品价值实现效率水平不断提升，发展潜力巨大，但是各县（市、区）实现效率水平存在差异。其中，缙云县、云和县和松阳县森林调节服务类生态产品价值实现效率水平较高，庆元县较低。丽水市森林调节服务类生态产品价值实现效率水平分解得到的纯技术效率指数变化较小，规模效率指数趋近于1，技术进步指数波动幅度较大，且对森林调节服务类生态产品价值实现效率水平的影响最大。其中，缙云县、莲都区、松阳县、云和县、龙泉市、庆元县、遂昌县森林调节服务类生态产品价值实现效率水平与技术进步指数之间存在显著相关性，缙云县、青田县、景宁县、庆元县纯技术效率指数和规模效率指数均小于1，表明其资源规模配置与管理方式存在明显不足。林业有效劳动力和林业用地面积均对丽水市森林调节服务类生态产品价值实现效率水平产生显著的正向影响，林业固定资产投资对丽水市森林调节服务类生态产品价值实现效率水平产生显著的负向影响，表明县域森林调节服务类生态产品价值实现效率水平对林业有效劳动力、林业用地面积和林业固定资产投资变化较为敏感。

## 7.4.2  政策启示

基于丽水市各县（市、区）森林资源禀赋和经济社会发展水平等因素对森林调节服务类生态产品价值实现效率水平影响的异质性特征，需要有针对性地采取整体和差异化的应对措施。首先，要进一步加快优化全市产业经济结构，大力发展基于森林资源的特色生态产业经济，实现林业"三产"融合发展，促进森林调节服务类生态产品价值转化为现实经济产值，切实提高森林调节服务类生态产品价值实现效率水平。其次，要继续严守生态保护红线，提高森林生态产品存量，提升森林生态产品质量，为生态资源产业化和资本化提供坚实物质基础，增强可持续发展潜力。再次，要进一步加大全市林业资金和技术投入水平，优化投入结构，提高生态产品要素价值经济转化效率。最后，要尽快制定差异化的森林资源培育、保护和开发利用的政策措施，推动各县（市、区）森林生态产品价值实现效率水平的全面提升。具体而言，鉴于景宁县、龙泉市、庆元县和遂昌县技术进步指数偏低，进而导致实现效率偏低的情况，需增加其林业有效劳动力，科学合理控制林业固定资产投入，同时增加集约化利用林地面积，形成规模优势，以此提高技术进步指数，促进森林生态产品价值实现效率水平的提升。鉴于缙云县、莲都区、青田县、松阳县和云和县虽然森林调节服务类生态产品价值实现效率水平较高，但是效率水平值却有较大的波动，同时这些县（市、区）不同时期劳动力、资金、林业用地面积等投入有较大幅度的波动的情况，要在加大对生态资源的保护力度的同时，继续优化这些县（市、区）的劳动力、资金、林业用地面积之间的关系，完善森林生态产品价值实现的财政补贴和市场融资机制及支持政策体系，避免资源冗余和过度投入，力求实现资源最优配置（程文杰等，2022）。

# 第8章　森林资源禀赋对森林生态产品价值实现效率的影响

森林生态系统是陆地生态系统的主体，为人类提供丰富的水源涵养、固碳释氧、防风固沙、净化空气、调节气候等多种调节类生态产品，以及木材、经济林果、生物质能源等供给类生态产品和旅游康养、景观价值等文化类生态产品。森林生态资源禀赋是森林生态资源产量和生态产品供给的重要基础，是森林生态产品价值实现必不可少的前提条件。然而，既有研究较少涉及森林资源禀赋对森林生态产品价值实现的影响及其作用机制的研究。基于此，本章聚焦森林资源禀赋，以浙江省山区 26 县为研究对象，深入探讨森林资源禀赋对森林生态产品价值实现效率水平的影响机制，为提出森林生态产品价值实现效率提升路径奠定基础。

## 8.1　研究背景与意义

党的二十大报告明确指出要建立健全生态产品价值实现机制。2021 年 4 月，中共中央办公厅、国务院办公厅印发《关于建立健全生态产品价值实现机制的意见》，强调要深化生态产品供给侧结构性改革 积极提供更多优质生态产品满足人民日益增长的优美生态环境需要。2024 年 7 月，党的二十届三中全会审议通过的《中共中央关于进一步全面深化改革 推进中国式现代化的决定》进一步明确要"健全生态产品价值实现机制"。生态产品供给不仅受到政府、市场和企业等主体的影响，更取决于区域自然生态要素禀赋。提升生态系统质量和稳定性是增加优质生态产品供给的必然要求。生态产品的供给主要来源于自然生态系统，自然资源禀赋直接影响生态产品供给，进而对生态产品价值实现产生重要影响。

自然资源是影响国家发展和人民福祉的一种自然资本，是经济发展重要基础（胡援成等，2007）。新古典经济理论认为，自然资源和资本、劳动力一样，是基本的生产要素之一，它对一个地区的经济发展具有促进作用。理论上，一个地区资源越丰富，其经济发展速度应该越快。然而，诸多研究证实我国森林资源富集地区存在森林"资源诅咒"现象（谢晨等，2007；刘宗飞等，2015；王雨露等，2020）。森林"资源诅咒"是指相对于森林资源贫瘠地区，森林资源丰裕地区的经济增长更为缓慢的现象（谢煜等，2020）。基于发展经济学理论，"荷兰病"效应和挤出效应是产生森林"资源诅咒"的主要传导机制（谢煜等，2020）。具体而言，我国林区多生产初级林产品，资源配置效率低，过度依赖木材资源，产业结构单一，使林区易患上"荷兰病"，引发"资源诅咒"（谢煜等，2020）；人力资本投入与科技创新不足是挤出效应最显著的特征，主要是由于对林业产业的过度资本投入使与经济增长密切相关的其他领域如教育、科研及基础设施等领域资金投入不足（徐康宁等，2006）。

资源禀赋能够影响经济发展效率（邵帅等，2013），进而对经济增长产生重要作用。针对自然资源禀赋对社会经济活动的影响，既有研究得出"资源诅咒"和"资源福音"两种不同观点。为了更好地进行观点阐述，在此明晰资源丰裕度与资源依赖度的概念：资源丰裕度是衡量一个国家或地区自然资源禀赋的重要指标，而资源依赖度则是衡量一个国家或地区经济发展对自然资源依赖的程度。一方面，资源禀赋能对经济活动产生促进作用，地区依靠有利的资源禀赋能从要素驱动型发展方式转向技术驱动型发展方式，实现对资源利用效率的全面提升，为经济持续增长提供动力。另一方面，资源禀赋也能对经济活动产生阻碍作用，资源丰裕度高的地区会出现更多依赖资源进行产业发展的情况，即资源丰裕度与资源依赖度高度正相关，从而产生产业结构单一、其他产业难以发展等"荷兰病"效应和挤出效应。由此可见，资源禀赋并不必然形成"资源诅咒"，只有在资源禀赋形成资源依赖的条件下，才会表现出"资源诅咒"效应（向君，2023）。理论上，森林资源禀赋对森林生态产品价值实现效率水平提升产生促进作用，然而，既有研究极少涉及森林资源禀赋影响森林生态产品价值实现效率水平变化的机制，也就无法提出提升森林资源禀赋质量进而提升森林生态产品价值实现效率的对策建议。

# 8.2 研究方法与数据来源

## 8.2.1 研究设计与模型构建

构建以下基准回归模型分析森林资源禀赋对森林生态产品价值实现效率水平的影响。

$$EFF_{i,t} = \alpha_0 + \beta_1 Forest_{i,t} + \beta \sum X_{i,t} + \mu_i + \lambda_t + \varepsilon_{i,t} \quad (8-1)$$

公式（8-1）中，$EFF_{i,t}$ 表示第 $i$ 个县（市、区）第 $t$ 年的森林生态产品价值实现效率水平；$Forest_{i,t}$ 表示第 $i$ 个县（市、区）第 $t$ 年的林地面积；$X_{i,t}$ 为一系列控制变量的集合；$\alpha_0$ 为常数项；$\mu_i$、$\lambda_t$ 分别代表个体（地区）和时间效应；$\varepsilon_{i,t}$ 为随机扰动项；$\beta$、$\beta_1$ 表示待估计系数。

## 8.2.2　变量选取与说明

根据研究设计与模型构建，本研究所使用的变量如下。

被解释变量。被解释变量为森林生态产品价值实现效率水平，采用 6.2 中森林生态产品价值实现效率水平的评价结果。

解释变量。解释变量为森林资源禀赋，采用林地面积进行表征。

控制变量。森林生态产品价值实现效率水平变化还受到许多因素的影响，选取的控制变量包括：①城镇化水平。城镇化水平与全要素生产率存在显著的非线性关系（刘成坤，2023），因此会对森林生态产品价值实现效率水平产生影响。②经济发展水平。区域经济发展水平会影响林业全要素生产率（史常亮等，2017），进而对森林生态产品价值实现效率水平产生影响。同时，为了提高实证模型的拟合度，减弱异方差影响，采用人均 GDP 的对数作为经济发展水平的衡量指标。③政府财政支出规模。政府财政支出规模会影响林业产业发展，直接影响森林生态产品价值实现效率水平。具体采用政府财政支出占地区生产总值的比重来表示。④基础设施。地区基础设施的情况一定程度上可以反映地区的发展情况，同时会影响城乡间的生态产品流动速度，进而影响森林生态产品价值实现效率水平。具体采用各设区市每平方千米公路里程来表示。⑤对外开放程度。对外直接投资对绿色全要素生产率具有显著影响（杨世迪等，2017），据此，对外开放程度会影响森林生态产品价值实现效率水平。参照已有研究的做法（徐彩瑶等，2023），具体采用进出口总额占 GDP 的比重作为衡量指标。

## 8.2.3　数据来源

浙江省山区 26 县的相关数据主要来源于各县区统计公报和各设区市统计年鉴，时间范围均为 2001—2020 年，个别缺失数据利用插值法进行补足。在运用数据进行实证分析之前，对各个指标进行描述性统计，结果见表 8-1。

**表 8-1 变量的描述性统计特征**

| 指标名称 | 样本数 | 均值 | 标准差 | 最小值 | 最大值 |
| --- | --- | --- | --- | --- | --- |
| 森林生态产品价值实现效率水平 | 520 | 0.765 6 | 1.217 2 | 0.044 0 | 21.138 8 |
| 森林资源禀赋 | 520 | 7.254 | 0.521 | 5.499 | 8.378 |
| 城镇化水平 | 520 | 0.218 3 | 0.126 0 | 0.043 1 | 0.602 2 |
| 经济发展水平 | 520 | 10.046 | 0.805 | 8.204 | 14.107 |
| 政府财政支出规模 | 520 | 0.204 | 0.118 | 0.000 | 0.713 |
| 基础设施 | 520 | 0.756 | 0.443 | 0.046 | 6.481 |
| 对外开放程度 | 520 | 0.165 | 0.142 | 0.000 | 0.991 |

## 8.3 结果与分析

### 8.3.1 基准回归结果

考察 2001—2020 年森林资源禀赋对森林生态产品价值实现效率水平的影响，基准回归结果如表 8-2 所示。其中，模型（1）是作为基准的 OLS 回归模型，模型（2）加入了个体固定效应，模型（3）是双向固定效应模型。为了防止伪回归的出现，综合使用 ADF 检验、IPS 检验和 LLC 检验方法对变量进行平稳性检验，结果均在 1% 水平上通过检验，说明面板数据具有较好的平稳性。对选用固定效应模型还是随机效应模型进行检验，Hausman 检验值在 1% 的显著性水平上拒绝原假设，故应选用固定效应模型。由模型（1）至模型（3）可以发现，$R^2$ 值逐渐增大，说明模型（3）的拟合效果优于模型（1）和模型（2）。综上，使用双向固定效应模型。可以看出，森林资源禀赋对森林生态产品价值实现效率水平的影响均显著为正，这说明森林资源禀赋能够有效促进森林生态产品价值实现效率水平的提升。从影响幅度看，森林资源禀赋（林地面积的对数）每提高 1 单位，将提高森林生态产品价值实现效率水平 2.811 单位。此外，从控制变量的回归结果看，只有对外开放程度的回归系数显著，在 5% 水平上通过了检验，其余控制变量均不具备解释效力。具体来说，对外开放程度每增加 1 单位，森林生态产品价值实现效率水平将提高 1.708 个单位。

表8-2　基准回归模型结果

| 变量 | 基准回归模型 | 个体固定效应 | 双向固定效应 |
| --- | --- | --- | --- |
| | （1） | （2） | （3） |
| 森林资源禀赋 | 0.630** | 1.792*** | 2.811*** |
| | （0.308） | （0.525） | （0.683） |
| 城镇化水平 | 2.485*** | 1.855** | 1.345 |
| | （0.845） | （0.885） | （1.112） |
| 经济发展水平 | −0.194 | −0.111 | −0.083 3 |
| | （0.131） | （0.142） | （0.321） |
| 基础设施 | 0.069 2 | 0.061 9 | 0.150 |
| | （0.156） | （0.155） | （0.167） |
| 政府财政支出规模 | −1.529* | −0.767 | −1.744 |
| | （0.873） | （0.961） | （1.325） |
| 对外开放程度 | 0.727 | 1.188 | 1.708** |
| | （0.698） | （0.760） | （0.790） |
| 常数项 | −2.034 | −11.39** | −18.82*** |
| | （2.795） | （4.542） | （5.172） |
| 时间固定效应 | | 控制 | 控制 |
| 地区固定效应 | | | 控制 |
| $R^2$ | 0.032 7 | 0.044 8 | 0.078 0 |

注：* 、** 、*** 分别表示 $p<0.10$、$p<0.05$、$p<0.01$，括号内为稳健标准误。

## 8.3.2　异质性分析

由6.2中分析跨越发展类县和生态发展类县的森林生态产品价值实现效率水平变化的结论可知，森林资源禀赋对森林生态产品价值实现效率水平的影响可能会存在空间异质性。因此，进一步对跨越发展类县和生态发展类县分别进行分析，结果如表8-3所示。可以看出，森林资源禀赋对森林生态产品价值实现效率水平的正向影响在跨越发展类县的估计中得到证实，且在1‰水平上通过了检验，但在生态发展类县的估计中未通过检验。通过分析系数可以发现，跨越发展类县的森林资源禀赋对森林生态产品价值实现效率水平影响的估计系数是3.860，大于全样本分析结果（2.811，表8-2），说明森林资源禀赋对森林生态产品价值实现效率水平的正向影响在跨越发展类县中表现更为明显。

在控制变量上，只有生态发展类县的城镇化水平在5％水平上通过了检验，其余变量均未通过检验。说明对于生态发展类县，城镇化水平每提高1单位，森林生态产品价值实现效率水平提高5.625单位。

表 8 - 3 异质性分析回归结果

| 变量 | 跨越发展类县 | 生态发展类县 |
|---|---|---|
| 森林资源禀赋 | 3.860*** | 2.941 |
|  | (0.578) | (3.145) |
| 城镇化水平 | −0.020 5 | 5.625** |
|  | (0.994) | (2.549) |
| 经济发展水平 | −0.090 3 | 0.315 |
|  | (0.450) | (0.559) |
| 基础设施 | 0.114 | 0.071 8 |
|  | (0.176) | (0.297) |
| 政府财政支出规模 | −2.459 | 2.094 |
|  | (1.985) | (2.693) |
| 对外开放程度 | 0.349 | 3.223 |
|  | (0.707) | (2.102) |
| 常数项 | −25.95*** | −24.42 |
|  | (5.658) | (23.24) |
| 时间固定效应 | 控制 | 控制 |
| 地区固定效应 | 控制 | 控制 |
| $R^2$ | 0.184 | 0.120 |
| 样本量 | 300 | 220 |

注：*、**、*** 分别表示 $p<0.10$、$p<0.05$、$p<0.01$，括号内为稳健标准误。

### 8.3.3 内生性讨论和稳健性检验

基于基准回归结果，森林资源禀赋的提高有助于森林生态产品价值实现效率水平的提升，但模型中可能存在内生性问题，造成估计结果偏差。通常情况下造成内生性问题的原因有两种：一是遗漏解释变量问题。为解决该问题所导致的内生性影响，尽量将影响森林生态产品价值实现效率水平变化的因素加入控制变量中，以降低遗漏变量的影响。二是反向因果。实际上，森林生态产品价值实现效率水平的变化可能会影响森林资源禀赋。对于该问题的处理，采用核心解释变量即森林资源禀赋的滞后一期作为工具变量进行两阶段最小二乘法（2SLS）估计。表8-4（1）结果显示，模型估计结果与前文的基准回归结果基本一致，即森林资源禀赋的提高有助于提升森林生态产品价值实现效率水平，因此，森林生态产品价值实现效率水平和森林资源禀赋的正相关关系再次得到了验证。

进一步通过替换解释变量和排除异常值的方式进行稳健性检验，以增强结果的可靠性。首先，采用更换解释变量的方法，将衡量森林资源禀赋的方法替换为某一县的森林覆盖率进行回归。考虑到森林覆盖率技术标准存在变更的问题（刘宗飞等，2015），此处的森林覆盖率主要是以土地利用数据中的林地作为森林面积与县域单元的行政区面积的比值。结果如表8-4（2）所示，核心解释变量森林资源禀赋及其显著性和系数符号均与基准回归模型的实证结果基本一致，表明模型的估计结果是稳健的。其次是排除异常值处理。考虑到浙江省山区26县中的部分县（区、市）可能会因受到某些特殊因素影响而产生一些异常值，从而干扰模型的回归结果，影响结果的稳健性，因此对森林生态产品价值实现效率水平在1%分位处进行缩尾处理，结果如表8-4（3）所示。结果表明，核心解释变量森林资源禀赋在1%水平上通过检验，证明基准回归结果稳健。

表8-4　内生性讨论和稳健性检验

| 变量 | 2SLS | 替换被解释变量 | 缩尾 |
|---|---|---|---|
| | (1) | (2) | (3) |
| 森林资源禀赋 | 2.991*** | 1.864*** | 2.811*** |
| | (0.460) | (0.595) | (0.683) |
| 城镇化水平 | 0.557 | 1.604 | 1.345 |
| | (0.738) | (1.116) | (1.112) |
| 经济发展水平 | −0.160 | 0.083 4 | −0.083 3 |
| | (0.208) | (0.318) | (0.321) |
| 基础设施 | 0.102 | 0.149 | 0.150 |
| | (0.105) | (0.168) | (0.167) |
| 政府财政支出规模 | −1.362 | −0.726 | −1.744 |
| | (0.868) | (1.285) | (1.325) |

（续）

| 变量 | 2SLS | 替换被解释变量 | 缩尾 |
|---|---|---|---|
| | (1) | (2) | (3) |
| 对外开放程度 | 0.241 | 1.733** | 1.708** |
| | (0.581) | (0.796) | (0.790) |
| 常数项 | −19.51*** | −1.677 | −18.82*** |
| | (3.431) | (2.832) | (5.172) |
| 时间固定效应 | 控制 | 控制 | 控制 |
| 地区固定效应 | 控制 | 控制 | 控制 |
| $R^2$ | 0.118 | 0.064 | 0.078 |

注：*、**、*** 分别表示 $p < 0.10$、$p < 0.05$、$p < 0.01$，括号内为稳健标准误。

# 8.4  结论与政策启示

森林资源禀赋能够有效提升森林生态产品价值实现效率水平，具体而言，森林资源禀赋（林地面积的对数）每提高 1 单位，将提高森林生态产品价值实现效率水平 2.811 单位；森林覆盖率每提高 1 单位，将提高森林生态产品价值实现效率水平 1.864 单位。进一步从控制变量的回归结果看，对外开放程度每增加 1 单位，森林生态产品价值实现效率水平将提高 1.708 个单位。

基于上述研究结论，面向提升森林生态产品价值实现效率水平的目标任务，提出如下建议：

第一，持续扩大森林面积，实现森林生态产品的提量增值。通过种植适应当地气候条件的优良树种，扩大森林面积，并进行定期抚育管理，确保树木健康生长，进而促进森林资源禀赋在数量上的提升。

第二，精准提升森林质量，推进森林生态产品的提质增汇。大力实施森林质量提升工程，通过林分结构调整、森林抚育、低效林改造、退化林修复等，使林分质量持续提高。不断提升森林生态系统服务功能，注重增强森林生态系统固碳增汇功能，巩固森林生态资源存量，提升森林生态产品的高质量持续供给能力。

第三，优化森林资源利用，实现森林生态产品的提效增收。通过整合森林资源，提高森林资源利用效率，大力发展木本油料、林下经济、花卉苗木、竹木制造、森林康养等绿色富民产业，加强木本粮油供给，形成多元化的森林生态产业体系。同时，依靠科技培育优质林木，提高森林的再生产能力；创新技术，提高对森林资源的利用效率，使资源得到充分利用。

# 第9章 人力资本对森林生态产品价值实现效率的影响

森林生态产品价值实现效率水平取决于地区所拥有的人力资本数量、质量和结构状况。既有研究虽然关注到了人力资本在森林生态产品价值实现过程中的作用及重要性（徐彩瑶等，2023），但没有从数量、质量和结构状况等方面深入揭示人力资本对森林生态产品价值实现效率水平的影响。基于此，本章聚焦人力资本这一重要影响因素，以浙江省山区26县为研究对象，从数量、质量和结构状况等方面深入揭示人力资本对森林生态产品价值实现效率水平的影响机制，为乡村人才振兴推动森林生态产品价值实现效率提升路径探索奠定基础。

## 9.1 研究背景与意义

中国的经济发展进程伴随着以初级人力资本向高级人力资本演进为特征的人力资本结构变化（刘智勇等，2018）。党的二十大报告明确指出要深入实施人才强国战略。人才振兴是实现乡村振兴的重要推力，是落实产业兴旺、生态宜居、乡风文明、治理有效、生活富裕总要求的有力保障。2021年2月，中共中央办公厅、国务院办公厅印发了《关于加快推进乡村人才振兴的意见》，明确指出要"坚持把乡村人力资本开发放在首要位置""全方位培养各类人才，扩大总量、提高质量、优化结构"，为全面推进乡村振兴、加快农业农村现代化提供有力人才支撑。2024年7月，党的二十届三中全会审议通过的《中共中央关于进一步全面深化改革　推进中国式现代化的决定》进一步明确要"深化人才发展体制机制改革"。人力资本是指凝结在劳动者身上的知识、技能和经验，通过教育投资、健康投资、技能培训投资等多种方式形成，表现为蕴含于人身上的各种生产知识、劳动与管理技能及健康素质的存量总和（杨建芳等，2006；李海峥等，2010）。人力资本是推动经济持续高质量增长的关键要素，对全要素生产率的提升具有重要作用（岳书敬和刘朝明，2006）。众多研究表明，人力资本不仅有助于维持生态系统质量（Han 和 Cai，2024），影响生态环境治理（Zhao 和 Dong，2023），还能够显著推进农林业高质量发展（杨怡等，2022）。森林生态产品价值实现是生态产品价值实现的重要内容，也是山区乡村推进全面振兴和实现共同富裕的重要路径（孔凡斌等，2023a；孔凡斌等，2023b；孔凡斌和徐彩瑶，2023；徐彩瑶等，2023）。森林生态产品价值实现效率是衡量森林生态产品价值实现程度和森林生态资本配置效能的重要指标（孔凡斌等，2022；徐彩瑶等，2023），既有研究关注到了人力资本在森林生态产品价值实现过程中的作用及重要性（徐彩瑶等，2023），但没有深入揭示人力资本对森林生态产品价值实现效率水平的影响及作用机制。基于此，本研究以浙江省山区 26 县为研究对象，从理论层面分析人力资本对森林生态产品价值实现效率水平的影响及作用机制，从实证层面借助面板固定效应模型、中介效应模型、面板门槛模型检验人力资本对森林生态产品价值实现效率水平的影响及作用机制，可为山区加快推进人才振兴、推动人力资本开发促进森林生态产品价值实现提供科学依据和实践参考。

## 9.2　理论分析与研究假说

### 9.2.1　人力资本与森林生态产品价值实现

人力资本理论认为，经济增长的关键是人力资本（Schultz，1960）。提升人力资本水平是提高生产效率的动力源泉之一（王小鲁和樊纲，2004；杨建芳等，2006；杨晨旭和刘霞辉，2022）。林业产业发展多以森林资源、劳动力、资本等传统要素投入为主要驱动力，属于典型的"要素驱动型"发展模式。森林生态产品价值实现过程涉及森林生态资源资产化、森林生态资产资本化、森林生态资本资金化等环节（孔凡斌和徐彩瑶，2023），需要以更高素质的人力资本的投入为条件。具体而言，在森林生态资源资产化环节，森林生态资源的保护、开发和利用需要专业的知识和技能，人力资本的投入可以提升森林资源管护人员的专业能力，从而确保森林生态资源保护的高质量和高效益。例如，森林资源管理人员通过教育和技能培训，可以更好地理解和应用生态学、森林培育、森林经理等领域的知识和技能，不仅能够推动森林资源数量增加、质量提升，还有助于提高森林生态产品的开发效率和效果。在森林生态资产资本化和森林生态资本资金化环节，传统的林业经济运营理念和管理方式难以保障森林生态资产形成生态资本，也难以有效匹配市场对森林生态产品提出的新需求和新形势。人力资本的投入不仅可以提升森林资源利用的统筹协调和规制管理能力，有助于推动森林生态资产的转化，还能推动森林生态产品的创新和升级，以更好地适应市场需求，提高森林生态产品的竞争力和附加值，更能够推动森林生态产品经营的整体规划和品牌营销、森林生态产品经营管理能力和市场运作能力的提升，有助于森林生态产品价值实现。综上所述，人力资本在森林生态资源资产化、森林生态资产资本化、森林生态资本资金化等环节中的作用不可忽视，能够显著影响森林生态产品价值实现。基于上述分析，提出以下研究假说。

H9-1：人力资本能够显著推动森林生态产品价值实现。

### 9.2.2 人力资本、产业结构升级与森林生态产品价值实现

人力资本是经济可持续增长和产业结构升级的基础（黄文正，2011；张国强等，2011）。配第-克拉克定理认为，随着经济的发展和人均国民收入水平的提高，劳动力会从第一产业（主要是农业）向第二产业（主要是工业）转移，当人均国民收入进一步提高时，劳动力会进一步向第三产业（主要是服务业）转移。基于"结构红利假说"，当投入要素从低生产率水平或者低生产率增长的部门向高生产率水平或高生产率增长的部门流动时，就会促进总生产率增长，这种基于要素流动而形成的产业结构变化能够促进生产率增长（干春晖和郑若谷，2009）。因此，人力资本能通过推进林业产业结构升级来推动森林生态产品价值实现。具体而言，林业产业结构升级可通过推进产业结构合理化和产业结构高级化，助推林业一、二、三产业有效融合并向价值链中高端攀升，提高产品溢价，推动森林生态产品价值实现。已有研究表明，林业第一产业和林业第三产业对生态文明的贡献率较大且为正，而林业第二产业对生态文明的贡献率较小且为负（廖冰和张智光，2020）。可见，在协同推进生态文明建设和经济高质量发展的背景下，森林生态产品价值实现有赖于林业产业结构调整和优化。基于上述分析，提出以下研究假说。

H9-2：人力资本通过推进产业结构升级来推动森林生态产品价值实现。

### 9.2.3 人力资本、森林资源管理与森林生态产品价值实现

人力资本通过优化森林资源管理来推动森林生态产品价值实现。拥有较高人力资本的林业主体，同时拥有较强的森林资源管理能力，能够优化森林资源

管理方式，创新森林资源管理模式，有利于推进森林生态资本向生态财富高效转化，进而助力森林生态产品价值实现。例如，实施林长制是统筹协调保护与发展关系的重要举措。各地推进并落实林长制，按照"分级负责"原则，构建"省—市—县—乡—村"五级林长制体系，各级林长负责督促指导本责任区内森林资源保护发展工作，协调解决森林资源保护发展重大问题，因此，各地以林长制为抓手，深入挖掘森林资源禀赋，推进森林资源源头严格管理，不仅能够提高森林资源、林地资源的保护力度，还能够有效促进森林资源的利用效率，推动森林生态产品价值实现。基于上述分析，提出以下研究假说。

H9-3：人力资本通过优化森林资源管理来推动森林生态产品价值实现。

### 9.2.4 人力资本、技术创新水平与森林生态产品价值实现

舒尔茨和贝克尔的人力资本理论认为，人力资本是影响技术创新的重要因素。人力资本能够通过提高技术创新水平来推动森林生态产品价值实现，尤其是在加快发展数字经济释放数字技术红利的背景下，能够更有效推动森林生态资源资产化、森林生态资产资本化、森林生态资本资金化。具体而言，在森林生态资源资产化环节，物联网监测、卫星遥感监测、智能视频监控、无人机巡护和热成像智能识别等技术的综合运用不仅能跟踪森林生态系统实时状况，及时发现森林消长变化及森林有害生物、火灾等生态灾害，提高森林资源保护和培育的效率，还能赋能林地林木的权属落界与管理，使林地面积计算更精准、林权界址更清晰、管理服务更便捷。在森林生态资产资本化环节，大数据、云计算、人工智能等技术可以赋能森林生态产品信息普查、生态产品价值核算及品牌价值打造等，助力森林生态资产实现价值增值。具体来说，森林生态产品基础信息调查可以全面借助网格化监测、高分辨率卫星影像和地形图等数字技术和数据产品，有助于摸清各类生态产品数量、质量等底数，以及推动森林生态产品目录清单的形成。依靠卫星遥感影像等技术可以实现森林生态产品价值长时序、精准计算，并做到生态产品实物量和价值量在空间上的表达，尤其是占森林生态系统比重较大的调节服务产品的价值（孔凡斌等，2022），为森林生态资产资本化奠定价值量化基础。在森林生态资本资金化环节，依托数字技术建立整体联动、开放共享的生态产品库，通过搭建大数据平台，吸引并汇集客户的需求，并根据客户的需求定制服务和产品，实现森林生态产品供需精准对接，有力推动森林生态产品交易。此外，依靠数字技术完善绿色金融系统，

有助于建立信任机制和透明交易体系，实现生态产品的点对点交易，降低中间环节的成本和风险，有力拓展生态产品权益交易途径。其中，区块链技术能够构建一种让关键利益相关主体保持共享和不可删除记录的数据库（赵金旭和孟天广，2019），可以有效解决林权抵押授信的问题，通过将中心化的林权抵押贷款系统重构为一个去中心化的系统，提供跨机构的信任业务模式，降低业务执行成本。基于上述分析，提出以下研究假说。

H9-4：人力资本通过提高技术创新水平来推动森林生态产品价值实现。

综上，人力资本对森林生态产品价值实现效率影响的理论分析框架如图9-1所示。

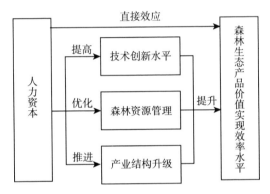

图9-1　人力资本对森林生态产品价值实现效率影响的理论分析框架

## 9.3　研究方法与数据来源

### 9.3.1　研究设计与模型构建

（1）基准回归模型

根据以上理论分析，构建基准回归模型：

$$FEI_{it} = \beta_0 + \beta_1\, HL_{it} + \sum_{j=1}^{6} \beta_2\, C_{jit} + \mu_i + \lambda_t + \varepsilon_{it} \qquad (9-1)$$

$FEI_{it}$ 表示第 $i$ 个县（市、区）第 $t$ 年的森林生态产品价值实现效率水平；$HL_{it}$ 表示第 $i$ 个县（市、区）第 $t$ 年的人力资本水平；$C_{jit}$ 表示一系列控制变量；$\beta_1$ 为核心解释变量的系数，反映人力资本水平对森林生态产品价值实现效率的影响程度；$\beta_2$ 表示控制变量的估计系数；$\beta_0$ 为常数项；$\mu_i$、$\lambda_t$ 分别代表个体（地区）和时间效应；$\varepsilon_{it}$ 为随机扰动项。

（2）面板门槛效应模型

为了进一步探究人力资本影响森林生态产品价值实现效率水平存在的非线性效应，设定如下面板门槛回归模型：

$$FEI_{it} = \varphi_0 + \varphi_1\, HL_{it} \times I(Th_{it} \leqslant \theta) + \varphi_2\, HL_{it} \times$$

$$I(Th_{it} > \theta) + \sum_{j=1}^{6} \beta_2\, C_{jit} + \mu_i + \lambda_t + \varepsilon_{it} \qquad (9-2)$$

公式（9-2）中，$Th_{it}$ 为门槛变量；$I(\cdot)$ 是取值为 0 或 1 的指示函数，满足括号内条件，取值即为 1，反之则为 0；$\theta$ 为门槛值；$\varphi_0$ 表示常数项，$\varphi_1$、$\varphi_2$ 表示待估计系数。公式（9-2）是仅考虑了单一门槛的情况，可以根据具体的样本计量检验扩充为多门槛的情况。

（3）中介效应模型

如前所述，人力资本可以通过推动产业结构升级、提升森林资源管理水平和技术创新水平等路径来影响森林生态产品价值实现效率水平，参考已有研究的做法（江艇，2022），建立如下中介效应模型对三条影响路径机制进行检验：

$$IS_{it} = \alpha_0 + \alpha_1\, HL_{it} + \sum_{j=1}^{6} \alpha_2 C_{jit} + \mu_i + \lambda_t + \varepsilon_{it} \qquad (9-3)$$

$$LP_{it} = \alpha_0 + \alpha_1\, HL_{it} + \sum_{j=1}^{6} \alpha_2\, C_{jit} + \mu_i + \lambda_t + \varepsilon_{it} \qquad (9-4)$$

$$TI_{it} = \alpha_0 + \alpha_1\, HL_{it} + \sum_{j=1}^{6} \alpha_2\, C_{jit} + \mu_i + \lambda_t + \varepsilon_{it} \qquad (9-5)$$

上述公式中，$IS$ 表示产业结构升级水平；$LP$ 表示土地资源生产率，以衡量森林资源管理水平；$TI$ 表示技术创新水平；$\alpha_0$ 表示常数项；$\alpha_1$ 衡量了人力资本水平对中介变量的影响，$\alpha_2$ 表示控制变量的估计系数。

## 9.3.2  变量说明

（1）被解释变量

以森林生态产品价值实现效率水平（FEI）来表征森林生态产品价值实现程度。参考已有研究（孔凡斌等，2022；徐彩瑶等，2023），运用 Super-SBM 模型和 MaxDEA 软件测算出森林生态产品价值实现效率水平。森林生态产品价值实现效率水平的投入产出指标体系如表 9-1 所示。其中，森林生态产品价值核算方法参照已有研究的做法（孔凡斌等，2023b；徐彩瑶等，2023）。

表 9-1 森林生态产品价值实现效率水平的投入产出指标体系

| 类别 | 一级指标 | 二级指标 | 三级指标 |
|---|---|---|---|
| 投入指标 | 森林生态产品价值 | 物质供给产品价值 | 林产品价值 |
| | | 调节服务产品价值 | 水源涵养价值 |
| | | | 固碳释氧价值 |
| | | | 气候调节价值 |
| | | | 空气净化价值 |
| | | | 土壤保持价值 |
| | | 文化服务产品价值 | 森林休憩价值 |
| | 劳动力 | 林业从业人数 | |
| | 物质资本 | 林业固定资产投资完成额 | |
| 产出指标 | 林业产业增加值 | 林业第一、二、三产业增加值 | |

（2）核心解释变量

人力资本水平（HL）。考虑到县域数据的可获得性，参考已有文献（杨桂红等，2015；徐彩瑶等，2023），人力资本水平的具体测算公式为：$HL = Num \times HC$。式中，$HL$ 表示林业人力资本水平，$Num$ 表示林业从业人员数量，$HC$ 采用各类学校在校学生数占常住人口的比重来衡量。

（3）控制变量

森林生态产品价值实现效率水平还受到许多因素的影响，选取的控制变量包括：①经济发展水平。区域经济发展水平会影响林业全要素生产率（史常亮等，2017），进而对森林生态产品价值实现效率水平产生影响。同时，为了提高实证模型的拟合度，减弱异方差影响，采用人均GDP的对数作为经济发展水平的衡量指标。②政府财政支出规模。政府财政支出规模会影响林业产业发展，直接影响森林生态产品价值实现效率水平。具体采用政府财政支出占地区生产总值比重来表示。③基础设施。地区基础设施的情况一定程度上可以反映地区的发展情况，同时会影响城乡间的生态产品流动速度，进而影响森林生态产品价值实现效率水平。具体采用各设区市每平方千米公路里程来表示。④对外开放程度。对外开放程度会影响区域间生产要素流动与配置（徐彩瑶等，2024），进而影响森林生态产品价值实现效率水平，具体采用进出口总额占GDP的比重作为衡量指标。⑤森林覆盖率。森林覆盖率可用来表征地区的森林禀赋状况，而森林禀赋是森林生态产品价值实现的基础。⑥城镇化水平。城镇化会对森林生态安全产生重要影响（冯彦等，2022），从而导致森林生态产品价值实现效率水平发生变化。具体采用城镇常住人口与总人口的比值表征。

（4）机制变量

产业结构升级（IS）。产业结构升级分为产业结构高级化和合理化两方面，产业结构高级化反映了产业结构由低级产业主导向高级产业主导的转变过程，使用林业第三产业增加值与林业第二产业增加值的比值表示（李博等，2022）；产业结构合理化反映了一二三产业之间资源要素配置的合理化程度，参考已有研究的做法（孔凡斌等，2024），使用修正的泰尔指数衡量，公式如下：

$$FSH_{it} = 1 - \sum_{j=1}^{3} \left[ \left( \frac{Y_{jit}}{Y_{it}} \right) \ln \left( \frac{Y_{jit}}{Y_{it}} \Big/ \frac{L_{jit}}{L_{it}} \right) \right], j \in \{1,2,3\} \quad (9-6)$$

式中，$FSH_{it}$ 表示林业产业结构合理化程度，$Y$ 表示林业产业增加值，$L$ 表示林业从业人员数，$j$ 表示林业产业类型。改进后的泰尔指数进行了正向处理，其数值越大则表示林业产业结构越合理。

森林资源管理水平。采用土地资源生产率（LP）来表征，具体以林业增加值与林地面积的比值来衡量。

技术创新水平（TI）。技术创新水平采用农业机械总动力乘以林业增加值占第一产业增加值的比重来衡量。

### 9.3.3　数据来源

浙江省山区 26 县的人力资本水平数据主要来源于浙江省各县区统计公报和各设区市统计年鉴，森林生态产品价值实现效率水平测度所需数据主要包含遥感影像数据、数字高程数据、土地利用数据、土壤属性数据、气象数据等，具体来源详见徐彩瑶等（2023）的研究。研究期为 2001—2021 年，个别缺失数据利用插值法进行补足。各个变量的描述性统计结果如表 9-2 所示。

**表 9-2　变量的描述性统计特征**

| 变量类型 | 变量名称 | 样本数 | 均值 | 标准差 | 最小值 | 最大值 |
| --- | --- | --- | --- | --- | --- | --- |
| 被解释变量 | 森林生态产品价值实现效率水平 | 546 | 0.777 | 1.192 | 0.044 | 21.139 |
| 核心解释变量 | 人力资本水平 | 546 | 0.090 | 0.061 | 0.001 | 0.324 |

（续）

| 变量类型 | 变量名称 | 样本数 | 均值 | 标准差 | 最小值 | 最大值 |
|---|---|---|---|---|---|---|
| 控制变量 | 城镇化水平 | 546 | 0.224 | 0.127 | 0.043 | 0.602 |
| | 经济发展水平 | 546 | 10.097 | 0.820 | 8.204 | 14.107 |
| | 基础设施 | 546 | 0.756 | 0.443 | 0.046 | 6.481 |
| | 政府财政支出规模 | 546 | 0.204 | 0.118 | 0.000 | 0.713 |
| | 对外开放程度 | 546 | 0.165 | 0.142 | 0.000 | 0.911 |
| | 森林覆盖率 | 546 | 0.893 | 0.160 | 0.232 | 2.483 |
| 机制变量 | 产业结构合理化程度 | 546 | 0.910 | 0.094 | −0.010 | 1.110 |
| | 产业结构高级化程度 | 546 | 0.705 | 1.529 | 0.025 | 16.937 |
| | 土地资源生产率 | 546 | 7.450 | 5.043 | 0.314 | 36.002 |
| | 技术创新水平 | 546 | 9.566 | 0.894 | 6.488 | 11.611 |

## 9.4 结果与分析

### 9.4.1 浙江省山区 26 县人力资本水平的变化特征分析

2001—2021 年浙江省山区 26 县人力资本水平均值变化趋势如图 9 - 2 所示。2001—2021 年浙江省山区 26 县人力资本水平整体呈现下降态势，均值由 2001 年的 0.125 下降至 2021 年的 0.057。其中，从 2011 年开始人力资本水平的下降幅度开始减缓，甚至在 2016 年和 2017 年有所上升。2010 年浙江省发布了《关于加快林业改革发展 全面推进"森林浙江"建设的意见》和《关于推进生态文明建设的决定》，开启了森林浙江建设新征程，为林业人力资本水平的提升提供了重大机遇。随着林业产业结构的优化升级，对林业人才的需求也发生了变化。浙江省政府通过制定一系列优惠政策和激励措施，鼓励林业人才的培养和引进，从而提高了林业人力资本水平。同时，山区基础设施的改善，如交通、通信、电力等，为林业人才的引进和流动提供了便利条件，这有助于吸引更多外部人才进入山区从事林业生产和管理。但是，近几年浙江省山区 26 县的人力资本水平又开始急剧下降，这说明林业产业在转型升级过程中可能面临诸多困难，导致难以吸引和留住人才。对于追求更好发展的年轻人来说，可能更倾向于离开山区前往城市或其他地区发展，导致林业人才流失严重。既有研究亦表明，林业从业人员总体素质较低、人力资本投入不足、高层次人才严重缺乏等因素已成为制约林业经济发展的重要因素（杨桂红等，2015）。依据《浙江省山区 26 县跨越式高质量发展实施方案（2021—2025年）》将浙江省山区 26 县划分为生态发展县和跨越发展县两类，可以发现虽然两类地区的人力资本水平均值在近几年趋于收敛，但生态发展县的人力资本水平均值在 2001—2021 年间始终大于跨越发展县，这是由于生态发展县往往更具有生态环境优势，而良好的生态环境和自然资源对林业发展起到了重要的支撑作用，所以相较于跨越发展县拥有更高的人力资本水平。

图 9-2　2001—2021 年浙江省山区 26 县人力资本水平的变化特征

## 9.4.2　浙江省山区 26 县森林生态产品价值实现效率水平的变化特征分析

　　2001—2021 年浙江省山区 26 县森林生态产品价值实现效率水平均值变化趋势如图 9-3 所示。2001—2021 年浙江省山区 26 县森林生态产品价值实现效率水平均值呈现先降后升的波动变化，按照 Super-SBM 模型的原理，效率值低于 1 的地区仍存在改进空间（徐彩瑶等，2023），而山区 26 县的森林生态产品价值实现效率水平在 2002 年以后绝大多数时间低于 1，因此，山区 26 县森林生态产品价值实现效率仍处于较低水平，有待进一步提高。近几年呈现出的上升态势表明，浙江省在促进林业生态产品价值实现，把"七山"资源转化为生态优势、经济优势和富民优势方面取得了显著成效（孔凡斌等，2022）。此外，可以从图中发现，虽然初期生态发展县的森林生态产品价值实现效率水平远高于跨越发展县，但是从 2007 年开始，跨越发展县的森林生态产品价值实现效率水平超过了生态发展县，直至 2021 年才又稍落后于生态发展县。这说明跨越发展县在发展过程中更加注重森林生态优势向经济优势的转化，通过发展特色林业产业、打造林业品牌、加强市场营销等方式，提升了林业产品的附加值和竞争力，进而提高了森林生态产品价值实现的效率水平。而生态发展县更加注重生态环境的保护和可持续发展，这可能导致其在林业产业发展上采取更为稳健的策略，注重生态平衡与资源的合理利用，从而在一定程度上限制了其森林生态产品价值实现效率水平的提升速度。

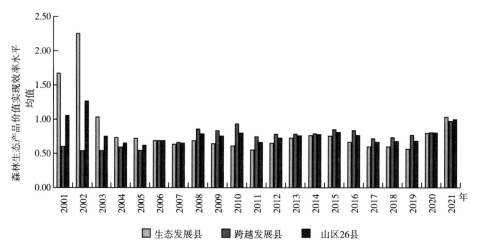

图 9-3　2001—2021 年浙江省山区 26 县森林生态产品价值实现效率水平的变化特征

### 9.4.3　人力资本对森林生态产品价值实现效率水平的影响机制分析

（1）基准回归模型

为避免伪回归，在基准回归之前利用方差膨胀因子（VIF）进行多重共线性检验，结果显示变量中 VIF 最大值为 2.90，平均值为 1.62，远小于 10，表明变量间多重共线性因素可以忽略不计。表 9-3 报告了人力资本水平对森林生态产品价值实现效率水平影响的基准回归结果。其中，模型（1）为 OLS 回归模型，模型（2）加入了地区固定效应，模型（3）为地区与时间双向固定效应模型。回归结果表明，模型（1）～（3）的核心解释变量系数均显著为正，说明人力资本能够对森林生态产品价值实现效率水平产生显著的正向影响；模型（1）～（3）的 $R^2$ 逐渐增大，说明模型（3）的拟合效果最优，因此，选择双向固定效应模型。模型（3）的结果表明，人力资本对森林生态产品价值实现效率水平影响系数为 7.315，且在 1% 的水平上显著，说明人力资本水平每提高 1 单位，森林生态产品价值实现效率水平将提高 7.315 单位。因此，研究假说 H9-1 得以验证。就控制变量而言，对外开放程度对森林生态产品价值实现效率水平的影响系数在 5% 水平上显著为正，说明对外开放带来了先进的管理经验、资金和技术，提升了林业生产效率，从而提高了森林生态产品价值实现效率水平。

表 9-3　基准回归模型结果

| 变量 | OLS | 个体固定效率 | 双向固定效率 |
|---|---|---|---|
| | (1) | (2) | (3) |
| 人力资本水平 | 5.491*** | 6.722*** | 7.315*** |
| | (0.891) | (1.341) | (1.417) |
| 城镇化水平 | 0.208 | 0.676 | 0.922 |
| | (0.525) | (0.639) | (0.773) |
| 经济发展水平 | 0.171* | −0.046 | −0.026 |
| | (0.102) | (0.105) | (0.230) |
| 基础设施 | −0.040 | 0.089 | 0.076 |
| | (0.130) | (0.115) | (0.124) |
| 政府财政支出规模 | −1.044** | −0.073 | −0.447 |
| | (0.479) | (0.716) | (0.929) |
| 对外开放程度 | 0.045 | 1.184** | 1.414** |
| | (0.381) | (0.540) | (0.562) |
| 森林覆盖率 | −0.672* | −0.235 | −0.146 |
| | (0.371) | (0.376) | (0.430) |
| 常数项 | −0.660 | 0.443 | 0.106 |
| | (1.072) | (1.145) | (2.353) |
| 地区效应 | | 控制 | 控制 |
| 时间效应 | | | 控制 |
| $F$ | 7.494*** | 4.903*** | 5.271*** |
| $R^2$ | 0.089 | 0.400 | 0.420 |
| 样本量 | 546 | 546 | 546 |

注：*、**、*** 分别表示 $p<0.10$、$p<0.05$、$p<0.01$，括号内为稳健标准误。

（2）异质性分析

考虑到不同的发展方式，将研究样本划分为生态发展县和跨越发展县两类。表 9-4 的回归结果表明，人力资本对森林生态产品价值实现效率水平的作用效果在发展方式不同的地区呈现出显著的差异，其中对生态发展县的影响系数在1%的水平上显著为正，与总样本结果一致，而对跨越发展县的影响在1%的水平上显著为负，与生态发展县结果相反。可能的原因在于生态发展县往往更注重生态环境保护和可持续发展，因此在教育和培训方面，可能会更加关注与林业、生态学、环境保护等相关的专业知识和技能的培训，这使人力资本在森林生态产品价值实现方面具备更高的专业素养和技能水平，从而更有效地推动森林生态产品价值实现效率水平的提升。而且生态发展县的居民和劳动力通常具有较强的环保意识，他们更倾向于采用环保、可持续的生产方式和技术，有助于减少对森林资源的破坏和污染，提高森林生态产品价值实现效率。而跨越发展县在追求经济快速发展的过程中，可能忽视了生态环境保护的重要性，其人力资本可能缺乏与森林生态产品价值实现相关的专业知识和技能，导致他们在森林资源的保护和利用、生态旅游开发等方面缺乏有效的方法和手段，从而降低森林生态产品价值实现效率水平。

参考已有研究（张荣博和钟昌标，2022），对不同行政级别的地区进行异质性分析，表9-4结果表明，人力资本水平在县级行政单元对森林生态产品价值实现效率水平呈现出显著的正向影响，而在县级市（区）却呈现出显著的负向影响。人力资本水平对森林生态产品价值实现效率水平在县和县级市（区）表现出不同的影响，这可能是由于县级行政单元的产业结构可能更偏向于农业、林业等第一产业，这些产业与森林生态产品价值实现的关联度较高。因此，在县级行政单元，人力资本的专业背景和技能更容易与森林生态产品价值实现的需求相匹配，从而更充分地发挥其作用。而且县级行政单元居民的生活可能更依赖自然资源和生态环境，这促使他们更积极地参与森林生态产品价值实现，从而提高实现效率。而县级市（区）的产业结构更加多元化，包括工业、商业、服务业等多个领域，这种多元化的产业结构可能导致人力资本在各个领域之间分散，难以形成有效的集聚效应，从而降低了对森林生态产品价值实现的支持力度。

表 9-4  异质性分析回归结果

| 变量 | 发展方式 | | 行政级别 | |
| --- | --- | --- | --- | --- |
| | 生态发展县 | 跨越发展县 | 县 | 县级市（区） |
| 人力资本水平 | 16.143*** | −1.804*** | 10.829*** | −3.491*** |
| | (3.087) | (0.584) | (1.768) | (0.738) |

（续）

| 变量 | 发展方式 | | 行政级别 | |
|---|---|---|---|---|
| | 生态发展县 | 跨越发展县 | 县 | 县级市（区） |
| 城镇化水平 | 4.185** | 0.331 | 1.905** | −0.273 |
| | (1.977) | (0.272) | (0.968) | (0.456) |
| 经济发展水平 | 0.119 | −0.214* | 0.097 | −0.111 |
| | (0.460) | (0.126) | (0.265) | (0.258) |
| 基础设施 | 0.077 | 0.051 | 0.067 | 0.048 |
| | (0.245) | (0.051) | (0.136) | (0.402) |
| 政府财政支出规模 | 0.580 | −0.722 | −0.610 | −0.683 |
| | (2.224) | (0.534) | (1.153) | (0.603) |
| 对外开放程度 | 1.514 | −0.172 | 1.781*** | −0.310 |
| | (1.652) | (0.199) | (0.669) | (0.336) |
| 森林覆盖率 | 2.790 | −0.093 | −0.006 | −0.484*** |
| | (2.956) | (0.129) | (0.798) | (0.136) |
| 常数项 | −6.041 | 3.169** | −1.773 | 2.975 |
| | (5.160) | (1.306) | (2.767) | (2.577) |
| 地区效应 | 控制 | 控制 | 控制 | 控制 |
| 时间效应 | 控制 | 控制 | 控制 | 控制 |
| $R^2$ | 0.507 | 0.580 | 0.449 | 0.700 |
| 样本量 | 231 | 315 | 441 | 105 |

注：*、**、*** 分别表示 $p<0.10$、$p<0.05$、$p<0.01$，括号内为稳健标准误。

（3）内生性检验和稳健性检验

鉴于文中可能存在内生性问题，参考已有研究的做法（曹婧博和康琛宇，2023），选取核心解释变量人力资本水平的滞后一期作为工具变量，使用两阶段最小二乘法（2SLS）进行回归。弱工具变量检验结果 F 值为482.222，大于10，说明不存在弱工具变量问题。工具变量的回归结果如表 9-5 列（1）和列（2）所示，第一阶段的工具变量对人力资本水平的影响在 1% 的水平上显著为正，第二阶段的回归结果与基准回归一致，说明在考虑了内生性问题以后，结论依然成立。为增强结论的可靠性，采用替换被解释变量及对核心解释变量在 1‰ 分位处进行缩尾处理的方法进行稳健性检验。

表 9-5　内生性讨论和稳健性检验结果

| 变量 | 2SLS | | 替换被解释变量 | | 缩尾 |
|---|---|---|---|---|---|
| | (1)<br>第一阶段 | (2)<br>第二阶段 | (3)<br>PTE | (4)<br>SE | (5)<br>EFF |
| 人力资本水平（滞后一期） | 0.696*** | 9.293*** | | | |
| | (0.032) | (1.839) | | | |
| 人力资本水平 | | | 4.803** | 0.899*** | |
| | | | (1.867) | (0.192) | |
| 人力资本水平（缩尾处理） | | | | | 5.899*** |
| | | | | | (1.464) |
| 城镇化水平 | 0.015 | 0.635 | 1.487 | −0.101 | 0.978 |
| | (0.017) | (0.693) | (1.018) | (0.104) | (0.781) |
| 经济发展水平 | 0.005 | −0.080 | 0.129 | −0.025 | −0.021 |
| | (0.005) | (0.205) | (0.302) | (0.031) | (0.232) |
| 基础设施 | 0.001 | 0.060 | 0.159 | −0.013 | 0.083 |
| | (0.003) | (0.109) | (0.163) | (0.017) | (0.125) |
| 政府财政支出规模 | −0.004 | −0.786 | −0.323 | −0.067 | −0.475 |
| | (0.021) | (0.849) | (1.223) | (0.126) | (0.938) |
| 对外开放程度 | −0.003 | 1.252** | 1.656** | 0.043 | 1.434** |
| | (0.013) | (0.533) | (0.740) | (0.076) | (0.568) |
| 森林覆盖率 | −0.002 | 0.598 | 1.984*** | −0.322*** | −0.184 |
| | (0.013) | (0.544) | (0.567) | (0.058) | (0.435) |
| 常数项 | −0.059 | 1.011 | −3.167 | 1.360*** | 0.201 |
| | (0.056) | (2.273) | (3.100) | (0.318) | (2.378) |
| 地区效应 | 控制 | 控制 | 控制 | 控制 | 控制 |
| 时间效应 | 控制 | 控制 | 控制 | 控制 | 控制 |
| $R^2$ | 0.890 | 0.384 | 0.445 | 0.497 | 0.408 |
| 样本量 | 520 | 520 | 546 | 546 | 546 |

注：PTE、SE、EFF 分别表示森林生态产品价值实现纯技术效率、森林生态产品价值实现规模效率、森林生态产品价值实现效率。*、**、*** 分别表示 $p<0.10$、$p<0.05$、$p<0.01$，括号内为稳健标准误。

替换被解释变量。将森林生态产品价值实现效率分解得到的纯技术效率和规模效率作为被解释变量，回归结果分别如表 9-5 列（3）和列（4）所示。

可以发现人力资本水平的系数显著为正，与基准回归结果一致。

缩尾处理。对核心解释变量进行缩尾处理，以此来排除异常值对回归结果产生干扰。结果如表9-5列（5）所示，可以发现人力资本水平对森林生态产品价值实现效率水平的影响系数依然在1‰水平上显著为正，从而证明了基准回归结果的稳健性。

（4）影响机制分析

为验证影响机制假设的合理性，分别对产业结构升级、土地资源生产率和技术创新水平的中介效应进行检验，结果如表9-6所示。

表9-6　影响机制检验结果

| 变量 | 产业结构升级 | | (3)<br>森林资源管理水平<br>（土地资源生产率） | (4)<br>技术创新水平 |
| --- | --- | --- | --- | --- |
| | (1) 合理化 | (2) 高级化 | | |
| 人力资本水平 | 0.255** | 3.689** | 17.392*** | 5.852*** |
| | (0.109) | (1.670) | (3.517) | (0.643) |
| 城镇化水平 | −0.026 | −0.063 | −4.648** | −0.311 |
| | (0.059) | (0.911) | (1.918) | (0.351) |
| 经济发展水平 | −0.037** | 1.046*** | −1.969*** | −0.084 |
| | (0.018) | (0.271) | (0.570) | (0.104) |
| 基础设施 | 0.000 | −0.164 | 0.192 | 0.016 |
| | (0.010) | (0.146) | (0.307) | (0.056) |
| 政府财政支出规模 | −0.066 | 3.225*** | −4.863** | 0.790* |
| | (0.071) | (1.094) | (2.304) | (0.421) |
| 对外开放程度 | 0.021 | −1.748*** | −3.107** | −0.343 |
| | (0.043) | (0.662) | (1.394) | (0.255) |
| 森林覆盖率 | 0.184*** | 0.374 | −7.293*** | −0.623*** |
| | (0.033) | (0.507) | (1.068) | (0.195) |
| 常数项 | 1.109*** | −10.756*** | 34.676*** | 10.393*** |
| | (0.181) | (2.773) | (5.840) | (1.068) |
| $R^2$ | 0.450 | 0.510 | 0.800 | 0.788 |
| 样本量 | 546 | 546 | 546 | 546 |

注：*、**、***分别表示 $p < 0.10$、$p < 0.05$、$p < 0.01$，括号内为稳健标准误。

从表9-6列（1）和列（2）结果可知，人力资本水平的影响系数在5‰的水平上显著为正，表明人力资本水平的提升有利于促进产业结构升级，进而提高森林生态产品价值实现效率水平。具体来讲，对产业结构合理化的影响系数为 0.255，人力资本水平对产业结构高级化的影响系数为 3.689，说明人力资本水平的提升有利于促进产业结构合理化和高级化，且对产业结构高级化的影响程度更大。因此，研究假说 H9-2 得以验证。从列（3）的结果发现人力资本水平的影响系数为 17.392，并在 1% 的水平上显著为正，表明人力资本水平的提升能够显著提高土地资源生产率。土地资源生产率的提升可以带动林业产业链的延伸和拓展。例如，高效的林地管理可能促进林下经济的发展，如林下种植、林下养殖等，从而增加林业产业的附加值，提升森林生态产品价值实现的综合效益，从而提高森林生态产品价值实现效率水平。因此，研究假说 H9-3 得以验证。从列（4）的结果发现人力资本水平的影响系数为 5.852，并在 1% 的水平上显著为正，表明人力资本水平的提升有利于提高技术创新水平。技术创新水平有助于推动林业生产方式的转变和升级，实现森林资源的可持续利用和森林生态产业的绿色发展，从而提升森林生态产品价值实现的效率。因此，研究假说 H9-4 得以验证。

（5）进一步讨论：门槛效应分析

进一步构建面板门槛模型来检验人力资本对森林生态产品价值实现效率水平的影响是否存在产业结构合理化、林业产业规模和城镇化水平的门槛约束，检验结果如表 9-7 所示。以产业结构合理化和林业产业规模为门槛变量的单一门槛模型分别在 5% 和 10% 水平下通过了检验，而城镇化水平则通过了双重门槛检验。因此，以此为基础进行门槛面板模型的估计，以揭示随着产业结构合理化、林业产业规模及城镇化水平的变化，人力资本对森林生态产品价值实现效率水平影响效应的动态变化，结果如表 9-8 所示。

以产业结构合理化为门槛变量的估计结果如表 9-8 列（1）所示。结果表明，当产业结构合理化程度小于等于 0.990 时，人力资本的影响系数显著为正，人力资本水平每提高 1 单位，森林生态产品价值实现效率水平将提高6.037 单位。当产业结构合理化程度大于 0.990 时，人力资本的影响系数同样显著为正，此时人力资本水平每提高 1 单位，森林生态产品价值实现效率水平将提高 12.566 单位。产业结构合理化产生显著门槛效应的原因可能是产业结构的合理化是推动森林生态产品价值高效率实现的基础，如果林业产业结构不合理，如过分依赖传统的木材生产而忽视林业生态旅游、林下经济等多元化发展，那么即使拥有高水平的人力资本，也难以充分发挥其作用，提升森林生态产品价值实现效率。因此，林业产业结构的合理化是人力资本发挥作用的先决条件。

以林业产业规模为门槛变量的估计结果如表 9-8 列（2）所示。林业产业规模以林业产业增加值来表征，结果表明当林业产业规模小于等于 1.958 时，人力资本的影响系数显著为正，人力资本水平每提高 1 单位，森林生态产品价值实现效率水平将提高 4.454 单位。当林业产业规模大于 1.958 时，人力资本的影响系数同样显著为正，此时人力资本水平每提高 1 单位，森林生态产品价值实现效率水平将提高 12.442 单位。林业产业规模产生了显著的门槛效应，可能是由于林业产业规模的大小直接影响人力资本的利用效率。在林业产业规模较小的地区，由于产业链不完整、生产效率低下，人力资本可能无法充分施展其才能，导致森林生态产品价值实现效率难以提升。相反，在林业产业规模较大的地区，人力资本的作用可以得到更好地发挥，通过技术创新、管理优化等手段，推动森林生态产品价值实现效率的提升。

以城镇化水平为门槛变量的估计结果如表 9-8 列（3）所示。结果表明，当城镇化水平小于等于 0.126 时，人力资本的影响系数显著为正，人力资本水平每提高 1 单位，森林生态产品价值实现效率水平将提高 5.416 单位。当城镇化水平大于 0.126、小于等于 0.138 时，人力资本的影响系数同样显著为正，此时人力资本水平每提高 1 单位，森林生态产品价值实现效率水平将提高 28.102 单位。当城镇化水平大于 0.138 时，人力资本水平每提高 1 单位，森林生态产品价值实现效率水平将提高 3.153 单位。不同城镇化水平下，人力资本对森林生态产品价值实现效率水平的影响程度呈现显著差异，可能的原因是在城镇化水平较低的阶段（小于等于 0.126），经济活动可能仍然以农业和林业等传统产业为主，此时，提高人力资本水平可能直接促进了林业产业内的技术改进和管理效率的提升；当城镇化水平提高到一定阶段（大于 0.126、小于等于 0.138）时，工业和服务业也随之快速发展，林业产业开始与这些产业联动。此时，人力资本的提升可能不仅促进了林业产业内部的效率提升，还通过与其他产业的融合和互补，实现了森林生态产品价值实现效率的跨越式增长。在城镇化水平更高的阶段（大于 0.138），林业产业已经形成了较为稳定的产业链。此时，虽然人力资本的提升仍然对森林生态产品价值实现效率有正面影响，但可能由于产业链的复杂性和稳定性，影响程度相对较为平缓。

### 表 9-7　门槛效应检验结果

| | 产业结构合理化 | | 林业产业规模 | | 城镇化水平 | | |
|---|---|---|---|---|---|---|---|
| | 单一门槛 | 双重门槛 | 单一门槛 | 双重门槛 | 单一门槛 | 双重门槛 | 三重门槛 |
| F 值 | 66.53 | 28.74 | 46.42 | 26.80 | 102.82 | 221.13 | 114.06 |
| P 值 | 0.033 | 0.230 | 0.077 | 0.158 | 0.040 | 0.010 | 0.230 |
| Bootstrap 次数 | 300 | 300 | 300 | 300 | 300 | 300 | 300 |

### 表 9-8　门槛回归结果

| 变量 | (1) | (2) | (3) |
|---|---|---|---|
| 人力资本（产业结构合理化程度≤0.990） | 6.037*** (1.327) | | |
| 人力资本（产业结构合理化程度>0.990） | 12.566*** (1.877) | | |
| 人力资本（林业产业规模≤1.958） | | 4.454*** (1.330) | |
| 人力资本（林业产业规模>1.958） | | 12.442*** (1.542) | |
| 人力资本（城镇化水平≤0.126） | | | 5.416*** (1.385) |
| 人力资本（0.126<城镇化水平≤0.138） | | | 28.102*** (1.541) |
| 人力资本（城镇化水平>0.138） | | | 3.153*** (1.060) |
| 常数项 | 0.542 (1.125) | 1.207 (1.104) | −0.239 (0.909) |
| 控制变量 | 控制 | 控制 | 控制 |
| 地区效应 | 控制 | 控制 | 控制 |
| 时间效应 | 控制 | 控制 | 控制 |
| $R^2$ | 0.096 | 0.139 | 0.444 |

注：*、**、*** 分别表示 $p<0.10$、$p<0.05$、$p<0.01$，括号内为稳健标准误。

## 9.5 结论与启示

### 9.5.1 结论

本研究以2001—2021年浙江省山区26县的面板数据为基础,运用基准回归模型、中介效应模型和面板门槛效应模型等方法,考察了人力资本对森林生态产品价值实现效率水平的影响及其作用机制。研究结论如下:

第一,2001—2021年浙江省山区26县的人力资本水平整体呈现下降态势,其中生态发展县和跨越发展县的人力资本水平均值在近几年趋于收敛,但生态发展县的人力资本水平均值在2001—2021年间始终大于跨越发展县。2001—2021年浙江省山区26县森林生态产品价值实现效率水平均值呈现先降后升的波动变化,但整体仍处于较低水平。其中,从2007年开始,跨越发展县的森林生态产品价值实现效率水平超过了生态发展县,直至2021年才又稍落后于生态发展县。

第二,人力资本能够有效提升森林生态产品价值实现效率水平,但是对不同发展方式和不同行政级别的地区呈现出显著的异质性。具体来讲,在生态发展县和县级行政单元,人力资本对森林生态产品价值实现效率水平产生显著的正向影响,而在跨越发展县和县级市(区),人力资本对森林生态产品价值实现效率水平产生显著的负向影响。

第三,人力资本可以通过提升技术创新水平、优化森林资源管理水平和促进产业结构升级三条路径来提高森林生态产品价值实现效率水平。

第四,人力资本对森林生态产品价值实现效率水平的影响受到产业结构合理化和林业产业规模的单一门槛限制,以及城镇化水平的双重门槛限制。

### 9.5.2 政策启示

基于上述研究结论,面向提升森林生态产品价值实现效率水平的目标任务,提出如下建议:

第一,鉴于浙江省山区26县的人力资本水平和森林生态产品价值实现效率水平仍处于较低水平,且人力资本能够有效提升森林生态产品价值实现效率水平,故应努力提高人力资本水平,进而实现森林生态产品价值实现效率水平的提升。在提升人力资本水平方面,要加强林业教育培训,为林业从业者提供定期的职业技能培训;设立林业人才引进计划,通过提供具有竞争力的薪酬、福利待遇和发展机会，吸引外部林业人才到山区县工作。此外，应加强林业人才交流与合作，可以组织山区县的林业从业者到发达地区进行学习和交流，引进先进的林业技术和管理经验。在提高森林生态产品价值实现效率水平方面，要结合山区县的森林资源优势，发展具有地方特色的林业产业，充分利用当地资源，提高产业附加值，促进经济发展。

第二，鉴于人力资本可以通过提升技术创新水平来提高森林生态产品价值实现效率水平，应增加对林业科技创新的投入，激发林业从业者的创新精神和创造力，支持林业企业开展技术研发和创新活动；鼓励林业企业、高校和科研机构之间的合作与交流，共同开展林业科技创新活动，推动林业技术创新水平的不断提升；加强林业技术创新平台的建设和管理，通过产学研合作，加速林业技术创新成果的转化和应用，进而促进森林生态产品价值实现效率水平的提升。

第三，鉴于人力资本可以通过促进产业结构升级来提高森林生态产品价值实现效率水平且受到产业结构合理化和林业产业规模的单一门槛限制，应优化林业产业结构，扩大林业产业规模，根据山区 26 县各地的特色森林资源和市场条件，合理规划林业产业布局，推动林业产业向规模化、集约化、专业化方向发展，推动产业结构合理化和林业产业规模扩大，以达到门槛值，进而获得更高的森林生态产品价值实现效率水平提升效应；注重培育林业新兴产业和特色产业，提高林业产业的综合效益，如森林康养、森林旅游、林下经济等，这些新兴产业具有较大的市场潜力和发展空间，可以促进林业产业结构的优化升级，进而推动森林生态产品价值实现效率水平的提升。

第四，鉴于人力资本可以通过提高土地资源生产率以优化森林资源管理来提高森林生态产品价值实现效率水平，应积极通过政府、企业和社会组织等多方面的努力，提供多样化的教育培训，使林业劳动者掌握更多的林业生产知识和技能，推广先进的林业种植技术和管理技术（如精准施肥、节水灌溉、病虫害防治等）及科学的种植方法，提高土地资源生产率；通过土地流转、适度规模经营等方式，提高土地的集约化程度，从而增加单位土地面积上的产出；积极实施林地保护、水土保持、生态修复等措施，改善林业生产环境，提高土地资源的可持续利用能力，进而推动森林生态产品价值实现效率水平的提升。

第五，鉴于人力资本对森林生态产品价值实现效率水平的影响受到城镇化水平的双重门槛限制，应加大对人力资本的投入，特别是在城镇化水平较低的地区，提高教育质量，培养更多知识型、技能型、创新型的林业人才；积极推动城乡融合发展，加强城乡规划和基础设施建设，通过优化城乡产业布局、促进城乡人口流动等方式，合理规划国土空间，避免过度占用林地资源，确保林业发展空间，缓解城镇化对林业产业的冲击；加强城乡之间的经济、社会和文化联系，推动城乡协调发展，为人力资本在林业领域的流动和配置创造有利条件，以保障并推动森林生态产品价值实现。

# 第 10 章 产业升级对森林生态产品价值实现效率的影响

产业结构是影响生产效率的重要因素（Duarte 等，2010），对经济发展具有显著作用。林业产业升级是推动森林生态产品价值实现效率水平提升的关键路径。然而，林业产业发展和产业结构升级对森林生态产品价值实现效率水平的影响机制尚不清晰。本章聚焦产业结构这一重要因素，以浙江省山区 26 县为研究对象，深入揭示林业产业发展规模和产业结构升级对森林生态产品价值实现效率水平的影响机制，为森林生态产品价值实现效率提升提供产业结构维度的优化路径。

## 10.1 研究背景与意义

党的二十大报告将统筹产业结构调整、生态保护和建立生态产品价值实现机制作为建设人与自然和谐共生的中国式现代化的重要任务。2021年 4 月，中共中央办公厅、国务院办公厅印发《关于建立健全生态产品价值实现机制的意见》，明确指出要深化生态产品供给侧结构性改革，不断丰富生态产品价值实现路径，推进生态产品价值实现。产业升级是提升生态产品价值实现效率水平的关键方向（徐彩瑶等，2023）。因此，厘清并探究产业升级对生态产品价值实现效率水平的影响及其作用机制，能为建立健全生态产品价值实现机制及建设人与自然和谐共生的中国式现代化提供支撑，具有重要的现实意义和决策参考价值。森林是陆地生态系统的重要组成部分，是水库、钱库、粮库和碳库，为人类持续提供大量且多样的生态产品（徐彩瑶等，2023）。林业产业是规模巨大的绿色经济体，对生态文明建设的贡献最大（廖冰等，2020）。2023 年，中国林业产业总产值已超过 8 万亿元，林产品进出口贸易额超过 1 800 亿美元，成为世界林产品生产、贸易、消费第一大国。2022 年 1 月，国家林业和草原局印发《林草产业发展规划（2021—2025 年）》，指出要优化产业结构，增强产品有效供给能力。2023 年 9 月,中共中央办公厅、国务院办公厅印发《深化集体林权制度改革方案》,提出要积极支持产业发展,加强林产品供给能力建设,推动生态产品价值实现。由此可见,优化林业产业结构、加快林业产业升级是推进森林生态产品价值实现和林业高质量发展的重要举措(徐彩瑶等,2023;许斐然等,2022)。然而,中国林业产业发展面临森林资源总量不高、林业基础设施薄弱、林业产业发展地区间不平衡、林产品质量和附加值低等问题(许斐然等,2022;孔凡斌等,2013;徐彩瑶等,2024),森林资源富集地区陷入森林资源"诅咒"困境(徐彩瑶等,2023),致使森林生态系统提供的生态产品和生态服务转化为林业产业产值的程度不高,森林生态产品价值实现效率偏低(徐彩瑶等,2023;孔凡斌等,2022)。既有研究关注林业产业结构的空间演变(宋维明等,2020)、影响因素(熊立春等,2022)及其对推动林业产业发展、林业经济增长和缩小城乡收入差距、县域发展差距的积极影响(廖文梅,2014;张滨等,2020;孔凡斌等,2024),产业升级能够显著促进生态效率水平提升且这一促进作用存在空间溢出效应(马骏等,2020)。因此,林业产业升级是推动森林生态产品价值实现效率水平提升的关键路径。

乡村数字化转型是推进数字中国建设的重要内容,也是乡村全面振兴的战略方向,更是赋能乡村林业产业发展和森林生态产品价值实现的新引擎(徐彩瑶等,2024;孔凡斌等,2023a)。已有研究表明,乡村数字化不仅能够优化传统的林业生产经营结构,创新林业生产理念与管理模式,还能提高乡村生态资源配置效率,推动林业产业升级发展和森林生态产品价值实现(徐彩瑶等,2024;孔凡斌等,2023a)。环境规制是管理公共池塘资源的重要保障,不仅能显著推动地区的产业结构升级(罗知等,2021),还能提升产业的绿色全要素生产率(殷宝庆,2012),有助于推动生态产品价值实现效率的提升。除此之外,生态旅游作为森林生态产品价值实现的重要路径,已成为森林生态产品价值实现的主要方式。2023 年 9 月,国务院办公厅印发的《关于释放旅游消费潜力推动旅游业高质量发展的若干措施》明确指出要积极开发森林康养、生态观光、自然教育等生态旅游产品。已有研究亦表明,政府支持下的农业与旅游业融合有益于农业生态效率水平的提升,且这一提升效应在发达地区最为明显(胡平波等,2019)。由此可见,乡村数字化、环境规制和生态旅游在林业产业升级对森林生态产品价值实现效率水平的影响中能够发挥重要作用。

综上,现有文献聚焦林业产业结构调整、产业升级的变化特征及其与生态效率的关系等进行了富有成效的探讨，为产业升级对森林生态产品价值实现效率水平变化的影响机制研究提供了重要的参考。然而，在既有研究基础上，仍然需要进一步探究并厘清以下问题：第一，已有研究从市级层面观察到产业升级对生态效率提升存在显著的促进作用，那么，在相对微观视角上，针对林业领域森林生态产品价值实现效率水平提升的政策目标，产业升级是否能够发挥显著的积极作用？第二，已有研究虽然阐释了乡村数字化、环境规制和生态旅游能够在林业产业升级助推森林生态产品价值实现效率水平中发挥作用，但缺乏实证分析，未将乡村数字化、环境规制和生态旅游同时纳入考察并进行细致探讨，致使既有研究为林业产业发展提升森林生态产品价值实现效率水平进而促进生态产品价值实现提供的证据还十分有限。鉴于此，以浙江省山区 26 县为研究对象，借助双向固定效应模型、中介效应模型、调节效应模型、门槛效应模型和空间计量模型实证检验林业产业升级对森林生态产品价值实现效率水平的影响及其作用机制。可能的创新点在于：一是理论阐释并实证分析林业产业发展影响森林生态产品价值实现效率水平的理论机理和因果关系。二是以乡村数字化水平、环境规制和生态旅游为核心传导路径，探究林业产业发展对森林生态产品价值实现效率水平产生影响的作用机制，可为国家推动构建现代林业产业体系的实践探索提供科学依据。

## 10.2 理论分析与研究假说

### 10.2.1 林业产业升级与森林生态产品价值实现效率水平

森林生态产品价值实现旨在将可利用的森林生态产品和可供交易的森林生态服务转化为经济价值，实现森林生态产品和服务的增值，将森林生态优势转化为经济发展优势（孔凡斌等，2023c；孙博文，2022）。森林生态产品价值实现效率水平提升受到多重因素的影响，包括森林生态资源的开发利用过程和森林生态产品在生产、分配、交换、消费等不同环节中涉及的资本、劳动力、技术、管理等要素投入，以及林业产业发展水平。其中，林业产业体系的构建及产业结构的优化是推进林业经济增长和森林生态产品价值实现的关键（干春晖等，2011；吴远征等，2021）。林业产业升级是指林业产业发展在规模（数量）和质量上均得到提升，即林业产业发展规模扩大和林业产业结构升级（徐彩瑶等，2024）。一方面，林业产业发展规模扩大主要体现在森林覆盖率的提高和林下经济种植面积的扩大，使森林生态资源要素的持续供给得以保障，为森林生态产品价值实现奠定物质基础。2021 年印发的《全国林下经济发展指南（2021—2030 年）》指出要促进林下经济高质量发展，推动生态产品价值实现。2021 年，全国林下经济经营和利用林地面积超过 6 亿亩 *。另一方面，林业产业结构升级通过推进产业结构合理化和产业结构高级化，助推林业一二三产业有效融合并向价值链中高端攀升，提高产品溢价，推动森林生态产品价值实现。已有研究表明，林业第一产业和林业第三产业对生态文明的贡献率较大且为正，而林业第二产业对生态文明的贡献率较小且为负（廖冰等，2020）。可见，在协同推进生态文明建设和经济高质量发展的背景下，森林生态产品价值实现有赖于林业产业结构调整和优化。据此，提出以下研究假说。

H 10 - 1：林业产业升级有利于提升森林生态产品价值实现效率水平。

## 10.2.2　林业产业升级、生态旅游与森林生态产品价值实现效率水平

生态旅游是践行"两山"理念和实现生态产品价值转化的关键方向，是推进森林生态产品价值实现的重要路径（朱锦维等，2023）。《2023 年中国国土绿化状况公报》显示，2023 年全国生态旅游游客量达 25.31 亿人次。基于产业结构演变理论的库兹涅茨法则，林业产业升级能够促进包括生态旅游在内的林业第三产业发展（彭浩帆等，2023），推动森林生态价值转化为经济价值，进而推动森林生态产品价值实现效率水平的提升。具体而言，一方面，森林康养等林业生态旅游产品以森林资源为核心，林业产业发展规模扩大能够为生态旅游提供更加丰富的森林生态资源，有利于创造更加健康且多元的生态旅游产品，进而增强森林康养等生态旅游的吸引力，推动森林生态产品价值实现效率水平的提升。另一方面，林业产业发展有利于提高居民收入（孔凡斌等，2024），收入的增长会激发人们对森林康养等生态旅游产品的消费需求，进而推动森林生态产品的价值转化，提升森林生态产品价值实现效率水平。此外，林业产业升级能够为生态旅游提供资金、人才等支撑，推动森林与健康、养生、养老等融合发展，打造生态旅游新模式，满足人们对康养的多元化需求。因此，林业产业升级能够通过促进生态旅游发展来提升森林生态产品价值实现效率水平。据此，提出以下研究假说。

---

* 亩为非法定计量单位，1 亩＝1/15 公顷。

H 10－2：林业产业升级能够通过促进生态旅游发展来提升森林生态产品价值实现效率水平。

### 10.2.3　林业产业升级、环境规制与森林生态产品价值实现效率水平

环境规制在林业产业升级对森林生态产品价值实现效率水平的影响中能够发挥重要的调节作用。基于"波特假说"和青木昌彦的"市场增进论"，合理的环境规制可以发挥技术补偿效应和学习效应（李青原等，2020；陈志刚等，2022），一方面可以通过实施严格的森林资源保护修复政策，促进森林面积增长（潘丹，2021），保障森林生态系统的稳定性和优质生态产品的持续供给能力，夯实林业产业发展基础；另一方面通过设定和实施生态环境标准，不仅能够通过约束林业企业生产过程中允许的最大污染排放量和资源消耗量，"倒逼"林业企业研发和应用更为环保和可持续的生产方式和生产技术（李青原等，2020），还有助于推动数字赋能森林生态产品价值实现（徐彩瑶等，2024），在推动林业产业发展降本增效提质的同时，激发并提升森林生态产品和服务模式创新水平，满足市场对森林生态产品的多元化需求，进而提升森林生态产品价值实现效率水平。据此，提出以下研究假说。

H 10－3：环境规制能够在林业产业升级对森林生态产品价值实现效率水平的影响中发挥调节作用。

### 10.2.4　林业产业升级、乡村数字化与森林生态产品价值实现效率水平

乡村数字化对林业产业升级和森林生态产品价值实现效率水平提升均具有重要影响（徐彩瑶等，2024；孔凡斌等，2023a）。一方面，将数字技术应用于森林资源监测和管理，有助于保护森林生态健康和提高森林资源利用效率。如利用卫星遥感、无人机等技术手段，实现对森林面积、生长状况、病虫害等的实时监测（曹林等，2022）。另一方面，在数字化的赋能下，农村地区能够依托自身丰富的森林资源和生态环境优势，积极发展林下经济、森林康养等特色林业产业，推动森林生态产品价值实现。除了传统的木材、林产品等直接经济价值外，还可以通过品牌打造、文化挖掘等手段进一步提升森林生态产品的文化内涵和市场影响力，从而扩大森林生态产品价值增值空间（王晓丽等，2024）。同时，数字化平台的建设也为林业企业之间的技术交流与合作提供了便利，促进技术创新的扩散和应用，加快林业产业升级的步伐（徐彩瑶等，2024），进而提升森林生态产品价值实现效率。此外，基于数字经济发展的

"梅特卡夫法则"，数字经济对森林生态产品价值实现效率水平的影响存在非线性效应（孔凡斌等，2023a），因此，在林业产业升级对森林生态产品价值实现效率水平的影响中，乡村数字化也可能存在门槛效应。据此，提出以下研究假说。

H10－4a：乡村数字化能在林业产业升级对森林生态产品价值实现效率水平的影响中发挥调节作用。

H10－4b：乡村数字化能在林业产业升级对森林生态产品价值实现效率水平的影响中发挥门槛效应。

### 10.2.5　林业产业升级影响森林生态产品价值实现效率水平的空间溢出效应

林业产业升级对森林生态产品价值实现效率水平的影响可能存在空间溢出效应。基于增长极理论的扩散效应和回流效应（柯善咨，2009），如果某一地区的林业产业升级导致周边地区原材料和林产品生产的增长，以及森林生态产品价值实现效率水平的提升，说明该地区会对周边地区的森林生态产品价值实现产生扩散效应或辐射效应。相反，若该地区吸引了周边地区的林业资本和高素质林业人才等稀缺资源，从而抑制周边地区森林生态产品价值实现效率水平的提升，则说明对周边地区的森林生态产品价值实现产生回流效应或虹吸效应。已有研究表明，产业结构升级具有显著的空间溢出效应，不仅能与土地利用生态效率水平形成正向交互效应（刘蒙罢等，2022），还能推动地区绿色经济增长（唐哲等，2024）。然而，亦有研究发现，产业结构升级在显著提升本地区经济韧性水平的同时，通过空间溢出效应对邻近地区经济韧性产生更大的负向作用（尹勇等，2023）。基于此，提出以下研究假说。

H10－5：林业产业升级可能会通过空间溢出效应对邻近地区的森林生态产品价值实现效率水平产生影响。

综上所述，林业产业升级提升森林生态产品价值实现效率水平的理论分析框架如图 10－1 所示。

## 10.3　研究方法与数据来源

### 10.3.1　林业产业升级的测度方法

林业产业升级从林业产业发展规模扩大和林业产业结构升级两个方面进行

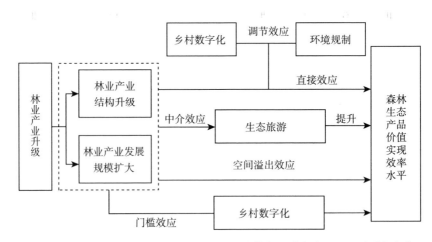

图 10-1　林业产业升级提升森林生态产品价值实现效率水平的理论分析框架

考察。林业产业发展规模采用林业产业增加值表征。参考已有研究（徐彩瑶等，2024；干春晖等，2011），林业产业结构升级分为林业产业结构合理化和林业产业结构高级化两个维度，并通过熵值法计算各维度权重，进而得到产业结构升级水平指数。具体而言，林业产业结构合理化是指林业一二三产业之间资源要素配置的合理化程度，计算公式如下：

$$FSH_{it} = 1 - \sum_{j=1}^{3} \left[ \left( \frac{Y_{jit}}{Y_{it}} \right) \ln \left( \frac{Y_{jit}}{Y_{it}} / \frac{L_{jit}}{L_{it}} \right) \right], j \in \{1,2,3\} \quad (10-1)$$

式中，$FSH_{it}$ 表示林业产业结构合理化程度，$Y_{jit}$ 为林业第 $j$ 产业的增加值；$Y_{it}$ 为林业总增加值，$L_{jit}$ 为林业第 $j$ 产业的从业人员数；$L_{it}$ 为林业从业人员总数；$j$ 为林业产业类别；$i$ 为研究单元（县）；$t$ 为时间。

林业产业结构高级化是林业产业结构由第一、二产业占主导向第三产业占主导的变化过程。参考已有研究（付凌晖，2010），采用结构层次系数法来衡量林业产业结构高级化，计算公式如下：

$$FSG_{it} = \sum_{j=1}^{3} \left[ \left( \frac{Y_{jit}}{Y_{it}} \right) \times j \right], j \in \{1,2,3\} \quad (10-2)$$

式中，$FSG_{it}$ 表示林业产业结构高级化程度，其他参数含义同上。

## 10.3.2　森林生态产品价值实现效率水平的测度方法

基于理论分析，定义生态产品价值实现效率是生态系统生产总值（GEP）到国内生产总值（GDP）的直接转化效率（孔凡斌等，2023a）。因此，森林生态产品价值实现效率水平可以理解为森林生态系统生产总值转化为林业产业增加值的边际水平，是衡量森林生态产品价值实现效率水平的重要指标。参考已有研究（徐彩瑶等，2023；孔凡斌等，2023b），构建森林生态产品价值实现效率水平的投入产出指标体系（表 10-1），并利用超效率 SBM 模型测算森林生态产品价值实现效率水平。其中，森林生态产品价值核算方法参照孔凡斌等（2022）和徐彩瑶等（2023）。

表 10-1 森林生态产品价值实现效率水平的投入产出指标体系

| 类别 | 一级指标 | 二级指标 | 三级指标 | 计算方法 |
|---|---|---|---|---|
| 投入指标 | 森林生态产品价值 | 调节服务产品 | 水源涵养价值 | 市场价值法 |
| | | | 固碳价值 | 替代成本法 |
| | | | 释氧价值 | 替代成本法 |
| | | | 空气净化价值 | 替代成本法 |
| | | | 土壤保持价值 | 影子价值法 |
| | | 文化服务产品 | 森林休憩价值 | 旅行费用法 |
| | 劳动力 | 林业从业人员数 | | 统计法 |
| | 物质资本 | 林业固定资产投资完成额 | | 统计法 |
| 产出指标 | 林业产业增加值 | 林业第一二三产业增加值 | | 统计法 |

## 10.3.3 研究设计与模型构建

（1）基准回归模型

构建林业产业升级对森林生态产品价值实现效率水平影响的基准回归模型：

$$FEE_{it} = \alpha_0 + \beta_1 FDS_{it} + \beta_0 \sum C_{it} + \mu_i + \lambda_t + \varepsilon_{it} \quad (10-3)$$

$$FEE_{it} = \alpha_0 + \beta_2 FSU_{it} + \beta_0 \sum C_{it} + \mu_i + \lambda_t + \varepsilon_{it} \quad (10-4)$$

式中，$FEE_{it}$ 表示森林生态产品价值实现效率水平；$FDS_{it}$、$FSU_{it}$ 分别表示林业产业发展规模、林业产业结构升级水平；$\beta_0$ 为控制变量系数；$\beta_1$、$\beta_2$ 表示核心解释变量的待估计系数；$C_{it}$ 表示控制变量；$\alpha_0$ 为常数项；$\mu_i$、$\lambda_t$ 分别代表个体（地区）和时间效应；$\varepsilon_{it}$ 为随机扰动项。

（2）中介效应模型

据前文理论分析，林业产业升级可以通过促进生态旅游发展来提升森林生态产品价值实现效率水平，因此构建中介效应模型（江艇，2022）：

$$ET_{it} = \alpha_0 + \beta_1 FDS_{it} + \beta_0 \sum C_{it} + \mu_i + \lambda_t + \varepsilon_{it} \quad (10-5)$$

$$ET_{it} = \alpha_0 + \beta_2 FSU_{it} + \beta_0 \sum C_{it} + \mu_i + \lambda_t + \varepsilon_{it} \quad (10-6)$$

式中，$ET_{it}$ 表示生态旅游发展水平；其他参数与上述一致。

（3）门槛效应模型

为检验林业产业升级对森林生态产品价值实现效率水平的非线性影响，构建门槛效应模型：

$$FEE_{it} = \alpha_0 + \gamma_1 X_{it} \times I(Th_{it} \leqslant \pi) + \gamma_2 X_{it} \times$$
$$I(Th_{it} > \pi) + \beta_0 \sum C_{it} + \mu_i + \lambda_t + \varepsilon_{it} \quad (10-7)$$

式中，$X_{it}$ 表示核心解释变量林业产业升级，包括林业产业结构升级和林业产业发展规模；$Th_{it}$ 为门槛变量乡村数字化水平；$I(\bullet)$ 为取值 0 或 1 的指示函数，满足括号内条件，取值为 1，反之则为 0；$\pi$ 为门槛值；$\gamma_1$、$\gamma_2$ 为待估计系数。其他参数与上述一致。

（4）调节效应模型

为进一步验证环境规制与乡村数字化的调节效应，引入调节变量与核心解释变量的交乘项构建调节效应模型（焦永香等，2024）：

$$FEE_{it} = \alpha_0 + \beta_1 X_{it} + \delta_0 RG_{it} + \delta_1 X_{it} \times$$
$$RG_{it} + \beta_0 \sum C_{it} + \mu_i + \lambda_t + \varepsilon_{it} \quad (10-8)$$

式中，$RG_{it}$ 表示调节变量，包括环境规制强度和乡村数字化水平；$\delta_0$ 为调节变量的待估计系数；$\delta_1$ 表示核心解释变量与调节变量交乘项的系数；其他参数与上述一致。

（5）空间计量模型

鉴于林业产业升级对森林生态产品价值实现效率水平的影响可能存在空间溢出效应，选择空间计量模型来进一步分析二者的空间互动机制，空间计量模型构建如下（赵涛等，2020）：

$$FEE_{it} = \rho W \times FEE_{it} + \varphi_0 W X_{it} + \theta_0 X_{it} + \varphi_1 \sum W C_{it} +$$
$$\beta_0 \sum C_{it} + \mu_i + \lambda_t + \varepsilon_{it} \quad (10-9)$$
$$\varepsilon_{it} = \varphi_2 W \varepsilon_{it} + \varepsilon_{it} \quad (10-10)$$

式中，$\rho$ 表示空间自回归系数；$W$ 为空间权重矩阵，选择基于研究地区经纬度坐标的地理距离矩阵；$\theta_0$ 表示核心解释变量的待估计系数；$\varphi_0$、$\varphi_1$ 为核心解释变量及控制变量空间交互项的弹性系数。当 $\rho=\varphi_0=\varphi_1=\varphi_2=0$，模型为空间滞后模型；当 $\rho=\varphi_0=\varphi_1=0$ 且 $\varphi_2\neq0$ 时，模型为空间误差模型；当 $\rho\neq0$、$\varphi_0\neq0$、$\varphi_1\neq0$ 且 $\varphi_2=0$ 时，模型为空间杜宾模型。

## 10.3.4　变量选取与说明

（1）核心变量

被解释变量为森林生态产品价值实现效率水平；核心解释变量为林业产业升级，包括林业产业结构升级和林业产业发展规模，其中，林业产业发展规模取自然对数。

（2）控制变量

森林生态产品价值实现效率水平变化还受到许多因素的影响，选取的控制变量包括：①经济发展水平。区域经济发展水平会影响林业全要素生产率（史常亮等，2017），进而对森林生态产品价值实现效率水平产生影响。采用人均GDP 的对数作为衡量指标。②政府财政支出规模。政府财政支出规模会影响林业产业发展，直接影响森林生态产品价值实现效率水平。具体采用政府财政支出占地区生产总值比重来表示。③基础设施。基础设施的建设情况可以反映该地区的发展情况，同时会影响地区间生态产品的流动速度，进而影响森林生态产品价值实现效率水平。具体采用各设区市每平方千米公路里程来表示。④对外开放程度。对外直接投资对绿色全要素生产率水平变化具有显著的影响（杨世迪等，2017），据此，对外开放程度会影响森林生态产品价值实现效率水平。参照以往文献的做法（徐彩瑶等，2023），具体采用进出口总额占 GDP 的比重作为衡量指标。⑤林地面积。林地面积是森林生态产品价值实现的基础。具体采用各县（区）林地面积的对数作为衡量指标。⑥城镇化水平。城镇化水平可能会对森林生态产品价值实现效率水平产生影响（冀玄玄等，2024）。

（3）机制变量

中介变量为生态旅游发展水平，考虑到数据的可获得性，参考已有研究（何银春等，2023），生态旅游发展水平采用旅游收入来表征。调节变量环境规制采用单位 GDP 能耗的倒数来衡量。单位 GDP 能耗可在一定程度上反映该地区的环境规制强度，单位 GDP 能耗越高，则该地区的环境规制能力越弱，因此，采用倒数正向化处理（顾海峰等，2022）。农村宽带接入用户数和农村移动电话用户数是农村主要的数字要素，因此基于二者构建乡村数字化指标体系，并采用熵值法计算得到乡村数字化指数，以此来衡量乡村数字化水平（金绍荣等，2022）。

### 10.3.5 数据来源

浙江省山区 26 县的社会经济数据来源于各地的统计年鉴，森林生态产品价值实现效率水平评估所需数据来源详见徐彩瑶等（2023），能源消耗数据来自中国市县级能源消耗与能源效率数据集（Chen 等，2022）。研究期为 2001—2021 年，个别缺失数据采用线性插值法补齐。变量的描述性统计结果如表 10 - 2 所示。

**表 10 - 2　变量的描述性统计特征**

| 变量类型 | 变量名称 | 样本量 | 均值 | 标准差 | 最小值 | 最大值 |
|---|---|---|---|---|---|---|
| 被解释变量 | 森林生态产品价值实现效率水平 | 546 | 0.540 | 0.367 | 0.017 | 1.600 |
| 核心解释变量 | 林业产业结构升级 | 546 | 0.451 | 0.145 | 0.066 | 0.907 |
| | 林业产业发展规模 | 546 | 8.999 | 0.923 | 5.270 | 10.847 |
| 控制变量 | 对外开放程度 | 546 | 0.165 | 0.142 | 0.000 | 0.911 |
| | 政府财政支出规模 | 546 | 0.204 | 0.118 | 0.000 | 0.713 |
| | 基础设施 | 546 | 0.756 | 0.443 | 0.046 | 6.481 |
| | 林地面积 | 546 | 7.254 | 0.521 | 5.499 | 8.378 |
| | 经济发展水平 | 546 | 10.097 | 0.820 | 8.204 | 14.107 |
| | 城镇化水平 | 546 | 0.224 | 0.127 | 0.040 | 0.600 |
| 机制变量 | 生态旅游发展水平 | 546 | 0.924 | 1.683 | −7.589 | 4.593 |
| | 环境规制强度 | 546 | 1.386 | 0.597 | 0.233 | 4.001 |
| | 乡村数字化水平 | 546 | 0.154 | 0.127 | 0.001 | 0.664 |

## 10.4　结果与分析

### 10.4.1　浙江省山区 26 县林业产业升级水平的变化特征

利用 ArcGIS10.8 软件将 2001 年、2005 年、2010 年、2015 年和 2021 年的林业产业升级水平可视化，通过 Jenks 自然间断点分级法划分为 5 个水平，具体划分如下：林业产业结构升级低水平 [0.06～0.25]、中低水平（0.25～0.38]、中等水平（0.38～0.5]、中高水平（0.5～0.8] 和高水平（0.80～

0.86]；林业产业发展规模低水平 [194.46～6 332.58]、中低水平（6 332.58～12 478.40]、中等水平（12 478.40～25 000]、中高水平（25 000～35 000]和高水平（35 000～44 106]。

2001—2021 年浙江省山区 26 县林业产业结构升级水平呈现显著上升态势（表 10-3），林业产业结构升级中等水平以下的地区占比由 88％下降至 15％，尤其是东南地区的文成县、泰顺县、平阳县、苍南县等地的林业产业结构升级水平大幅提升，由低水平上升至高水平。从空间特征来看，浙江省山区 26 县的林业产业结构升级水平呈现片状分布，2010 年所有地区均达到了中低水平及以上，之后随着林业产业结构升级水平的提升，各地区又逐渐拉开差距，空间异质性增强，呈现出东南高、西北低的分布格局。

表 10-3　2001—2021 年浙江省山区 26 县林业产业结构升级水平

| 山区县 | 2001 年 | 2005 年 | 2010 年 | 2015 年 | 2021 年 |
|---|---|---|---|---|---|
| 三门县 | 0.386 | 0.453 | 0.384 | 0.447 | 0.391 |
| 云和县 | 0.149 | 0.309 | 0.399 | 0.531 | 0.613 |
| 仙居县 | 0.429 | 0.446 | 0.375 | 0.426 | 0.351 |
| 天台县 | 0.352 | 0.444 | 0.355 | 0.409 | 0.337 |
| 常山县 | 0.315 | 0.449 | 0.295 | 0.408 | 0.390 |
| 平阳县 | 0.186 | 0.349 | 0.417 | 0.677 | 0.823 |
| 庆元县 | 0.145 | 0.293 | 0.381 | 0.505 | 0.619 |
| 开化县 | 0.310 | 0.437 | 0.308 | 0.347 | 0.348 |
| 文成县 | 0.161 | 0.267 | 0.377 | 0.724 | 0.860 |
| 景宁县 | 0.203 | 0.322 | 0.368 | 0.475 | 0.609 |
| 松阳县 | 0.104 | 0.305 | 0.401 | 0.534 | 0.640 |
| 柯城区 | 0.348 | 0.449 | 0.326 | 0.351 | 0.363 |
| 武义县 | 0.302 | 0.472 | 0.267 | 0.393 | 0.571 |
| 永嘉县 | 0.256 | 0.322 | 0.409 | 0.674 | 0.819 |
| 江山市 | 0.361 | 0.454 | 0.342 | 0.399 | 0.402 |
| 泰顺县 | 0.179 | 0.331 | 0.421 | 0.673 | 0.830 |
| 淳安县 | 0.320 | 0.274 | 0.361 | 0.421 | 0.441 |
| 磐安县 | 0.507 | 0.453 | 0.263 | 0.371 | 0.507 |

（续）

| 山区县 | 2001 年 | 2005 年 | 2010 年 | 2015 年 | 2021 年 |
|---|---|---|---|---|---|
| 缙云县 | 0.219 | 0.330 | 0.404 | 0.506 | 0.626 |
| 苍南县 | 0.177 | 0.348 | 0.420 | 0.677 | 0.825 |
| 莲都区 | 0.066 | 0.238 | 0.378 | 0.524 | 0.610 |
| 衢江区 | 0.240 | 0.438 | 0.308 | 0.349 | 0.398 |
| 遂昌县 | 0.214 | 0.327 | 0.388 | 0.519 | 0.625 |
| 青田县 | 0.230 | 0.337 | 0.385 | 0.529 | 0.607 |
| 龙泉市 | 0.173 | 0.299 | 0.402 | 0.518 | 0.625 |
| 龙游县 | 0.352 | 0.454 | 0.345 | 0.376 | 0.395 |

2001—2021 年浙江省山区 26 县林业产业发展规模呈现上升态势（表 10-4），林业产业发展规模中等水平及以上区域由 3 个增加至 10 个，低水平地区大量减少。具体来讲，2001—2005 年大部分地区的林业产业发展规模处于低水平阶段；2005—2010 年林业产业发展规模呈显著上升趋势，低水平地区多数转为中低水平，中等水平及以上地区由 2 个增至 8 个；2010—2015 年林业产业发展规模稳步上升；2015—2021 年大部分地区林业产业发展规模保持稳定，遂昌县、庆元县、常山县和仙居县等少数地区的林业产业发展规模下降。从空间特征来看，浙江省山区 26 县的林业产业发展规模整体呈现西高东低的分布格局，且随着时间的推移，空间异质性逐渐加强，空间聚集程度减弱。

表 10-4 2001—2021 年浙江省山区 26 县林业产业发展规模

| 山区县 | 2001 年 | 2005 年 | 2010 年 | 2015 年 | 2021 年 |
|---|---|---|---|---|---|
| 三门县 | 2 426.36 | 993.185 | 14 716.8 | 2 453.07 | 2 563.69 |
| 云和县 | 3 716 | 3 249.31 | 2 665.5 | 3 923.17 | 5 074.79 |
| 仙居县 | 6 123.86 | 4 616.53 | 12 165.3 | 14 910.2 | 10 747.2 |
| 天台县 | 3 868.83 | 2 630.16 | 435.93 | 10 368.7 | 9 645.56 |
| 常山县 | 4 179.98 | 4 249.04 | 11 948.1 | 13 534.2 | 11 566.7 |
| 平阳县 | 3 448.5 | 2 647.51 | 4 297.74 | 5 687.13 | 9 654.54 |
| 庆元县 | 4 705 | 8 041.92 | 16 141.9 | 27 539.5 | 14 725.5 |
| 开化县 | 10 536 | 5 843.09 | 15 178.5 | 21 457.1 | 17 731 |

（续）

| 山区县 | 2001 年 | 2005 年 | 2010 年 | 2015 年 | 2021 年 |
|---|---|---|---|---|---|
| 文成县 | 2 453.57 | 939.611 | 3 034.66 | 4 304.73 | 6 354.48 |
| 景宁县 | 6 088 | 6 249.57 | 10 203.6 | 11 202.9 | 9 769.96 |
| 松阳县 | 8 348 | 8 017.01 | 12 300.9 | 16 548.8 | 17 925.3 |
| 柯城区 | 230.54 | 194.467 | 468.076 | 4 362.15 | 8 796.74 |
| 武义县 | 5 364.91 | 6 024.24 | 6 852.36 | 8 335.38 | 8 883.21 |
| 永嘉县 | 2 835.53 | 2 346.38 | 6 822.64 | 8 313.03 | 10 270.8 |
| 江山市 | 9 845.43 | 4 513.75 | 11 429 | 13 728.9 | 16 129.8 |
| 泰顺县 | 2 899.86 | 2 417.79 | 4 217.04 | 4 641.44 | 4 590.01 |
| 淳安县 | 20 111 | 26 209.7 | 26 108.4 | 43 874.6 | 44 105.9 |
| 磐安县 | 2 375.84 | 6 214.48 | 10 965.6 | 11 819.1 | 11 538.5 |
| 缙云县 | 5 975 | 6 332.58 | 11 533.8 | 13 660.4 | 13 445.6 |
| 苍南县 | 983.498 | 1 614.78 | 5 345.97 | 6 630.01 | 8 625.35 |
| 莲都区 | 7 420.83 | 7 724.79 | 14 140.3 | 15 606.6 | 20 073.4 |
| 衢江区 | 14 842.2 | 9 432.61 | 18 199.2 | 20 733.7 | 18 051 |
| 遂昌县 | 11 908 | 12 478.4 | 25 170 | 30 123.8 | 22 969.3 |
| 青田县 | 5 878 | 4 473.99 | 6 930.79 | 11 891.3 | 10 744 |
| 龙泉市 | 17 233 | 17 153.9 | 26 849.6 | 32 960.4 | 30 451.9 |
| 龙游县 | 7 531.68 | 5 958.04 | 11 568.8 | 13 578.7 | 11 364.7 |

　　总体而言，浙江省山区 26 县的林业产业升级水平在 2005 年和 2010 年以后出现显著提升的趋势，可能是受到国家和浙江省林业产业政策的影响。具体来看，中共中央、国务院于 2003 年 6 月发布《关于加快林业发展的决定》，明确要加快推进林业产业结构升级，进一步扩大林业对外开放程度，加快林业发展。2009 年 10 月，国家林业局等 5 部门联合发布《林业产业振兴规划（2010—2012 年）》，指出要推动林业产业调整和振兴发展。此后，国家陆续出台了一系列加快促进林业产业高质量发展的林业产业政策，持续推动林业产业升级。浙江省于 2004 年发布《关于全面推进林业现代化建设的意见》并指出要积极推进产业结构升级和重组，大力发展林业产业，于 2009 年提出建设"森林浙江"，于 2014 年发布《关于加快推进林业改革发展全面实施五年绿化平原水乡十年建成森林浙江的意见》，于 2015 年发布《关于加快推进木本油料产业提升发展的意见》，加快林业改革发展，推动林业产业升级。

## 10.4.2 浙江省山区 26 县森林生态产品价值实现效率水平的变化特征

根据效率的定义，研究单元的效率值≥1 说明其森林生态产品价值实现效率水平处于有效状态，效率值＜1 表明有待进一步改进（徐彩瑶等，2023）。因此将浙江省山区 26 县森林生态产品价值实现效率水平划分为 5 个等级，分别是低水平 [0.01～0.25]、中低水平（0.25～0.5）、中等水平（0.5～1）、中高水平（1～1.25）和高水平（1.25～1.6）。结果表明（表 10 - 5），2001—2021 年，浙江省山区 26 县的森林生态产品价值实现效率水平总体呈现先下降后上升的态势，其中淳安县的森林生态产品价值实现效率水平在研究期间始终处于中高水平甚至更高阶段，这可能是由于淳安县自身拥有优越的森林资源禀赋，林地面积、森林面积、公益林面积均列全省第一。从时间特征来看，浙江省山区 26 县的森林生态产品价值实现效率水平在 2001—2010 年呈现出显著的下降态势，县域均值由 2001 年的 0.50 下降至 2010 年的 0.35，2010 年以后开始逐渐上升，2015 年上升至 0.55，随后基本保持稳定。可能的解释是，2010年以后浙江各地不断践行"绿水青山就是金山银山"理念，协调推进生态文明建设和经济社会发展，破解"绿水青山"变现难题，加快推进森林生态产品价值实现，从而提高了森林生态产品价值实现效率水平。从空间特征来看，森林生态产品价值实现效率水平分布的空间分异程度较高，高值区分布离散，大部分地区尚未形成次热点区或热点区，2021 年只有平阳县、淳安县、苍南县、柯城区和莲都区 5 个地区达到中等水平以上，说明浙江省山区 26 县森林生态产品价值实现效率水平有待进一步提高，特别是处于中等水平以下的地区，如衢州市的开化县、衢江区、江山市和常山县等地。

表 10 - 5　2001—2021 年浙江省山区 26 县森林生态产品价值实现效率水平

| 山区县 | 2001 年 | 2005 年 | 2010 年 | 2015 年 | 2021 年 |
|---|---|---|---|---|---|
| 三门县 | 0.327 | 0.147 | 1.600 | 0.240 | 0.319 |
| 云和县 | 0.369 | 0.356 | 0.126 | 0.272 | 0.331 |
| 仙居县 | 0.328 | 0.274 | 0.294 | 0.432 | 0.370 |
| 天台县 | 0.302 | 0.229 | 0.017 | 0.470 | 0.549 |
| 常山县 | 0.419 | 0.598 | 0.198 | 0.570 | 0.080 |
| 平阳县 | 1.011 | 0.328 | 0.283 | 0.525 | 1.101 |
| 庆元县 | 0.236 | 0.446 | 0.399 | 1.203 | 0.100 |

（续）

| 山区县 | 2001 年 | 2005 年 | 2010 年 | 2015 年 | 2021 年 |
| --- | --- | --- | --- | --- |
| 开化县 | 0.497 | 0.392 | 0.112 | 0.264 | 0.146 |
| 文成县 | 0.027 | 0.059 | 0.089 | 0.101 | 0.052 |
| 景宁县 | 0.291 | 0.326 | 0.238 | 0.372 | 0.297 |
| 松阳县 | 1.060 | 0.680 | 0.422 | 0.820 | 0.720 |
| 柯城区 | 0.045 | 0.054 | 0.018 | 0.350 | 1.600 |
| 武义县 | 0.448 | 0.550 | 0.174 | 0.267 | 0.507 |
| 永嘉县 | 0.036 | 0.095 | 0.127 | 0.217 | 0.197 |
| 江山市 | 0.574 | 0.327 | 0.104 | 0.211 | 0.277 |
| 泰顺县 | 0.053 | 0.144 | 0.124 | 0.173 | 0.103 |
| 淳安县 | 1.422 | 1.485 | 1.085 | 1.238 | 1.145 |
| 磐安县 | 1.022 | 0.697 | 0.272 | 0.432 | 0.801 |
| 缙云县 | 0.441 | 0.491 | 0.389 | 0.662 | 0.648 |
| 苍南县 | 0.035 | 0.184 | 0.338 | 1.077 | 1.241 |
| 莲都区 | 0.643 | 0.606 | 0.478 | 0.757 | 1.419 |
| 衢江区 | 1.090 | 0.870 | 0.205 | 0.620 | 0.322 |
| 遂昌县 | 0.458 | 0.563 | 0.449 | 0.772 | 0.214 |
| 青田县 | 0.231 | 0.188 | 0.132 | 0.327 | 0.284 |
| 龙泉市 | 0.763 | 0.637 | 0.401 | 0.742 | 0.331 |
| 龙游县 | 1.050 | 1.122 | 1.080 | 1.207 | 0.950 |

## 10.4.3　产业升级对森林生态产品价值实现效率水平的影响机制分析

（1）基准回归模型

为避免伪回归，在基准回归之前利用方差膨胀因子（VIF）进行多重共线性检验，结果显示变量中 VIF 最大值为 3.47，平均值为 1.88，远小于 10，表明变量间不存在严重的多重共线性。表 10－6 报告了林业产业升级对森林生态产品价值实现效率水平影响的基准回归结果，其中模型（1）、（2）为个体固定效应模型，模型（3）、（4）为双向固定效应模型。回归结果表明，核心解释变量的系数均显著为正，即林业产业结构升级和林业产业发展规模扩大有利于提升森林生态产品价值实现效率水平。且模型（3）、（4）的 $R^2$ 更高，说明双向固定效应模型的拟合效果更优。从模型（3）的回归结果可知林业产业结构升级对森林生态产品价值实现效率水平的影响系数为 0.504，在 1% 的水平上显著，说明林业产业结构升级水平每提高 1 单位，森林生态产品价值实现效率水平将提升 0.504 单位。模型（4）的结果表明，林业产业发展规模对森林生态产品价值实现效率水平的影响系数为 0.321，在 1% 的水平上显著，说明林业产业发展规模每扩大 1%，森林生态产品价值实现效率水平将提升 0.321 单位。综上，假说 H10‐1 得到验证。

表 10‐6　基准回归结果

| 变量 | 个体固定效应 | | 双向固定效应 | |
|---|---|---|---|---|
| | (1) | (2) | (3) | (4) |
| 林业产业结构升级 | 0.550*** | | 0.504*** | |
| | (0.106) | | (0.118) | |
| 林业产业发展规模 | | 0.301*** | | 0.321*** |
| | | (0.022) | | (0.022) |
| 对外开放程度 | −0.373*** | −0.322*** | −0.297** | −0.182* |
| | (0.125) | (0.110) | (0.126) | (0.106) |
| 政府财政支出规模 | 0.169 | 0.003 | −0.353* | −0.309* |
| | (0.166) | (0.146) | (0.214) | (0.181) |
| 基础设施 | 0.009 | −0.005 | 0.017 | 0.018 |
| | (0.027) | (0.023) | (0.027) | (0.023) |
| 林地面积 | −0.464*** | −0.053 | −0.106 | 0.264*** |
| | (0.090) | (0.081) | (0.113) | (0.095) |
| 经济发展水平 | −0.055** | −0.095*** | −0.212*** | −0.170*** |
| | (0.026) | (0.022) | (0.052) | (0.044) |
| 城镇化水平 | −0.026 | 0.421*** | −0.197 | 0.084 |
| | (0.153) | (0.129) | (0.175) | (0.146) |
| 常数项 | 4.234*** | −0.853 | 3.377*** | −2.490*** |
| | (0.790) | (0.740) | (0.857) | (0.801) |
| 地区效应 | 控制 | 控制 | 控制 | 控制 |
| 时间效应 | | | 控制 | 控制 |
| 观测值 | 546 | 546 | 546 | 546 |
| $R^2$ | 0.661 | 0.737 | 0.700 | 0.784 |

注：*、**、*** 分别表示 $p<0.10$、$p<0.05$、$p<0.01$，括号内为稳健标准误。

（2）异质性分析

①基于发展方式的异质性分析

考虑到不同地区的不同发展方式，根据《浙江省山区 26 县跨越式高质量发展实施方案（2021—2025 年）》，将研究样本分为跨越发展类和生态发展类两大类型，异质性分析结果如表 10-7 所示。结果表明，林业产业结构升级与林业产业发展规模对森林生态产品价值实现效率水平的正向影响在生态发展县和跨越发展县的估计中均得到证实，且在 1% 的水平上显著为正，与总样本结果一致。进一步通过分析影响系数可以发现，林业产业结构升级和林业产业发展规模扩大对森林生态产品价值实现效率水平的正向影响在跨越发展县发挥地更加充分，这可能是由于跨越发展县更加注重经济发展目标，而林业产业作为山区县重要的经济支柱之一，其产业结构升级和规模扩大能够带动整个县域经济的快速增长，进而形成良性循环，促进森林生态产品价值实现效率水平的持续提升。此外，跨越发展县在推动林业产业发展的过程中，也会积极促进林业与旅游、文化、健康等产业的融合发展，这种产业融合不仅丰富了林业产业的内涵和外延，也会进一步提升森林生态产品价值实现效率水平。生态发展县通常具有较强的生态保护意识，这可能导致其林业产业升级受到限制，从而影响森林生态产品价值实现效率水平的提升。

表 10-7　基于发展方式的异质性分析回归结果

| 变量 | 发展方式 | | | |
| --- | --- | --- | --- | --- |
| | 生态发展县 | | 跨越发展县 | |
| 林业产业结构升级 | 0.357** | | 0.518*** | |
| | (0.171) | | (0.172) | |
| 林业产业发展规模 | | 0.276*** | | 0.322*** |
| | | (0.049) | | (0.025) |
| 对外开放程度 | −0.307 | −0.325 | −0.358** | −0.190 |
| | (0.222) | (0.201) | (0.171) | (0.136) |
| 政府财政支出规模 | 0.042 | 0.118 | −0.272 | −0.403 |
| | (0.294) | (0.271) | (0.452) | (0.361) |
| 基础设施 | 0.015 | 0.033 | 0.011 | −0.004 |
| | (0.032) | (0.030) | (0.043) | (0.035) |

（续）

| 变量 | 发展方式 | | | |
|---|---|---|---|---|
| | 生态发展县 | | 跨越发展县 | |
| 林地面积 | −0.129 | 0.299 | 0.009 | 0.353*** |
| | (0.344) | (0.313) | (0.146) | (0.113) |
| 经济发展水平 | −0.067 | −0.055 | −0.356*** | −0.276*** |
| | (0.062) | (0.056) | (0.110) | (0.086) |
| 城镇化水平 | 0.289 | 0.410* | −0.291 | 0.046 |
| | (0.260) | (0.243) | (0.240) | (0.184) |
| 常数项 | 1.968 | −3.788 | 4.042*** | −1.910 |
| | (2.557) | (2.398) | (1.423) | (1.236) |
| 地区效应 | 控制 | 控制 | 控制 | 控制 |
| 时间效应 | 控制 | 控制 | 控制 | 控制 |
| 观测值 | 231 | 231 | 315 | 315 |
| $R^2$ | 0.820 | 0.842 | 0.636 | 0.767 |

注：*、**、*** 分别表示 $p < 0.10$、$p < 0.05$、$p < 0.01$，括号内为稳健标准误。

②基于行政级别的异质性分析

不同行政级别的地区在资源禀赋、经济发展水平、政策导向及产业结构等方面存在显著差异，因此将研究样本划分为不同的行政级别进行分类估计，结果如表 10-8 所示。结果表明，林业产业结构升级与林业产业发展规模对森林生态产品价值实现效率水平的影响在不同行政级别的地区呈现出明显差异。在县级行政单元，林业产业结构升级对森林生态产品价值实现效率水平呈现出显著的正向影响，与总样本结果一致。而在县级市（区），林业产业结构升级对森林生态产品价值实现效率水平却无显著影响，这可能是由于县级市（区）的经济发展更为多元化，对林业产业的依赖度相对较低，甚至其城市化会抢占林地，损害森林生态系统，从而导致林业产业结构升级对森林生态产品价值实现效率水平的影响不显著。林业产业发展规模对森林生态产品价值实现效率水平的正向影响在县级行政单元和县级市（区）均得到证实，且在县级市（区）的影响更大。这可能是由于林业产业发展规模的扩大对技术和管理水平提出了更高要求，而相较于县级行政单元，县级市（区）往往具有更先进的技术与管理经验，这有助于进一步提升森林生态产品价值实现效率水平。

**表 10 - 8　基于行政级别的异质性分析回归结果**

| 变量 | 行政级别 | | | |
|---|---|---|---|---|
| | 县 | | 县级市（区） | |
| 林业产业结构升级 | 0.540*** | | 0.107 | |
| | (0.124) | | (0.454) | |
| 林业产业发展规模 | | 0.315*** | | 0.432*** |
| | | (0.025) | | (0.059) |
| 对外开放程度 | −0.314** | −0.203* | −0.076 | 0.145 |
| | (0.133) | (0.116) | (0.367) | (0.275) |
| 政府财政支出规模 | −0.579** | −0.256 | −1.394** | −1.287*** |
| | (0.237) | (0.206) | (0.638) | (0.486) |
| 基础设施 | 0.020 | 0.019 | −0.038 | 0.094 |
| | (0.027) | (0.023) | (0.430) | (0.325) |
| 林地面积 | 0.135 | 0.057 | −0.216 | 0.971*** |
| | (0.139) | (0.121) | (0.282) | (0.217) |
| 经济发展水平 | −0.168*** | −0.124*** | −0.767*** | −0.566*** |
| | (0.053) | (0.046) | (0.274) | (0.211) |
| 城镇化水平 | 0.144 | 0.387** | −0.723 | −0.272 |
| | (0.200) | (0.167) | (0.493) | (0.369) |
| 常数项 | 1.120 | −1.473 | 10.505*** | −4.268 |
| | (1.027) | (0.909) | (3.117) | (2.992) |
| 地区效应 | 控制 | 控制 | 控制 | 控制 |
| 时间效应 | 控制 | 控制 | 控制 | 控制 |
| 观测值 | 441 | 441 | 105 | 105 |
| $R^2$ | 0.730 | 0.796 | 0.723 | 0.839 |

注：*、**、*** 分别表示 $p<0.10$、$p<0.05$、$p<0.01$，括号内为稳健标准误。

（3）内生性讨论和稳健性检验

鉴于可能存在的内生性问题，选取核心解释变量的滞后一期作为工具变量，使用两阶段最小二乘法（2SLS）进行回归。工具变量的回归结果如表 10 - 9 所示，弱工具变量检验结果 F 值分别为 1 025.03、411.59，均大于10，表明不存在弱工具变量问题。第一阶段的工具变量林业产业结构升级（滞后一期）对林业产业结构升级的影响在 1% 的水平上显著为正，第二阶段的回归结果与基准回归一致，说明在考虑了内生性问题以后，林业产业结构升级能对森林生态产品价值实现效率水平变化产生显著的正向影响。同理，第一阶段的工具变量林业产业发展规模（滞后一期）对林业产业发展规模的影响在1%的水平上显著为正，第二阶段的回归结果与基准回归一致，说明在考虑了内生性问题以后，林业产业发展规模扩大能对森林生态产品价值实现效率水平产生显著的正向影响。

表 10 - 9　内生性讨论

| 变量 | 第一阶段 | | 第二阶段 | |
| --- | --- | --- | --- | --- |
| | 林业产业结构升级 | 林业产业发展规模 | 森林生态产品价值实现效率水平 | |
| 林业产业结构升级（滞后一期） | 0.814 *** | | | |
| | (0.025) | | | |
| 林业产业发展规模（滞后一期） | | 0.683 *** | | |
| | | (0.034) | | |
| 林业产业结构升级 | | | 0.622 *** | |
| | | | (0.144) | |
| 林业产业发展规模 | | | | 0.337 *** |
| | | | | (0.031) |
| 对外开放程度 | −0.079 *** | −0.296 * | −0.294 ** | −0.182 * |
| | (0.028) | (0.172) | (0.130) | (0.110) |
| 政府财政支出规模 | 0.018 | −0.001 | −0.379 * | −0.340 * |
| | (0.045) | (0.278) | (0.208) | (0.176) |
| 基础设施 | −0.003 | −0.007 | 0.021 | 0.020 |
| | (0.006) | (0.035) | (0.026) | (0.022) |
| 林地面积 | 0.038 | −0.290 ** | −0.114 | 0.286 *** |
| | (0.024) | (0.145) | (0.111) | (0.093) |
| 经济发展水平 | −0.002 | −0.063 | −0.222 *** | −0.180 *** |
| | (0.011) | (0.067) | (0.050) | (0.042) |
| 城镇化水平 | 0.068 * | −0.083 | −0.237 | 0.087 |
| | (0.037) | (0.224) | (0.171) | (0.142) |
| 常数项 | −0.162 | 5.708 *** | 3.508 *** | −2.143 *** |
| | (0.181) | (1.210) | (0.798) | (0.812) |

（续）

| 变量 | 第一阶段 | | 第二阶段 | |
|---|---|---|---|---|
| | 林业产业结构升级 | 林业产业发展规模 | 森林生态产品价值实现效率水平 | |
| F 值 | 1 025.03*** | 411.59*** | | |
| 地区效应 | 控制 | 控制 | 控制 | 控制 |
| 时间效应 | 控制 | 控制 | 控制 | 控制 |
| 观测值 | 520 | 520 | 520 | 520 |
| $R^2$ | 0.913 | 0.923 | 0.701 | 0.786 |

注：*、**、*** 分别表示 $p<0.10$、$p<0.05$、$p<0.01$，括号内为稳健标准误。

为增强结论的可靠性，采用对核心解释变量在 1% 分位处进行缩尾处理及替换被解释变量的方法进行稳健性检验，结果如表 10 - 10 所示。①缩尾处理。对被解释变量森林生态产品价值实现效率水平进行缩尾处理，以此来排除异常值对回归结果产生干扰。结果表明林业产业结构升级与林业产业发展规模对森林生态产品价值实现效率水平的影响依然在 1% 水平上显著为正，与基准回归结果一致。②替换被解释变量。将森林生态产品价值实现纯技术效率替换为被解释变量，结果发现林业产业结构升级与林业产业发展规模的回归系数依然在 1% 水平上显著为正，从而证明了基准回归结果的稳健性。

表 10 - 10　稳健性检验

| 变量 | 缩尾 | | 替换被解释变量 | |
|---|---|---|---|---|
| | 森林生态产品价值实现效率水平 | | 纯技术效率水平 | |
| 林业产业结构升级 | 0.508*** | | 0.540*** | |
| | (0.116) | | (0.114) | |
| 林业产业发展规模 | | 0.315*** | | 0.243*** |
| | | (0.022) | | (0.023) |
| 对外开放程度 | −0.293** | −0.182* | −0.476*** | −0.416*** |
| | (0.124) | (0.105) | (0.121) | (0.111) |
| 政府财政支出规模 | −0.337 | −0.293 | −0.340* | −0.299 |
| | (0.211) | (0.179) | (0.206) | (0.190) |

（续）

| 变量 | 缩尾 | | 替换被解释变量 | |
|---|---|---|---|---|
| | 森林生态产品价值实现效率水平 | | 纯技术效率水平 | |
| 基础设施 | 0.017 | 0.019 | −0.010 | −0.010 |
| | (0.027) | (0.023) | (0.026) | (0.024) |
| 林地面积 | −0.108 | 0.258 *** | −0.017 | 0.300 *** |
| | (0.112) | (0.094) | (0.109) | (0.100) |
| 经济发展水平 | −0.210 *** | −0.168 *** | −0.116 ** | −0.085 * |
| | (0.051) | (0.043) | (0.050) | (0.046) |
| 城镇化水平 | −0.176 | 0.104 | 0.100 | 0.357 ** |
| | (0.172) | (0.144) | (0.169) | (0.153) |
| 常数项 | 3.354 *** | −2.416 *** | 1.882 ** | −2.744 *** |
| | (0.845) | (0.792) | (0.827) | (0.840) |
| 地区效应 | 控制 | 控制 | 控制 | 控制 |
| 时间效应 | 控制 | 控制 | 控制 | 控制 |
| 观测值 | 546 | 546 | 546 | 546 |
| $R^2$ | 0.705 | 0.786 | 0.823 | 0.849 |

注：*、**、*** 分别表示 $p<0.10$、$p<0.05$、$p<0.01$，括号内为稳健标准误。

（4）作用机制分析

上述回归结果证明了林业产业升级能够有效提升森林生态产品价值实现效率水平，据此，进一步对其作用机制进行分析。基于前文的理论分析，引入生态旅游发展水平作为中介变量，回归结果如表 10 − 11 所示。模型（1）的结果表明，林业产业结构升级对生态旅游发展水平的影响系数为 1.575，在 1% 的水平下显著为正，说明林业产业结构升级可以通过促进生态旅游发展来提升森林生态产品价值实现效率水平。模型（2）的结果表明，林业产业发展规模对生态旅游发展水平的影响系数为 0.246，在 1% 的水平下显著为正，说明林业产业发展规模可以通过促进生态旅游发展来提升森林生态产品价值实现效率水平。因此，生态旅游发展在林业产业升级对森林生态产品价值实现效率水平的影响中发挥中介作用，假说 H10 − 2 得以验证。

表 10 - 11　中介效应检验结果

| 变量 | 生态旅游发展水平 | |
| --- | --- | --- |
| | (1) | (2) |
| 林业产业结构升级 | 1.575*** | |
| | (0.336) | |
| 林业产业发展规模 | | 0.246*** |
| | | (0.074) |
| 对外开放程度 | −0.004 | −0.118 |
| | (0.358) | (0.360) |
| 政府财政支出规模 | 0.211 | 0.306 |
| | (0.608) | (0.614) |
| 基础设施 | 0.002 | −0.006 |
| | (0.078) | (0.079) |
| 林地面积 | 0.960*** | 1.519*** |
| | (0.323) | (0.322) |
| 经济发展水平 | −0.016 | 0.010 |
| | (0.147) | (0.149) |
| 城镇化水平 | 1.120** | 1.670*** |
| | (0.497) | (0.494) |
| 常数项 | −6.885*** | −12.816*** |
| | (2.438) | (2.714) |
| 地区效应 | 控制 | 控制 |
| 时间效应 | 控制 | 控制 |
| 观测值 | 546 | 546 |
| $R^2$ | 0.885 | 0.883 |

注：*、**、*** 分别表示 $p < 0.10$、$p < 0.05$、$p < 0.01$，括号内为稳健标准误。

环境规制强度与乡村数字化水平的调节效应检验结果如表 10 - 12 所示。模型（1）的结果表明，林业产业结构升级与环境规制强度的交乘项系数不显著，表明环境规制强度无法在林业产业结构升级对森林生态产品价值实现效率水平的影响中发挥调节作用。模型（2）的结果表明，林业产业发展规模与环境规制强度交乘项系数在5％水平上显著为正，表明环境规制强度能在林业产业发展规模对森林生态产品价值实现效率水平的影响中发挥正向调节作用。因此，假说H10－3只在林业产业发展规模对森林生态产品价值实现效率水平的影响中得以验证。模型（3）的结果表明，林业产业结构升级与乡村数字化水平的交乘项系数在5％水平上显著为正，表明乡村数字化水平能在林业产业结构升级对森林生态产品价值实现效率水平的影响中发挥正向调节作用。模型（4）的结果表明，林业产业发展规模与乡村数字化水平的交乘项系数在5％水平上显著为正，表明乡村数字化水平能在林业产业发展规模对森林生态产品价值实现效率水平的影响中发挥正向调节作用。因此，乡村数字化水平在林业产业升级对森林生态产品价值实现效率水平的影响中发挥调节作用，假说H10－4a得以验证。

表 10－12　调节效应检验结果

| 变量 | 森林生态产品价值实现效率水平 | | | |
| --- | --- | --- | --- | --- |
| | （1） | （2） | （3） | （4） |
| 林业产业结构升级 | 0.535 *** | | 0.341 *** | |
| | (0.118) | | (0.127) | |
| 林业产业发展规模 | | 0.343 *** | | 0.335 *** |
| | | (0.025) | | (0.023) |
| 环境规制强度 | 0.190 *** | 0.057 | | |
| | (0.049) | (0.043) | | |
| 林业产业结构升级× 环境规制强度 | −0.228 | | | |
| | (0.164) | | | |
| 林业产业发展规模× 环境规制强度 | | 0.046 ** | | |
| | | (0.021) | | |
| 乡村数字化水平 | | | 0.774 *** | 0.718 *** |
| | | | (0.295) | (0.235) |
| 林业产业结构升级× 乡村数字化水平 | | | 1.379 ** | |
| | | | (0.586) | |
| 林业产业发展规模× 乡村数字化水平 | | | | 0.275 ** |
| | | | | (0.117) |

（续）

| 变量 | 森林生态产品价值实现效率水平 | | | |
|---|---|---|---|---|
| | （1） | （2） | （3） | （4） |
| 常数项 | 3.947*** | −1.766** | 1.579* | −3.351*** |
| | (0.877) | (0.827) | (0.944) | (0.853) |
| 控制变量 | 控制 | 控制 | 控制 | 控制 |
| 地区效应 | 控制 | 控制 | 控制 | 控制 |
| 时间效应 | 控制 | 控制 | 控制 | 控制 |
| 观测值 | 546 | 546 | 546 | 546 |
| $R^2$ | 0.709 | 0.789 | 0.712 | 0.792 |

注：*、**、*** 分别表示 $p<0.10$、$p<0.05$、$p<0.01$，括号内为稳健标准误。

（5）门槛效应分析

基于上文的理论分析，进一步采用 Bootstrap 抽样法检验门槛变量（乡村数字化水平）是否显著，结果表明门槛变量显著通过了单一门槛检验，门槛值为 0.362 5。因此，在此基础上进行门槛效应模型估计，结果如表 10-13 所示。结果表明，当乡村数字化水平小于等于门槛值时，林业产业结构升级显著正向影响森林生态产品价值实现效率水平，其影响系数为 0.256。当乡村数字化水平超过门槛值后，林业产业结构升级仍显著正向影响森林生态产品价值实现效率水平，且影响系数增大到 0.726，说明乡村数字化水平的提升能够增强林业产业结构升级对森林生态产品价值实现效率水平的提升作用。同理，当乡村数字化水平超过门槛值后，林业产业发展规模对森林生态产品价值实现效率水平的影响系数由 0.281 增加至 0.310，且在 1% 水平上显著为正，说明乡村数字化水平的提升能够增强林业产业发展规模扩大对森林生态产品价值实现效率水平的提升作用。因此，假说 H10-4b 成立。

表 10-13　门槛效应模型估计结果

| 变量 | 森林生态产品价值实现效率水平 | |
|---|---|---|
| | （1） | （2） |
| 林业产业结构升级（乡村数字化水平≤0.362 5） | 0.256** | |
| | (0.113) | |

（续）

| 变量 | 森林生态产品价值实现效率水平 | |
|---|---|---|
| | （1） | （2） |
| 林业产业结构升级（乡村数字化水平＞0.362 5） | 0.726 *** | |
| | （0.106） | |
| 林业产业发展规模（乡村数字化水平≤0.362 5） | | 0.281 *** |
| | | （0.022） |
| 林业产业发展规模（乡村数字化水平＞0.362 5） | | 0.310 *** |
| | | （0.021） |
| 对外开放程度 | −0.320 *** | −0.270 ** |
| | （0.122） | （0.106） |
| 政府财政支出规模 | 0.294 * | 0.075 |
| | （0.162） | （0.141） |
| 基础设施 | 0.004 | −0.009 |
| | （0.026） | （0.023） |
| 林地面积 | −0.271 *** | 0.051 |
| | （0.093） | （0.080） |
| 经济发展水平 | −0.027 | −0.087 *** |
| | （0.025） | （0.021） |
| 城镇化水平 | −0.106 | 0.227 * |
| | （0.148） | （0.128） |
| 常数项 | 2.654 *** | −1.518 ** |
| | （0.806） | （0.720） |
| 观测值 | 546 | 546 |
| $R^2$ | 0.208 | 0.391 |

注：*、**、*** 分别表示 $p<0.10$、$p<0.05$、$p<0.01$，括号内为稳健标准误。

（6）空间溢出效应分析

在分析空间溢出效应前，需要进行 LM 检验、LR 检验、Wald 检验来确定合适的空间计量模型，结果如表 10 - 14 所示。LM 检验结果表明，所有模型的 Moran's I 指数均通过了 5% 水平下的显著性检验，即存在显著的空间自相关性，空间计量模型在此适用（张淑惠等，2023；詹蕾等，2022）。LR 和 Wald 检验的结果表明，在林业产业结构升级的回归中，空间杜宾模型可退化为空间滞后模型，而在林业产业发展规模的回归中，空间杜宾模型最优。同时，Hausman 检验结果表明应选择固定效应。

表 10 - 14　空间计量模型设定检验结果

| 变量 | | 林业产业结构升级 | | 林业产业发展规模 | |
|------|------|------|------|------|------|
| | | 系数 | P 值 | 系数 | P 值 |
| Moran's I | | 2.269 | 0.023 0 | 5.812 | 0.000 0 |
| LM 检验 | 空间滞后估计 | 3.817 | 0.051 0 | 6.426 | 0.011 0 |
| | 空间误差估计 | 3.413 | 0.065 0 | 28.141 | 0.000 0 |
| LR 检验 | 空间滞后估计 | 9.620 | 0.211 2 | 21.34 | 0.003 3 |
| | 空间误差估计 | 13.1 | 0.069 8 | 26.21 | 0.000 5 |
| Wald 检验 | 空间滞后估计 | 9.600 | 0.212 6 | 21.61 | 0.003 0 |
| | 空间误差估计 | 13.2 | 0.067 4 | 26.92 | 0.000 3 |

模型回归结果如表 10 - 15 所示，总效应模型（1）和（4）的回归结果在 1% 的水平上显著为正，再次验证了林业产业结构升级和林业产业发展规模扩大能够显著提升森林生态产品价值实现效率水平，即林业产业升级有利于提升森林生态产品价值实现效率水平。模型（2）的结果表明，林业产业结构升级的直接效应系数为 0.551，说明林业产业结构升级能够提升本地区的森林生态产品价值实现效率水平。而模型（3）的间接效应系数为 -0.297，说明本地区的林业产业结构升级会对邻近地区森林生态产品价值实现效率水平产生负向影响。同理，模型（5）和（6）的结果表明，林业产业发展规模的扩大有利于提升本地区的森林生态产品价值实现效率水平，而对邻近地区森林生态产品价值实现效率水平产生负向影响。综上，林业产业升级会通过空间溢出效应对邻近地区森林生态产品价值实现效率水平产生负向影响，假说 H10 - 5 得以验证。可能的解释是，当林业产业升级提高本地区的森林生态产品价值实现效率水平时，会形成"虹吸集聚"现象，吸引技术、资本等生产要素更多地流向本区域，导致周边地区缺乏所需的生产要素，进而阻碍邻近地区森林生态产品价值实现效率水平的提升。

表 10 - 15　空间计量模型回归结果

| 变量 | (1) | (2) | (3) | (4) | (5) | (6) |
|---|---|---|---|---|---|---|
| | 总效应 | 直接效应 | 间接效应 | 总效应 | 直接效应 | 间接效应 |
| 林业产业结构升级 | 0.528*** | 0.551*** | −0.297*** | | | |
| | (0.107) | (0.112) | (0.066) | | | |
| 林业产业发展规模 | | | | 0.292*** | 0.297*** | −0.224** |
| | | | | (0.024) | (0.023) | (0.110) |
| 对外开放程度 | −0.267** | −0.290*** | 0.155*** | −0.170* | −0.189** | 0.336 |
| | (0.114) | (0.101) | (0.054) | (0.099) | (0.085) | (0.491) |
| 政府财政支出规模 | −0.360* | −0.360* | 0.194 | −0.423** | −0.441** | 1.330 |
| | (0.193) | (0.216) | (0.118) | (0.174) | (0.192) | (0.984) |
| 基础设施 | 0.016 | 0.019 | −0.011 | 0.027 | 0.029 | −0.042 |
| | (0.025) | (0.028) | (0.015) | (0.022) | (0.024) | (0.102) |
| 林地面积 | −0.078 | −0.103 | 0.055 | 0.145 | 0.110 | 0.578 |
| | (0.103) | (0.126) | (0.068) | (0.100) | (0.119) | (0.377) |
| 经济发展水平 | −0.205*** | −0.210*** | 0.113*** | −0.187*** | −0.184*** | 0.006 |
| | (0.047) | (0.049) | (0.028) | (0.042) | (0.041) | (0.274) |
| 城镇化水平 | −0.168 | −0.167 | 0.089 | 0.149 | 0.119 | 1.550** |
| | (0.158) | (0.172) | (0.093) | (0.143) | (0.137) | (0.788) |
| rho | −1.066*** | | | −0.425** | | |
| | (0.195) | | | (0.181) | | |
| 地区效应 | 控制 | 控制 | 控制 | 控制 | 控制 | 控制 |
| 时间效应 | 控制 | 控制 | 控制 | 控制 | 控制 | 控制 |
| 观测值 | 546 | 546 | 546 | 546 | 546 | 546 |

注：*、**、*** 分别表示 $p<0.10$、$p<0.05$、$p<0.01$，括号内为稳健标准误。

# 10.5　结论与政策启示

## 10.5.1　研究结论

基于 2001—2021 年浙江省山区 26 县的面板数据，运用双向固定模型、中介效应模型、调节效应模型、门槛效应模型和空间计量模型等分析方法，揭示了浙江省山区 26 县林业产业升级对森林生态产品价值实现效率水平的影响及其作用机制，得出如下主要研究结论。

第一，林业产业升级能够有效提升森林生态产品价值实现效率水平。具体来讲，林业产业结构升级及林业产业发展规模的扩大均有助于提高森林生态产品价值实现效率水平，且该提升作用在跨越发展县发挥得更加充分。

第二，林业产业升级可以通过促进生态旅游发展来提升森林生态产品价值实现效率水平，即林业产业结构升级和林业产业发展规模扩大均可以通过促进生态旅游业发展来提升森林生态产品价值实现效率水平，且林业产业结构升级每提升 1 单位，森林生态产品价值实现效率水平提升 0.504 单位；林业产业发展规模每扩大 1%，森林生态产品价值实现效率水平提升 0.003 2 个单位。此外，乡村数字化水平在林业产业结构升级和林业产业发展规模扩大对森林生态产品价值实现效率水平的影响中均能够发挥正向调节作用，而环境规制强度只能在林业产业发展规模扩大对森林生态产品价值实现效率水平的影响中发挥正向调节作用。

第三，林业产业升级对森林生态产品价值实现效率水平的影响存在门槛效应和空间溢出效应。当门槛变量乡村数字化水平超过门槛值（0.362 5）后，林业产业升级对森林生态产品价值实现效率水平的提升作用将会得到增强。空间计量模型的分析结果表明，林业产业升级可通过空间溢出效应对邻近地区森林生态产品价值实现效率水平产生负向影响。

## 10.5.2　政策启示

基于上述研究结论，面向推进生态产品价值实现战略需求和提升森林生态产品价值实现效率水平的现实需要，提出如下政策启示。

第一，鉴于林业产业升级能够有效提升森林生态产品价值实现效率水平，要优化林业产业结构，扩大林业产业规模。具体而言，应立足当地森林资源禀赋，科学规划林业产业布局，明确发展重点和区域特色，充分利用林地资源和林荫空间，发展林下种植、养殖等林下经济模式，形成多元化、高附加值的林业产业结构。加强林业科技创新与人才培养，一方面，加大林业科技创新投入力度，引进和研发先进的林业生产技术和管理模式，提高林业生产效率和产品质量。另一方面，加强林业科技人才队伍建设，培养一批懂技术、会管理、善经营的新型林业人才，为林业产业升级提供智力支持。同时，可推进林业产业融合发展，促进林业与农业、工业、服务业等产业的深度融合，形成产业链条完整、功能多样的林业产业体系。

第二，鉴于林业产业升级可以通过促进生态旅游发展来提升森林生态产品价值实现效率水平，要大力推进森林康养等以森林资源为依托的生态旅游产业发展，完善生态旅游产业发展制度体系，将山区生态优势转化为旅游产业优势，推动生态旅游产业扩面提质。依托各级各类自然公园、自然保护地以外的二级以下公益林和商品林及种苗生产基地等景观资源，大力发展观光旅游、休闲度假和自然教育等特色项目，加快建设国家森林步道，打造一批新兴生态旅游地品牌、特色生态旅游线路、高品质生态旅游产品，办好中国森林旅游节，同时加强生态旅游标准体系建设和从业人员培训。

第三，鉴于环境规制强度在林业产业升级提升森林生态产品价值实现效率水平关系中存在正向调节作用，要加强环境规制政策，根据林业产业的实际情况，制定严格且科学的环境保护标准，明确林业企业在生产过程中的环保要求和责任。强化环境监管与执法，建立健全林业产业环境监管体系，加强对林业企业的日常监管和定期检查，加大对违法排污、破坏生态环境等行为的处罚力度，形成有效的震慑作用。

第四，鉴于乡村数字化水平在林业产业升级提升森林生态产品价值实现效率水平关系中存在正向调节作用，并且乡村数字化水平存在门槛效应，要持续推进乡村数字化建设，加强信息化基础设施建设。加大农村地区信息化基础设施建设的投入，提高网络覆盖率和信息化服务水平。推广智能感知、物联网等技术在林业产业中的应用，实现林业资源的精准监测和高效管理。同时，要加强对农民和林业从业者的数字化技能培训，提升其数字素养和信息技术应用能力。

第五，鉴于林业产业升级对森林生态产品价值实现效率水平的影响存在负向空间溢出效应，要建立健全山区 26 县地区间林业产业合作机制，积极搭建林业产业信息交流平台，推动区域林业一二三产业深度融合发展，缩小林业产业发展差距。设计和建设规则透明、信息畅通、政策公平的林业市场制度，打破地区间的信息壁垒，提高资源配置效率。邻近地区应构建区域特色林业产业集群，如木本粮油、花卉苗木、竹木加工、森林康养、林下经济等，通过优势互补、错位发展，充分发挥协同创新、人才集聚、降本增效等规模效应和竞争优势，提升森林生态产品价值实现效率水平，推动森林生态产品价值高效实现。

# 第 11 章　绿色金融发展对森林生态产品价值实现效率的影响

　　绿色发展是一种顺应自然规律、促进人与自然和谐共生的发展模式，旨在以最少的资源和环境代价获取最大的经济和社会效益。作为高质量和可持续发展的代名词，绿色发展已成为全球共识，并且已经深深嵌入新时代中国的战略蓝图之中，成为中国式现代化的显著特征之一。发展绿色金融是将绿水青山转化为金山银山、实现绿色发展的重要手段。生态产品价值实现为绿色金融拓宽发展空间，绿色金融发展为生态产品价值实现提供催化剂和加速器。本章聚焦绿色金融这一重要因素，探讨绿色金融发展对森林生态产品价值实现效率的影响，为建立健全森林生态产品价值实现机制及制定路径优化策略提供参考。

## 11.1　研究背景与意义

　　2021 年，中共中央办公厅和国务院办公厅联合发布《关于建立健全生态产品价值实现机制的意见》，明确指出要加大绿色金融的支持力度，并健全生态产品价值实现的保障机制。森林作为陆地最大的自然生态系统，构筑了绿水青山的主体，其所蕴含和提供的物质产品、支持服务、调节服务和文化服务在保障经济高质量发展和农村农民生计福祉中发挥了至关重要的作用（张文明，2020）。森林生态产品是"绿水青山"向"金山银山"转化的主要对象，林业是探索生态产品价值实现路径的主阵地（孔凡斌等，2023）。森林生态产品价值实现是加快构建绿色产业体系的关键，提高森林生态产品价值实现效率水平是发掘良好生态中蕴含的经济价值、推动生态与经济双赢及人与自然和谐共生的关键策略（孔凡斌等，2022；王晓丽等，2024）。发展绿色金融是将"绿水青山"转化为"金山银山"、实现绿色发展的重要手段。生态产品价值实现为绿色金融拓宽发展空间，绿色金融发展为生态产品价值实现提供催化剂和加速器（王馨等，2021）。在理论层面上，绿色金融发展通过市场化原则引导更多社会资本流向绿色产业，有效降低绿色产业发展过程中的融资成本，为森林生态产品价值实现提供融资支持。在实践层面上，绿色金融发展通过发挥资源配置、价格发现、生态资产保值增值、环境保护等功能将生态产业与金融市场相连接，形成可操作的落地模式，并应用于绿色发展实践。

中国绿色金融改革创新试验区在推动绿色金融促进人与自然和谐共生的中国式现代化建设中承担着先行示范和龙头引领作用。相较于经济欠发达地区，经济发达地区在发展绿色信贷等金融工具上具有区位优势和经济优势，有条件率先推进绿色金融创新和淘汰落后产能，有能力加大对生态友好型企业的金融支持，有责任增强企业社会环境责任感，推动改善生态环境质量（斯丽娟等，2022），持续提升生态产品价值实现效率水平。作为经济发达地区的浙江省是中国绿色金融改革创新试验区，中国人民银行等七部门与浙江省联合发布的《浙江省湖州市、衢州市建设绿色金融改革创新试验区总体方案》和《关于深化生态保护补偿制度改革的实施意见》均提出要创新特色化绿色金融，强调其在推动生态文明建设和促进经济可持续发展等方面的重要作用，要探索建立区域性绿色金融服务体系。这些努力旨在为中国全面推进绿色金融促进人与自然和谐共生的现代化建设提供可复制、可推广的经验和模式。浙江省有着"七山一水两分田"的自然特征和森林禀赋，森林资源丰富，截至 2023 年，浙江省拥有林地面积 9 903 万亩，其中森林面积占 92.02％以上。充分发挥森林资源优势，以绿色金融发展推动森林生态产品价值实现，加快构建以森林生态产业为重要构成的现代绿色产业体系，既是森林资源富集地区最快捷、最生态、最经济的绿色发展模式，又是实现高质量发展及推进人与自然和谐共生的有效路径。鉴于此，以浙江省作为典型案例，以森林为自然对象，探讨绿色金融发展与森林生态产品价值实现效率水平提升之间的因果关系及作用机制，对推动新时代新征程中国完善绿色金融发展推进人与自然和谐共生的理论和政策体系具有全局示范意义。

## 11.2　相关文献回顾

一是关于绿色金融发展的相关研究。最早绿色金融关注的重点是环境保护（Cowan，1999），随后逐渐聚焦于可持续发展领域（Labatt，2002）。当前，国内外对绿色金融的概念和内涵尚未达成一致，2016 年，中国在 G20 杭州峰会上发布了《G20 绿色金融综合报告》，提出了绿色金融的基本概念，强调绿色金融是指能够为支持可持续发展提供环境效益的投资和融资活动。随着各国日益重视生态环境的绿色可持续发展，绿色金融逐渐成为学术界研究的热点，在绿色金融发展对企业绩效、产业结构、技术创新和经济增长等的影响方面进行了一系列理论与实证研究（王玉林等，2023；谢婷婷等，2019）。此外，探讨绿色金融发展与区域生态环境的关系的研究也陆续展开，有研究从发展模式、发展路径等角度验证了绿色金融能促进生态产品价值实现（吴平等，2022），对生态环境具有正向影响（严成樑等，2016）。

二是关于生态产品价值实现的相关研究。生态产品价值实现效率指的是在生态产品价值实现过程中，生态资源价值转化成经济价值的效率，即将生态资本纳入到拓展的生产函数中所得到的产出效率（程文杰等，2022），这一效率不仅涵盖了资源利用的经济效益，还包括对生态环境的保护效果。具体而言，生态产品价值实现效率衡量的是在实现经济增长的同时，如何最大限度地减少对环境的负面影响，确保生态系统的可持续性。现有研究分别从生态产品价值实现的概念、原则、环节、阶段、实施方式和路径等方面展开了研究（谢高地等，2010；张英等，2016；张文明等，2019；张轩畅等，2020）。当前，对生态产品价值实现的研究较多集中在土地、水资源、森林资源（孔凡斌等，2023；徐彩瑶，2024）和生态旅游的开发利用领域（马奔等，2016）。此外，现有文献中生态经济效率、绿色经济效率和生态效率等概念为生态产品价值实现效率的定义提供了理论支持（张煊等，2014；林伯强等，2019），生态产品价值实现效率水平是生态资本配置效能高低的关键指标，提高生态产品价值实现效率水平是实现绿色发展及推动人与自然和谐共生的重要路径。

三是关于绿色金融发展与生态产品价值实现关系的相关研究。该方面研究目前尚属于空白，但既有相关研究可提供重要参考。绿色金融是政府和市场有效结合的经济模式，在生态经济发展中具有关键作用（王遥等，2022）。绿色金融可以通过生态银行和生态效益债券等金融产品引导生态产业交易，并利用市场化工具支持生态保护补偿、生态权属交易和经营开发，还能够通过绿色信贷和绿色风险投资抑制二氧化碳排放，促进排放配额和资源的合理分配，并增加高污染企业的融资成本，从而限制其投资，减少污染（徐佳等，2020；吴平等，2022）。同时，绿色金融还可以通过推动产业结构绿色转型、创建生态产业资本交易市场、创新服务机制、培育资源节约和循环利用的产业模式等方式助力生态产品价值实现（李宏伟等，2020；廖茂林等，2021）。

综上，现有研究在绿色金融发展和生态产品价值实现理论探索方面积累了较为丰富的成果，为本研究提供了有益参考。然而，关于两者关系的研究大多是相对独立的，对绿色金融发展影响生态产品价值实现的路径机制研究不够深入。据此，本研究可能的创新点和边际贡献主要体现于：①不仅从理论层面分析绿色金融发展对森林生态产品价值实现效率水平提升的影响，还采用多种计量模型对理论机制进行了实证检验，填补了现有研究的空白。②通过两个中介路径（技术赋能、产业结构优化）和引入环境规制强度作为调节变量，探讨绿色金融发展影响森林生态产品价值实现效率水平提升的作用机制，丰富了研究视角。③进一步从金融结构异质性等角度考察绿色金融发展与森林生态产品价值实现效率水平的关系，更新了既有的研究视角。本研究的结论可为完善绿色金融发展促进生态文明建设的政策提供理论支撑。

# 11.3　理论分析与研究假说

## 11.3.1　绿色金融发展与森林生态产品价值实现效率水平

绿色金融作为一种新兴的金融服务模式和现代环境治理的重要政策工具，与生态产品价值实现目标一致，推动绿色金融发展可以促进生态资源的可持续利用，还能提升产业化水平过程中的经济效率和环境效益。绿色金融发展主要通过六大功能对森林生态产品价值实现效率水平产生影响：①优化资源配置。根据资源配置理论，绿色金融发展借助政策支持，能够有效引导金融资源的流向，通过政策性融资工具和绿色金融产品为森林生态产业提供融资支持，吸引社会资本流向森林保护、森林恢复和综合森林管理等领域。这种资金的优化配置有助于解决资源错配问题并降低环境保护成本（刘锡良等，2019；刘柯等，2024），从而推动森林生态产品价值实现效率水平提升。②推动技术进步。根据内生增长理论，技术进步是经济可持续增长的核心动力。绿色金融政策可以视为一种"软"环境规制，根据"波特假说"，适当的环境规制可以激发企业创新能力，促进企业在环保技术和实践上的创新，进而提高产业效率和环境表现（李青原等，2020）。根据外部性理论，绿色金融发展通过内化环境成本帮助解决市场失灵问题。这种机制将产生"倒逼"效应，激励污染企业积极进行绿色技术创新（Zhang 等，2021）。③产业结构优化。绿色金融产品如绿色债券等能够吸引更多的投资，促进劳动力、能源消费和产业结构的优化。这有助于形成一个更环保和资源高效的经济体系（王馨等，2021）。④促进价格发现。金融体系具有强大的价格发现功能，通过创新森林生态产品（如碳信用、生态旅游服务）的期货、期权和其他衍生品等金融交易工具，在交易过程中反映森林生态产品的真实价值,发挥市场交易的价格发现功能,推动形成森林生态产品的公允价值,以此增强流动性,为森林生态产品价值转化创造必要条件(张帆,2017)。⑤促进森林生态产品保值增值。绿色金融发展通过支持森林生态产品的生产和价值转化,推动森林生态产品价值实现的发展,并进一步优化和升级产业结构。随着科技水平的不断提高,数字化手段缓解了供需双方的信息不对称问题(易信等,2015),通过产品保险等方式,提高产品认可度,从而促进森林生态产品的保值和增值。⑥环境保护促进机制。绿色金融作为环境规制手段,对森林生态产品价值实现具有激励和约束的双重作用。企业为了获得绿色金融的支持,在生产、流通和林地管理等方面进行环保升级,有利于降低融资成本,促进节能减排和技术创新(何德旭等,2022),逐步建立起森林生态产品价值实现体系。此外,绿色金融发展与森林生态产品价值实现效率水平之间并非简单的线性关系。随着金融发展水平的提高,绿色金融发展对森林生态产品价值实现效率水平的提升作用可能逐渐减弱,呈现出显著的非线性关系。

基于上述理论分析,构建绿色金融发展影响森林生态产品价值实现效率水平的理论机制(图 11-1)。

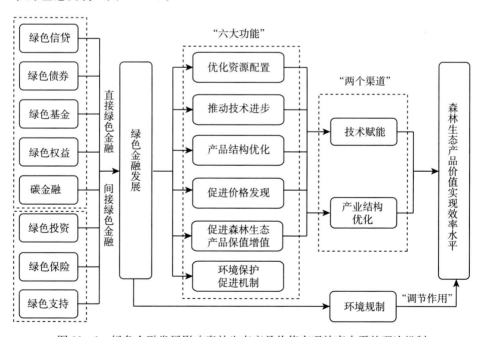

图 11-1 绿色金融发展影响森林生态产品价值实现效率水平的理论机制

根据以上理论分析，提出以下研究假说。

H11-1：绿色金融发展对森林生态产品价值实现效率水平提升有显著正向影响。

H11-2：绿色金融发展对森林生态产品价值实现效率水平提升有非线性特征。

## 11.3.2 绿色金融发展、技术赋能与森林生态产品价值实现效率水平

根据新经济理论，经济增长的根本驱动力是要素投入增加、技术进步和技术效率的提升。提升整体产业效率的关键在于促进技术进步和提高技术效率。随着技术不断发展，绿色金融发展通过支持技术创新和应用，推动释放技术进步的正效应以抵消技术效率下降的负效应。在环境规制政策的引导下，企业提高创新能力，采用先进绿色技术，促进森林生态产品价值实现效率水平的提升。绿色金融通过支持遥感、物联网和大数据分析等先进技术，提升了森林资源管理、监测和管护水平，扩大优质森林生态产品供给，为森林生态产品价值实现效率水平提升奠定基础。技术进步和技术替代会打破原有林业经济的均衡（干春晖等，2011），通过资源配置优化效应、生产成本降低效应、创新发展驱动效应（廖信林等，2021）和供需精准匹配效应，提高森林生态产品价值实现效率水平。技术赋能有助于促进林业企业的市场扩展和生产规模的增加，利用数字经济的规模效应推动产业发展。技术进步还促使生产要素在林业产业各领域间有效流动，加速新产品和新业态的发展，推动产业结构的优化和升级。绿色金融通过技术的推广和应用，不仅提升森林生态产业的操作效率和生产效率，还加强对环境的保护，在现代林业管理中起到关键作用。据此，提出以下研究假说。

H11-3：绿色金融发展可以通过技术赋能提升森林生态产品价值实现效率水平。

## 11.3.3 绿色金融发展、产业结构与森林生态产品价值实现效率水平

产业结构是资源配置的桥梁，对环境保护和经济增长具有不可替代的作用。传统产业结构理论，如配第-克拉克定理，强调通过调整产业布局和优化产业结构，使生产要素流向生产率更高的部门，从而实现"结构红利"，提升整体生产效能。绿色金融旨在通过投资和融资支持环境友好型项目，通过产业结构优化将经济活动偏向低碳和环境可持续方向，显著提升森林生态产品价值

实现效率水平。具体地，这种优化体现在以下四个方面：一是通过重新配置资本促进产业结构优化。绿色金融引导资金从高污染项目流向绿色项目和高资源效率产业，增加污染企业的融资成本，推动产业结构向高级化和生态化转型（袁杭松等，2010）。二是通过产业融合促进产业结构优化。部分企业为了提升市场竞争力，将生产要素向绿色产业聚集，形成空间集聚效应，从而促进相关绿色产业的整合和优化，推动产业结构的优化（易信等，2015）。三是通过经济杠杆促进产业结构优化。绿色金融通过暂停对高耗能高污染企业的贷款、降低其信用等级和收回先前贷款等措施，推动企业绿色转型和产业兼并重组，从而加速产业结构的转型升级和优化（周琛影等，2022）。四是通过产业结构生态化促进产业结构优化。较高的产业结构生态化水平可减少生产过程对环境造成的压力，使绿色金融的资源配置杠杆作用更加显著，从而有助于产业结构优化（吕明元等，2018）。据此，提出以下研究假说。

H11-4：绿色金融发展可以通过产业结构优化提升森林生态产品价值实现效率水平。

## 11.3.4　绿色金融发展、环境规制与森林生态产品价值实现效率水平

环境规制是指政府为保护环境、控制污染、保障公众健康及促进可持续发展而制定的一系列法律、政策及准则（谢乔昕，2021）。环境规制对森林生态产品价值实现效率水平的影响可能存在正向作用和负向作用的双面性（周海华等，2016）。正向作用表现为"补偿效应"和"竞争效应"。一是"补偿效应"。根据"波特假说"，合理的环境规制能够激发企业在清洁生产和减排技术上的创新，这些创新不仅能补偿规制成本，还能推动经济向低能耗、低污染方向转型（王杰等，2014），通过"补偿效应"优化生态环境，进而提升森林生态产品价值实现效率水平。二是"竞争效应"。随着环境规制强度的增强，低耗能高产能企业更容易获得资金支持，进而增加技术创新和清洁产业研发投入，通过"竞争效应"筛选出优质低能耗企业，扩大高科技产业规模，进而为促进生态产品价值实现奠定基础。负向作用表现为对生产要素和投资的"挤出效应"（文传浩等，2024）。一是对生产要素的"挤出效应"。随着环境规制强度的增强，企业增加污染治理设备和技术的投入，导致资源配置偏离帕累托最优，减少用于技术研发和人力资本的投入，对提升森林生态产品价值实现效率水平产生不利影响。二是对投资的"挤出效应"。严格的环境规制可能导致治理成本增加，企业定价上涨，从而削弱外商直接投资的吸引力。同时，企业在技术创

新时需要同时考虑环境保护和经济发展。当创新成本高于污染缴纳费用时，企业可能选择支付污染费用，这也会对提升森林生态产品价值实现效率水平产生不利影响。据此，提出以下研究假说。

H11－5a：环境规制能对森林生态产品价值实现效率水平提升产生影响，其影响方向取决于"正向作用"与"负向作用"谁占主导。

环境规制在绿色金融发展对森林生态产品价值实现效率水平的影响过程中发挥调节作用，引发"替代效应"和"互补效应"。一是"替代效应"。若环境规制强度过强，尽管绿色金融为森林生态产品价值实现提供资金支持，但企业可能为了规避严格的环境规制而进行寻租行为（李晓西等，2014）。若环境规制强度较弱，政策的不确定性和不连续性导致企业往往选择支付污染费用来应对环保压力，而不是争取绿色信贷支持。环境规制强度较弱还可能导致企业挪用绿色信贷资金，进而对技术创新和生产结构调整产生负面影响。二是"互补效应"。环境规制为绿色金融的运行提供了必要的政策框架和法律支持，尤其在绿色金融市场发展尚未完全成熟阶段，强有力的环境规制政策能够确保金融机构在进行绿色金融活动时的合规性，促进森林生态产业的绿色转型和可持续发展。据此，提出以下研究假说。

H11－5b：环境规制在绿色金融发展对森林生态产品价值实现效率水平提升的影响中起调节作用，其调节作用可能是"替代效应"抑或是"互补效应"。

# 11.4  研究设计

## 11.4.1  模型构建

（1）基准回归模型

基于上述假定，建立绿色金融发展水平对森林生态产品价值实现效率水平影响的基准模型：

$$FEIE_{i,t} = \alpha_0 + \alpha_1\, GF_{i,t} + \alpha_2\, C_{i,t} + \mu_i + \lambda_t + \varepsilon_{i,t} \qquad (11-1)$$

公式（11-1）中，$FEIE_{i,t}$ 表示森林生态产品价值实现效率水平；$GF_{i,t}$ 表示绿色金融发展水平；$C_{i,t}$ 为一系列控制变量；$i$ 表示浙江省各设区市，$t$ 表示年份；$\alpha_0$ 表示常数项，$\alpha_1$ 表示绿色金融发展水平对森林生态产品价值实现效率水平的影响系数，$\alpha_2$ 为各控制变量的影响系数；$\mu$ 为地区虚拟变量，$\lambda$ 为年份虚拟变量，$\varepsilon$ 为随机干扰项。

（2）面板门槛回归模型

构建面板门槛回归模型探究绿色金融发展对森林生态产品价值实现效率水平的影响是否呈现出非线性特征（Hansen 等，1999）：

$$FEIE_{i,t} = \beta_0 + \beta_1 GF_{i,t} \times I(Th_{i,t} \leqslant \theta) + \beta_2 GF \times$$
$$I(Th_{i,t} > \theta) + \beta_3 C_{i,t} + \mu_i + \lambda_t + \varepsilon_{i,t} \qquad (11-2)$$

公式（11-2）中，$Th_{i,t}$ 表示门槛变量，$I(\cdot)$ 为指示函数，满足括号内条件的即取值为 1，否则为 0。公式（11-2）仅展示了单一门槛的情况，根据具体样本检验结果，可以将公式（11-2）进一步扩充为多门槛的情况。$\beta_0$ 表示常数项，$\beta_1$ 和 $\beta_2$ 分别表示不同门槛值下绿色金融发展对森林生态产品价值实现效率水平的影响系数；$\beta_3$ 为控制变量的影响系数；其他变量和公式（11-1）一致。

（3）中介效应模型和调节效应模型

为了探讨绿色金融发展对森林生态产品价值实现效率水平的作用机制，本研究通过中介效应模型对可能的作用机制进行检验，按照江艇（2022）的做法，通过直接识别绿色金融发展对作用机制变量的因果关系进行检验，回归方程如下所示：

$$M_{i,t} = \varphi_0 + \varphi_1 GF_{i,t} + \varphi_2 C_{i,t} + \mu_i + \lambda_t + \varepsilon_{i,t} \qquad (11-3)$$

公式（11-3）中，$M_{i,t}$ 代表各个机制变量；$\varphi_0$ 表示常数项，$\varphi_1$ 表示绿色金融发展水平对各机制变量的影响系数，$\varphi_2$ 为控制变量的影响系数；其他变量与公式（11-1）保持一致。同时，为检验绿色金融发展对森林生态产品价值实现效率水平的影响效应是否随着环境规制强度（ER）的不同而具有差异性，本研究构建如下固定效应模型：

$$FEIE_{i,t} = \gamma_0 + \gamma_1 GF_{i,t} + \gamma_2 ER_{i,t} + \gamma_3 GF_{i,t} \times ER_{i,t} +$$
$$\gamma_4 C_{i,t} + \mu_i + \lambda_t + \varepsilon_{i,t} \qquad (11-4)$$

公式（11-4）中，$ER_{i,t}$ 代表调节变量，参考江艇（2022）的方法，关注 $GF_{i,t} \times ER_{i,t}$ 的系数 $\gamma_3$ 的显著性；$\gamma_0$ 表示常数项，$\gamma_1$ 表示绿色金融发展水平对森林生态产品价值实现效率水平的影响系数，$\gamma_2$ 为调节变量环境规制强度对森林生态产品价值实现效率水平的影响系数，$\gamma_4$ 为控制变量的影响系数；其他变量与公式（11-1）的保持一致。

## 11.4.2　指标选取

（1）被解释变量

森林生态产品价值实现效率水平（FEIE）。参考孔凡斌等（2023）等的做法，构建森林生态产品价值实现效率水平的投入产出指标（表 11 - 1）。考虑到物质产品价值已经计入林业第一产业增加值，因而修正后的森林生态产品总值投入指标仅包括调节服务价值及文化服务价值两大类。本研究指标体系中涉及的所有价格指标均依据当期价格贴现为 2015 年的居民价格平减指数（CPI）进行折算。具体计算方法参考已有文献的做法，最终测算浙江省 11 个设区市 2011—2022 年的森林生态产品价值实现效率水平。

表 11 - 1　森林生态产品价值实现效率水平的投入产出指标体系

| 指标类型 | 一级指标 | 二级指标 | 三级指标 | 计算方法 |
|---|---|---|---|---|
| 投入指标 | 森林生态产品总值 | 调节服务价值 | 水源涵养价值/亿元 | 市场价值法 |
| | | | 固碳释氧价值/亿元 | 替代成本法 |
| | | | 土壤保持价值/亿元 | 影子价值法 |
| | | | 气候调节价值/亿元 | 替代成本法 |
| | | 文化服务价值 | 森林休憩价值/亿元 | 旅行费用法 |
| | 物质资本 | | 林业固定资产投资/亿元 | |
| | 劳动力 | | 有效劳动力/万人 | |
| | 林地面积 | | 林地面积/公顷 | 统计法 |
| 产出指标 | 林业产业总增加值 | | 林业第一产业增加产值/亿元 | |
| | | | 林业第二产业增加产值/亿元 | |
| | | | 林业第三产业增加产值/亿元 | |

（2）核心解释变量

绿色金融发展水平（GE）。根据《关于构建绿色金融体系的指导意见》，绿色金融是指支持环境改善、应对气候变化和实现资源节约高效利用的经济活动，具体包括对环保、节能、清洁能源、绿色交通、绿色建筑等领域的项目投融资、项目运营、风险管理等所提供的金融服务。这表明绿色金融的发展不仅涉及绿色信贷，还包括绿色债券、绿色股票指数和相关产品、绿色发展基金、绿色保险、碳金融等金融工具，以及支持经济向绿色化转型的制度安排和相关政策。因此，参考已有研究（李晓西等，2014；张建平等，2023），本研究从绿色信贷、绿色投资、绿色保险、绿色债券、绿色基金、绿色权益、绿色支持和碳金融这 8 个维度入手。其中，绿色信贷一般是指金融机构对从事新能源开发、绿色生产、循环经济和绿色制造等领域的企业或项目提供信贷支持（王馨等，2021；斯丽娟等，2022），一般有 2 种测度方法，正向指标测度和逆向指标测度，本研究采用正向指标进行衡量，即采用环保项目信贷总额占信贷总额比重表示；绿色投资是指以生态环境保护、建立资源节约型和循环型社会为目的而进行的投资（刘书兰等，2024），采用环境污染治理投资占 GDP 比重进行衡量；绿色保险是指为保障经济高质量发展和人们健康生活而进行的风险管理和资金运用活动的综合概念，采用环境污染责任保险收入占总保费收入比重进行衡量（高锦杰等，2021）；绿色债券是指支持节能减排技术改造和能源清洁高效利用等绿色循环低碳发展项目的企业债券，采用绿色债券发行总额占所有债券发行总额比重进行衡量；绿色支持是指政府为推动生态环境保护和可持续发展所提供的财政支持，采用财政环境保护支出占财政一般预算支出比重进行衡量（詹姝珂等，2023）；绿色基金是指专注于环境保护、可持续能源和其他绿色技术投资的基金，可以促进经济向低碳和更环保的方向转型，采用绿色基金总市值占所有基金总市值的比重表示；绿色权益是指通过市场机制进行的环保资产交易，如碳交易、能源使用权交易和排污权交易等，使市场参与者能够在达成环保目标的同时进行资金流转，采用碳交易、用能权交易、排污权交易占权益市场交易总额比重表示；碳金融是绿色金融发展助力低碳转型的关键金融工具（高锦杰等，2021），采用碳排放量占 GDP 比重进行衡量。将上述 8 个维度采用熵值法对绿色金融发展水平进行测度，具体指标的计算方式如表 11 - 2 所示。

**表 11 - 2　绿色金融发展水平指标体系**

| 一级指标 | 二级指标 | 计算方法 | 权重 |
|---|---|---|---|
| 绿色金融发展水平（GE） | 绿色信贷 | 环保项目信贷总额/信贷总额 | 0.150 0 |
| | 绿色投资 | 环境污染治理投资/GDP | 0.154 4 |
| | 绿色保险 | 环境污染责任保险收入/总保费收入 | 0.144 9 |
| | 绿色债券 | 绿色债券发行总额/所有债券发行总额 | 0.158 6 |
| | 绿色支持 | 财政环境保护支出/财政一般预算支出 | 0.121 8 |
| | 绿色基金 | 绿色基金总市值/所有基金总市值 | 0.110 9 |
| | 绿色权益 | 碳交易、用能权交易、排污权交易/权益市场交易总额 | 0.111 5 |
| | 碳金融 | 碳排放量/GDP | 0.047 9 |

（3）机制变量

技术赋能（Tec）。采用技术进步水平进行表征，代表当地企业的生产效率，能使资源在污染型企业与环保型企业中得到重新合理配置，采用申请授权数衡量（徐彩瑶等，2024）。

产业结构优化。本研究主要用产业结构高级化、产业结构生态化和产业结构升级来表征。其中，产业结构高级化（ISS）是产业结构从低级向高级的发展过程，表现为以第一、二产业为主导向以第三产业为主导的变动过程（刘璇等，2022），计算公式如公式（11-5）所示：

$$ISS = \sum_{j=1}^{3}\left(\frac{Y_j}{Y}\right)\times j, j \in \{1,2,3\} \qquad (11-5)$$

式中，ISS 表示产业结构高级化程度，$Y_j$ 表示第 $j$ 产业产值，$Y$ 表示产业总值。ISS 数值越大则表示产业高级化程度越高，反之则越低。

产业结构生态化（ISE）。参考已有文献做法（吕明元等，2016），本研究的产业结构生态化定义为产业结构环境效率，通过单位 GDP 污染物排放总量构建出的环境效率指标来衡量产业结构生态化水平，计算公式如公式（11-6）所示：

$$ISE = 1/PI \text{，其中 } PI = \sum_{i}^{n} pi_i/n \qquad (11-6)$$

式中，$PI$ 表示单位 GDP 污染物排放总量指标[①]，$pi_i$ 表示 $i$ 类污染物的单位 GDP 排放总量，$n$ 表示指标数，在其他条件不变的情况下，$PI$ 的值越大，产业结构生态化程度越高，反之则越低。

产业结构升级（ISU）。产业结构的升级能促进地区传统产业向低碳绿色发展转型，同时有利于调配资源和提高资源使用效率，推动地区森林生态产品价值实现效率水平的提升（孔凡斌等，2022），本研究选取地区第二产业和第三产业总产值占地区生产总值的比重来衡量。

环境规制强度（ER）。参考陈诗一（2018）等人的研究，环境规制强度采用地方政府工作报告中与"环保"相关的词汇的出现频率占报告全文字数的比重进行表征，该方法既能反映政府环境治理的力度，也能缓解内生性问题（邓慧慧等，2019）。

（4）控制变量

参考已有相关研究，本研究选取如下控制变量：①经济发展水平（lnpgdp）。产业发展与经济发展水平密切相关。本研究选取平减后的地区人均 GDP，并取对数进行表征。②区域开放程度（Open）。外商直接投资对于流入地区的发展存在污染层面和技术层面的双重效应。本研究选取地区实际利用外商直接投资额占地区 GDP 的比重进行表征，且外商直接投资额的单位按照美元与人民

---

① 此处的污染物排放量分别使用工业颗粒物排放量、工业二氧化硫排放量和工业氮氧化物排放量，单位均为万吨。

币的年度均价进行转换。③城镇化水平（Urban）。城镇化在人口、经济和社会领域产生了新的变革，能够对森林生态产品价值实现效率水平产生显著影响（刘赢时等，2018）。采用城市人口数占年末常住人口数的比重表征。④第三产业发展水平（Third）。绿色金融发展通过增加第三产业比重来提高森林生态产品价值实现效率水平（张靖等，2018）。⑤政府干预程度（Gov）。财政投入到基础设施建设中，会提升区域整体交通条件和通信水平，特别是通过补贴的方式，对一些环境污染型企业进行搬迁和改造升级，对森林生态产品价值实现效率水平有提升作用（刘在洲等，2021）。采用地方政府支出占 GDP 比重表征。⑥生态环境质量（EEQ）。良好的生态环境是森林生态产业的前提，用生态环境质量指数来表示，原始数据来源于国家地球系统科学数据中心（http：//www.geodata.cn），数据为栅格数据，进一步通过分区统计得到中国各设区市生态环境质量面板数据。

变量的描述性统计结果如表 11-3 所示。

表 11-3　变量的描述性统计

| 变量 | 指标名 | 样本量 | 均值 | 标准差 | 最小值 | 最大值 |
|---|---|---|---|---|---|---|
| 被解释变量 | 森林生态产品价值实现效率水平（FEIE） | 132 | 0.742 2 | 0.269 3 | 0.250 7 | 1.543 4 |
| 解释变量 | 绿色金融发展水平（GE） | 132 | 0.401 7 | 0.043 4 | 0.313 3 | 0.492 7 |
| 控制变量 | 经济发展水平（$\ln pgdp$） | 132 | 11.290 5 | 0.353 0 | 10.408 9 | 11.876 5 |
| | 区域开放程度（Open） | 132 | 0.016 5 | 0.013 0 | 0.001 9 | 0.049 2 |
| | 城镇化水平（Urban） | 132 | 0.651 0 | 0.077 1 | 0.448 0 | 0.839 5 |
| | 第三产业发展水平（Third） | 132 | 0.487 4 | 0.065 2 | 0.361 5 | 0.681 9 |
| | 政府干预程度（Gov） | 132 | 0.140 4 | 0.071 8 | 0.008 7 | 0.356 6 |
| | 生态环境质量（EEQ） | 132 | 0.610 2 | 0.101 6 | 0.407 6 | 0.804 7 |
| 机制变量/门槛变量 | 技术赋能（Tec） | 132 | 9.647 4 | 1.092 9 | 6.428 1 | 11.716 0 |
| | 产业结构高级化（ISS） | 132 | 0.388 3 | 0.473 1 | 0.014 5 | 2.102 5 |
| | 产业结构生态化（ISE） | 132 | 0.445 6 | 0.511 6 | 0.019 2 | 2.270 7 |
| | 产业结构升级（ISU） | 132 | 0.949 9 | 0.221 8 | 0.240 6 | 3.305 7 |
| | 环境规制（ER） | 132 | 0.386 1 | 0.192 8 | 0.070 8 | 1.238 9 |

### 11.4.3　数据来源

本研究的统计数据主要来源于 2011—2023 年的《浙江统计年鉴》、11 个设区市的统计年鉴及浙江省林业局的林业统计数据。测算森林生态产品价值实现效率水平所用到的地理空间数据主要包括：水源涵养量核算数据，来源于国家气象科学数据中心；固碳释氧功能量核算数据，来源于中国科学院资源环境科学与数据中心；土壤保持数据，来源于武汉大学逐年 30 米分辨率土地利用数据；调节气候功能核算数据，来源于国家气象数据中心。最终得到 2011—2022 年浙江省 11 个设区市的 132 个平衡面板数据集。

## 11.5 实证结果分析

### 11.5.1 绿色金融发展与森林生态产品价值实现效率水平影响的基准回归结果

表 11-4 报告了绿色金融发展水平对森林生态产品价值实现效率水平影响的基准回归结果。模型（1）和（2）分别是加入和不加入控制变量的回归结果。结果表明，绿色金融发展水平的估计系数均显著为正，说明提升绿色金融发展水平可以显著提升森林生态产品价值实现效率水平。模型（2）加入了控制变量之后，绿色金融发展水平对森林生态产品价值实现效率水平的影响系数依然显著为正，但绝对值变小，且模型的 $R^2$ 更大，即拟合程度较好，表明加入控制变量的合理性。具体地，绿色金融发展水平的系数为 1.544 3，且在 5% 统计性水平上显著。这表明绿色金融发展水平每提升 1%，森林生态产品价值实现效率水平将提升 1.544 3，即提升绿色金融发展水平可以有效提升森林生态产品价值实现效率水平。据此，研究假说 H11-1 得证。

表 11-4 基准回归结果

| 变量 | FEIE | |
| --- | --- | --- |
| | (1) | (2) |
| GE | 3.486 3*** | 1.544 3** |
| | (0.402 2) | (0.670 1) |
| Lnpgdp | | −0.034 3 |
| | | (0.148 0) |
| Open | | 2.966 8 |
| | | (4.057 8) |
| Urban | | 1.814 2** |
| | | (0.871 9) |

（续）

| 变量 | FEIE | |
| --- | --- | --- |
| | (1) | (2) |
| Third | | 1.385 4** |
| | | (0.654 7) |
| Gov | | −0.435 7 |
| | | (0.468 4) |
| EEQ | | 0.514 8** |
| | | (0.197 7) |
| Cons | −0.687 3*** | −1.678 5 |
| | (0.162 5) | (1.496 9) |
| 城市固定效应 | 是 | 是 |
| 年份固定效应 | 是 | 是 |
| N | 132 | 132 |
| R² | 0.385 0 | 0.469 7 |

注：*、**、*** 分别表示 $p<0.10$、$p<0.05$、$p<0.01$，括号内为稳健标准误。

## 11.5.2　绿色金融发展影响森林生态产品价值实现效率水平的作用机制检验

为了进一步分析绿色金融发展通过何种作用机制对森林生态产品价值实现效率水平的提升产生影响，本研究将可能存在的机制变量带入上文中的公式（11-3）和（11-4），分别估计绿色金融发展对森林生态产品价值实现效率水平的影响效应。表 11-5 的模型（1）～（4）为技术赋能和产业结构优化的中介效应模型结果，模型（5）为环境规制强度的调节效应模型结果。

表 11-5　作用机制回归结果

| 变量 | (1) 技术赋能 Tec | 产业结构优化 | | | (5) FEIE |
| --- | --- | --- | --- | --- | --- |
| | | (2) ISS | (3) ISU | (4) ISE | |
| GE | 2.118 1*** | 0.214 7 | 2.855 5*** | 3.262 7*** | 3.119 1*** |
| | (0.769 0) | (2.019 1) | (0.963 5) | (1.003 9) | (1.050 8) |
| ER | | | | | −1.440 4** |
| | | | | | (0.935 4) |
| GE×ER | | | | | −0.481 0** |
| | | | | | (0.195 7) |

（续）

| 变量 | (1) 技术赋能 $Tec$ | 产业结构优化 | | | (5) $FEIE$ |
|---|---|---|---|---|---|
| | | (2) $ISS$ | (3) $ISU$ | (4) $ISE$ | |
| $Cons$ | 0.696 8 | −2.262 8 | −0.622 9 | −0.678 3 | −2.256 5 |
| | (1.717 8) | (4.510 2) | (2.152 3) | (2.242 4) | (1.571 0) |
| 控制变量 | 是 | 是 | 是 | 是 | 是 |
| 城市固定效应 | 是 | 是 | 是 | 是 | 是 |
| 年份固定效应 | 是 | 是 | 是 | 是 | 是 |
| $N$ | 132 | 132 | 132 | 132 | 132 |
| $R^2$ | 0.782 8 | 0.445 2 | 0.668 2 | 0.694 6 | 0.467 5 |

注：*、**、*** 分别表示 $p<0.10$、$p<0.05$、$p<0.01$，括号内为稳健标准误。

表 11-5 的模型（1）显示，绿色金融发展水平对技术进步的影响系数为 2.118 1，且在 1% 统计性水平上显著，即绿色金融发展可以通过促进技术进步进而提升森林生态产品价值实现效率水平。可能的原因在于技术进步能够通过更高效的资源管理方式，从改善生产过程、资源管理、废物减少等方面提高森林生态产品价值实现效率水平。据此，研究假说 H11-3 绿色金融发展可以通过技术赋能进而提升森林生态产品价值实现效率水平得证。

表 11-5 模型（2）～（4）显示，绿色金融发展水平对产业结构高级化的影响系数为 0.214 7，但在统计上不显著，而对产业结构升级和生态化的影响系数分别为 2.855 5 和 3.262 7，且均在 1% 统计水平上显著。这表明绿色金融通过产业结构升级和产业结构生态化提升了森林生态产品价值实现效率水平，而非通过产业结构高级化。原因可能在于，产业结构高级化推动技术和资本密集型产业的发展，不符合森林生态产业的区域特性和生态兼容性，而产业结构升级和生态化注重产业与当地生态环境的和谐共生，强调可持续性和环境保护。绿色金融发展促进资金流向更加环保、高效的产业和企业，推动产业向高附加值、低碳环保方向转型，从而优化和升级产业结构。产业结构生态化则通过减少化学投入减轻环境压力并提高生态系统整体生产力。绿色金融通过绿色信贷、绿色债券等工具，为节能减排、环境保护、生态修复等项目提供资金支持，降低融资成本，提高投资吸引力。因此，研究假说 H11-4 得证。

表 11-5 模型（5）显示，环境规制强度对森林生态产品价值实现效率水平的影响系数为 −1.440 4，且在 5% 统计性水平上显著，表明环境规制在一定

程度上对森林生态产品价值实现效率水平提升有显著负向作用。原因可能包括大多数企业采用低成本战略，环境规制未能有效激发企业绿色技术创新，反而使企业因高昂的环境治理成本降低了产出效率，同时，环境规制实施可能受到政府执行效率等因素影响，缺乏针对性，对不同企业采取相同标准，不利于整体效率水平的提升。据此，环境规制的"负向作用"占主导地位，验证了假说 H11 - 5a。此外，绿色金融发展和环境规制强度的交互项系数为 -0.481 0，且在 1% 统计性水平上显著，表明两者交互项对效率提升有负向影响，随着环境规制强度增强，绿色金融发展对森林生态产品价值实现效率水平提升的作用减弱，二者存在"替代效应"。原因可能在于，绿色金融发展依赖于有效的环境规制支持和配合，若环境规制不完善或执行不力，可能削弱绿色金融发展的效果和可持续性；加强环境规制会增加企业在环境管理和投资方面的成本，导致部分企业被淘汰，限制绿色金融的发展需求和潜力，不仅阻碍产业结构调整，也对效率提升产生负面影响。因此，绿色金融发展与环境规制强度存在调节作用，两者交互项对森林生态产品价值实现效率提升的影响是"替代效应"关系，研究假说 H11 - 5b 得到了验证。

## 11.5.3　稳健性和内生性检验

### （1）稳健性检验

为了验证以上结论的可信度，本研究提出以下 4 种方法进行稳健性检验。一是替换核心解释变量（GE _ t）。本研究使用主层次分析法替代基准回归中所用的熵值法，对绿色金融发展水平进行衡量，重新进行回归。其中金融发展水平采用金融机构贷款余额占 GDP 比重进行表示。二是增加控制变量。增加控制变量是为了进一步考虑绿色金融发展与森林生态产品价值实现效率水平之间关系的潜在影响因素，避免估计偏误。在前文的基础之上，鉴于基础设施建设（IC）是影响森林生态产品价值实现效率水平的重要因素，故选取基础设施建设作为新增控制变量，采用市境内公路里程占土地面积比重来表示。三是更换估计方法。基准回归中采用面板固定效应模型进行回归，本研究进一步采用了广义矩估计（GMM）模型进行稳健性检验。GMM 模型能够有效解决内生性问题，尤其适用于动态面板数据分析。其中，通过引入因变量的滞后项作为工具变量进行重新回归。四是剔除研究样本。将作为绿色金融创新试验区的衢州市和湖州市的数据删除后进行重新回归。表 11 - 6 展示了上述 4 种方法得到的稳健性检验结果。结果表明，回归结果与基准回归结果基本相符。因此，本研究得到的结论是稳健可靠的。

表 11-6　稳健性回归结果

| 变量 | (1) 替换核心解释变量 | (2) 增加控制变量 | (3) 更换估计方法 | (4) 剔除研究样本 |
|---|---|---|---|---|
| $GE\_t$ | 0.247 1** (0.103 9) | | | |
| $GE$ | | 1.281 1* (0.665 7) | 6.389 2** (3.045 2) | 3.409 7*** (0.699 4) |
| $IC$ | | 0.361 7** (0.150 9) | | |
| $Cons$ | −2.223 3 (1.446 9) | −1.272 6 (1.476 4) | 14.810 9 (10.628 5) | −3.984 9*** (1.236 9) |
| 控制变量 | 是 | 是 | 是 | 是 |
| 城市固定效应 | 是 | 是 | 是 | 是 |
| 年份固定效应 | 是 | 是 | 是 | 是 |
| $N$ | 132 | 132 | 132 | 108 |
| $R^2$ | 0.471 2 | 0.495 4 | Ar (1) z=−4.64 (p<0.05) Ar (2) z=−0.38 (p>0.05) | 0.454 1 |

注：模型（3）中的 GMM 回归结果中，Sargan 检验中工具变量的过度识别约束成立（p = 1.000），表明工具变量是有效的。*、**、*** 分别表示 $p<0.10$、$p<0.05$、$p<0.01$，括号内为稳健标准误。

（2）内生性检验

尽管本研究已尽可能控制了相关变量，但实证结果仍然会受到遗漏变量或逆向因果等因素的影响。为了缓解以上内生性问题导致估计偏差，本研究采用以下两种方式进行检验。一是将所有解释变量滞后一期进行回归，这是考虑到可能存在遗漏变量的问题导致可能的内生性问题，由此选择滞后所有解释变量一期进行纠正，同时，也可以在一定程度上缓解反向因果的问题，结果如表 11-7 模型（1）和（2）所示。二是为本研究的核心解释变量选取合适的工具变量，参考已有做法（张靖等，2018），以滞后一期绿色金融发展作为绿色金融发展的工具变量。原因在于滞后一期的绿色金融发展与当期绿色金融发展相关，但不会直接影响被解释变量，与扰动项无关，这两点满足工具变量选择的相关性和外生性要求。本研究利用工具变量——两阶段最小二乘法（IV - 2SLS）进行估计，结果如表 11 - 7 模型（3）和（4）所示。结果表明，绿色金融发展可以显著提升森林生态产品价值实现效率水平的结论仍然成立。此外，还通过了"工具变量识别不足"检验和弱工具变量识别检验。以上检验结果表明，在考虑了内生性问题后，绿色金融发展能够显著提升森林生态产品价值实现效率水平的回归系数仍然显著为正，表明绿色金融发展显著提升森林生态产品价值实现效率水平的结果具有较好的稳健性。

表 11 - 7　内生性检验结果

| 变量 | 所有解释变量滞后一期 | | 工具变量法 | |
| | (1) | (2) | (3)<br>第一阶段 | (4)<br>第二阶段 |
|---|---|---|---|---|
| GE | 3.912 6*** | 3.024 2*** | | 5.201 7*** |
| | (0.504 0) | (0.874 8) | | (1.576 7) |
| 滞后一期 GE | | | 0.651 1*** | |
| | | | (0.092 4) | |
| 控制变量 | 否 | 是 | 是 | 是 |
| 城市固定效应 | 是 | 是 | 是 | 是 |
| 年份固定效应 | 是 | 是 | 是 | 是 |
| Kleibergen—Paap rk LM 统计量 | | | 57.500 3<br>[0.001 6] | |
| Kleibergen—Paap rk Wald F 统计量 | | | 49.583 1<br>{16.380 0} | |
| N | 121 | 121 | 132 | 132 |

注：（）数值为标准误，[ ] 数值为 $P$ 值，{ } 数值为 Stock - Yogo 弱识别检验 10％水平上的临界值。*** 表示 $p < 0.01$。

## 11.5.4　进一步分析

### （1）金融结构异质性特征

鉴于不同绿色金融工具对森林生态产品价值实现效率水平提升的影响存在异质性，金融结构的作用不容忽视。根据上文对绿色金融发展的定义，将绿色金融发展水平划分为直接绿色金融（D_GE）和间接绿色金融（I_GE）两个层面，以进一步探讨绿色金融结构异质性对森林生态产品价值实现效率水平的影响。直接绿色金融层面主要包括通过直接金融工具或市场活动对绿色产业、项目和环保措施提供金融支持，包括绿色信贷、绿色债券、绿色基金、绿色权益和碳金融（周琛影等，2022）。这些维度的核心特征是资金流向清晰、直接投向绿色经济活动，能够直接促进绿色产业的发展和环境改善。例如，绿色信贷和绿色投资直接向绿色企业和项目提供融资支持，绿色债券为节能减排和清洁能源等项目筹集资金，绿色基金和绿色权益则通过市场交易直接引导资金流向绿色领域。间接绿色金融层面则涉及通过政策支持、风险管理和市场规范等方式间接推动绿色发展的维度，包括绿色投资、绿色保险和绿色支持。这类金融活动虽然不会直接进入绿色项目，但通过支持传统产业的绿色转型或通过长期资金支持间接促进绿色发展。例如，绿色保险通过为环保项目和企业提供风险管理支持，从而间接促进绿色经济的发展；而绿色支持则通过政府的财政支出和政策激励，间接引导和促进经济体系向绿色化方向转型（张靖等，2018；张英等，2016）。回归结果如表 11-8 所示。

**表 11-8　金融结构异质性回归结果**

| 变量 | (1) | (2) |
|---|---|---|
| D_GE | 0.336 8*** | |
| | (0.110 8) | |
| I_GE | | 0.148 3* |
| | | (0.102 3) |
| Cons | −1.300 2 | −1.575 2 |
| | (1.177 3) | (1.201 1) |
| 控制变量 | 是 | 是 |
| 城市固定效应 | 是 | 是 |
| 年份固定效应 | 是 | 是 |
| N | 132 | 132 |
| $R^2$ | 0.515 5 | 0.491 0 |

注：*、**、*** 分别表示 $p<0.10$、$p<0.05$、$p<0.01$，括号内为稳健标准误。

　　表 11-8 模型（1）结果显示，直接绿色金融的系数为 0.336 8，且在 1% 的统计水平上显著，即直接绿色金融每提升 1 个单位，森林生态产品价值实现效率水平将提升 0.336 8 个单位。从模型（2）可以看出，间接绿色金融系数

为 0.148 3，且在 10％的统计水平上显著，即间接绿色金融能显著提升森林生态产品价值实现效率水平，且间接绿色金融每提升 1 个单位，森林生态产品价值实现效率水平将提升 0.148 3 个单位。以上结果表明，直接绿色金融和间接绿色金融均能显著提升森林生态产品价值实现效率水平，但直接绿色金融提升作用更加显著。可能的原因在于直接绿色金融在资金投放上的精准性和市场配置上的高效性。通过绿色信贷、绿色债券等金融工具，直接绿色金融能够迅速且有针对性地支持森林生态产业的核心项目，显著提高资源利用效率与项目实施进度，进而带动产业效能的快速提升。相比之下，间接绿色金融如绿色保险和政府财政支持，主要通过长期政策引导和风险管理等方式间接促进产业发展，其影响往往需要较长时间的积累才能体现。此外，直接绿色金融依托市场机制，资金调配更加灵活，能够快速响应生态产业的需求，而间接绿色金融则更多依赖政府干预，存在一定的时滞和行政流程限制。因此，直接绿色金融在短期内表现出更为显著的森林生态产品价值实现效率提升效果，而间接绿色金融的作用主要体现在长期的制度优化与生态保护的持续性发展上。

（2）面板门槛效应

根据前文的分析可知，绿色金融发展对森林生态产品价值实现效率产生了显著正向影响，但这种影响可能会随着绿色金融发展水平、产业结构生态化水平和产业结构优化水平的高低而呈现出非线性特征。为检验可能的非线性关系，进一步使用面板门槛效应模型进行验证。首先，进行门槛效应检验。先通过"自助法"（bootstrap）进行面板门槛的存在性检验，经过 500 次的重复抽样之后，对门槛值是否存在进行检验，结果如表 11 - 9 所示。结果表明，绿色金融发展水平仅单一门槛通过了 1％置信水平检验，且门槛值为 0.452 6；产业结构生态化水平的单一门槛和双重门槛均通过了 5％置信水平检验，且门槛值分别为 1.678 0 和 1.845 9；产业结构优化水平的单一门槛和双重门槛均通过了 10％置信水平检验，且门槛值分别为 0.943 8 和 0.947 1。

**表 11 - 9　门槛效应检验结果**

| 门槛变量 | 检验类型 | F 值 | P 值 | 临界值 | | | 门槛值 | 95％置信区间 |
| --- | --- | --- | --- | --- | --- | --- | --- | --- |
| | | | | 10％ | 5％ | 1％ | | |
| GE | 单一门槛 | 15.25 | 0.010 0 | 9.708 0 | 11.731 9 | 15.024 5 | 0.452 6 | ［0.423 6，0.425 6］ |
| | 双重门槛 | 8.08 | 0.116 7 | 8.639 7 | 10.617 0 | 14.504 7 | 0.425 6 | ［0.404 3，0.425 6］ |

（续）

| 门槛变量 | 检验类型 | F值 | P值 | 临界值 | | | 门槛值 | 95%置信区间 |
|---|---|---|---|---|---|---|---|---|
| | | | | 10% | 5% | 1% | | |
| | 单一门槛 | 30.17 | 0.016 7 | 19.961 0 | 24.264 1 | 31.386 4 | 1.678 0 | [1.543 7, 1.809 8] |
| ISE | 双重门槛 | 30.81 | 0.023 3 | 14.480 6 | 17.504 7 | 33.242 1 | 1.845 9 | [1.655 0, 1.929 9] |
| | 三重门槛 | 11.18 | 0.353 3 | 24.377 1 | 29.269 3 | 43.474 3 | 0.088 6 | [0.076 1, 0.090 8] |
| | 单一门槛 | 18.44 | 0.053 3 | 17.997 5 | 22.350 3 | 31.748 9 | 0.943 8 | [0.939 2, 0.944 0] |
| ISU | 双重门槛 | 21.75 | 0.086 7 | 20.560 0 | 24.630 2 | 34.919 3 | 0.947 1 | [0.945 0, 0.947 5] |
| | 三重门槛 | 15.93 | 0.160 0 | 20.430 2 | 27.835 3 | 39.206 0 | 0.947 5 | [0.945 4, 0.948 2] |

其次，将绿色金融发展设置单一门槛的面板门槛效应模型，将产业结构生态化水平和产业结构优化水平设置双重门槛的回归模型，得到的面板门槛效应回归结果如表 11-10 所示。可以发现，模型（1）～（3）的 Wald 检验的 F 统计值均显示溢出效应存在显著差异，即绿色金融发展对森林生态产品价值实现效率水平提升有显著的门槛特征。具体地，模型（1）是以绿色金融发展水平为门槛变量的回归结果，当绿色金融发展水平 Th1≤0.425 6 时，绿色金融发展提升森林生态产品价值实现效率水平的效应可以达到 1.874 1；而当 Th1>0.425 6 时，绿色金融发展提升森林生态产品价值实现效率水平的效应则为 1.677 0。结果表明，当绿色金融发展水平超越门槛值后，绿色金融发展对森林生态产品价值实现效率水平提升仍然有正向促进作用，但这种促进作用逐渐变小。模型（2）是以产业结构生态化水平为门槛变量进行的回归结果，当产业结构生态化水平 Th2≤1.678 0 和 1.678 0<Th2≤1.845 9 时，绿色金融发展提升森林生态产品价值实现效率水平的效应分别为 0.049 1 和 0.540 3，但在统计上并不显著；而当产业结构生态化水平 Th2>1.845 9 后，绿色金融发展提升森林生态产品价值实现效率水平的效应上升至 0.987 4，且在 10%水平上显著。这表明绿色金融发展提升森林生态产品价值实现效率水平的效果受到产业结构生态化水平的影响，且只有在产业结构生态化水平达到一定的门槛值后，才能有效激发绿色金融提升森林生态产品价值实现效率水平的作用。模型（3）是以产业结构升级水平为门槛变量进行的回归结果，当产业结构升级水平 Th3≤0.943 8 时，绿色金融发展提升森林生态产品价值实现效率水平的效应为 1.638 7，且在 5%水平上显著；而当 0.943 8<Th3≤0.947 1，绿色金融发展提升森林生态产品价值实现效率水平的效应上升至 1.768 3；当产业结构升级水平 Th3>0.947 1 时，绿色金融发展提升森林生态产品价值实现效率水平的溢出

效应进一步上升至 1.810 4，且在 1‰统计性水平上显著。这表明绿色金融发展提升森林生态产品价值实现效率水平的效果受到产业结构升级水平的影响，随着产业结构升级水平的提升，绿色金融发展提升森林生态产品价值实现效率水平的正向提升作用逐渐增大。据此，研究假说 H11－2 得到了验证。

**表 11－10　门槛效应模型的回归结果**

| 门槛变量 | 门槛变量所处区间 | GE 回归系数 | 控制变量 | F 值 |
|---|---|---|---|---|
| (1) Th1 | Th1≤0.425 6 | 1.874 1*** (0.688 6) | Yes | 14.61 |
| | Th1>0.425 6 | 1.677 0** (0.623 7) | Yes | |
| (2) Th2 | Th2≤1.678 0 | 0.049 1 (0.575 2) | Yes | 26.82 |
| | 1.678 0<Th2≤1.845 9 | 0.540 3 (0.524 2) | Yes | |
| | Th2≥1.845 9 | 0.987 4* (0.528 3) | Yes | |
| (3) Th3 | Th3≤0.943 8 | 1.638 7** (0.687 4) | Yes | 16.04 |
| | 0.943 8<Th3≤0.947 1 | 1.768 3*** (0.664 8) | Yes | |
| | Th3>0.947 1 | 1.810 4*** (0.669 8) | Yes | |

注：括号内为标准误，*、**、*** 分别表示 $p<0.10$、$p<0.05$、$p<0.01$。

# 11.6　结论与政策启示

## 11.6.1　研究结论

本研究基于 2011—2022 年浙江省 11 个地级市的面板数据，采用中介效应模型、调节效应模型和面板门槛模型等方法，从多个角度实证检验了中国绿色金融改革创新试验区浙江省的绿色金融发展对森林生态产品价值实现效率水平的提升效应及其作用机制。从绿色金融结构异质性出发进行了异质性分析，通过面板门槛回归模型进一步探讨了绿色金融发展对森林生态产品价值实现效率水平提升作用的非线性特征，得出如下主要结论：①从基准回归结果来看，绿色金融发展对森林生态产品价值实现效率水平有显著提升作用，这一结论在稳健性检验和内生性检验之后依然稳健。②从作用机制分析结果来看，绿色金融发展可通过促进技术进步、产业结构升级和产业结构生态化来提升森林生态产品价值实现效率水平。环境规制强度对森林生态产品价值实现效率水平的影响是"负向作用"占主导地位，且环境规制强度和绿色金融发展两者的交互项对森林生态产品价值实现效率水平提升的影响是"替代效应"关系。③从异质性分析结果来看，相较于间接绿色金融，直接绿色金融对森林生态产品价值实现效率水平提升作用更显著。④从门槛效应分析结果来看，超越门槛值后，绿色金融发展对森林生态产品价值实现效率水平提升的正向促进作用逐渐减弱；当产业结构生态化水平达到一定的门槛值，才能有效激发绿色金融发展提升森林生态产品价值实现效率的积极作用；当产业结构升级水平超越单门槛值和双门槛值之后，绿色金融发展对森林生态产品价值实现效率水平提升的正向影响逐渐增强。

### 11.6.2 政策启示

基于上述研究结论，提出如下政策建议。

第一，考虑到绿色金融发展对森林生态产品价值实现效率水平的提升作用，需要建立更完善的绿色金融体系以推动森林生态产品价值实现的发展。优化绿色金融体系，提高资源配置效率。通过完善绿色项目的评估标准和信息披露制度，减少相关主体间的信息不对称，从而提高绿色金融的资源配置效率，促进经济发达地区森林生态产品价值实现效率水平的提升。加快绿色金融产品创新，形成多元化的金融产品体系。以绿色信贷为核心，推动绿色债券、绿色保险、碳金融等多元化金融产品的发展，充分发挥绿色金融产品在推动生态产品价值实现中的重要作用，以满足不同生态产业的发展需求。同时，构建全面的绿色金融保障机制，协助企业降低转型成本并解决融资难题。

第二，考虑到绿色金融发展可以通过技术赋能、产业结构优化和环境规制等路径影响森林生态产品价值实现效率水平的提升，可进一步加大投资研发和技术创新，推动森林生态产业的技术进步，提高其生产效率及可持续性。进一步优化产业结构，促进森林生态产业向更加环保和可持续的方向发展。加强环境监管和治理。通过改革和创新，寻求绿色金融发展和环境规制之间的协调和互补。精准把握环境规制强度，调动企业的主动性和积极性，关注环境规制政策实施效果，充分调动企业积极性的同时，加大对环境规制资金使用的监管，完善生态补偿机制，据此平衡环境规制强度对森林生态产品价值实现效率水平提升的负向影响，推动森林生态产品价值实现与环境保护的协调发展。

第三，考虑到绿色金融结构的异质性，实施差异化政策。基于直接绿色金融在提升森林生态产品价值实现效率中的显著作用，应进一步强化直接绿色金融工具的推广和应用，优化绿色信贷、绿色债券等直接金融工具的运作机制，降低融资门槛并提升资金的可及性，以便更多生态产业项目能够快速获取金融支持，促进产业效率提升。同时，应加强市场化的绿色金融机制建设，鼓励金融机构加大对森林生态项目的直接投资，提升资金配置效率。此外，间接绿色金融的长期作用不容忽视，政策应确保其与直接金融工具有效衔接，尤其是在绿色保险和财政支持方面，为直接金融提供必要的风险保障与制度支持，确保产业的可持续发展和生态效益的长期提升。

第四，绿色金融发展对森林生态产品价值实现效率水平提升的影响存在门槛效应，针对绿色金融发展水平超越门槛值后，提升森林生态产品价值实现效率水平的作用呈现逐渐减小的趋势，应及时调整政策重心，从扩大绿色金融规模转向提升绿色金融质量，加强绿色金融产品的创新，优化金融服务，提高对绿色项目的风险评估和监管水平，确保资金的有效配置和使用。针对只有当产业结构生态化水平达到门槛值后，才能有效激发绿色金融发展对森林生态产品价值实现效率水平的提升作用，应鼓励和引导企业加大对生态产业的投入和支持，加强生态产业链条的延伸和完善，促进生态产业的形成和发展。可通过设立生态产业发展基金、加大政策扶持力度等方式，引导企业提升生态化水平，同时提供技术支持和培训，推动企业朝着生态友好型产业方向发展。同时，针对生态产业升级水平超越门槛值后，绿色金融发展水平对森林生态产品价值实现效率水平的提升作用逐渐增强，应加大对产业结构升级的支持力度，鼓励企业加快技术创新和转型升级步伐。通过加大科技创新投入、制定相关政策支持新兴产业发展、提供优惠税收政策等方式，引导企业实现产业结构升级，提高产业的竞争力和附加值，进一步增强绿色金融对森林生态产品价值实现效率水平提升的正向影响。

# 第 12 章　数字经济对森林生态产品价值实现效率的影响

数字经济发展与生态产品价值实现的深度融合是拓展数字经济发展新空间及协同推进人与自然和谐共生的现代化战略选择。绿水青山是最重要的自然资源,决定绿水青山面貌的森林生态资源是中国分布最广、存量最为丰富的自然生态资产,也是生态产品价值实现的重点领域。森林生态产品价值实现效率水平的高低能影响城乡发展差距进而影响社会公平,厘清森林生态产品价值实现效率水平的影响因素和作用机制可以为评价生态产品价值实现政策的实践成效和优化生态产品价值实现路径提供科学依据。浙江省丽水市是全国生态产品价值实现机制试点区,正努力打造数字生态经济先行区、示范区和数字大花园。本章以浙江省丽水市为例,量化分析数字经济发展水平与森林生态产品价值实现效率水平之间的因果关系及其作用机制,提出发展数字经济促进森林生态产品价值实现的对策建议(孔凡斌等,2023)。

## 12.1　研究背景与意义

党的二十大报告将"建立生态产品价值实现机制"及"加快发展数字经济,促进数字经济和实体经济深度融合"作为新征程构建现代产业体系和生态文明建设的重要使命任务。2021 年中共中央办公厅和国务院办公厅印发了《关于建立健全生态产品价值实现机制的意见》,明确了生态产品价值实现是贯彻落实生态文明建设的重要举措。生态产品是联结自然和社会的桥梁和纽带,生态产品价值实现是生态资本促进经济增长和增进人类福祉的关键路径(孔凡斌等,2022)。绿水青山是最重要的自然资源,决定绿水青山面貌的森林生态资源是中国分布最广、存量最为丰富的自然生态资产,也是生态产品价值实现的重点领域。森林生态系统为区域经济发展提供除直接林木产品之外的支撑、调节和文化等具有重要使用价值的功能和服务,其中的固碳释氧、水源涵养、减少泥沙淤积和气候调节等功能,直接关系人类福祉。具体而言,固碳服务与气候变化及农业生产高度关联，水源涵养与水资源安全和粮食安全紧密相关，泥沙淤积影响土壤长期生产力和农产品产出潜能，气候调节关乎人类生产生活的各个方面（孔凡斌等，2022）。森林生态产品作为一类重要的生态产品，其价值实现效率水平的高低能够影响城乡发展差距进而影响社会公平（孔凡斌等，2023a）。但森林生态产品价值实现效率水平的影响因素和作用机制比较复杂，厘清其中的关键因素及其作用机制可以为评价生态产品价值实现政策的实践成效和优化生态产品价值实现路径提供科学依据（孔凡斌等，2022；Elisabeth 等，2022；Emin，2023）。

《国务院关于印发"十四五"数字经济发展规划的通知》提出要拓展数字经济发展新空间。中国数字经济开始转向深化应用、规范发展、普惠共享的新阶段。数字经济发展正推动农业生产方式变革和生产效率提升，关于数字经济发展与农业生产效率关系的理论研究也随之展开，如数字普惠金融与农业全要素生产率的关系（唐建军等，2022）、数字经济与绿色全要素生产率的关系（Lyu 等，2023）、数字经济与绿色发展效率的关系（Luo 等，2022；朱喜安等，2022；何维达等，2022）等，这些研究为深入探索数字经济发展提升农业生产效率的机制提供了理论和方法借鉴。然而，在数字经济发展对农业生产效率影响的研究中，还缺乏数字经济发展对森林生态产品价值实现效率水平影响的量化探索。

数字经济发展提升森林生态产品价值实现效率的机制在于，数字经济作为重要的影响因素能渗透森林生态产品价值实现的整个过程，即利用数字经济的强渗透性和融合性特征，打破产业组织边界，缓解信息不对称，重塑林业生产要素配置和产业分工方式，促进森林生态产品的产业链节点突破、向价值链两端攀升，不断拓宽和提升森林生态产品价值的转化路径和转化效率，进而促进森林生态产品的培育、保护、利用及生态产业化。当前，推动数字经济发展与生态产品价值实现的深度融合是拓展数字经济发展新空间及协同推进人与自然和谐共生的中国式现代化的战略选择，研究数字经济发展与森林生态产品价值实现效率水平之间的内在关系及其作用机制，据此提出通过发展数字经济促进森林生态产品价值实现的政策建议，意义重大。

## 12.2　理论分析与研究假说

数字经济通过作用于林业生产要素、互联网平台、产业转型和数字林场等路径影响森林生态产品价值实现程度和实现方式，进而影响森林生态产品价值实现效率水平。

首先，数据作为一种投入要素，与林业劳动力、林业投资、林地资源、生态技术、森林生态产品等要素结合，形成要素配置的规模优势，推动森林生态产品要素向林业产品转化，进而影响森林生态产品价值实现效率（孔凡斌等，2023b）。

其次，数字经济与森林生态产业融合发展能够减少高污染行业特别是传统的木材加工、林产化工和木浆造纸等行业带来的环境破坏，有效缓解林业产业发展带来的环境压力（许宪春等，2021），为林业产业绿色转型带来空间，有利于森林生态产品价值的产业转化。

再次，互联网平台是数字经济的典型商业模式，互联网平台的出现减少了包括森林生态产品价值评估、林地产权界定、林地规模化流转、劳动力供给、生态技术采纳、资金投入、林产品销售、森林资产管理等环节信息获取和交易的"摩擦力"，降低了林业生产要素和产品的市场交易成本（赵涛等，2020；朱喜安等，2022；何维达等，2022），提升了森林生态产品的价值实现效率。同时，互联网成本次可加性和交叉网络外部性的存在，导致行业垄断（郭家堂和骆品亮，2016），使森林生态产品投入产出的技术效率受到影响，可能会抑制森林生态产品价值实现效率水平。

最后，数字基础设施的完善及其深度嵌入森林培育、森林保护和森林生态产品产业化的过程，将会加速数字林场和林业数字化建设进程，推动数字化赋能林业机关信息网络化、林业社会服务数字化和林业管理智能化（唐代生等，2009），进而为森林生态产品价值实现提供政策、技术和管理保障，有利于提升森林生态产品价值实现效率水平。

理论机制如图 12-1 所示。根据上述理论分析可知，数字经济发展与森林生态产品价值实现效率水平之间存在内在联系，据此提出研究假说 H12-1。

H12-1：数字经济发展对森林生态产品价值实现效率水平具有冲击作用。

数字经济发展提供了更为优质的网络产品服务，使社会运行效率得到提升（赵涛等，2020）。在此背景下，林业各部门借助数字经济不断优化内部结构，提高自身运行效率，进而促进森林生态产品价值转化。随着互联网规模的不断扩大，网络效应日益凸显，数字经济发展不可避免地受到"梅特卡夫法则"的限制，将会面临临界规模（Rohlfs，1974）。这也意味着数字经济发展对森林生态产品价值实现效率水平的作用是非线性的，两者之间存在门槛效应（郭家

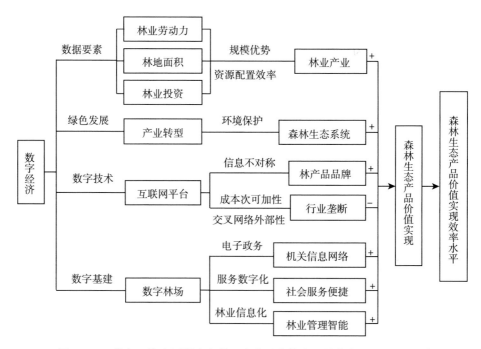

图 12－1　数字经济发展影响森林生态产品价值实现效率水平的理论机制

堂和骆品亮，2016）。基于上述分析，提出研究假说 H12－2。

H12－2：数字经济发展对森林生态产品价值实现效率水平的影响具有门槛效应。

新经济地理理论明确提出，信息技术的扩散和溢出会导致经济体之间的空间依赖性增强。信息化具有空间溢出效应（Yilmaz 等，2002），这一点在以往的研究中已经得到证实（赵涛等，2020）。从数字经济发展与森林生态产品价值实现效率的关系来看：一方面，数据要素突破了地理条件、信息传递和时间成本等传统因素的制约（安同良等，2020），打破了林业生产活动的时空壁垒，有利于森林生态产品价值实现效率水平的提高；另一方面，随着数字技术的不断应用，各林业部门更易相互学习和借鉴，有利于形成开放的发展环境，从而辐射周边地区林业生态经济发展，加深各地区的关联，为森林生态产品价值转化提供新途径。但是，由于数字经济发展水平存在空间异质性，各地区数字基础设施、数字人才、产业数字化发展水平并不均衡，在这种情况下，根据累积因果论，数字经济发展的回流效应普遍大于扩散效应。也就是说，数字经济发展水平较高地区的数字经济发展会促进森林生态产品价值的转化，而与它们密切相关的邻近地区由于缺乏先进的数字基础设施、数字技术和数字人才，资本和劳动力等要素容易流出到数字经济发展水平较高地区，从而成为生产要素流出地，即数字经济发展水平高的地区会对邻近地区森林生态产品价值转化造成回流效应，从而对邻近地区森林生态产品价值实现效率水平产生负向影响，不利于区域间森林生态产品价值的协同转化。基于上述分析，提出研究假说H12－3。

H12－3：数字经济发展通过空间溢出效应对邻近地区森林生态产品价值实现效率水平产生负向影响。

## 12.3　研究方法与数据来源

### 12.3.1　研究区概况

丽水市位于浙江省西南部，北纬 $27°25'\sim28°57'$ 和东经 $118°41'\sim120°26'$ 之间。2021 年地区生产总值 1 710.03 亿元，比 2020 年增长 8.3%；全市户籍人口 269.97 万人，其中，城镇人口 89.92 万人，乡村人口 180.05 万人；城镇居民人均可支配收入为 4.20 万元，农村居民人均可支配收入为 2.64 万元。2020 年，丽水市森林面积为 142.14 万公顷，森林覆盖率达 81.70%，活立木总蓄积量 9 885.83 万立方米，均居全省前列。2019 年 3 月，浙江省政府办公厅印发《浙江（丽水）生态产品价值实现机制试点方案》，提出要重点探索建立生态产品价值核算评估应用机制、健全生态产品市场交易体系和创新生态价值实现路径，致力于将丽水市打造成全国生态产品价值实现机制示范区。丽水市处于数字经济发达的浙江省，2018 年丽水市发布《丽水市数字经济发展五年行动计划》，推动实施数字经济"一号工程"，以"数字产业化、产业数字化"为主线，加速数字生态经济发展，使数字生态经济成为生态产品价值转换的重要通道，将丽水市打造成数字生态经济先行区、示范区和数字大花园。因此，研究丽水市数字经济发展和森林生态产品价值实现效率的关系，对于探索全国森林资源富集区域数字经济与森林生态产业深度融合发展的理论机制和实践路径，具有典型示范意义。

### 12.3.2　研究设计与模型设定

（1）面板向量自回归模型

面板向量自回归模型能够揭示数字经济发展水平与森林生态产品价值实现

效率水平之间的因果关系，模型具体设定如下：

$$Y_{i,t} = \gamma_0 + \sum_{j=1}^{n} \gamma_j Y_{i,t-j} + \alpha_i + \beta_t + \varepsilon_{i,t} \qquad (12-1)$$

式中，$i$ 和 $t$ 分别表示地区和时间；$Y_{i,t}$ 作为系统变量矩阵，是一个包含数字经济发展水平与森林生态产品价值实现效率水平的二维列向量；$\gamma_0$ 表示截距项向量；$j$ 和 $\gamma_j$ 分别表示滞后阶数及滞后第 $j$ 阶的参数矩阵；$\alpha_i$ 和 $\beta_t$ 分别表示个体固定效应和时间固定效应；$\varepsilon_{i,t}$ 表示随机扰动项，且服从标准正态分布的基本假定。

（2）面板门槛效应模型

参考 Hansen（1999）的做法，以数字经济发展水平为门槛变量，运用面板门槛效应模型进行实证分析，模型设定如下：

$$TE_{i,t} = \alpha_0 + \alpha_1 DE_{i,t} \times I(DE_{i,t} \leqslant \gamma_1) + \alpha_2 DE_{i,t} \times I(\gamma_1 < DE_{i,t} \leqslant$$
$$\gamma_2) + \alpha_3 DE_{i,t} \times I(\gamma_2 < DE_{it}) + \beta C_{i,t} + \mu_i + \varepsilon_{i,t} \quad (12-2)$$

式中，$i$ 和 $t$ 分别表示地区和时间；$TE_{i,t}$ 和 $DE_{i,t}$ 分别表示森林生态产品价值实现效率水平和数字经济发展水平，同时，$DE_{i,t}$ 也是门槛变量；$\gamma_1$ 和 $\gamma_2$ 表示待估计的门槛值；$I(\cdot)$ 为指示函数，当括号中表达式为假时，$I(\cdot)$ 取 0，反之，$I(\cdot)$ 取 1；$\alpha_0$、$\alpha_1$、$\alpha_2$、$\alpha_3$、$\beta$ 表示待估计系数；$C_{i,t}$ 表示控制变量；$\mu_i$ 为个体固定效应；$\varepsilon_{i,t}$ 为随机扰动项，且服从标准正态分布的基本假定。

（3）空间自相关模型

在利用空间误差模型分析之前，需要先做空间自相关检验。空间自相关模型设定如下：

$$Moran's I = \frac{n}{\sum_{i=1}^{n}\sum_{j=1}^{n} w_{i,j}} \cdot \frac{\sum_{i=1}^{n}\sum_{j=1}^{n} w_{i,j}(y_i - \bar{y})(y_j - \bar{y})}{\sum_{i=1}^{n} w_{i,j}(y_i - \bar{y})^2} \qquad (12-3)$$

式中，$Moran's I$ 表示全局空间自相关；$i$ 和 $j$ 表示不同的县域单元；$n$ 为县域单元总数；$y_i$ 和 $y_j$ 分别表示第 $i$ 个和第 $j$ 个县域单元的森林生态产品价值实现效率水平，$\bar{y}$ 表示森林生态产品价值实现效率水平的平均值；$w_{ij}$ 为空间权重矩阵。

（4）空间误差模型

为考察数字经济发展水平与森林生态产品价值实现效率水平之间的空间关系，将空间权重矩阵与相关变量结合，构建空间计量模型，具体设定如下：

$$\begin{cases} TE_{i,t} = X_{i,t}\beta + \mu_{i,t} \\ \mu_{i,t} = \lambda W \mu_{i,t} + \varepsilon_{i,t} \end{cases} \qquad (12-4)$$

式中，$i$ 和 $t$ 分别表示地区和时间；$TE_{i,t}$ 表示森林生态产品价值实现效率；$X_{i,t}$ 为自变量向量；$W$ 表示空间权重矩阵；$\beta$ 表示待估参数向量；$\lambda$ 为空间自相关系数；$\mu_{i,t}$ 和 $\varepsilon_{i,t}$ 表示随机误差项向量。

### 12.3.3 变量说明与数据来源

（1）被解释变量：森林生态产品价值实现效率

从投入和产出两个方面构建如表 12-1 所示的指标体系，然后利用超效率 SBM-Malmquist 指数模型（徐伟，2021）计算得到森林生态产品价值实现效率水平。投入指标：①森林生态产品价值。森林生态产品价值用固碳释氧价值、水源涵养价值、减少泥沙淤积价值和气候调节价值表示。使用 InVEST 模型（杨文仙等，2021）和中国科学院开发的 IUEMS 系统（韩宝龙等，2021）测算固碳释氧、水源涵养、减少泥沙淤积和气候调节的功能量，并结合影子价值法进行价值量核算。②物质资本投入。物质资本投入用林业固定资产投资表示（孔凡斌等，2023b）。林业固定资产投资水平会影响林业基础设施建设水平，从而对森林生态产品价值实现产生影响。③劳动力投入。劳动力投入用林业有效劳动力表示。林业有效劳动力会对林业资源培育、林农就业收入、林业技术效率和技术进步产生影响，进而影响森林生态

表 12-1　森林生态产品价值实现效率的投入产出指标体系

| 指标类型 | 一级指标 | 二级指标 |
| --- | --- | --- |
| 投入指标 | 森林生态产品价值 | 固碳释氧价值/亿元 |
| | | 水源涵养价值/亿元 |
| | | 减少泥沙淤积价值/亿元 |
| | | 气候调节价值/亿元 |
| | 物质资本投入 | 林业固定资产投资/亿元 |
| | 劳动力投入 | 林业有效劳动力/万人 |
| | 林地投入 | 林地面积/公顷 |
| 产出指标 | 林业产业增加值 | 林业第一产业增加值/亿元 |
| | | 林业第二产业增加值/亿元 |
| | | 林业第三产业增加值/亿元 |

产品价值实现，具体由林业劳动力乘以人均受教育水平得到（张兵等，2013）。④林地投入。林地投入用林地面积表示。林地面积作为反映森林资源和森林经营状况的重要指标，影响森林生态系统的结构和质量，进而影响森林生态系统服务功能及其产品价值实现，是林业生态研究常用指标（孔凡斌等，2023b）。

林业产业增加值可以直观反映地方森林生态产品价值实现形态和实现程度，因此产出指标用林业产业增加值表示，包括林业一二三产业的增加值。林业第一产业包括木质和非木质林产品生产，林业第二产业包括木质和非木质林产品加工，林业第三产业包括森林休憩与旅游、林业生产服务等。

（2）核心解释变量：数字经济发展水平

鉴于对数字经济发展水平的测量尚处于探索阶段，借鉴已有研究成果（赵涛等，2020；何维达等，2022），结合"宽带中国"和"数字中国"政策要求，从数字基础设施、数字业务规模和数字技术创新三个维度衡量数字经济发展水平，具体见表 12-2。数字基础设施不仅可以促进传统行业智能升级，还能改善经济发展结构，是数字经济发展的基础；数字业务规模体现了数字经济的市场规模和发展格局；数字技术创新是促进技术进步、改善产业结构、推动经济绿色发展的重要着力点。因此，从数字基础设施、数字业务规模和数字技术创新三个维度出发，能够较为准确地衡量数字经济发展水平。由于数据单位不一，采用极差法对数据进行标准化处理，运用熵值法确定指标权重。

表 12-2　数字经济发展水平指标体系

| 一级指标 | 二级指标 | 三级指标 | 属性 | 权重 |
|---|---|---|---|---|
| 数字经济发展水平 | 数字基础设施 | 每万人互联网宽带接入用户数/户 | ＋ | 0.087 3 |
| | | 每万人移动电话用户数/户 | ＋ | 0.076 0 |
| | 数字业务规模 | 邮电业务总量/万元 | ＋ | 0.229 1 |
| | | 信息传输、软件和技术服务业人员占私营和非私营单位总就业人员的比例/% | ＋ | 0.223 2 |
| | 数字技术创新 | 地方财政科学技术支出占财政预算的比例/% | ＋ | 0.199 9 |
| | | 科学研究和技术服务业人员占私营和非私营单位总就业人员的比例/% | ＋ | 0.184 5 |

（3）控制变量

模型的控制变量包括：①经济发展水平。经济发展水平会影响区域投资、生态理念等，对森林生态产品价值实现效率水平有一定影响。以人均地区生产总值表示经济发展水平。②林业产业发展水平。林业产业发展会促进森林生态产品价值提升，进而提高价值转化效率。以林业产业增加值占地区生产总值的比重表示林业产业发展水平。③产业结构。生态环境保护、资源配置方式和技术发展水平等均受到产业结构的影响，以第三产业增加值占地区生产总值的比重表示产业结构。④环境污染。受到污染的环境会阻碍森林生态产品价值实现效率的提高。选用工业废水排放量、工业废气排放量和工业固体废弃物排放量作为基础指标（陈慧霖等，2022），测算出环境污染程度。⑤地区开放度。开放度高的地区对人才和科技都有着更强的吸引力，有利于生态经济发展。以贸易进出口总额与地区生产总值的比值表示地区开放度。

变量定义与描述性统计结果如表 12 - 3 所示。

**表 12 - 3　变量定义与描述性统计结果**

| 变量类型 | 变量名称 | 变量说明 | 均值 | 标准差 | 样本量 |
|---|---|---|---|---|---|
| 被解释变量 | 森林生态产品价值实现效率水平 | 由超效率 SBM - Malmquist 指数模型计算得到 | 1.561 | 1.752 | 81 |
| 核心解释变量 | 数字经济发展水平 | 熵值法计算得到 | 0.281 | 0.215 | 81 |
| 控制变量 | 经济发展水平 | 人均地区生产总值/元 | 49 550.840 | 12 201.560 | 81 |
|  | 林业产业发展水平 | 林业产业增加值占地区生产总值的比重 | 0.097 | 0.720 | 81 |
|  | 产业结构 | 第三产业增加值占地区生产总值的比重 | 0.440 | 0.042 | 81 |
|  | 环境污染 | 工业废水、工业废气和工业固体废弃物/万吨 | 1 467.019 | 1 239.739 | 81 |
|  | 地区开放度 | 贸易进出口总额与地区生产总值的比值 | 0.151 | 0.061 | 81 |

（4）数据来源

参考孔凡斌等（2023a，2023b）和张亚立等（2023）的森林生态产品价值核算方法及使用的基础数据精度，进行森林生态产品价值测算，具体如

表 12-4 所示。由于统计口径原因，仅能得到 2010—2019 年林业三次产业增加值统计数据。考虑到在计算森林生态产品价值实现效率水平时以 2010 年为基期，测算的效率值的年限范围为 2011—2019 年，为保持数据的一致性，将来源于《丽水统计年鉴》的数字经济发展水平和投入产出指标体系数据的时间范围也确定为 2011—2019 年。控制变量数据为实地调研及参考《丽水市统计年鉴》所得，时间范围为 2011—2019 年。

**表 12-4　森林生态产品价值核算方法以及数据来源**

| 核算项目 | 功能量核算方法 | 价值量核算方法 | 数据来源 |
| --- | --- | --- | --- |
| 固碳释氧 | 根据净初级生产力数据及 NEP/NPP 转换系数计算森林生态系统固碳量，进而根据净初级生产力计算释氧量 | 基于碳市场交易价格和医疗制氧价格计算固碳释氧价值 | 数据来源于中国科学院资源环境科学与数据中心（www.resdc.cn），土地利用数据空间分辨率为 1 千米×1 千米，数字高程数据来源于地理空间数据云（www.gscloud.cn）中 SRTM 90 米空间分辨率高程数据 |
| 水源涵养 | 本地森林生态系统降水量减去径流量，再减去蒸散发量 | 基于水库和蓄水池工程造价成本和管理费用计算 | 数据来源于国家气象科学数据中心（data.cma.cn）、国家青藏高原科学数据中心（data.tpdc.ac.cn），土地利用数据空间分辨率为 1 千米×1 千米，数字高程数据来源于地理空间数据云（www.gscloud.cn）中 SRTM 90 米空间分辨率高程数据 |
| 减少泥沙淤积 | 由通用土壤流失方程计算森林生态系统的土壤保持量，再乘以泥沙形成系数 | 基于土方清运成本计算 | 数据来源于中国科学院资源环境科学与数据中心（www.resdc.cn），土地利用数据空间分辨率为 1 千米×1 千米，数字高程数据来源于地理空间数据云（www.gscloud.cn）中 SRTM 90 米空间分辨率高程数据 |
| 气候调节 | 在高于适宜温度时期，森林生态系统单位面积蒸散发消耗热量乘以面积 | 基于普通居民用电成本计算 | 数据来源于国家青藏高原科学数据中心（data.tpdc.ac.cn）。土地利用数据空间分辨率为 1 千米×1 千米，数字高程数据来源于地理空间数据云（www.gscloud.cn）中 SRTM 90 米空间分辨率高程数据 |

## 12.4 结果与分析

### 12.4.1 丽水市数字经济发展水平与森林生态产品价值实现效率水平变化特征

运用超效率 SBM - Malmquist 指数模型计算得到丽水市森林生态产品价值实现效率水平，并使用熵值法计算得到数字经济发展水平，具体结果如表 12 - 5 所示。

2011—2019 年间，丽水市各县域单元森林生态产品价值实现效率水平波动上升，整体发展水平有所提高。其中，遂昌县、松阳县、云和县、景宁县和龙泉市森林生态产品价值实现效率水平超过 1 的年份较多，转化效率较高。从分解结果来看，纯技术效率变化较小，规模效率值趋近 1，而技术进步效率波动幅度较大。由于森林生态产品价值实现效率为纯技术效率、规模效率和技术进步效率三者的乘积，因此，技术进步效率对森林生态产品价值实现效率水平的影响最大，对森林生态产品价值实现效率水平变化的解释能力最强。

丽水市各个县域单元数字经济发展水平呈现稳中有升的态势，这与浙江省高度重视数字技术发展紧密相关。数字经济发展水平在不同县域单元间差异较大，莲都区数字经济发展水平远高于其他县域单元，各县域单元之间本身也存在较大差异，这可能与各县域单元的数字经济基础设施、人力资本及科技资金投入水平密切相关。

表 12 - 5　丽水市森林生态产品价值实现效率水平与数字经济发展水平

| 县域单元 | 指数 | 年份 | | | | | | | | |
|---|---|---|---|---|---|---|---|---|---|---|
| | | 2011 | 2012 | 2013 | 2014 | 2015 | 2016 | 2017 | 2018 | 2019 |
| 莲都区 | TE | 0.480 | 0.626 | 0.788 | 0.524 | 0.606 | 0.506 | 0.726 | 0.387 | 0.953 |
| | Pech | 1.023 | 1.424 | 1.038 | 0.471 | 0.967 | 0.920 | 1.035 | 0.703 | 1.128 |
| | Sech | 0.989 | 0.620 | 1.002 | 2.514 | 1.008 | 1.005 | 1.063 | 1.701 | 1.064 |
| | Tech | 0.474 | 0.709 | 0.758 | 0.442 | 0.622 | 0.547 | 0.66 | 0.324 | 0.794 |
| | DE | 0.788 | 0.714 | 0.814 | 0.877 | 0.549 | 0.908 | 0.916 | 0.945 | 0.921 |
| 青田县 | TE | 1.543 | 0.959 | 1.057 | 0.712 | 1.548 | 0.827 | 0.615 | 0.446 | 0.738 |
| | Pech | 1.013 | 0.62 | 0.985 | 0.718 | 1.084 | 0.829 | 0.887 | 0.552 | 0.978 |
| | Sech | 1.002 | 1.69 | 0.991 | 1.115 | 0.984 | 0.965 | 0.538 | 1.163 | 0.853 |
| | Tech | 1.520 | 0.914 | 1.082 | 0.889 | 1.451 | 1.034 | 1.286 | 0.695 | 0.884 |
| | DE | 0.352 | 0.32 | 0.367 | 0.321 | 0.51 | 0.318 | 0.369 | 0.409 | 0.401 |

（续）

| 县域单元 | 指数 | 年份 | | | | | | | | |
|---|---|---|---|---|---|---|---|---|---|---|
| | | 2011 | 2012 | 2013 | 2014 | 2015 | 2016 | 2017 | 2018 | 2019 |
| 缙云县 | TE | 0.943 | 0.894 | 0.977 | 1.009 | 0.917 | 1.008 | 1.387 | 2.878 | 0.813 |
| | Pech | 1.137 | 0.899 | 0.994 | 1.160 | 0.971 | 1.014 | 1.068 | 3.125 | 1.022 |
| | Sech | 0.963 | 0.993 | 1.002 | 0.935 | 1.004 | 1.052 | 1.830 | 0.970 | 0.680 |
| | Tech | 0.862 | 1.002 | 0.981 | 0.931 | 0.941 | 0.945 | 0.710 | 0.949 | 1.169 |
| | DE | 0.248 | 0.232 | 0.281 | 0.261 | 0.419 | 0.285 | 0.296 | 0.272 | 0.34 |
| 遂昌县 | TE | 1.123 | 3.507 | 2.137 | 1.681 | 1.322 | 5.787 | 2.577 | 1.523 | 2.708 |
| | Pech | 0.559 | 0.758 | 1.002 | 0.953 | 0.943 | 1.703 | 1.131 | 0.293 | 0.916 |
| | Sech | 0.919 | 1.105 | 1.044 | 0.614 | 1.010 | 1.072 | 0.978 | 0.699 | 1.576 |
| | Tech | 2.183 | 4.188 | 2.043 | 2.875 | 1.389 | 3.169 | 2.330 | 7.437 | 1.877 |
| | DE | 0.188 | 0.161 | 0.219 | 0.189 | 0.363 | 0.222 | 0.219 | 0.215 | 0.217 |
| 松阳县 | TE | 2.588 | 0.488 | 0.953 | 1.194 | 1.052 | 0.604 | 1.012 | 0.504 | 1.011 |
| | Pech | 1.550 | 1.249 | 1.055 | 1.045 | 1.003 | 0.721 | 0.962 | 1.528 | 0.990 |
| | Sech | 1.136 | 0.999 | 0.970 | 0.980 | 1.011 | 0.988 | 1.029 | 1.065 | 1.021 |
| | Tech | 1.469 | 0.391 | 0.931 | 1.166 | 1.037 | 0.849 | 1.022 | 0.310 | 1.000 |
| | DE | 0.128 | 0.126 | 0.218 | 0.147 | 0.231 | 0.157 | 0.166 | 0.164 | 0.171 |
| 云和县 | TE | 0.173 | 1.270 | 1.549 | 6.027 | 1.589 | 1.560 | 1.744 | 3.345 | 2.114 |
| | Pech | 0.249 | 0.815 | 0.917 | 1.223 | 1.074 | 1.015 | 0.986 | 0.648 | 1.206 |
| | Sech | 0.754 | 0.989 | 1.043 | 2.015 | 1.001 | 0.966 | 1.030 | 1.390 | 1.123 |
| | Tech | 0.922 | 1.575 | 1.620 | 2.445 | 1.477 | 1.592 | 1.717 | 3.715 | 1.561 |
| | DE | 0.103 | 0.118 | 0.134 | 0.144 | 0.186 | 0.15 | 0.143 | 0.156 | 0.143 |
| 庆元县 | TE | 0.859 | 0.977 | 0.707 | 0.106 | 0.715 | 0.809 | 0.646 | 0.194 | 0.664 |
| | Pech | 0.929 | 1.294 | 0.978 | 0.716 | 0.956 | 1.104 | 0.923 | 0.687 | 0.857 |
| | Sech | 0.931 | 1.024 | 0.994 | 0.233 | 1.000 | 0.904 | 0.967 | 0.739 | 0.999 |
| | Tech | 0.993 | 0.737 | 0.726 | 0.638 | 0.748 | 0.810 | 0.723 | 0.382 | 0.776 |
| | DE | 0.108 | 0.127 | 0.139 | 0.137 | 0.217 | 0.16 | 0.157 | 0.15 | 0.165 |
| 景宁县 | TE | 1.069 | 1.013 | 1.189 | 1.086 | 1.059 | 0.894 | 1.077 | 1.083 | 1.620 |
| | Pech | 0.847 | 1.107 | 1.068 | 2.817 | 1.043 | 0.997 | 1.586 | 1.339 | 1.330 |
| | Sech | 1.189 | 0.885 | 0.939 | 0.801 | 0.990 | 1.006 | 0.744 | 1.298 | 0.931 |
| | Tech | 1.061 | 1.034 | 1.186 | 0.481 | 1.026 | 0.891 | 0.914 | 0.623 | 1.308 |
| | DE | 0.092 | 0.097 | 0.114 | 0.128 | 0.196 | 0.129 | 0.133 | 0.079 | 0.144 |

（续）

| 县域单元 | 指数 | 年份 | | | | | | | | |
|---|---|---|---|---|---|---|---|---|---|---|
| | | 2011 | 2012 | 2013 | 2014 | 2015 | 2016 | 2017 | 2018 | 2019 |
| 龙泉市 | TE | 4.052 | 2.643 | 1.872 | 2.422 | 1.720 | 2.628 | 3.731 | 13.718 | 1.896 |
| | Pech | 1.196 | 0.915 | 0.911 | 1.028 | 1.145 | 1.058 | 0.602 | 4.908 | 0.828 |
| | Sech | 0.512 | 1.130 | 1.056 | 0.198 | 0.953 | 1.108 | 1.388 | 1.041 | 0.345 |
| | Tech | 6.618 | 2.558 | 1.947 | 11.917 | 1.576 | 2.241 | 4.466 | 2.685 | 6.627 |
| | DE | 0.229 | 0.208 | 0.185 | 0.237 | 0.34 | 0.232 | 0.229 | 0.192 | 0.236 |

注：TE 表示森林生态产品价值实现效率，DE 表示数字经济发展水平，Pech、Sech、Tech 分别表示纯技术效率、规模效率和技术进步效率。

## 12.4.2 数字经济发展水平结构指标与森林生态产品价值实现效率水平的关系

定量分析数字经济发展水平各结构指标与森林生态产品价值实现效率水平之间的相互作用关系，需要量化评估各个结构指标对森林生态产品价值实现效率水平影响的重要程度。为此，参考王淑贺和王利军（2022）的方法，建立灰色关联度模型，对两者之间的关系进行模拟分析，结果如表 12-6 所示。

表 12-6 数字经济发展水平结构指标与森林生态产品价值实现
效率水平的灰色关联度分析结果

| 县域单元 | 每万人互联网宽带接入用户数 | 每万人移动电话用户数 | 邮电业务总量 | 信息传输、软件和技术服务业人员占比 | 地方财政科学技术支出占比 | 科学研究和技术服务业人员占比 |
|---|---|---|---|---|---|---|
| 莲都区 | 0.696 | 0.698 | 0.692 | 0.649 | 0.695 | 0.583 |
| 青田县 | 0.760 | 0.661 | 0.716 | 0.699 | 0.712 | 0.715 |
| 缙云县 | 0.737 | 0.630 | 0.752 | 0.700 | 0.782 | 0.679 |
| 遂昌县 | 0.772 | 0.668 | 0.732 | 0.707 | 0.716 | 0.713 |
| 松阳县 | 0.681 | 0.694 | 0.670 | 0.567 | 0.677 | 0.559 |
| 云和县 | 0.748 | 0.699 | 0.724 | 0.697 | 0.673 | 0.722 |
| 庆元县 | 0.707 | 0.687 | 0.681 | 0.641 | 0.669 | 0.685 |
| 景宁县 | 0.779 | 0.767 | 0.768 | 0.749 | 0.765 | 0.766 |
| 龙泉市 | 0.713 | 0.607 | 0.701 | 0.608 | 0.682 | 0.654 |

整体上看，数字经济发展水平各结构指标和森林生态产品价值实现效率水平之间的关联度均较强。具体而言，对于莲都区、松阳县和庆元县，每万人互联网宽带接入用户数、每万人移动电话用户数同森林生态产品价值实现效率水平之间的关联度最强；对于青田县、遂昌县、云和县、景宁县和龙泉市，每万人互联网宽带接入用户数、邮电业务总量同森林生态产品价值实现效率水平之间的关联度最强；对于缙云县，邮电业务总量、地方财政科学技术支出占比同森林生态产品价值实现效率水平之间的关联度最强。

### 12.4.3　数字经济发展水平与森林生态产品价值实现效率水平的因果关系

为厘清数字经济发展水平与森林生态产品价值实现效率水平之间的因果关系，采用面板向量自回归模型做进一步分析。

（1）平稳性检验

为避免变量间的"伪回归"现象，需要对面板数据进行平稳性检验。对数字经济发展水平和森林生态产品价值实现效率水平进行一阶差分处理后，两者均在 1% 的水平上通过了 LLC 和 IPS 检验，拒绝了存在单位根的原假设，说明两个变量均为平稳变量。

（2）面板向量自回归模型回归结果

使用前向均值差分法对各个变量进行处理可以有效避免个体效应造成的回归偏误（Arellano 和 Bover，1995）。根据面板向量自回归模型系统 GMM 估计结果，将变量最优滞后阶数选取为 1 阶。面板向量自回归模型系统 GMM 估计结果如表 12-7 所示。可以发现，当以数字经济发展水平为被解释变量时，滞后一期的数字经济发展水平对当期的数字经济发展水平产生显著正向影响，滞后一期的森林生态产品价值实现效率水平对本期的数字经济发展水平的影响并不显著；当以森林生态产品价值实现效率水平为被解释变量时，滞后一期的数字经济发展水平对本期的森林生态产品价值实现效率水平产生显著负向影响，滞后一期的森林生态产品价值实现效率水平对本期的森林生态产品价值实现效率水平的影响并不显著。假说 H12-2 得证。

**表 12-7　面板向量自回归模型系统 GMM 估计结果**

|  | DE 前向差分 | TE 前向差分 |
| --- | --- | --- |
| DE 一阶滞后 | 0.009* | −0.439*** |
|  | (0.086) | (0.009) |

（续）

| | DE 前向差分 | TE 前向差分 |
|---|---|---|
| TE 一阶滞后 | −0.309 | 5.913 |
| | (0.288) | (0.117) |

注：\*\*\* 和 \* 分别表示 $p<0.01$ 和 $p<0.10$，括号中的数值为标准误。TE 表示森林生态产品价值实现效率，DE 表示数字经济发展水平。

（3）脉冲响应和方差分解

面板向量自回归模型系统 GMM 只能从宏观层面反映变量间的动态关系，而脉冲响应函数能够更全面地反映数字经济发展水平与森林生态产品价值实现效率水平之间的动态传导机制和影响路径。数字经济发展水平与森林生态产品价值实现效率脉冲响应的分析结果如图 12-2 所示。第一，数字经济发展水平和森林生态产品价值实现效率水平在自身的冲击下，会在当期达到正向最大值，表明数字经济发展水平和森林生态产品价值实现效率水平均有相对的经济惯性。然而，响应在较短时间内减弱，直至消失。这说明数字经济发展水平和森林生态产品价值实现效率水平的内向动力在前期影响较为明显，但持续时间较短。从长期来看，数字经济发展水平和森林生态产品价值实现效率水平对自身影响较小。第二，由数字经济发展水平对森林生态产品价值实现效率水平的冲击结果可以看出，森林生态产品价值实现效率水平在受到数字经济发展水平的冲击时立即做出响应，随后多期均波动幅度较大，且经过较长时间才趋于稳定。这表明数字经济发展水平对森林生态产品价值实现效率水平影响较大且持续时间较长。第三，森林生态产品价值实现效率水平对数字经济发展水平冲击持续时间较长，但总体影响较为微弱。这表明，从长期来看，森林生态产品价值实现效率水平对数字经济发展水平影响较小。

脉冲响应函数可以很好地反映两个变量之间的动态影响路径，方差分解可以评估各变量在变化过程中对不同结构冲击的贡献力度，故采用方差分解方法来进一步分析数字经济发展水平与森林生态产品价值实现效率水平之间相互影响的贡献程度，结果如表 12-8 所示。在 7 个预测期之后，系统基本达到稳定状态。数字经济发展水平对森林生态产品价值实现效率水平的影响程度由第 1 阶段的 0.032 上升到第 7 阶段的 0.102，表明森林生态产品价值实现效率水平对数字经济的发展具有一定的依赖性。

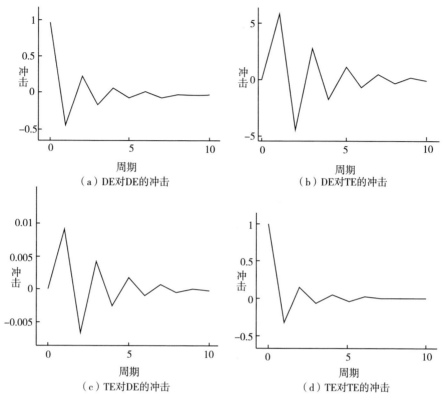

（a）DE对DE的冲击　　（b）DE对TE的冲击

（c）TE对DE的冲击　　（d）TE对TE的冲击

图 12-2　数字经济发展水平（DE）与森林生态产品价值实现效率
水平（TE）之间的脉冲响应图

表 12-8　方差分解结果

| | 阶段 | TE 一阶差分 | DE 一阶差分 | | 阶段 | TE 一阶差分 | DE 一阶差分 |
|---|---|---|---|---|---|---|---|
| TE 一阶差分 | 1 | 1.000 | 0.000 | TE 一阶差分 | 6 | 0.865 | 0.135 |
| DE 一阶差分 | 1 | 0.032 | 0.968 | DE 一阶差分 | 6 | 0.102 | 0.898 |
| TE 一阶差分 | 2 | 0.921 | 0.079 | TE 一阶差分 | 7 | 0.864 | 0.136 |
| DE 一阶差分 | 2 | 0.075 | 0.925 | DE 一阶差分 | 7 | 0.102 | 0.898 |
| TE 一阶差分 | 3 | 0.885 | 0.114 | TE 一阶差分 | 8 | 0.864 | 0.136 |
| DE 一阶差分 | 3 | 0.092 | 0.908 | DE 一阶差分 | 8 | 0.102 | 0.898 |
| TE 一阶差分 | 4 | 0.871 | 0.128 | TE 一阶差分 | 9 | 0.864 | 0.136 |
| DE 一阶差分 | 4 | 0.098 | 0.902 | DE 一阶差分 | 9 | 0.102 | 0.898 |
| TE 一阶差分 | 5 | 0.867 | 0.133 | TE 一阶差分 | 10 | 0.864 | 0.136 |
| DE 一阶差分 | 5 | 0.101 | 0.899 | DE 一阶差分 | 10 | 0.102 | 0.898 |

### 12.4.4 数字经济发展水平对森林生态产品价值实现效率水平影响的进一步分析

（1）面板门槛效应模型

具体将核心解释变量数字经济发展水平设置为门槛变量，森林生态产品价值实现效率水平设置为被解释变量，使用面板门槛效应模型进行回归分析，结果如表 12-9 所示。结果显示，模型存在显著的双重门槛效应，门槛值分别为 0.143 和 0.147。这也验证了假说 H12-2。

表 12-9　面板门槛效应模型回归结果

| | 森林生态产品价值实现效率水平 | |
| --- | --- | --- |
| | 系数 | 标准误 |
| 数字经济发展水平（数字经济发展水平≤0.143） | −0.241 | 0.699 |
| 数字经济发展水平（0.143<数字经济发展水平≤0.147） | 31.683*** | 0.000 |
| 数字经济发展水平（数字经济发展水平>0.147） | 2.180 | 0.462 |
| 经济发展水平 | 0.000 | 0.814 |
| 林业产业发展水平 | −0.306 | 0.605 |
| 产业结构 | −19.496* | 0.053 |
| 环境污染 | 0.000 | 0.745 |
| 地区开放度 | 6.930* | 0.100 |
| 常数项 | 2.761 | 0.142 |
| $R^2$ | 0.457 | |
| F 值 | 6.730 | |

注：*** 和 * 分别表示 $p<0.01$ 和 $p<0.10$。

当数字经济发展水平大于第一门槛值（0.143）但小于第二门槛值（0.147）时，数字经济发展水平对森林生态产品价值实现效率水平具有显著正向影响，即数字经济发展水平提升能够促进森林生态产品价值实现效率水平提高。当数字经济发展水平未进入第一门槛值或超越第二门槛值时，数字经济发展水平对森林生态产品价值实现效率水平并没有统计学意义上的显著影响。这表明，数字经济发展水平并不能一直促进森林生态产品价值实现效率水平的提高。究其原因在于，当数字经济发展水平低于第一门槛值时，数字网络规模较小，数字基础设施建设不完善，数字经济发展对森林生态产品价值实现的影响较小；当数字经济发展水平高于第一门槛值而低于第二门槛值时，数字经济发展的规模效应、技术溢出效应开始显现，使资源配置效率提升、信息交易成本下降，区域之间关联度不断增强，数字经济发展对森林生态产品价值实现效率水平提高起到推动作用；当数字经济发展水平大于第二门槛值时，数字经济发展促进林业资源优化配置的边际效应递减到一定水平之后，对森林生态产品价值实现效率水平不再产生显著影响。

（2）空间误差模型

基于经济地理权重矩阵，使用 Moran's I 指数测算数字经济发展水平和森林生态产品价值实现效率水平的空间自相关性，发现数字经济发展水平和森林生态产品价值实现效率水平的空间自相关性均达到 10％以上的显著性水平。随后，参考张园园等（2019）的做法，进行了 LM 检验，发现 LM‐error 检验结果、Robust LM‐error 检验结果和 LM‐lag 检验结果均显著，而 Robust LM‐lag 检验结果不显著，因此，选择空间误差模型进行估计，估计结果如表 12‐10 所示。

**表 12‐10　空间误差模型估计结果**

| | 森林生态产品价值实现效率水平 | | | | | |
|---|---|---|---|---|---|---|
| | 系数 | 标准误 | 系数 | 标准误 | 系数 | 标准误 |
| 数字经济发展水平 | −1.745* | 0.061 | −2.980*** | 0.007 | −3.519*** | 0.001 |
| 经济发展水平 | 0.000 | 0.232 | 0.000 | 0.727 | 0.000 | 0.110 |
| 林业产业发展水平 | −0.236 | 0.250 | 0.279 | 0.283 | 0.083 | 0.673 |
| 产业结构 | 0.614 | 0.856 | −14.208 | 0.167 | −14.086 | 0.163 |
| 环境污染 | −0.000 | 0.129 | 0.000 | 0.382 | 0.000 | 0.414 |
| 地区开放度 | 4.373 | 0.204 | 12.579** | 0.030 | 11.703*** | 0.007 |
| 年份固定效应 | 已控制 | | 未控制 | | 已控制 | |
| 地区固定效应 | 未控制 | | 已控制 | | 已控制 | |
| 回归系数 $\lambda$ | −0.359 | 0.102 | 0.416*** | 0.000 | −0.342*** | 0.018 |
| 对数似然值 LogL | −138.833 | | −143.202 | | −130.776 | |
| $R^2$ | 0.116 | | 0.210 | | 0.210 | |

注：*、**、*** 分别表示 $p<0.10$、$p<0.05$、$p<0.01$。

从对数似然值和 $R^2$ 的估计结果来看，控制年份和地区固定效应的空间误差模型的估计结果更可靠，因此以这一结果为例进行分析。结果显示，回归系数 λ 显著，符号为负，表明样本间存在显著的负向空间溢出效应，即某一地区数字经济发展水平对邻近地区森林生态产品价值实现效率水平具有显著负向影响。这与赵爽等（2022）的研究结果相符，同时也验证了假说 H12 - 3。这也说明，在当前情况下，蓬勃发展的数字经济并没有促进区域间森林生态产品价值实现效率水平协同提高，反而对邻近地区产生了一定的抑制作用。其原因在于：第一，丽水市各县域单元数字经济发展水平不均衡，数字经济发展影响森林生态产品价值实现效率水平的程度也就不相同。由于生产要素存在回流效应，数字经济发展水平高的县域单元对数字经济发展水平低的邻近县域单元的森林生态产品价值实现效率水平产生负向的空间溢出效应，导致数字经济发展对丽水市全域森林生态经济发展的促进作用有限。第二，数字经济发展与森林生态产品价值实现的融合不足，数字基础设施、数字业务和数字技术创新在提升森林生态产业数字化水平方面的作用还十分有限，还难以赋能全面提升森林生态产品价值实现效率水平。

（3）稳健性检验与内生性检验

第一，稳健性检验。为检验数字经济发展水平对森林生态产品价值实现效率水平存在双重门槛效应的结论是否稳健，参考刘耀彬等（2017）的做法，通过依次加入各个控制变量的方式，估计数字经济发展水平对森林生态产品价值实现效率水平的影响。结果显示，依次加入各个控制变量后，数字经济发展水平对森林生态产品价值实现效率水平的影响仍具有双重门槛效应，具体结果如表 12 - 11 所示。结果表明，不同变量组合对门槛值影响较小，并且当数字经济发展水平大于第一门槛值但小于第二门槛值时，数字经济发展水平对森林生态产品价值实现效率水平均具有显著正向影响。这表明，控制变量对估计结果扰动性不大，估计结果具有稳健性。

为检验空间误差模型估计结果的稳健性，参考唐健雄等（2023）的做法，以邻接权重矩阵为基础重新构建空间计量模型。首先，采用 Moran's I 指数测算数字经济发展水平与森林生态产品价值实现效率水平的空间自相关性，测算结果显示，数字经济发展水平和森林生态产品价值实现效率水平的空间自相关性均达到 10% 的显著性水平。随后，通过 LM 检验，发现 LM - error 检验结果、LM - lag 检验结果和 Robust LM - error 检验结果均显著，因此使用空间误差模型重复回归过程，结果如表 12 - 12 所示。结果显示，控制年份和地区固定效应的空间误差模型的回归系数 λ 仍显著，符号为负，且数字经济发展水平的系数符号及显著性均未发生改变，说明空间误差模型估计结果具有稳健性。

表 12-11 面板门槛效应模型稳健性检验结果

| 情形 | 第一门槛值 | 第二门槛值 | 核心解释变量 | 系数 | 标准误 |
|---|---|---|---|---|---|
| 仅考虑数字经济发展水平 | 0.133 | 0.144 | 数字经济发展水平≤0.133 | 2.301 | 4.619 |
| | | | 0.133<数字经济发展水平≤0.144 | 87.544*** | 9.160 |
| | | | 数字经济发展水平>0.144 | -0.922 | 2.320 |
| 加入经济发展水平 | 0.139 | 0.144 | 数字经济发展水平≤0.139 | -2.633 | 6.172 |
| | | | 0.139<数字经济发展水平≤0.144 | 32.457*** | 7.345 |
| | | | 数字经济发展水平>0.144 | -2.330 | 3.018 |
| 加入林业产业发展水平 | 0.134 | 0.144 | 数字经济发展水平≤0.134 | 2.712 | 4.659 |
| | | | 0.134<数字经济发展水平≤0.144 | 85.381*** | 9.486 |
| | | | 数字经济发展水平>0.144 | -0.924 | 2.324 |
| 加入产业结构 | 0.134 | 0.144 | 数字经济发展水平≤0.134 | 3.232 | 4.612 |
| | | | 0.134<数字经济发展水平≤0.144 | 88.547*** | 0.092 |
| | | | 数字经济发展水平>0.144 | -1.111 | 2.301 |
| 加入环境污染 | 0.134 | 0.144 | 数字经济发展水平≤0.134 | 2.427 | 4.661 |
| | | | 0.134<数字经济发展水平≤0.144 | 87.513*** | 9.218 |
| | | | 数字经济发展水平>0.144 | -0.922 | 2.335 |
| 加入地区开放度 | 0.139 | 0.144 | 数字经济发展水平≤0.139 | -2.150 | 6.029 |
| | | | 0.139<数字经济发展水平≤0.144 | 30.791*** | 7.224 |
| | | | 数字经济发展水平>0.144 | -2.131 | 2.884 |

注：*** 表示 $p < 0.01$。

表 12-12 空间误差模型稳健性检验结果

| | 被解释变量：森林生态产品价值实现效率水平 | |
|---|---|---|
| | 系数 | 标准误 |
| 数字经济发展水平 | -3.283*** | 0.005 |
| 控制变量 | 已控制 | |
| 年份和地区固定效应 | 已控制 | |
| 回归系数 λ | -0.407*** | 0.014 |
| 对数似然值 LogL | -128.581 | |
| $R^2$ | 0.204 | |

注：*** 表示 $p < 0.01$。

第二，内生性检验。前文面板向量自回归模型部分的讨论已经表明，数字经济发展水平能够对森林生态产品价值实现效率水平变化产生显著负向影响，但从数字经济发展水平与森林生态产品价值实现效率水平的脉冲响应分析结果来看，二者之间也可能存在反向因果关系。鉴于此，参考郭家堂和骆品亮（2016）的思路，采用滞后一期的数字经济发展水平作为当期的工具变量，并使用 2SLS 进行回归。其中的逻辑在于，当期的森林生态产品价值实现效率水平对滞后期的数字经济发展水平的影响几乎不存在，若滞后期的数字经济发展水平对当期的森林生态产品价值实现效率水平依然存在前文所分析的影响，则可以说明在二者的双向因果关系中，主因是数字经济发展水平。具体回归结果如表 12 - 13 所示。对假设工具变量识别不足的检验中，LM 统计量的 $p$ 值为 0.000，拒绝原假设；对工具变量弱识别的检验中，Wald F 统计量大于 10% 水平上的临界值。以上检验结果证明了选取该工具变量的合理性。结果表明，数字经济发展水平对森林生态产品价值实现效率水平变化存在显著负向影响，即面板向量自回归模型的估计结果是稳健的。

表 12 - 13　内生性检验结果

| | 被解释变量：森林生态产品价值实现效率水平 | |
| --- | --- | --- |
| | 系数 | 标准误 |
| 数字经济发展水平 | $-0.081^{*}$ | 0.049 |
| 控制变量 | 已控制 | |
| 识别不足检验 Kleibergen - Paaprk LM 统计量 | 11.838 [0.000] | |
| 弱工具变量检验 Kleibergen - Paaprk Wald F 统计量 | 72.744 {16.380} | |

注：* 表示 $p<0.10$。[ ] 中的数值为 $P$ 值，{ } 中的数值为 Stock - Yogo 弱识别检验 10% 水平上的临界值。

## 12.5　结论与政策启示

### 12.5.1　研究结论

基于上述分析，得出以下结论：①森林生态产品价值实现效率水平处于上升趋势，数字经济发展水平稳中有升，在数字经济发展水平结构指标中，每万人互联网宽带接入用户数和森林生态产品价值实现效率水平之间的关联度最高。②数字经济发展水平对森林生态产品价值实现效率水平的冲击较为明显，且影响时间较长。③从门槛效应模型的分析结果来看，数字经济发展水平对森林生态产品价值实现效率水平的影响存在显著的双重门槛效应，在不同门槛阈值内，影响的显著性不同，数字经济发展水平并不能一直对森林生态产品价值实现效率水平产生显著影响。④从空间计量模型的分析结果来看，数字经济发展水平对森林生态产品价值实现效率水平的影响存在空间溢出效应，并且数字经济发展水平可通过空间溢出效应对邻近地区森林生态产品价值实现效率水平产生显著负向影响。

### 12.5.2 政策启示

充分发挥数字经济在森林生态产品价值实现中的助推作用，促进生态优势转化为经济优势。具体而言，首先，数字经济发展对森林生态产品价值实现效率水平具有较大影响，数字要素的环境友好性特征符合现阶段"绿色发展"理念和森林生态产品价值高效转化的战略要求，具备巨大的发展潜力。因此，要加快森林生态产业发展的数字化转型，推动互联网、大数据、人工智能等数字技术嵌入到森林生态产业链和价值链的各个环节，加快数字林场、林业物联网应用、林产品电子化交易、智慧乡村等林业应用场景建设，运用互联网整合网商、电商、微商等新业态，加快"三商融合"营销和宣传体系的形成与发展，推动森林生态产品品牌建设。其次，要加快推动数字要素渗透到林产品和服务的生产、流通、交换、消费等全部环节，扩展增长新空间，激活森林生态资源增值潜力，加速森林生态产品培育、开发利用、产品销售全产业链条的优化整合，提升森林生态产业数字赋能的整体效率。再次，要不断完善区域网络空间，提高数字技术高水平区域对周边地区森林生态产品价值实现效率水平的辐射带动作用，实现区域协同发展。最后，要加快数字经济助推森林生态产品价值实现的体制机制创新，利用数据资源的整合与共享功能，解决森林生态产品价值实现过程中的体制机制问题，最大程度降低森林生态产品价值实现的制度成本，实现数字经济赋能森林生态产品价值实现效率水平的提升。

# 第 13 章　浙江推进森林生态产品价值实现的实践模式

森林生态产品作为重要的生态产品，其价值实现效率水平的高低能够显著影响区域发展、城乡发展和城乡收入差距，进而影响社会公平（孔凡斌等，2023；徐彩瑶等，2023）。然而，森林资源市场化配置效率及森林生态产品价值实现效率偏低一直是困扰森林资源富集地区依托资源优势发展特色生态产业实现农民增收致富的问题（孔凡斌等，2023）。本章基于森林"资源诅咒"现状及生态产品价值实现的模式创新需求，从森林物质供给类生态产品、调节服务类生态产品及文化服务类生态产品三个类别总结浙江省生态产品价值实现典型案例，通过分析相关做法和成效，提出森林生态产品价值实现的创新启示，为后续建立健全森林生态产品价值实现机制提供实践依据。

## 13.1　森林"资源诅咒"现状及实践模式创新需求

森林生态资源及其构成的森林生态系统持续提供密切关联农村经济发展和农民生计福祉的生态服务和生态产品，为发展乡村多元复合式生态产业、破解乡村发展滞后困境及实现共同富裕目标提供了广泛而深厚的物质基础（孔凡斌等，2023）。截至 2018 年，中国农村集体所有的森林资源面积 13 385.44 万公顷，占全国森林面积的 61.34%；森林蓄积量 693 521.59 万立方米，占全国森林蓄积量的 40.66%（国家林业和草原局，2019）。不仅如此，中国近 90% 的森林资源分布在基础设施落后、交通不发达及自然灾害频发的山区（张寒等，2022），森林资源蕴含着巨大的生态服务和生态产品产出潜能。第三期中国森林资源核算研究成果表明，截至 2018 年，中国森林生态系统年提供生态产品价值达 15.88 万亿元。然而，丰富的森林资源和巨大生态产品价值供给并没有带来农村经济的持续繁荣和农民生计的根本改善，森林资源富集地区曾长期处于落后状态，一度面临严峻的贫困问题（李周等，2000），并成为中国贫困人口主要分布地和低收入人口主要聚集地之一（孔凡斌等，2022）。相对于森林资源贫瘠地区，森林资源富集地区的经济增长更为缓慢，存在明显森林"资源诅咒"（谢煜等，2020）现象，富集的森林资源对一些山区和林区的经济增长并不构成充分的有利条件，反而成为一种限制（谢晨等，2007）。生态产品价值实现过程是"绿水青山"向"金山银山"的转化过程，旨在将可利用的生态产品和可供交易的生态系统服务转化为经济价值并实现生态系统服务增值，完成生态优势向经济优势的转变（曾贤刚等，2014；孙博文等，2021）。森林生态产品价值实现是森林资源嵌入地域空间环境，与经济、社会、文化、环境等多要素融合并产出现实经济价值的过程，是森林生态系统服务产品产值向农林经济产值转化的过程。森林生态产品价值实现是区域森林生态资源比较优势向社会经济发展竞争优势转化的先决条件，而生态产品价值实现机制是重要保障。但是，现实之中，森林生态产品富集地区由于"绿水青山"向"金山银山"转化的通道和机制不健全，致使生态优势转化为经济优势的能力不足，易陷入生态资本"富足的矛盾"，生态资源禀赋及生态产品供给与经济发展和收入增长之间出现"脱钩"（谢晨等，2007；刘宗飞等，2015；王雨露等，2020）。为了克服这些困境，需要通过不断探索森林生态产品价值实现的有效模式，打通"绿水青山"向"金山银山"的转换通道，开展典型模式示范，推广有效经验，以点带面，以实践模式创新带动全域森林生态产品价值实现。

## 13.2　森林物质供给类生态产品价值实现的典型案例

### 13.2.1　松阳县林下经济发展推动生态产品价值实现[①]

（1）案例背景

松阳县位于浙江省西南部，林地总面积 170 万亩，森林覆盖率 80.13%。依托优良的生态环境和丰富的森林资源，松阳县以林下经济为突破口，充分挖掘林间空地、林下资源，摸索出香榧、油茶高效栽培，林下套种黄精、三叶青、白芍等中药材，香榧套种茶叶、脐橙等新模式，为林农增收、林业产业转型升级和乡村振兴作出了贡献。

---

① 资料来源：国家林业和草原局办公室关于印发《林下经济发展典型案例》的通知［EB/OL］.［2023-06-19］. http://www.forestry.gov.cn/c/www/gsgg/88561.jhtml.

（2）主要做法

一是出台激励政策，争取项目建设资金。出台了《松阳县林下经济"两山一类"建设三年行动方案》《松阳县林下经济（中药材）全产业链区域协调财政专项激励政策2020—2022年建设行动方案》，安排财政激励政策扶持资金420万元，扶持林下经济发展。2018年，争取省农业开发项目资金400万元、省林业资源保护项目资金220万元，实施香榧林下套种黄精集成技术科技推广项目。同时，引进社会投资，解决了建设资金问题，为林下经济高质量发展奠定了基础。

二是推广生态种植，强化品牌建设。松阳县大力推进标准化基地建设，加强质量安全追溯体系建设，以绿色、有机、高效种植为标准，积极倡导有机、绿色食品认证。截至2021年，该县已通过有机食品、绿色食品、森林食品"三品认证"的品牌有17家，完成质量追溯体系的有22家。强化品牌建设，利用"丽水山耕"公用品牌优势，倡导林业生产主体入驻"丽水山耕"品牌，积极创建丽水市生态精品农产品工程，利用中国义乌森博会和浙江省农业博览会平台，推广该县林产品品牌。截至2022年，完成入驻"丽水山耕"品牌20家，获得丽水市生态精品农产品51个，生态农产品转化为旅游地商品15个，3年来荣获中国义乌森博会、杭州农博会等博览会金奖9个、优质奖24个。

三是加强与科研院所合作，加大技术投入。引进浙江农林大学科技特派员团队，与国家林草局香榧工程技术研究中心浙南工作站开展合作，有效提升香榧产业发展空间和标准化生产水平。与浙江省中药研究所、丽水市林业技术推广总站、丽水市林科院等机构合作，建立"四位一体"和"四联机制"科技责任推广体系，建成150人的专业技术队伍，解决服务林农"最后一公里"的林业技术服务问题。加强标准制定工作，已完成"茶园套种香榧""香榧林下套种多花黄精"等9个地方标准的制定和发布。先后开展香榧栽培技术、林下套种多花黄精、林下套种黄菊花等技术培训50多期，培训3 000多人次，一大批懂技术、懂管理的技术人才投身产业发展。

四是建设中药材种质资源库。建立了中药材苗圃基地31.5亩，主要有多花黄精、七叶一枝花、白及、三叶青等。建立了数字化中药材种苗繁育基地，投入资金700多万元，建设了3 000多平方米的数字化玻璃大棚和15亩中药材苗圃基地。通过现代物联网技术，对苗圃基地实施远程实时监控、远程信息管理、远程设备管理，控温、控湿、控制水肥，从而达到节约能源、增产增效的目标，解决了种苗后顾之忧。

（3）主要成效

一是助力乡村振兴成效显著。林下经济不与粮争田，不与林争地，事关农民增收和林业提质增效，是推进乡村振兴的一项重要举措。截至目前，全县发展林下经济近 2 万亩，从业人数达 3 000 多人。2020 年，全县林下经济产值达 1.4 亿元，惠及林业经营主体 156 家、农户 1 200 余户，人均增收 4 500 元，为农村富余劳动力提供 1 500 多个就业岗位，为农民增收、产业助农、乡村发展提供了新路子。

二是改善生态环境成效显著。松阳县充分利用林间空地，在香榧、油茶幼林地套种中药材 6 000 余亩，打造生态产业循环经济，带动山区林农增收致富。发展林下经济是保护森林资源、实现绿色增长的迫切需要，是全面深化集体林权制度改革、巩固改革成果的重要抓手，是践行"绿水青山就是金山银山"理念的有效路径。

三是促进林业科技创新成效显著。整合资源优势和地方特色，创新了"香榧套种茶叶""香榧套种黄精""薄壳山核桃套种茶叶"等林下经济发展模式，成为浙江省"一亩山万元钱"典型示范案例向全省推广。通过标准化示范基地建设和推广，创建林产品质量安全追溯体系和"三品认证"，强化源头管控，提升了产品品质。按照"壮大一产、发展二产、培育三产"的思路，培育集生产、加工、销售于一体的产业新业态，推进林下种养、产品加工、休闲养生等产业融合，形成了主业特色鲜明、产业链条完整、市场竞争能力较强的现代林业经济发展模式。

松阳县通过充分利用现有林地资源和森林空间，大力发展林下经济，不仅加快了农村产业结构调整，转变了林业增长方式，拓宽了农民就业创业渠道，增加了农民收入，还在保护森林资源，维护生态安全的前提下，实现了森林资源可持续利用，真正走出了一条"不离乡能就业、不砍树能致富"的山区特色经济发展之路。

## 13.2.2　庆元县发展林下经济推动生态产品价值实现[①]

（1）案例背景

庆元县位于浙江省西南部，森林覆盖率高达 86.12％，是"九山半水半分

---

① 资料来源：国家林业和草原局办公室关于印发《林下经济发展典型案例》的通知［EB/OL］.［2023-06-19］. http：//www.forestry.gov.cn/c/www/gsgg/88561.jhtml。

田"的林区县，中药材资源位居浙江省前列。乾宁道地药材有限公司于2018年作为县政府重点招商企业引入，建设中草药种植基地与康养综合体项目。两年多来，公司流转山地面积近6 000亩、种植白及3 000亩、重楼200亩，建成了康养民宿、中药材主题展厅，研发了系列白及产品，成为浙江省较大的白及种植基地之一，走出了一条乡村产业带动乡村振兴的新路子。

（2）主要做法

一是创新利益联结机制，打造产业示范基地。公司围绕"项目见效益，农户有增收"的思路，积极探索项目收益"三联结一促进发展"模式。村企联结，保底分红。与张村、澄湖村、库山村签订发展集体经济联建项目合作协议，由村集体投入资金，公司负责运营发展，保底不低于10%的年收益返回村集体。社企联结，空间合作。向合作社（家庭农场）"二次流转"林地，利用香榧、锥栗林基地林下空间套种白及等稀缺中药材。公司负责基地施肥、除草等技术服务，香榧和锥栗收益归合作社（家庭农场），实现了农户种"树"、企业种"药"合作共赢。户企联结，富农增收。公司为农户提供种苗资源、技术培训、现场指导等服务，并按市场价或保底价回购白及药材，解决农户的后顾之忧。

二是规范种植经营模式，培育优质道地药材。公司坚持按照道地药材示范基地建设标准，推进种植生态化、技术标准化、质量可溯化。利用原生态环境开展生态化种植，杜绝农药、无机肥，全面推广使用畜禽肥等有机肥，推广种养循环利用模式，确保药材质量。从种苗培育、出苗标准到种植规范、水肥使用、采收时间与药材分档均按标准实施，并开展有机硅肥、生物水肥、畜禽有机肥、木屑肥等分区对比试验。启动种子种苗基地与种植基地视频远程监控、环境气象监测等基础设施建设，从源头上对药材的安全与功效进行实时把关。

三是深耕农旅康养领域，谋划全产业链发展。实施中药材主题林旅康养融合发展模式，打造"药香绿谷"。以地方民居为基本建筑骨骼，保留乡村古朴风格，融入中药材元素，打造庆元县首个集休闲养生、药膳品尝于一体的特色精品民宿，为游客提供高品质的度假旅游空间环境。建设中药材主题研习基地及中药材主题展馆，推广养生文化，展示中医药科技成果，推介公司道地药材产品，免费对外开放，成为游客了解中医养生知识、体验养生文化的康养旅游新景点。丰富体验项目，延伸产品链条，借助亲水休闲旅游带、森林康养体验带建设，做好"山""水""药"融合文章，积极谋划药果采摘、辟谷养生、康养绿道等特色体验项目，促进一二三产业深度融合，加快中药材全产业链协调发展。

（3）主要成效

一是示范带动激发活力。2019 年 3 月，乾宁道地药材有限公司被国家林草局认定为"国家林下经济示范基地"，进一步激发了广大群众发展林下经济的热情。近三年来，公司带动全县发展林下中药材 1.2 万亩。庆元县因势利导，连续出台了《庆元县林下中药材产业发展扶持政策五年计划（2019—2023年）》《庆元县中药材产业发展规划（2021—2025 年）》，预计到 2025 年，全县中药材种植面积达到 6 万亩。"国家林下经济示范基地"建设充分发挥了示范带动作用，用典型带动全局的有效手段，推动了庆元县林下经济高质量发展。

二是产品价值快速显现。林、旅、康养融合发展打通了庆元县生态产品价值实现渠道，将生态优势转化为经济优势，实现了生态效益与经济效益的相互促进。2018 年以来，已建成白及基地 4 000 余亩、重楼基地 200 余亩、白及种苗基地 50 亩，年驯化种苗产能已达 1 500 万株以上。已建成中药材主题展厅、中药材主题康养民宿 1 栋。研发白及产品 4 个，产出成品 1 个。

三是助农增收成效显著。通过"村企联结，保底分红""社企联结，空间合作""户企联结，富农增收"等利益联结模式，助力林农增收致富成效显著。公司为当地提供了就业岗位 200 多个，带动 420 户农户年均增收超过 2.7 万元，为 60 多户本地农户实现了就近就业，为 160 多户农户增加了山地流转租金收入。此外，公司为种植户提供种苗资源、技术培训、现场指导等服务，并按市场价及保底价回购白及药材，有效解决了农户的后顾之忧，进一步保障了林农的增收效果。

庆元县立足"生态"优势，做足"林下"文章，因地制宜发展林下白及、重楼等中药材，有效提高林地综合效益，增加林业附加值，拓展农村产业发展空间，把林下经济打造成推进乡村振兴的经济增长点，实现农民增收与生态稳固双赢，助力乡村振兴。

## 13.2.3　安吉县大力发展安吉白茶助推农民致富增收[①]

（1）案例背景

20 世纪 70 年代末，安吉县林业工作者在天荒坪镇大溪村横坑坞 800 米的

---

①　资料来源：一片叶子，富了八方百姓——浙江湖州安吉县续写"白茶富农"新故事［EB/OL］．［2023 - 06 - 19］https：//www.farmex.com.cn/2022/04/29/wap_99893135.html．

高山上发现一株百年以上白茶树，嫩叶纯白，仅主脉呈微绿色，很少结籽，后育成"白叶一号"品种。安吉县深挖白茶品种品质优势，积极做好良种繁育、种植扩面等工作，实现了一株母茶树到"千军万马"的转变。安吉白茶经过40多年的发展，全县种植面积达到了20.06万亩，茶农1.7万户，白茶产值占全县农业总产值的60%，每年开采茶叶可为周边省市提供20万个就业岗位。2018年安吉县黄杜村启动向三省五县捐赠茶苗的行动，"一片叶子富了一方百姓"逐渐发展为"一片叶子富了八方百姓"，助推农民致富增收。

（2）主要做法

一是匠心驱动，实现白茶从无到有。自发现"白茶祖"以来，安吉县深挖白茶品种品质优势，积极做好良种繁育、种植扩面等工作，实现了一株母茶树到"千军万马"的转变。目前，通过"白茶祖"繁育的茶苗被命名为"白叶一号"，并被认定为省茶树良种。"白叶一号"种植面积从1990年底的5.6亩增加到原产地的20余万亩，进而引种至全国多地，面积达400余万亩。

二是品牌推动，实现产业从弱到强。组建安吉白茶协会等品牌运行管理机构，在全县茶企茶农中推行"母子"品牌商标管理，实现母品牌树行业形象、子品牌明生产企业。开展安吉白茶中央媒体宣传、安吉白茶开采节等大型活动，组织茶企茶农抱团参加茶博会、农博会等重大活动，扩大安吉白茶品牌美誉度和知名度。安吉白茶区域公用品牌价值连续十三年入选全国十强，品牌价值达48.45亿。

三是增收带动，实现茶农从贫到富。发挥头部茶企市场竞争优势，与小散茶农建立"风险共担、利益共享"机制，让茶农专心种植管理、茶企专注加工销售，实现茶叶种植订单化、产品销售优质化，推动茶企壮大和茶农增收。目前，该县拥有年销售额亿元以上茶企1家、500万元以上茶企45家，订单茶园面积超7万亩。2022年，安吉白茶产量达2 100吨，产值达32亿元，全县农民人均年增收8 800余元。

四是辐射联动，实现帮扶做深做实。安吉建立起白茶种植全生命周期对口帮扶机制，铺就白茶振兴富民之路，携手推动"一片叶子再富一方百姓"。在"白叶一号"茶苗帮扶过程中，安吉县坚持将送茶苗与送理念结合起来，先后派出"白叶一号"导师帮带团98批591人次，分批次组织受捐地技术骨干来安吉县茶山、茶企、茶市实地集中培训，帮助受捐地培养了一大批"带不走"的本土专家。目前，已向湖南、贵州、四川三省五县累计捐赠茶苗2 240万株，受捐地种植面积达6 217亩，成功带动2 064户农户6 661

人脱贫增收。2022 年，受捐地实现干茶采摘 14 000 余斤。

（3）主要成效

一是技术帮扶，打造"造血"＋绿色发展新模式。持续输送技术，培育了三省五县受捐地的白茶种植管理和生产加工的技术骨干力量，使当地白茶产业进入可持续发展阶段。秉承"不种活不放手，不脱贫不放手"的帮扶政策，着力推动技术帮扶。已完成 2 240 万株茶苗的捐赠工作，种植 6 217 亩，茶苗成活率在 95％以上。让受捐地百姓看到了致富希望，村民加入村里的合作社，通过生产务工、土地流转等方式实现了增收，茶叶产出后还会获得分红。

二是示范效益，发挥生态产品价值实现辐射效应。浙江安吉帮富党员志愿服务队获评东西协作与定点扶贫优秀案例，吸引四川木里、福建宁德等地前来考察学习。白茶产业扶贫模式已成为可复制、可推广的扶贫模式典型，"一片白叶"也书写了生态文明建设新故事。

以"一片白叶"为代表的安吉白茶，经历了从无到有、从有到优，经历了从自己富到带他人富，经历了从传统粗放管理到数字智慧赋能的精彩转变，谱写了"一片叶子富八方百姓"的生动篇章，对于探路生态产品价值实现促进共同富裕具有重大意义。

### 13.2.4　常山县创新推进油茶一二三产业融合发展①

（1）案例背景

常山县享有"中国油茶之乡""浙西绿色油库"之称。全县油茶种植面积达 28 万亩，油茶籽年产量 6 000 余吨，茶油 1 500 余吨，油茶产业总产值 10 亿元，其种植面积和产量均居浙江省前列，油茶精深加工能力和产业发展水平走在全国前列，先后荣获全国油茶交易中心、全国山茶油价格指导中心、国家油茶公园、全国经济林产业区域特色品牌建设试点单位四个"国字号"牌子。近年来，常山县委、县政府积极对标农业供给侧结构性改革，立足油茶资源禀赋，搭建发展平台，创新融合机制，打开"两山"转化通道，实现生态美和百姓富融合共生，努力争当"重要窗口"油茶产业发展排头兵。

（2）主要做法

一是定制定位，搭建融合平台。坚持规划先行、统筹布局，高起点推进油

---

① 资料来源：林业十大典型案例提供"共富"新经验［EB/OL］．［2023 - 6 - 20］．http：// lyj. zj. gov. cn/art/2022/10/28/art _ 1277846 _ 59039877. html.

茶一二三产业融合发展。先后出台《关于加快推进油茶产业发展的实施意见》《常山油茶产业发展五年行动计划（2017—2021）》等文件，制定"一区两园四中心"总目标，明确油茶产业发展定位、区域布局、建设重点和融合环节，结合行动计划分解落实年度计划和政策措施。以加快乡村振兴、产业高质量发展为引领，通过打造油茶"一区两园四中心"，建产业平台，抓示范引领，把生产基地、加工企业和社会化服务、交易、检测、仓储、休闲旅游等一体布局，整体推进；坚持与建设美丽乡村、休闲观光旅游协调推进，融合发展。

二是做大做强，创新融合模式。坚持龙头带动、抱团发展，高标准推进油茶一二三产业融合发展。通过政府引导和市场化选择，启动重组常山油茶龙头企业，成立一家集油茶种植、加工、研发、营销为一体的集团股份公司，引进现代化数字生产设备，构建新的生产经营模式，推动油茶企业转型升级。联手做强市场份额，打造产业洼地，助推三产融合。2018年，常山县人民政府与浙江东海商品交易中心共同组建东海常山木本油料运营中心，打造集电子交易、实物交割、仓单质押贷款、质量保障于一体的金融性平台，率先在全国实现油茶籽现货交易，同时为平台上的油茶客户提供资金结算和融资贷款服务，实现资金流汇集。已推出油茶籽、油茶籽油、油茶籽粕的挂牌交易，累计实现交易额11亿余元，开户签约企业交易商210余家。不断完善交易、贸易、结算、仓储、物流、服务等配套功能，引导全国油茶企业入驻平台，构筑"原料、市场在外，交易、结算在常"的油茶发展大格局，实现资源集聚常山。

三是整合集合，增强融合效益。坚持品牌带动、特色发展，高质量推进油茶一二三产业融合发展。加大油菜区域品牌整合力度，采取"常山山茶油""一标志双商标"统一包装标识，注册区域公共品牌"常山山茶油"，申报常山油茶中国特色农产品优势区、农产品地理标志登记等，提升常山山茶油品牌效益和附加值。借助"乡村振兴讲堂"公众平台，以"乡土直播＋村集体经济发展"形式，利用直播平台进行油茶产品宣传、森林食养推荐和直播带货等，拓展常山油茶知名度和销售渠道。2020年上半年，全县累计线上销售茶油、茶油皂、护肤精油、茶油面膜等油茶深加工产品2 200万元，线下带动"常山油"森林康养旅游3万人次。

四是共建共担，保障融合发展。坚持多措并举、创新机制，高速度推进油茶一二三产业融合发展。常山县油茶产业办公室和浙江省常山油茶研究所（全国第一家）组建成新的常山县油茶产业发展中心，统筹全县油茶产业发展和规划。常山县政府成立油茶产业发展示范建设工作领导小组，以工作专班的形式，集中部门力量，共同助推油茶三产融合；主动与浙江大学、中国林科院亚林所等科研院校合作，成立"油博士"工作站，为产业发展提供技术支撑；成立"两山"合作社，设立山茶油产业基金 2 亿元，为油茶主体担保放款 1.3 亿元，有效解决油茶主体"贷款难、贷款贵"难题，直接带动林农增收 3.3 亿元。

（3）主要成效

一是创建"一区两园四中心"，打造产业融合平台。通过突出构建经营体系、市场体系、产业体系，创建"一区两园四中心"。即建设全国经济林产业区域特色品牌建设试点区；打造国家油茶公园、常山油茶产业园；建设全国油茶交易中心、全国山茶油价格指导中心、全国油茶集散中心、全国油茶文化中心，全力加快产业转型升级，推进油茶三产融合发展。其中，国家油茶公园是获国家林业局批复设立的全国首个油茶公园，为打造油茶产业新高地创造了新的发展平台；"四中心"建设成为常山乡村振兴数字产业园的金名片。

二是创新"金指数、油保单"，提升产业融合实力。权威发布与国际接轨的"新华·中国油茶产品"价格指数（常山发布），启动全国油茶产品价格采集工作，逐步掌握全国油茶产品价格发布的话语权。制定的英文版油茶籽油标准成功进入美国食品化学法典（FCC）并获美国药典委批准向全球发布，为油茶籽油提供了国际权威的真实性检验方法，极大提升油茶籽油的国际认可度和影响力。2017 年围绕特色农业保险改革创新，常山县率先在全省开展油茶低温气象指数保险，已为全县 1.2 万亩新品种油茶投保，每亩保费 200 元，其中县级财政负担 70%、农户自负 30%，累计理赔承保户 176 万余元，实现与林农共担风险，解除后顾之忧。

三是创成"油康养、油观光"，开通产业融合游线。设计"常山油"森林康养游线 1 条，即以国家油茶公园为核心，以常山西源红色景区、梅树底 4A 级景区为两翼，村上酒舍等 10 个特色民宿农家乐、4 个省级非遗常山传统榨油技艺传承保护（教学）基地等聚点为框架，按旅游六要素合理布局，串点连线。充分利用油茶文化元素和油茶林自然景观，采取"民办公助"的办法，在全域旅游线里布局"常山传统榨油技艺"等六大油茶文化特色馆、六大休闲旅游观光项目和十大油茶观光基地，年均接待游客达 20 万人次，全县年均"油＋游"收入达 1.2 亿元。

油茶种植在中国有 2000 多年的历史，油茶兼具显著的生态、经济和社会效应。油茶生产健康优质的食用植物油，是名副其实的"健康树"；油茶花果扮美乡村，是触之入目的"美丽树"；油茶优化植被结构，增强生态系统稳定性，是山野乡间的"生态树"；油茶促进农民增收致富，更是实实在在的"致富树"。发展油茶大有可为。

### 13.2.5　龙游县发展竹产业链促进生态产品价值实现

（1）案例背景

龙游县位于浙江省衢州市，总面积 1 143 平方公里，常住人口 36.24 万人，位于浙江省西部，金衢盆地中部，介于北纬 28°44′～29°17′、东经 119°02′～119°20′，是浙江省历史上最早建县的 13 个县之一，同时也是浙江东中部地区连接江西、安徽和福建三省的重要交通枢纽。龙游县竹林资源丰富，竹林面积超过 40 万亩，约占县域国土面积的 1/4，是著名的"中国竹子之乡"。龙游县笋竹两用林经营模式获原林业部技术推广一等奖，是国内原最大的竹胶板与水煮笋加工基地，也是全国最大的炭化篾、竹拉丝等竹材初加工集散地。

（2）主要做法

一是布局竹材初级加工。龙游有竹材分解点、初加工小微园共 28 家，年加工竹材 30 余万吨，直接从业人员 2 000 余人，竹农毛竹收益 2.5 亿元。

二是打造全竹绿色循环产业园。全竹绿色循环产业园由龙游经济开发区主园区＋庙下副园区＋溪口竹工业园提升区＋周边 100 千米范围内若干个副园区组成，构建 1 个主园区＋N 个副园区的产业集聚平台，树立可复制的现代竹产业园龙游模式。项目年消耗原竹 50 万吨，新增税收 1.1 亿元/年，新增就业 3 000 余人，发放人员工资 3 亿元，带动相关竹农每年新增收入 2.5 亿元。

三是开发竹纤维造纸工艺。浙江金龙再生资源科技股份有限公司年产 30 万吨竹纤维填料高值化生产项目，以包括原竹、次竹、竹加工剩余物等在内的竹材为原料，年需求量达 30 万吨竹碎片（绝干料计）。项目新增产值 13.1 亿元/年，税收 5 460 万元，直接就业 1 000 余人，新增收入 1 亿元。

四是做强食用笋龙头企业。省级龙头企业龙游外贸笋厂有限公司，年加工水煮笋近 2 万吨，年销售额达 1.5 亿元，出口创汇 1 000 多万美元。国家级农民专业合作社龙游竹海鲜笋专业合作社，有社员 316 户，建立森林食品基地 1 万余亩，年收鲜笋 1 万余吨，每年直接反哺笋农 4 000 余万元。

五是科技支撑竹产业发展。鼓励企业开展竹产业关键核心技术攻关，其中高性能竹材生物基纱线清洁制备技术与产业化示范列入浙江省 2022 年度"尖兵""领雁"研发攻关计划；木竹废弃纤维原料循环利用关键技术研究及应用入选衢州市级科技攻关项目；开展竹材炭气联产节能装备优化及产品开发关键技术与示范。

（3）主要成效①

一是搭建"一个平台"。组建龙游县林业生态资源开发运营有限公司（"林业两山银行"），通过股份合作、竹林租赁等方式，将分散的竹林资源进行收储、交易和经营，并成立专业服务队从事碳汇林监测和维护、竹林资源保护利用等。同时，积极探索政府、集体、竹农三方共同参与项目合作开发机制，按照"运营平台＋龙头企业＋专业合作社＋基地"模式，规模化发展竹材经营、竹木加工、林下经济、森林旅游康养等产业，高水平推动"两山"转化。该平台预计到 2024 年将流转竹林 10 万亩，预计村集体每年可获得租金或股金收入1 000 万元，并通过"林业两山银行"获得经营分红 100 万元，周边竹农薪资收入可达 4 000 万元。

二是打造"两大基地"。以竹林增产、增汇、增效为目标，打造高质量竹林培育基地和特色林下经济示范基地。按市场需求适度调整毛竹经营结构，积极推进竹林分类经营和竹木混交种植，培育竹材大径材用示范区 8 000 亩，培育笋竹两用林示范区 8 000 亩，培育小竹笋用林示范区 800 亩，营造竹木混交林示范区 1 500 亩，带动竹区竹农 2 000 人，增加竹农收入 9 000 万元。通过县运营平台与加工龙头企业建立长期的原料供应链关系，目前已与水发龙游公司、浙江新海业竹业公司等竹业龙头企业洽谈定向培育意向 10 万亩。同时，以溪口镇为中心辐射带动龙南竹产区，推行竹林下多花黄精、三叶青、竹林灵芝等中药材仿生栽培，推广竹林下"龙游飞鸡"模式，建成竹林下经济高质量示范基地 0.72 万亩，重点推进全县 40 家村集体参与建设"千村万元"林下经济增收帮扶工程，并建成省级认定林下道地中药材基地 1 个。林下基地直接带动就业 1 200 人，增加村集体收入 6 000 万元。

三是强化"三项保障"。建立林业绿色金融保障机制，强化融资、信贷、保险三项保障，发挥政府资金的引导作用和放大效应。继续推进林权抵押贷款等多种信贷融资业务，加大对笋竹产业的林业贷款贴息政策支持。建立面向竹农的小额贷款和竹产业中小企业贷款扶持机制，适度放宽贷款条件，降低贷款

---

① 资料来源：浙江龙游创新竹林生态产品价值实现机制，http://www.forestry.gov.cn/main/2614/20211208/164428874225765.html。

利率，简化贷款手续。截至 2020 年底，由县林水局战略合作金融机构龙游农商银行为 57 户农户发放林权抵押贷款，贷款金额 4 090 万元；贷款支持涉林小微企业 121 家，贷款金额 1.75 亿元；林农小额贷款发放户数达到 3 700 多户，贷款金额 0.93 亿元；通过"银担合作"模式共为 182 位林农竹木专业合作社社员及其他涉林经营主体解决了融资担保问题，累计担保金额超过 3 亿元。由县财政及林农共同出资，有序推进"毛竹收购价格指数保险""林道自然灾害保险"，至 2024 年，完成毛竹价格指数保险参保 10 万亩，通过保险反哺竹农每年达 500 万元。

龙游县瞄定林业推动共同富裕跑道，充分激活林业发展要素资源，夯实美丽龙游绿色本色，擦亮生态文化底色，做深全竹产业特色，打造了"竹业促富""碳汇造富""名山带富"等一批"林业促共富"标志性成果，对创新发展竹林产业生态产品价值实现机制促进共同富裕具有典型示范意义。

## 13.3 森林调节服务类生态产品价值实现的典型案例

### 13.3.1 安吉县创新竹林碳汇生态产品价值实现机制[①]

（1）案例背景

安吉县是"绿水青山就是金山银山"理念诞生地，安吉深入贯彻落实国家"双碳"行动，立足县域 87 万亩毛竹林资源，把碳汇和浙江高质量发展建设共同富裕示范区相结合，找准生态产品定位，探索价值实现路径，创新竹林碳汇改革，推进农民组织方式、经营服务流程、收益分配机制重塑，数字赋能大规模推动碳汇产业化，逐步构建起"资源收储—经营服务—效益增值—平台交易—收益分配"的高效服务体系，带动全县 119 个行政村、4.9 万户农户和 17.15 万名林农取得长久性收益，促进竹林生态和经济正向可持续循环，让"资源从农民手中来、效益回到农民手中去"，走出一条绿色低碳共富的可持续发展之路。2022 年，安吉先后被列为全国林业碳汇试点县、浙江省首批林业增汇试点县、竹林碳汇交易试点县、第二批低碳试点县、首批林业碳汇（碳普惠）项目开发试点、省高质量发展建设共同富裕示范区最佳实践。

---

① 资料来源：浙江省"千万工程"典型案例：湖州安吉竹林碳汇改革推动低碳共富经验 [EB/OL]．［2023-6-20］，http：//baijiahao.baidu.com/s? id = 1795848191153143179&wfr = spider&for=pc。

（2）主要做法

一是推动资源集聚，强化经营服务。深化承包地"三权"分置制度，遵循所有权、承包权不变，放活经营权，推动沉睡资源活起来、产业发展强起来。全额组建股份制毛竹专业合作社，按照入社自由、退社自由原则，推动林农经营权折股入社，竹林资源经营权分置归集，集中统一收储，资源提前变现。建立"企业＋合作社＋农户"的生产服务平台，统一编制竹林碳汇经营方案，建立绩效考评机制，分包委托村专业合作社组织吸纳当地农户或社会劳动力，组建竹林经营专业队伍，就近参与竹林标准化经营，通过经营模型搭建、经营管护追踪、区域人员共享等功能，破解林权分散不清、施工队伍专业化水平低、经营过程难以溯源问题，推动经营组织方式向规模化、集约化职业经营变革，实现林权长期集中稳定，竹林标准化经营，全周期溯源管理。

二是推动效益增值，放大生态增收效益。构建"县属国企＋合作社＋金融"的生态价值转化平台，实施百万碳汇、百亿融资、百村振兴、百姓共富"四百工程"，通过绿色金融助力和代理服务，推动生态资源变生态资本，变共富股本金。全面提升竹材分解点、林道、索道等基础配套建设，实施竹林增汇工程，降低生产成本、拉动原竹价格，提高亩均碳汇量，成立全国首个县级竹林碳汇收储交易平台，通过金融让利，保险托底，推动碳汇交易入市，用市场化手段破解碳汇收益不高、基础设施薄弱、竹林生态退化等问题，实现效益增值多元化，大幅度提高生态增收能力。

三是深化利益联结，实现强村富民。建立"运营平台＋合作社＋农户"的利益联结分配机制，平台公司将经营利润 70％反哺给合作社，农民可以获得竹林保底收益、效益增值的 60％分红及参与项目建设的工资收益，实现拿租金、分股金、挣薪金。村集体可以获得效益增值的 40％分红，并面向全体村民和困难群体进行二次分配或投入乡村民生工程，实现最大限度提高农民获得感，扩大受惠面，推进共同富裕。

（3）主要成效

一是形成了生态资源收储新模式。上线竹林碳汇数智应用，通过资源收储、经营服务功能，校核 11.6 万条权属信息，材料模块化生成 22 项，人脸识别签约 4.75 万户入股 119 个专业合作社，归集 84 万亩竹林资源推向市场，集中统一收储，规模化、标准化经营达 100％，可提供就业岗位 3 600 余个，实现每年人均可挣薪金 6 万余元，促进竹林生态和经济正向可持续循环。

二是探索了生态效益增值新路径。成立了全国首个县级竹林碳汇收储交易平台，绿色金融助力推动资源量化变现超百亿元，投向共富产业园、共富公寓等经营性项目，可以获得保底年化率 5% 收益，全面提升竹材分解点 100 个、林道 2 000 公里、索道 800 公里，实施竹林增汇工程 70 万亩，实现经营生产成本降低 15%，产品价格提升 6%～15%，发放共富贷 3 600 万元、惠企贷1.2 亿元，交易碳汇 2.5 万吨 169.1 万元。

三是构建了生态收益分配新机制。最大限度提高农民受益，直接受益人群达 4.9 万户农户、17.15 万名林农，占县域农户的 75%，预计每年可为村集体增收 100 万元，户均增收 8 000 元，真正实现"资源从农民手中来、效益回到农民手中去"，走出了一条绿色低碳共富可持续发展之路。

安吉县竹林碳汇"点绿成金"模式为全国林业碳汇产品价值实现提供了实践参考。全国产竹区的竹林全部纳入林地流转—碳汇收储—基地经营—平台交易的全链体系，用竹林碳汇撬动整个竹产业发展，必将在推动共同富裕的同时有效助力中国"双碳"目标的实现。

### 13.3.2　余杭区青山村创新水生态产品价值实现模式[①]

（1）案例背景

青山村是浙江省杭州市余杭区黄湖镇下辖的一个行政村，人口 2 600 余人，距离杭州市中心 42 千米。村内三面环山、气候宜人，森林覆盖率接近80%，拥有丰富的毛竹资源。青山村附近的龙坞水库建于 1981 年，常年为青山村及周边村庄提供饮用水，水库上游 2 600 亩的汇水区内种植了 1 600 亩毛竹林。20 世纪 80 年代起，周边出现很多毛竹加工厂，为增加毛竹和竹笋产量并获取更高的经济效益，村民在水库周边的竹林中大量使用化肥和除草剂，造成了水库氮磷超标等面源污染，影响了饮用水安全。由于水源地周边的山林属于村民承包山或自留山，仅通过宣传教育或单纯管控的方式，生态改善的效果不明显。2014 年开始，生态保护公益组织"大自然保护协会"（The Nature Conservancy，以下简称 TNC）与青山村合作，采用水基金模式开展了小水源地保护项目，通过建立"善水基金"信托、吸引和发展绿色产业、建设自然教

---

① 资料来源：生态产品价值实现案例｜浙江杭州余杭区青山村建立水基金促进市场化多元化生态保护补偿［EB/OL］．［2023－6－20］．http://ghzy.hangzhou.gov.cn/art/2022/1/4/art_1228962609_58931849.html。

育基地等措施，引导多方参与水源地保护并分享收益，逐步解决了龙坞水库及周边水源地的面源污染问题，构建了市场化、多元化、可持续的生态保护补偿机制，实现了青山村生态环境改善、村民生态意识提高、乡村绿色发展等多重目标。

（2）主要做法

一是组建"善水基金"信托，建立多方参与、可持续的生态补偿机制。2015 年，TNC 联合万向信托等合作伙伴，组建了"善水基金"信托并获得 33 万元的资金捐赠，用于支持青山村水源地保护、绿色产业发展等，第一个信托期为 2016—2021 年。借鉴国际上成熟的水基金（WaterFund）运行模式，"善水基金"信托建立了由各利益相关方参与的运行结构和可持续的生态补偿机制。

二是坚持生态优先，基于自然理念转变生产生活方式。在当地政府和青山村的支持下，"善水基金"信托按规定流转了水源地汇水区内化肥和农药施用最为集中、对水质影响最大的 500 亩毛竹林地（涉及 43 户村民），基本实现了对水库周边全部施肥林地的集中管理，有效控制了农药、化肥使用和农业面源污染。同时，TNC 作为信托的科学顾问，充分发挥专业优势，积极推动水源地生态保护，如每年定期组织志愿者和聘用村民对毛竹林进行人工除草和林下植被恢复，在杜绝使用除草剂的同时，发挥竹林的水源涵养功能；联合杭州等地的企业开展环境宣传教育，引入外部合作机构开展垃圾分类、厨余堆肥等活动，提高村民尊重自然、保护自然的意识，使村民基于自然理念转变生产生活方式。

三是因地制宜发展绿色产业，构建水源地保护与乡村绿色发展的长效机制。在开展水源地保护、生态保护补偿的同时，青山村和"善水基金"信托努力探索一种比毛竹林粗放经营获益更高又对环境友好的绿色产业发展模式，积极培育市场主体，引入各方资源开展多元化项目开发。在销售生态农产品方面，基金运营方积极为青山村春笋等各类农产品扩展销售渠道，青山村的竹笋在不喷洒农药后，产量较以往下降了 20%～30%，但其市场价格大幅提高，产品销往沪杭等城市的企业食堂、餐厅，并建立了长期合作关系。在开发文创和传统手工艺品方面，引进传统手工艺保护组织"融设计图书馆"，来自德国的专业设计师将当地传统的手工竹编技艺提升为金属编织技艺，并免费教授给村民；村民编织的"水源保护"等主题手工艺品在"中国文化展""米兰设计周"等国内外展览展出并销售，获得了 2 倍于同类工艺品的利润。在发展生态旅游方面，将水源地保护、当地传统文化、低碳生活理念与城市居民对自然的向往链接起来，开发了砍枯竹、监测水质、植物染色等各类生态体验项目；将青山村村民培训成为讲解员、生态活动组织者、民宿服务者等，增加村民就业机会，带动村民增收。

四是创新共建共治共享方式，扩大生态"朋友圈"和影响力。TNC等联合当地政府，在青山村推广"自然好邻居"计划，鼓励村民采用"亲近自然"的生产生活和经营方式，为来访者提供绿色农家饭和民宿服务等，降低对自然的扰动；对加入"自然好邻居"的农户，在旅游客源导流、物质奖励、优先开展业务合作等方面进行倾斜；吸引"融设计图书馆"将主要展馆和手工艺创意工坊永久搬迁到青山村，将村内已经废弃的小学改造为公众自然教育基地，并开发了数十种特色志愿者服务和自然体验产品，与50余所学校和100家企业进行合作，吸引了大量社会公众参与生态体验与自然教育，构建了尊重自然、保护自然的共建共治共享长效机制。

（3）主要成效

一是生态环境显著改善。通过水源地保护和系统治理，青山村及龙坞水库的水质逐步提升，总磷与溶解氧指标由2014年的Ⅲ类或Ⅳ类提升并稳定在Ⅰ类水质标准，总氮指标呈下降趋势，水源地内农业面源污染得到有效控制，水质得到明显改善，目前青山村周边山林里已记录到包括白鹇、猪獾、小麂在内的9种哺乳动物和13种鸟类。当地村民生态环境保护意识明显提高，原有的生产生活方式逐渐改变，成了生态环境改善的坚定支持者、忠实践行者和最终受益者，并主动向社会公众宣传倡导水源地保护理念，青山村也成为远近闻名的"未来乡村"和"自然生态打卡地"。

二是生态产业初具规模。"善水基金"信托每年平均支付给村民的补偿金约为172元/亩，相比村民自营时提高了20%，充分保障了村民的财产权利和生态补偿机制的可持续性。同时，基金运营的直接收入超过100万元，为水源地保护项目提供了可持续的资金支持。随着环境的改善，青山村吸引了越来越多游客，给村民带来了经营民宿、销售农产品等致富渠道，目前已有超过70户农户加入了"自然好邻居"计划，每年每户增收1万元以上，带动200余人直接就业。此外，水源地管护、生态活动和文创产品等也为合作农户带来了额外收入，不仅激发了村民的生态保护主体意识，也为自然保护和乡村发展提供了可持续的内生动力。

三是社会影响逐步扩大。青山村从"一滴水"的保护开始，通过调动多方资源并促进利益共享，社会效益和传播影响力不断扩大。2017 年，龙坞水库约 2 600 亩的汇水区被杭州市余杭区划定为饮用水水源保护区。青山村作为自然生态保护基地的社会吸引力不断提升，每年组织 200 余次自然体验和志愿者活动，超过 2 000 名志愿者参与青山村公益活动和志愿服务，带动年均访客增加 1 万人以上，吸引了 40 多名来自全国各地的设计师、环保教育工作者等来到青山村工作和生活，为青山村乡村振兴注入了新的活力。

四是构建了一个由公益组织等社会力量参与的市场化多元化生态保护补偿机制。借助水基金和各种形式的保护协议，青山村搭建了一个多方参与、共同磋商的开放性协作平台，形成了"保护者受益、利益相关方参与、全社会共建共享"的多赢局面：农户、企业和个人可以通过投资或捐赠成为信托的委托人，实现自身的经济利益诉求或社会公益诉求；其他村民在获得收益的同时，也逐步改变了传统生产生活方式；公益组织的参与，保障了实践的公共性和生态保护措施的专业性，实现了"建立水源地长效保护机制"的初衷；在满足生态保护目标的前提下，引入社会资本发展绿色产业，为生态产品的价值实现奠定了基础；社会公众可以参与各类活动，从中得到丰富的自然体验，提升了生态保护意识，最终构建了一个公益组织、政府、村民、企业、社会公众等共同参与的可持续生态保护补偿机制。

水基金信托的模式是一种典型的市场化、多元化的生态补偿方式，它不只为社区参与保护生态环境提供了基本经济补偿，也通过发展绿色产业对社区发展权给予了补偿，促进了乡村振兴；解决了水环境保护中集体行动和协同治理的问题，使自然资源相关的公权力与私权利之间形成了合理的平衡。其经验已经在其他省份的乡村小水源地，乃至浙江千岛湖这种更大规模的水源地得到推广应用。该模式也可为其他类型的市场化生态补偿机制提供借鉴。

### 13.3.3　西溪国家湿地公园保护与利用协同发展模式[①]

（1）案例背景

杭州西溪国家湿地公园，位于浙江省杭州市西湖区和余杭区交界处，距西湖不到 5 千米，规划总面积 11.5 平方千米，湿地内河流总长 100 多千米，约 70% 的面积为河港、池塘、湖漾、沼泽等水域。湿地公园内生态资源丰富、自

---

① 资料来源：杭州：积极探索湿地保护与利用的双赢之路 [EB/OL]. [2023-6-20]. http://lyj.zj.gov.cn/art/2022/6/8/art_1277846_59032496.html.

然景观幽雅、文化积淀深厚，与西湖、西泠并称杭州"三西"。是中国第一个集城市湿地、农耕湿地、文化湿地于一体的国家级湿地公园。杭州西溪湿地按照习近平总书记在西溪湿地开园仪式贺信中提出的要做好"保护、管理、经营、研究"等工作的要求，以及 2020 年 3 月 31 日习近平总书记在杭州西溪国家湿地公园考察时的讲话，围绕打造"世界湿地保护与利用的典范"和"世界级的旅游目的地"两大目标，"坚定不移地把保护摆在第一位，尽最大努力保持湿地生态和水环境"，合理利用湿地自然生态资源和历史人文资源发展生态旅游，探索了一条湿地保护与利用双赢的西溪之路，成为"绿水青山就是金山银山"的实践案例，累计获得国际重要湿地、国家 5A 级景区、全国科普教育基地、国家生态文明教育基地等 31 项国家级以上荣誉。

（2）主要做法

一是坚持保护第一，坚持"最小干预"原则。2003 年 8 月，杭州市实施了西溪湿地综合保护工程，这是一项保护环境的"生态工程"、传承历史的"文脉工程"、造福于民的"民心工程"、提升城市品位的"竞争力工程"。在工程建设及后续的管理中，西溪湿地始终把"生态优先、保护第一"的理念纳入湿地保护利用工作的全方位、全过程。在西溪湿地内划定专门生态保育区，通过自然隔离，限制或禁止人类活动的影响，为动植物保留了一片自由栖息和繁衍的天堂。在持续了十年的生物多样性监测中，物种种群数在前期逐步提升情况下逐渐趋于稳定，2020 年监测记录有 711 种维管束植物、193 种鸟类和 898 种昆虫，动植物多样性得到严格保护。坚持"最小干预"的原则，把西溪湿地作为一个整体来保护，从维护生态系统完整性入手，以水源监测、旅游活动影响监测等为重点，通过系列化、前置性、多层面的专项研究，构建西溪湿地生态环境监测的科学研究体系，为西溪湿地的生态环境保护提供理论指导和科学保证，真正实现湿地生态环境长期优等优质，严守生态保护和国家 5A 级景区的底线，并做到以人为本、服务至上，为游客营造优良舒适的游览环境。

二是坚持细节至上，像绣花一样管理西溪湿地。坚持"原生态＋依法管理""原生态＋智慧管理"的工作理念，加强大数据、云计算、人工智能等手段的应用，让湿地变得更"聪明"，率先实现湿地治理体系和治理能力现代化。加大《杭州西溪国家湿地公园保护管理条例》监督执行力度，健全生态责任追究、生态保护考核、植物植被养护、钱塘江引配水等制度，形成严密的制度法治体系，依法依规保护好西溪湿地的原生态自然资源和原生态人文资源。完善水质、气象、空气质量等自动站点的监测能力，增设 3 个水质、气象和空气质量观测点位，建成"星—空—地"的西溪湿地"生态大脑"实时动态监控、预测预警和集成展示系统。完善 5G 基站布局、线上预约、刷脸入园、无人机云旅游、客流和停车管理、安保和船只、水闸和监控等智能管控设施，实现"文旅大脑"放得开、管得住和收放自如、进退裕如。

三是坚持适度利用，用"两山"理念引领经营，打造人民共享的绿色空间。探索湿地保护和利用的最大"公约数"，努力将"绿水青山"转化为"金山银山"，实现生态效益、社会效益、经济效益的协调发展。依托西溪湿地资源禀赋，精心打造湿地生态旅游品牌，使之成为展示杭州生态文明建设成果的重要窗口。坚持"原生态＋适度利用"的工作理念，做好"减"的文章，调整河渚街和蒋村集市业态，减少商业氛围、人为影响和环境破坏。做精做细生态旅游、红色和清廉旅游、文化旅游、节庆旅游、研学旅游、体验旅游等旅游经济。做强做大"且留下"文创产品经济和数字经济。做强高空万塘览胜、皮划艇水上体验、渔夫之旅等项目。加大民宿、艺术、科技等产业的培育和引进力度，丰富游览产品。坚持"还湖于民、还园于民、还景于民"，划定 5.79 平方千米开放区域供市民免费休闲游览，入驻企业一律对公众开放，真正把湿地公园打造成为人民群众共享的绿色空间。

四是坚持原生态定位，深挖文化优势创精品。做好湿地研究是实现湿地保护的基础和前提，西溪湿地作为全国首个湿地国家公园，开展湿地研究工作尤为重要。坚持"原生态＋文化挖掘"的工作理念，依托西溪文化研究会等社会力量，加大非物质文化遗产、历史文化、民俗文化等挖掘力度，形成了"社团＋研究中心＋博物馆"的研究体系，编纂出版了《西溪文化系列丛书》《西溪文献集》《西溪通史》等。深入挖掘文化资源特色，盘点整合优势，逐渐形成年度有序推进、主题不一的诗意庆典文化节，不仅使外地游客能领略湿地公园独特的人文底蕴，也能使杭州市民不断与西溪湿地建立深层次连接，不断走进湿地公园，熏陶濡染优秀文化。将诗意庆典文化节打造成为贯穿全年的精品，将自然与人文充分结合，以探梅节、花朝节、龙舟节、火柿节、听芦节、干塘节等节庆活动为契机，在保持湿地原生态面貌基础上，充分抓住湿地内特色元素，春有梅花秋有柿，百花花朝龙舟会，水滨芦花飞似雪，紧紧抓住湿地特色又富有诗意气息的花草树木、鸟兽虫鱼作为代言产品，并在节庆中举办诗词大会、童谣比赛、自然笔记大赛等活动，推动发展渔夫之旅、卧水问茶等深度体验游。

（3）主要成效

一是生物多样性保护成效显著。历年监测结果显示，与 2005 年前所录数据相比，截至 2020 年底，西溪湿地生物种群和数量均有了显著增加：现有维管束植物 711 种，增加了 490 种；昆虫 898 种，增加了 421 种；鸟类 193 种，增加了 124 种；现有国家一级保护植物 3 种（中华水韭、长喙毛茛泽泻、普陀鹅耳枥），国家二级保护植物 6 种（浙江楠、浙江樟、樟、野荞麦、野大豆、野菱）；国家一级保护动物 2 种（白尾海雕、东方白鹳），国家二级保护动物 23 种（拉步甲、硕步甲、鸳鸯、鹗、黑冠鹃隼、凤头蜂鹰、黑鸢、鹊鹞、凤头鹰、赤腹鹰、松雀鹰、雀鹰、苍鹰、灰脸鵟鹰、普通鵟、红隼、燕隼、游隼、褐翅鸦鹃、小鸦鹃、东方草鸮、领角鸮、斑头鸺鹠）。

二是水环境保护和质量改善明显。西溪湿地以"五水共治"为抓手，通过清淤疏浚、截污纳管、科学配水、生物治理"四管齐下"，扎实推进东穆坞沉沙池建设和湿地水环境保障等工作，使湿地水质得到进一步提升，水体感官度明显向好。现湿地水质已从 2005 年建园时的劣Ⅳ类提高到Ⅲ类，部分核心区域可达Ⅱ类。

三是居民生态福祉大幅提升。至 2020 年底，西溪湿地生态保护和科技化应用科普教育的国内外游客超过 2 500 万人次；水生生态系统得到完整构建，水质稳定在地表水Ⅲ类以上标准；西溪湿地优良的环境空气质量惠及周边居民，优化调节城市生态环境，提升杭州市的城市综合竞争力，负氧离子含量平均每天达到 1 400 个以上，PM$_{2.5}$在杭州市区 10 个监测点里处于前三的地位，并有效缓解杭州城市的"温室效应"和"热岛效应"，使西溪湿地周围 15 平方千米范围内夏季气温降低 0.5～1.5℃，实现每天节水 500～800 吨、节电 10 万～30 万度；生物多样性稳步增加，西溪湿地 3.25 平方千米的国际重要湿地范围得到更好保护；建立西溪湿地生态监测与信息服务技术集成系统 1 套；西溪湿地周边 50 平方千米范围内 100 多万居民，常年享受西溪湿地良好的生态环境；杭州市城西、城北、市区运河水道周边 200 万居民常年享受清洁的亲水环境。

西溪国家湿地公园的成功实践，使国家湿地公园从无到有，在数量上有了质的飞跃，"西溪模式"成了全世界湿地公园建设、管理、保护和利用实践的典范。截至 2020 年 3 月，中国目前批准进行试点（含已通过验收）建设的国家湿地公园已达 898 处，湿地公园建设使一大批湿地生态系统得到了保护，生态环境得到改善，带动了地方经济发展，成效极为显著。

### 13.3.4　余姚市土地综合整治促进生态产品价值实现①

（1）案例背景

余姚市梁弄镇位于浙江省东部四明山麓，曾是浙东四明山抗日根据地指挥中心，被誉为"浙东延安"。因地处山区、交通不便，该镇长期以来产业薄弱、发展落后。近年来，该镇以推进全域土地综合整治为抓手，逐步构建了集中连片、产业融合、生态宜居、集约高效的国土空间新格局，促进了生产、生活、生态空间的统筹协调，有效提升了优质生态产品的供给能力，实现了经济价值、社会价值、文化价值和生态价值的系统提升。

（2）主要做法

一是以"一个规划"为统领，优化生态产品价值实现的空间布局。全面调查镇域空间用地现状，以国土空间规划为统领，精心编制梁弄镇全域土地综合整治实施方案，全域规划和优化生产、生活、生态空间，全域设计生态、业态、文态、形态的保护提升，全域布局农地整理、耕地垦造、村庄迁并、产业进退和生态治理等整治工程，全镇划入生态保护红线的面积为 8.38 万亩，占全域面积的 66.56%，真正做到"一个规划"统领全镇域发展建设，"一张总图"指挥生态型土地整治，打造了集农田、湖泊、河流、湿地、森林等多种自然生态要素于一体的生态价值实现空间布局。

二是以"一个理念"为主线，增强生态产品供给能力。梁弄镇坚持"绿水青山就是金山银山"的理念，依托全域土地综合整治，加大对自然生态系统的恢复和保护力度，着力提升国土空间生态效益，探索出一条增加生态产品、支撑美丽乡村建设、促进城乡融合发展的"一石多鸟"新路子。以四明山作为区域生态核心，镇北开展水域及湿地的生态修复，搬迁工业企业 20 家，腾退土地用于发展生态型产业；镇区以提升人居环境为主，通过实施农村生活污水截留和垃圾集中处理工程，农村生活环境明显改善；以耕地整理、建设用地复垦恢复耕地生态系统，新增耕地 300 亩，建成高标准农田 1.1 万亩，既保护了宝贵的耕地资源，又提升了耕地生态功能和耕作能力；南部加强生态林地维护和森林生态修复，整治畜禽养殖场所 200 余家，建成四明山百里风光带、四明湖滨水生态湿地等区域生态系统，保护生物多样性，增强生态产品供给能力。

---

① 资料来源：自然资源部办公厅关于印发《生态产品价值实现典型案例》（第一批）的通知 [EB/OL]．〔2023-6-21〕http://gi.mnr.gov.cn/202004/t20200427_2510189.html．

三是以"一个平台"为抓手，聚合各类要素保障生态产业发展。余姚市成立了联席会议机制，建立"党政主导、村居主体、社会参与、一体联动"的工作机制，着力搭建"多个渠道引水、一个龙头放水"的要素统合平台，聚合资金、政策和土地等各类发展要素，积极引导村民和市场主体参与生态产业发展和美丽乡村建设。发挥低效用地再开发、城乡建设用地增减挂钩等政策优势，盘活土地资源，腾退的空间用于发展红色旅游、绿色康养等生态型产业。先后投入 1.5 亿元保护和修缮浙东四明山抗日根据地旧址群、新建游客中心和配套设施，打造浙江省红色主题教育基地。整合矿山地质环境治理、工矿废弃地复垦利用、土地开发整理等各类资金近 5 亿元，带动社会资本近 30 亿元，打造了民宿、会展、培训等产业业态，形成了多模式、多元化、可持续的资金投入机制，推动生态产业发展。

（3）主要成效

一是丰富了生态产品的数量，提升了生态产品的质量。形成了以四明山为核心的生态系统，梁弄镇森林覆盖率达到 71.68%，林木绿化率 72.25%，为区域提供了水源涵养、净化空气、降噪除尘等多种生态系统服务。形成了以四明湖水库和四明湖省级湿地公园为主体的湖泊湿地生态系统，水质保持在地表水 Ⅱ 类标准，为村民和游客提供了一个集库塘湿地保护、生态修复、文化展示等功能于一体的休闲胜地，野生鸟类和爬行、哺乳类动物的数量逐年增加，实现了人与自然和谐共生。

二是推动了绿色生态、红色资源与产业的结合，打通了生态产品价值实现的渠道。依托丰富的绿色生态资源和深厚的红色文化底蕴，梁弄镇积极发展红色教育培训、生态旅游、会展、民宿等"绿色＋红色"产业，吸引游客"进入式消费"，充分显化了"绿色"生态产品和"红色"文化资源的价值。2019年，梁弄镇接待的旅游人数突破 120 万人次，实现旅游收入 2.4 亿元；商务培训人数突破 15 万人次，其中仅健峰培训城的培训人数就达到 3 万余人次，经营收入 1.9 亿元；浙江省委党校四明山分校培训人数达到 3.3 万人次，成为浙江省内红色培训和旅游创新发展的示范区；引进了"蝶来紫溪原舍"等康养民宿新业态，吸引游客 1.5 万人次，年均收入 500 万元以上；实现了中国机器人峰会永久落户，梁弄镇成了长三角地区"游客上山、投资进山"的最佳目的地。

三是促进了农民就业增收，实现了"绿水青山"的综合效益。梁弄镇通过将生态优势转化为经济优势，带动了农村集体经济发展和村民就业增收，全镇经济水平持续提升，实现了"绿水青山"的综合效益。凭借"好山好水好生态"，梁弄镇积极发展矿泉水产业，吸引浙江百岁山食品饮料公司投资建设百岁山矿泉水项目，2019 年实现了产值 2.5 亿元，上缴税收 5 600 多万元，为当地提供就业岗位 100 余个。借助全域土地综合整治成果发展现代农业，建成了 40 余个水果采摘基地，总面积达到了 3 500 亩，水果采摘季节的日均客流量达到了 3 000 人次，2019 年共吸引采摘游客 50 万人次，帮助村民户均增收 1 万元以上。"生态＋产业"的发展模式，让梁弄镇基本实现了村民就近就业创业、增收致富，农村集体经济发展的内生动力明显增强。2019 年，全镇实现农村经济总收入 60.5 亿元，同比增长 6.6%；农村居民人均可支配收入 35 028 元，同比增长 14.8%；村集体经济增收 2 500 多万元，走出了一条经济、社会和生态协调发展之路。

（4）经验启示

余姚市梁弄镇被誉为"浙东延安"。该镇以推进全域土地综合整治与生态修复为抓手，以四明山作为区域生态核心，镇北搬迁工业企业 20 家，腾退土地用于发展生态型产业；镇区通过实施农村生活污水截留等工程，农村生活环境明显改善；以农地整理、建设用地复垦恢复耕地生态系统，新增耕地 300 亩，建成高标准农田 1.1 万亩；南部整治畜禽养殖场所 200 余家，建成四明山百里风光带等区域生态系统。整合矿山地质环境治理、工矿废弃地复垦利用、土地开发整理等各类资金近 5 亿元，带动社会资本近 30 亿元，打造民宿、会展、培训等产业业态，推动生态产业发展。

### 13.3.5　龙泉市林业数字智治推进生态产品价值实现[①]

（1）案例背景

龙泉地处浙江省西南部浙闽赣边境，北上融入长三角、南下承接海西区，县域面积 3 059 平方公里，人口 29 万，是中国青瓷之都、宝剑之邦和国家历史文化名城、国家文化先进市。龙泉是国家重点生态功能区、百山祖国家公园的核心区域、丽水生态产品价值实现机制全国试点的重要组成部分。全市森林面积 398 万亩，林木蓄积量 2 260 万立方米，森林覆盖率高达 84.4%，林地面积占市域面积 86.7%，林农人口占全市总人口 67.5%，素有"中国生态第一市""华东古老植物的摇篮""浙南林海"之称。龙泉市牢记时任浙江省委书记

---

①　资料来源：国家林业和草原局办公室关于印发《集体林业综合改革试验典型案例》（第一批）的通知［EB/OL］．［2023－06－19］http：//www.forestry.gov.cn/c/www/gkzfwj/272687.jhtml.

的习近平来龙调研时提出的"龙泉生态全国领先，要强化生态保护意识，各产业发展要与生态保护相统一"的殷殷嘱托，持续在林区智慧管理、资源动态监测、绿水青山有机转化三方面进行探索，创新打造"益林共富"应用，旨在走出一条生态保护、林农致富的"双赢"新路子。

（2）主要做法

一是组织实施，强化保障。龙泉市林业局成立了公益林落界完善工作领导小组，编制实施《龙泉市公益林落界完善工作方案》，召开公益林落界完善工作动员部署暨技术培训会，明确了工作目标、任务和措施。乡镇（街道）主要负责动员大会、村级人员召集、矛盾纠纷调解、面积落户及保护协议书的签订、经费发放等工作；林业局负责方案编制、硬件配置、软件开发，开展业务培训、技术指导、工作进度督查及质量检查验收、成果上报等工作；林业工作站全力配合乡镇（街道）做好公益林的落界、面积计算、经费清册编制及公示等工作。同时，整合公益林管理等财政资金 200 万元用于研发龙泉市公益林信息化管理平台和推进日常工作，并配备了信息化设备。联合浙江农林大学等高校院所，组建了一支以 7 名省级林业信息化专家为支撑、100 多名林业技术人员为骨干的高效工作团队，具体承担技术指导、日常管理和数据采集等工作。

二是敢于担当，破解难题。广泛深入基层调研，倾听民声，发现了公益林管理问题的症结在于公益林的权属不清导致界限不清楚，面积不准确，致使资金发放不精准，造成村级管理混乱、面积分配不均、少部分干部动机不纯侵占补偿金等问题。林业局联合浙江农林大学，利用信息化手段精准确定公益林界线和有效管理公益林问题，创造性地通过研发公益林数字化管理平台破解了公益林管理难题。

三是阳光操作，群众满意。龙泉市数字化公益林管理建立全覆盖的数据库，实现全方位的动态管理，运用自动化的工作流程，实现小班、权属双套管理模式，完善数据采集辅助设备系统。依托"一本图"系统，联合浙江农林大学创新运用"信息化＋"技术，建成"龙泉市公益林信息化管理平台"，购置、完善数据采集辅助设备，并立足"最多跑一次"改革，创新"一站式"服务机制，将公益林数字化管理运行设备搬进村、组，从地图勾绘、公益林保护协议书签订到资金发放公示等环节均可在系统中自动完成。农民全程参与，过程阳光操作，数据图表齐全，结果农民认可。同时建立信息化标准流程，实现办事流程信息化和事务处理全程化监管，从技术上构建起预防职务犯罪和廉政风险的安全屏障。

（3）主要成效

一是数据管理，理清山林界线"糊涂账"。通过建成一个数据平台和数据采集端，实现林农全程参与公益林区划落界的指界、划界、公示、签字，破解了"公益林是谁的？公益林在哪里？公益林补多少钱？"等瓶颈问题。做到采集数据公开、公正、公平，确保数据准确，公益林"图、表、册"相一致，理清山林坐落及界限不清的"糊涂账"。

二是规范透明，维护林区和谐稳定。公益林权属落界后，公益林的所有权、分布、范围、界线、资金清晰透明，有利于及时精准发放公益林补偿资金；通过信息化标准流程设计，有效堵住腐败漏洞；通过阳光操作，有效避免了林业工作人员、村干部滥用职权、乱分资金的可能性；林农可凭身份证查询自家公益林坐落地点、面积和资金发放等情况，减少了林农的公益林纠纷、信访案件，维护了林区和谐稳定。

三是兴林富民，助力高质量绿色发展。公益林造就了"绿水青山"，更为林农增添了"金山银山"。据测算，2019 年龙泉市公益林森林生态总效益达123 亿元，全市共发放生态效益补偿金 7 052 万元，公益林补偿资金惠及全市3 万多户林农，户均收益 1 960 元，林农最高收益达 45 885 元。林农还可凭借公益林信托、公益林收益权质押贷款融资发展林下经济、森林康养、生态旅游产业，达到生态更美、产业更强、百姓更富的成效。

总体而言，龙泉市充分发挥生态资源优势，率先以公益林数字化改革为突破口，建设运行"益林富农"场景应用，高效解决山林纠纷、精准发放生态补偿，促进经营流转，推动"三权"分置改革，权属精准落界为林权不动产登记发证工作奠定了良好的基础。龙泉市严格保护生态资源，加快创建更富活力、创新力、竞争力的跨越式高质量发展模式，努力打造推进林农共同富裕的改革探索实践样板。

# 13.4　森林文化服务类生态产品价值实现的典型案例

## 13.4.1　文成县发展森林康养促进生态产品价值实现[①]

（1）案例背景

文成县位于浙江省南部山区，温州市西南部，飞云江中上游，东接瑞安

---

① 资料来源：林业十大典型案例提供"共富"新经验［EB/OL］.［2023 - 6 - 21］. http：//lyj. zj. gov. cn/art/2022/10/28/art _ 1277846 _ 59039877. html.

市，南临平阳县、苍南县，西南倚泰顺县、景宁县，北接青田县。文成县是典型的浙南山区县，生态资源得天独厚，历史文化底蕴深厚，全县森林覆盖率72.4%，空气质量优于国家一级标准，是中国长寿之乡、国家生态县、中国气候养生福地。2017年以来，文成县依托自然资源禀赋，大力发展森林康养产业，全县森林康养产业总投资达15亿元，森林景观利用类总产值达22.16亿元，其中森林康养与休闲类产值达3.2亿元；创成省、市森林康养基地各3个，其中3家列入国家级森林康养试点建设单位。

（2）主要做法及成效

第一，做好景观增绿文章，夯实森林康养产业发展本底。一是连片推进。全面实施"绿满文成"专项行动，在森林景区建设珍贵彩色健康森林，沿G322国道文成段、飞云江建设水陆两轴彩色长廊，新增彩色健康森林6.76万亩、森林抚育13.1万亩、大径材培育4.28万亩，新植珍贵彩色树种202.93万株。二是整村提升。实施"一村万树"行动，大力培育珍贵树种、乡土树种，建成"一村万树"示范村19个、推进村150个，创成省级森林城镇8个。三是因时制宜。按照不同季节、不同气候有针对性地种植花草林木，基本形成"四季常绿、三季有花"的旅游景观。

第二，做好基地建设文章，丰富森林康养产业特色内涵。一是强化政府扶持。对创成国家、省、市森林康养基地的单位给予资金奖励，并优先享受林下经济产业扶持政策。牵线省亚热带作物研究所与天湖森林康养基地建立合作关系，推进康养产品设计开发。二是加强宣传推介。依托全网官媒账号及森博会等线下平台做足宣传文章，参加长江经济带森林康养和旅游推介会，多家省内外单位慕名前来学习考察。三是打造亮点特色。各森林康养基地充分发挥自身优势，开发了一批特色康养产品。比如，猴王谷森林康养基地突出氧吧优势，云顶山庄森林康养基地着眼中药养生，天湖森林康养基地侧重农业观光等。

第三，做好产业培育文章，促进森林康养产业富民增收。一是大力培育主导产业。全力打造森林康养、林下经济、花卉苗木、竹木制造和木本粮油等5大主导产业，巩固生态富民成果，成功培育"一亩山万元钱"1.94万亩。二是抓好林业品牌建设。积极实施品牌强林，培育林业龙头企业，打造具有文成特色的林业产业品牌。比如，藓然农林科技有限公司主攻苔藓微景观制作，全网粉丝超百万，年销售额达5 000万元，主办及参办的景观工程遍及21个省市。三是发挥企业联农带农作用。采用包教、包销等措施鼓励发展花卉、林蜂、竹笋等林业产业，稳定农户种植收益。鼓励企业坚持"家庭、家族、家乡"用工原则，引导其在本土就业创收，带动群众就业 3 000 余人、增收 3 万元以上。推动企业采用全租、半租及自主经营等形式与村民合作，盘活闲置农房，升级改造康养客房、养生展馆等，每年户均增收达 2 万元以上。

森林康养作为森林生态和服务价值的一种新发现，完美诠释着优良生态环境带来的巨大发展优势，可提供更好更丰富的优质生态产品，满足人民日益增长的美好生活需要，让人们在绿水青山中共享自然之美、生命之美、生活之美。森林康养作为森林休闲养生的升级版，是践行"绿水青山就是金山银山"理念、科学合理利用林草资源的有效途径。

### 13.4.2　磐安县厚植古树家底助推生态产品价值实现①

（1）案例背景

磐安县，隶属于浙江省金华市，位于浙江中部，与东阳、新昌、仙居、天台等市县接壤，属长三角南翼经济区及浙中城市群经济区范围。磐安县地处浙江之心，素有"群山之祖、诸水之源"之称，县域内共有古树名木 5 581 株，其中盘峰乡櫸溪南方红豆杉、万苍乡斐湖枫杨、安文街道东川香榧三棵古树入选省内"十大最美古树名木"，櫸溪村南方红豆杉被列入"中国百棵名木"。2016 年开始，磐安县创造性地提出打造古树公园的保护思路，建立"保护优先、处处是景"的古树保护管理体系，为全域旅游增添色彩，为助推乡村共同富裕贡献林业力量。

（2）主要做法

一是选好点，布好局。紧紧围绕全域旅游总体规划，把立地环境、执行落实、效益评估作为古树主题公园选点建设的条件，把古树主题公园安排建设在南线和北线两条精品旅游线路上，优先安排十美村创建、森林村庄创建、创 A 级景区村、小城镇综合整治村。

二是精设计，求本色。聘请设计单位与专家实地勘察，确保古树主题公园设计既体现地方特色，契合当地的地域文化，又做到古树资源保护，引领乡村休闲旅游业。

三是分专业，攻难点。采取分类实施的方法，委托专业公司实施病虫害处理、防腐补洞等专业技术项目，基础工程由乡镇、村实施，同时加快政策处理工作。

---

① 资料来源：林业十大典型案例提供"共富"新经验［EB/OL］.［2023 - 6 - 21］http：//lyj.zj. gov.cn/art/2022/10/28/art_1277846_59039877.html。

四是促进度，严把关。会同监理单位不定期到施工现场检查指导，严把质量关；推行现场检查、不定期抽查、第三方工程审计等方式，提高古树保护效果。

（3）主要成效

一是建设古树公园，打造旅游景观。在全县上下的共同努力下，磐安县共完成一级古树保护 856 株，二、三级古树保护 860 株，建成古树主题公园 84 个。近年来，通过建设古树公园，打造旅游景观，推动了乡村休闲旅游、民宿的发展，古树公园已成为磐安县休闲养生旅游"一号产业"的一张"金名片"。

二是开发生态旅游，创建全国森林旅游示范县。在古树公园的基础上，延伸打造生态旅游风景点，全县共有省 A 级景区村 139 个，其中 3A 级 35 个，2A 级 13 个，A 级 91 个；景区村古树公园覆盖率达 64%，并连景成线，打造"浪漫花乡线""休闲茶乡线""养生药乡线""百里樱花线"4 条精品游线。将古树公园建设作为森林村庄主抓手，使古树名木保护工作成为创建的突破点和闪光点。磐安县已建成省级森林城镇 14 个，实现"全覆盖"，省市级森林村庄 102 个，其中省级以上森林村庄 25 个，各级古树都得到了有效保护。同时根据地理位置、景观特色、房屋布局等对古树公园精心规划，着力建设了"樱花谷""杜鹃谷""银杏谷""玫瑰谷""芍药谷"五大花谷，并在 2017 年成功创建全国森林旅游示范县。

三是系列森林村庄建设，推动生态产品价值实现促进共同富裕。古树公园建设和系列森林村庄的创建结合，成了名副其实的惠民富民工程，2021 年磐安县实现旅游总收入 46.94 亿元，增长 17.50%，接待游客 290.46 万人次，增长 11.12%，实现了以绿色发展推动共同富裕。

古树名木无价，是乡愁，是活文物，也是磐安生态发展过程中的"绿色瑰宝"。守护古树名木、建设古树公园，成了磐安的惠民富民工程，呈现出强大的"叠加效应"。通过建古树公园保护古树、传承生态文明、打造乡村旅游全新增长点，磐安交出了一份亮眼的答卷，成为全国乡村振兴的典范。

### 13.4.3 长乐林场以森林文化促进生态产品价值实现[①]

（1）案例背景

长乐林场位于浙江省杭州市余杭区径山镇，地处大径山乡村国家公园核心

---

① 资料来源：林业十大典型案例提供"共富"新经验 [EB/OL]. [2023 - 6 - 21]. http://lyj. zj. gov. cn/art/2022/10/28/art _ 1277846 _ 59039877. html.

区内，创建于 1910 年，是浙江省内创办最早的实业林场、国内最早开展林木良种工作的单位之一，现有林地面积 2.3 万亩，森林覆盖率达到 85％以上，活立木蓄积量 20.7 万立方米。长乐林场下设西山、缸梅、中甘、黄湖等四个林区，长乐林场的美主要体现在"野趣"，在这天然的林场内，树木都有几十年树龄，有松、樟、框、枫、杉，被誉为"色彩的森林"。

（2）主要做法及成效

一是坚持科技创新，培育良种种质资源。长乐林场积极践行"两山"理念，以林业科研创新为手段，加大与亚林所等科研院所的合作，培育了国外松、薄壳山核桃、樱花、紫薇等一大批良种种质资源。建有浙江省最早的国家级重点林木良种繁育基地 3 600 余亩、珍贵彩叶树种 2 000 余亩、苗木繁育基地 1 300 余亩，年生产薄壳山核桃、樱花、紫薇、浙江楠、浙江樟、绣球等各类优质种苗花卉 50 万株以上，创收 2 000 余万元。

二是拓展生态教育，探索村企合作"营地＋"新模式。长乐林场秉承"物质共富"与"精神共富"两手抓，依托自然教育功能积极探索村企合作新模式，以"营地＋"模式推动"物质共富"与"精神共富"的共同发展。林场周边的农户利用自有的农家土灶、自留地的特色农业和保存较为完整的当地农村风貌，充分整合了农村丰富的农业生产、农家生活、农村手工艺及农村文化等教育资源，和林场旗下的教育基地合作，因地制宜地开发了"农家生活""农业生产""农村社会"三大板块农事体验课程体系。在基地农民联动合作模式下，实现了营内活动转向营外实践的空间突破、单一的学农活动向多元实践形式的内容拓展、营地辅导员与当地农户相结合的师资互补。累计服务全国近 1 000 所学校和企事业单位共 300 多万人次，培养优秀自然教育师 100 余名。每年为当地带来近 60 万人次的客流量，提供了辅导员、苗圃工、中草药基地种植（加工、销售）人员、餐饮服务人员等 400 余个工作岗位，每年采购周边农户的蔬菜、禽蛋、春笋等乡土特色产品 200 余万元，带动周边乡村民宿、餐饮等产业不断发展，每年增收近千万元，为周边乡村百姓增收致富提供服务。

三是创新"生态＋"研学教育，以森林生态文化服务青少年教育。依托林场得天独厚的自然生态资源优势，以提高青少年综合素质为根本宗旨，以"生态、生存、生活、生命、生长"五生教育为理念，开设了"生态与自然、生存与拓展、生活与劳动、生命与安全、非遗与传承"五大系列课程共 200 多个活动项目。创办 20 多年来，共接待学校 1 000 多所，学生 300 多万人次，2021 年接待人次突破 26 万。

四是提升基础设施，打造综合性绿色生态服务平台。2022 年，林场利用长乐森林公园基础设施改造提升的契机，积极整合径山周边乡村生态产品和服务，引入合作伙伴共同开发利用森林资源。目前引入项目有极限运动、影视拍摄、萌宠乐园、亲子采摘、森林露营、树上探险、丛林 CS 等特色体验活动 7 项，为乡村振兴和共同富裕打造绿色生态服务平台。

长乐林场积极践行"两山"理念，紧紧围绕"生态建设为主体，生态服务为特色"的发展战略，以成为行业领先的现代高质量发展国有林场和绿色生态产业综合服务商为建设目标，转型当好特色生态服务者，闯出一条生态教育纵深发展、林场转型持续增收、对林业经济生产力贡献率越来越高的新路子，以森林生态产品价值实现推动共同富裕。长乐林场旗下生态教育服务板块"长乐教育"紧紧结合"五生教育"理念，用好森林生态资源精心打造和开发"五生课程"，以正确的生态观和发展观，去处理教育市场发展与生态环境保护、产业发展与共同富裕的关系。

### 13.4.4　长兴县聚焦花木产业助推生态产品价值实现①

（1）案例背景

长兴花木产业源起于 20 世纪 80 年代末农民在房前屋后、山野田间零星种植的花木。40 年来，汇聚农民致富梦想的星星之火，将零散、低质量、小规模的苗木产业建设成了惠及 3 万余户农户、年销售额 30 多亿元的致富产业。全县种植面积达 28.3 万亩，亩均产值超过 1 万元，占 2021 年全县农林牧渔总产值的 23.71%，2020 年长兴县被评为省级花卉苗木产业示范县。

（2）主要做法及成效

一是政策浇灌，催生"品质萌芽"。长兴制定出台了一系列纾困政策进行产业扶持，改造香樟等残次苗基地 1.5 万亩、发展精品容器化基地 6.8 万亩。5 年来，县财政累计投入资金近 1 000 万元，培育中大型苗木基地 2.1 万亩，亩均收益增加 25% 以上。花木示范企业各领风采，东方梅园通过"基地＋农户"，对梅花生产农户进行帮产帮销，累计帮助 100 余户困难家庭通过种植梅花实现脱贫致富；凤羽农业利用网络扶持年轻人创新创业，通过培育兰花主播和销售反哺种植的形式，带动创收近 1 000 万元。

---

① 资料来源：林业十大典型案例提供"共富"新经验［EB/OL］．［2023－6－22］．http：//lyj. zj. gov. cn/art/2022/10/28/art_1277846_59039877. html。

二是技术扶持，促进"提质增效"。整合省内专家和人才资源，广泛开展"为群众办实事、为企业送技术"系列活动，促进全县花木产业转型升级。改变传统绿化大苗培育模式，研究全冠苗快速培育技术，出圃比例达 91% 以上；通过拼栽将朴树残次苗变为精品苗，提升了附加值；强化机械装备使用，研发了系列多功能园林机械，在全县 8 万亩花木基地进行机械化作业，挖苗时间大大减少，累计增加苗农收入超 3 000 万元，减少生产成本 2 000 万元。同时，长兴将"非粮化"整治作为花木产业转型升级的重要抓手，充分兼顾苗农利益，不搞"一刀切"，按照"能调则调、能优则优"原则，根据"三线三区"划定，科学调整粮食功能区，全力推进"精品化"发展，实现"减量增效"。

三是产业融合，结出"共富硕果"。积极探索花木销售新思路、新方法，充分利用全县 1 800 名"苗二代"，建立了 3 600 人的苗木经纪人队伍，连续 11 年举办中国长兴花木大会，培养了百余名网红带货达人，构建了"线上线下"花木交易平台，订单量从 8 000 万元攀升到 4.8 亿元。依托花木产业的美丽景观和生态功能，积极发展"游、赏、购"一体化的经营模式，推动实现从"卖树"到"卖风景"的转变，让"美丽风景"转化为"美丽经济"。同时，将花木产业和矿山复绿、龙之梦等项目建设有机结合，为花木产业寻求更多发展空间。近 5 年来，全县森林旅游每年接待游客 890 万人次，旅游收入达 15 亿元，实现了经济效益、社会效益和生态效益的共同提升。

共同富裕既是时代考卷，也是必须完成的历史任务。长兴县积极打造数智花木、生态花木、文娱花木，结出丰硕的产业之果，为构建优美的生态环境和优良的产业发展环境续写新篇章。

## 13.4.5　千岛湖国家森林公园促进生态产品价值实现①

（1）案例背景

千岛湖国家森林公园位于杭州市淳安县，距杭州市区 129 千米，距黄山 140 千米。公园于 1986 年经国家林业部批准设立，在淳安县林业总场、千岛湖林场、许源林场、富溪林场、汾口林场基础上建成，总面积 9.23 万公顷，其中水域面积 5.44 万公顷，森林覆盖率高达 93%（不包含湖面），最高峰东山尖海拔 978 米。公园现为国家 5A 级旅游景区，先后获得"全国森林公园十

---

① 资料来源：青山绿水金腰带林旅互进新格局——千岛湖国家森林公园［EB/OL］．［2023 - 6 - 23］．http：//lyj.zj.gov.cn/art/2022/6/8/art_1277859_59032501.html．

大标兵""中国森林公园发展三十周年最具影响力森林公园"等荣誉。

（2）主要做法

一是公园开发了独具特色的渔业体验旅游项目，并已建立起以保水为前提、以生态为依托、以文化为统领的集养殖、管护、捕捞、销售、加工、烹饪、旅游、科研于一体的产业链和中国农产品营销配送网络，形成了独具特色的千岛湖生态渔业经营模式，成为中国湖泊（水库）生态渔业经营的典范。首创的"拦、赶、刺、张"联合渔具渔法荣获"全国科学大会成果奖"，千岛湖巨网捕鱼被游客赞誉为中华一绝，是千岛湖旅游的一张金名片。

二是千岛湖开发注重生态效益和经济效益协调统一，大力开展封山育林、人工造林、林分改造，不断提高森林资源的综合质量和效益，实现从开发与保护并举到共抓大保护、不搞大开发、保护优先、绿色发展的华丽转变。

三是政策助力公园建设。千岛湖国家森林公园在规划编制与动态修编中，始终秉持系统性规划理念，实现社会、经济、环境和技术各项要素统筹优化与协调发展。公园建立在淳安县林业总场、千岛湖林场、许源林场、富溪林场、汾口林场和淳安县水利水电投资有限公司枫树岭营林区的资源基础之上，全部为国有资源与资产，便于各方协调，对于上级政策和规范能够迅速准确地执行到位，同时有利于得到国家政策扶持。

（3）主要成效

森林（有林地）面积达 2.89 万公顷，森林覆盖率由 1963 年的 38.75% 提高到 94.55% 左右，立木总蓄积由 36.06 万立方米增加至 340.63 万立方米，库区维管植物种类已超 900 种。库区森林群落结构趋于稳定，对自然灾害的抵御能力不断提高，生物多样性越来越丰富，为淳安县、杭州市和钱塘江流域的生态、环境与生物多样性保护做出了重要贡献。秀丽的千岛湖犹如一颗璀璨的明珠镶嵌在中国华东，成为海内外驰名的旅游胜地和长三角地区最佳水源地，以及亚热带水源涵养地保护和森林可持续经营典范。

### 13.4.6 丽水市国家公园建设助力生态产品价值实现[①]

（1）案例背景

丽水市是全国生态第一市、长三角地区的重要生态安全屏障、全省"生态

---

① 林业十大典型案例提供"共富"新经验［EB/OL］．［2023－6－25］．http://lyj.zj.gov.cn/art/2022/10/28/art_1277846_59039877.html．

绿心"，作为浙江省最大的林区和全国南方重点林区市，全市森林覆盖率达 81.7%，居全省第一，全国前列；林地面积 2 076.3 万亩，森林蓄积量 9 885 万立方米，为全省最高。丽水最大的优势在生态，生态最大的支撑是森林。森林不仅是水库、钱库、农产品库，还是最大的碳汇储备库。近几年来，丽水市林业部门无论是在生态产品价值转化、林权制度改革方面，还是在生态保护、富民增收、国家公园建设方面，均取得了优异的成绩。

（2）主要做法及成效

一是以"国家公园＋生态保护"为抓手，孕育生态资源资产"活力源"。创新"司法联动"机制、"三员管护"制度，设置管护岗位 147 个，促进当地农民就业增收；结合"天地空"一体化监测体系，构建形成"点线面网"的全方位管护体系；园内生态系统原真性、完整性得到科学有效保护，旗舰物种百山祖冷杉等珍稀濒危物种保护取得突破性进展，新发现百山祖角蟾、凤阳巨基叶蜂等一批全球新物种。

二是以"国家公园＋地役权"为抓手，赋权生态资源资产"促增收"。在国家公园创建过程中，丽水市通过设立集体林地地役权改革，完成国家公园内 10 个乡镇 32 个行政村 3.88 万公顷集体林地地役权改革，实现国家、集体、村民三方共赢。3.23 万村民共享改革红利，年补偿收入总额达 2 805 万元，户均约 3 868 元，村集体年经济收入新增 20 万元以上，如屏南镇周埔垟村村集体统管山有 1.37 万亩，村集体经济组织可获补偿收入 66.03 万元/年。

三是以"国家公园＋绿色金融"为抓手，盘活生态资源资产"强发展"。为进一步拓宽农村集体经济组织和农户融资渠道，释放地役权溢价效应，制订出台国家公园集体林地地役权补偿收益质押贷款和贴息贷款政策，国家公园 58 万亩林地可获贷款 5.6 亿元，户均达 7.8 万元，实现国家公园生态价值由"绿"转"金"。目前全市累放贷款 7 290 万元，惠及农户 386 户，贷款余额达 4 871 万元，为当地特色产业持续发展注入强大动力。

四是以"国家公园＋生态产品"为抓手，创造生态产品价值转化"增长点"。好空气也能卖钱致富。以大型活动碳中和行动出售森林经营产生的碳汇减排量为契机，积极探索碳汇"交易"，邀请第三方机构核算碳汇总量，并以挂牌公示、协议签订等方式进行出售，成为森林生态产品价值转化的有效途径。嘉兴市南湖区人民政府先后向国家公园龙泉片区兰巨乡官埔垟村购买林业碳汇减排量 550.4 吨，创收 5.5 万元。同时推动国家公园品牌与"山"字系品牌融合发展，构建"线上导购＋线下体验"营销体系，支持发展一批百山祖生物科技等生态环境内生型产业，让生态产品实现"生态＋科技"的双重溢价。

丽水市坚持国家公园"园内严格保护、园外联动发展"的原则，在实行最严格保护的前提下，以"国家公园＋"创新实践孕育兴林富民活力源，破解了全国面临的生态产品"难度量、难抵押、难交易、难变现"等系列难题，更好地释放了生态改革最大红利，满足了国家公园生态保护和生态产品价值实现需求，推动了丽水共同富裕美好社会山区样板建设。

# 13.5　森林生态产品价值实现的实践启示

理论上，通过森林"生态产品—生态资产—生态资本—生态资金化"的不断演化，可以有效规避森林资源"诅咒"现象并缓解森林生态产品外部性问题，既可以实现对森林资源保护，又可以实现森林生态产品的经济价值，推动经济发展，最终实现森林生态产品价值的市场化。但是，在实践中，森林生态产品在资产化、资本化和资金化的渠道和机制等方面存在困境（徐彩瑶和孔凡斌，2024）。

## 13.5.1　森林生态资源资产化的实践启示

生态产品资产化是实现从实物形态的生态产品向价值形态的生态资产转化的过程，也就是说，当产权明晰的生态产品能够给投资者带来收益时，投资者能够对生态产品享有法律规定的权利，生态产品成为生态资产（张文明等，2019）。稀缺性、明晰的产权和能够产生效益是生态产品资产化的重要前提（严立冬等，2009），生态产品与生态资产最主要的区别是稀缺性和归属性（高吉喜等，2016）。随着中国社会主要矛盾的转变，人们对美好生活的需要特别是对优质生态产品的需求日益增长，以森林游憩、度假、疗养、保健、养老为内容的森林康养已成为森林生态产品产业化发展的新业态。因此，受限于陆地面积和森林资源总量及其分布空间的非均衡性，优质森林资源的稀缺性依然存在，区域和城乡之间森林生态资源禀赋及生态产品供给能力差异巨大的现实问题客观存在，通过公共财政投资实施自然生态系统保护修复工程形成的优质森林生态产品产权界定遇到现实困难。中国森林生态资源产权归属主要为国家所有和集体所有（即公有），森林生态产品和价值具有强烈的"公共产品"属性，公共产品的非排他性加剧了个人"搭便车"的心理愿望，不愿支付消费森林生态产品所产生的费用，最终结果导致森林资源的过度开发与破坏，因此现有的森林资源管理制度并没有将森林生态产品作为资产，按资产运营的规定进行经营与管理，森林生态产品资产化仍存在产权归属不明确的问题。尽管集体林权制度改革及林权证的颁发使林地林木等有形产品的资产化已基本实现，为森林生态产品资产化奠定了基础，但是森林生态系统所提供的涵盖固碳释氧、水源涵养、水土保持和气候调节等森林调节类服务产品占比较大（吴绍华等，2021；孔凡斌等，2023），由于其具有流动性、无固定且清晰的边界及公共产品属性的特点，其产权归属及资产化难以有实质性推进。因此，以森林调节类服务产品为主的森林生态产品调查监测的准确性、时效性和空间可视化及产权界定的科学性成为森林生态产品资产化的重要制约和实践痛点。

## 13.5.2　森林生态资产资本化的实践启示

生态资本是有一定产权归属并能够实现价值增值的生态资产，主要包括生态系统服务产品使用价值，以及能为未来产出使用价值的潜力资源等。生态资产与生态资本的实体对象一致，生态资产资本化是在生态资产产权清晰的前提下，政府、企业、个人通过资本化运营实现生态资本价值及其增值的过程（谢花林等，2022）。生态资产资本化是实现生态资产增值的重要途径，只有将生态资产盘活，作为生产资料进入生产过程并实现增值，才能成为生态资本。增值性是生态资本和生态资产的主要区别（高吉喜等，2016）。森林生态产品的资本化是"生态产品—生态资产—生态资本"的不断演化过程，通过认识、开发、投资、运营森林生态产品，最终在生态市场中实现森林生态产品价值增值与保值。理论上，森林生态资产可以借助创新生态技术实现形态和价值的转换，成为经济产品进而实现价值增值（严立冬等，2012；张雪溪等，2020；孔凡斌等，2023）。然而，在实践中，森林生态资产资本化过程面临资金、技术和管理要素投入不足的问题，生态产品要素价值难以确定，传统的林业经济运营理念和管理方式难以保障森林生态资产形成为生态资本。建立健全生态市场是资产资本化的基本保障，目前森林生态产品交易市场依然不健全、不完善，生态金融工具如森林生态银行、生态基金、生态股票和生态期货等应用不足，阻碍着森林生态产品价值的资本化，交换价值难以体现。与此同时，利用生态资本获取的经济利润投入森林生态保护和建设及涵养更加优质的森林生态资源的激励约束机制不健全，多元生态融资渠道偏少，保障森林生态产品可持续循环利用的制度机制不完善。扩大生态市场推动森林生态资产资本化需要政府与社会组织的深度参与和协同并进，目前森林生态资产资本化的多元主体参与不够，政府政策体系不健全，现有政策引导市场走向力度不够，监督措施缺失，社会资本进入市场的激励机制不健全，推动扩大森林生态资产资本化市场规模的成效十分有限。根据《中国林业和草原统计年鉴（2021）》，全国林业第一产业产值和林业第二产业产值的占比高于 75％，而林业第三产业产值占比仅为 23％，这从某种程度上表明，依托森林生态系统调节类生态服务及产品发展起来的森林康养和森林生态旅游等现代森林生态产业的发展明显不足，森林生态资产资本化转换水平偏低，转化效率不高，森林生态资产增值能力有限。森林生态产品市场建设和生态林业金融工具创新应用及多元主体参与机制的缺失与不足，成为加快推动森林生态资产增值的实践痛点。

### 13.5.3 森林生态资本资金化的实践启示

生态资本资金化是生态产品进入市场通过交易转化为资金的过程。实现森林生态资本的资金化就是完成森林生态产品在生态市场中的交易，是森林生态资本资金化整个过程中最为关键的一步。森林生态资产资本化只是对森林生态产品的利用和投资，而最后实现经济效益在于生态产品的货币化及资金化。森林生态产品根据其内在属性一般分为私人属性、公共属性、纯公共属性和俱乐部属性四类，不同属性的森林生态产品需要通过不同的方式实现资金化。对于林木产品等具有私人属性的森林生态产品，需要通过建立公用品牌或产品认证体系，利用品牌效应或林产品自带的稀缺性实现生态溢价，直接进入市场进行交易。对于具有公共属性的水源涵养、固定二氧化碳等森林生态产品，通过产权交易或产权流转进入市场。对于释放氧气、防风固沙、净化空气等具有纯公共属性的森林生态产品，由于很难进行产权界定，无法直接进入市场进行交易，需要通过政府的生态补偿手段实现价值。对于文化旅游等具有俱乐部属性的森林生态产品，可利用生态溢价间接实现价值。但是，目前中国森林生态资产资本化水平明显偏低。从宏观情况来看，2018 年中国全国林地林木资产总价值 25.05 万亿元，林业产业年总产值达 7.33 万亿元（国家林业和草原局，2019），林地林木存量资产产业年转换比例为 29.26％，森林生态产品存量价值及生态资本达 15.88 万亿元（国家林业和草原局，2019；王兵等，2020），存量生态资本产业年度转化比例为 46.16％，林地林木和生态资本存量两项生态资产产业年转化比例仅为 17.91%（孔凡斌等，2023）。究其原因，森林生态产品公用品牌建设和产品认证系统缺失，森林生态产权交易市场不健全，森林生态产品存在"评估难、担保难、处置难、流转难"等问题，森林碳生态补偿机制不完善，森林文化旅游产品定价及生态产品交易机制不完备等是森林生态资本资金化水平提升的实践痛点。

# 第 14 章 数字乡村建设赋能森林生态产品价值实现的创新路径

　　数字乡村建设既是数字中国建设和乡村振兴战略深入实施的重要方向，也是释放数字红利激活乡村生态产业化发展内生动力的关键举措。提升森林生态产品价值实现效率及生态产业化发展水平对缓解区域发展差距、城乡发展差距和城乡收入差距具有重要作用。数字赋能森林生态产品价值实现是有效破解森林资源富集地区"资源诅咒"困境，构建人与自然和谐共生新格局的重要途径。本章基于前文分析，构建"数字＋"生态经济生产函数理论模型，从数据、技术、治理要素赋能三个方面阐释数字乡村建设促进森林生态产品价值实现的理论逻辑，面向建设人与自然和谐共生和全体人民共同富裕的中国式现代化的战略需求，聚焦生态资源资产化、生态资产资本化、生态资本资金化三个方面提出数字乡村建设促进森林生态产品价值实现的创新实践路径（徐彩瑶和孔凡斌，2024）。

## 14.1　研究背景与意义

　　数字化与生态产业化深度融合发展是协同促进人与自然和谐共生与全体人民共同富裕的战略选择。党的二十大报告将建设人与自然和谐共生和全体人民共同富裕的中国式现代化确立为新时代新征程国家的历史使命，将"加快发展数字经济，促进数字经济与实体经济深度融合"及"建立生态产品价值实现机制"作为新征程构建现代化生态产业体系、生态文明建设和实现共同富裕的重要任务。2023 年 2 月，中共中央、国务院发布《数字中国建设整体布局规划》，明确指出要加快数字化绿色化协同转型，建设绿色智慧的数字生态文明。生态产品作为生态系统服务的结晶，是链接自然生态系统和社会经济系统的桥梁和纽带，以生态产业化为目标的生态产品价值实现是生态资源促进山区农村经济增长和增进人类福祉、构建人与自然和谐共生新格局的关键路径（孔凡斌和徐彩瑶，2023）。2021 年国家发布《关于建立健全生态产品价值实现机制的意见》强调要推进生态产业化，加快完善生态产品价值实现路径，将生态优势转化为经济发展优势，打造人与自然和谐共生新方案。数字乡村建设是建设数字中国和深入实施乡村振兴战略的重要方向，也是释放数字红利推动乡村生态产业化发展的重要举措。2018 年中央 1 号文件及《乡村振兴战略规划（2018—2022 年）》明确"实施数字乡村战略"，国家《数字乡村发展战略纲要》将数字乡村建设作为乡村振兴的战略方向和数字中国的重要内容。2020 年至 2024 年的中央 1 号文件先后提出"开展国家数字乡村试点""实施数字乡村建设发展工程""大力推进数字乡村建设""深入实施数字乡村发展行动"和"持续实施数字乡村发展行动"，中国数字乡村建设进入快车道。《中国数字乡村发展报告（2022 年）》显示，截至2022 年 6 月，农村互联网普及率达到 58.8%，2021 年农业生产信息化率为25.4%。数字乡村建设以信息化、数字化、网络化为重要载体，通过实现乡村产业数字化、治理数据化、服务信息化及生活智慧化，正推动农村农林业生产方式的深刻变革及农林业生产效率的稳步提升（殷浩栋等，2020；孔凡斌等，2023a）。2023 年 12 月，国家发布《数字经济促进共同富裕实施方案》，强调要大力推进数字乡村建设，加快推动乡村产业数字化转型。2024年 7 月，党的二十届三中全会审议通过的《中共中央关于进一步全面深化改革 推进中国式现代化的决定》进一步明确要"健全促进实体经济和数字经济深度融合制度""健全生态产品价值实现机制"。由此可见，数字乡村建设赋能数字化与生态产业化深度融合发展必将成为推动生态产品价值实现的新引擎。

森林生态系统作为"绿水青山"的重要组成部分，是陆域分布最广、存量最为丰富的自然生态资产，为区域经济发展持续提供供给、调节和文化服务等关联人类福祉、具有重要使用价值的产品和服务。森林生态产品价值实现效率的高低能够显著影响生态产业化发展成效，对区域发展、城乡发展和城乡收入差距产生影响（孔凡斌等，2023c；孔凡斌等，2023d；徐彩瑶等，2023b）。然而，森林资源市场化配置效率及森林生态产品价值实现效率偏低一直是困扰森林资源富集地区依托资源优势发展特色生态产业，实现农民增收致富的问题（孔凡斌等，2023b）。数字技术等数字要素已经成为重组生产要素资源、重塑经济结构、推动森林生态产品价值实现及协调人与自然关系的关键力量（孔凡斌等，2023a；王晓丽等，2024）。数字乡村建设赋能森林生态产品价值实现或许是有效破解森林"资源诅咒"困境，进而构建人与自然和谐共生新格局的重要路径。然而，伴随着乡村数字化转型过程中数字要素向山区和农村农林业领域的迅速扩散，以数字乡村建设为依托的数字新动能赋能并推动森林生态产品价值实现的理论逻辑及实践路径却不甚明晰。因此，面对新征程加快推进数字乡村建设与生态产品价值实现、构建现代化数字生态产业体系及打造人与自然和谐共生新方案的重要任务，系统梳理森林生态产品价值实现的现状和困境，探讨数字乡村建设驱动森林生态产品价值实现的内在机理，提出数字乡村建设促进森林生态产品价值实现的实践路径，对于推动建设人与自然和谐共生的中国式现代化具有重要的理论和现实意义。

## 14.2 数字乡村建设推动森林生态产品价值实现的现实困境

数字乡村是伴随网络化、信息化和数字化在农业农村经济社会发展中的应用，以及农民现代信息技能的提高而内生的农业农村现代化发展和转型进程。《数字乡村建设指南 1.0》明确数字乡村建设的总体参考架构包括信息基础设施、公共支撑平台、数字应用场景、建设运营管理和保障体系建设等内容。因此，数字乡村建设的强劲动力主要源自于数字基础设施的建设与普及、数字技术的创新与应用、数字平台的开发与运营。理论上，数字乡村建设能够通过不同类型的数字要素赋能并作用于乡村数字基础设施、林业生产要素、互联网平台、产业结构转型和数字林场应用场景等，进而影响森林生态产品价值实现程度和实现方式（孔凡斌等，2023a）。然而，数字基础设施、技术和平台在森林生态产品价值实现上的运用尚未得到标准化、系统化、规范化发展，反而可能存在工作重心落在硬件设备上、数字形式主义滋生蔓延、公共资源分配不合理、过度依赖运营服务商等实践误区（李丽莉等，2023）。在实践中，森林生态产品价值实现仍处于初期探索阶段，面临森林生态产品调查监测难、价值核算难、经营开发难和交易变现难等挑战，进而导致数字乡村建设赋能森林生态产品价值实现在不同实践环节存在困境。

第一，森林生态系统的数字化监测与数据采集系统构建的技术及相应平台建设已趋于成熟和完善，有效提高了森林生态产品调查监测质量，但各监测点之间存在信息共享难点。"点"到"面"的一体化、系统化监测难以有效推进成为数字乡村建设赋能森林生态产品调查监测的困境。

第二，数字乡村建设赋能森林生态产品价值核算已逐步得到应用。依托遥感技术、大数据技术等的应用，较大空间尺度的森林生态产品价值核算得到有效解决。由于空间异质性的存在，较小空间尺度的森林生态产品价值核算取决于涉及森林供给服务、调节服务、文化服务类生态产品价值核算指标的更为精细的监测数据。然而，森林生态产品价值核算尚未纳入国民经济统计核算体系，现有关于林区资源禀赋、环境条件、产品类型的统计缺乏一定深度，尤其是森林调节服务类生态产品价值核算的支撑数据十分匮乏。同时，囿于前述数字赋能森林生态产品调查监测存在的问题，数字乡村建设赋能森林生态产品价值核算在较小空间尺度上仍存在待突破的瓶颈。

第三，多元主体利益联结机制不健全、森林生态资源权益交易不充分、生态产品供需对接不精准、交易平台和市场不完善及山区基础设施不完善导致的交通运输成本高等问题，是森林生态产品经营开发难和交易变现难的重要原因。在实践中，林业"大脑"等数字化服务平台能够赋能林业管理、林业生产和林业保护，是智慧林业建设的重要内容，有助于林业管理提质增效，进而促进森林生态产品价值实现效率的提升。然而，林业数字化服务平台主要用于林业管理，并未实质性服务森林生态产品的经营开发，同时，平台用户黏性不足、价值转化渠道不畅通等问题阻碍着森林生态产品的交易变现。

总体而言，数字要素尚未完全融入森林生态产品价值实现的各个环节，难以有效发挥数字要素连接、聚合和分析的能力，以致在森林生态产品价值实现方面颠覆性的创新应用难以产生，这成为数字乡村建设赋能森林生态产品价值实现的实践困境。

## 14.3　数字乡村建设赋能森林生态产品价值实现的理论逻辑

数据资源、现代信息网络和新兴通信技术是数字乡村建设的三大要素，缺一不可（任保平等，2022）。《数字乡村发展战略纲要》提出要着力发挥信息技术创新的扩散效应、信息和知识的溢出效应及数字技术释放的普惠效应。理论上，数字乡村建设促进森林生态产品价值实现将通过数据要素赋能、技术要素赋能和治理要素赋能，助力林业技术创新、产业提质、治理增效，助推森林生态产业化的迭代升级，加快森林生态产品价值实现。基于上述分析，在构建并阐释"数字＋"生态经济生产函数的基础上，主要从数据赋能、技术赋能和治理赋能等方面详细阐述数字乡村建设促进森林生态产品价值实现的理论逻辑。

### 14.3.1 "数字＋"生态经济生产函数

数字乡村建设能够推动数字技术嵌入森林生态产品价值实现的全链条，进而推动林业经济发展和林农收入增长。柯布-道格拉斯生产函数（C－D生产函数）是最常用于反映投入与产出关系的模型。土地、物质资本和劳动力是传统投入要素。生态产品价值作为现代生态经济增长理论的重要概念，被列入经济增长的要素体系（孔凡斌等，2023）。数字经济已成为经济增长的重要引擎，数字经济的核心是技术进步。数据及大数据等数字技术已成为经济增长的关键生产要素（杨俊等，2022）。数字治理理论认为，数字赋能生产经济活动，能够实现精准化治理、智能化应对与科学化决策，有效推进森林生产价值实现（徐晓林等，2004）。鉴于此，在C－D生产函数的基础上，考虑并纳入生态资本、数据要素、技术要素、管理要素等，构建"数字＋"生态经济生产函数模型，以阐释数字乡村建设促进森林生态产品价值实现的理论基础。具体模型如下：

$$Q = A N^\alpha L^\beta K^\gamma E^\mu D^\delta T^\varphi G^\theta \qquad (14-1)$$

式中，Q、N、L、K、E、D、T和G分别代表森林生态产品产量、林地投入、劳动力投入、物质资本投入、生态资本投入、数据投入、数字技术投入和数字治理投入；$\alpha$、$\beta$、$\gamma$、$\mu$、$\delta$、$\varphi$和$\theta$分别表示林地投入、劳动力投入、物质资本投入、生态资本投入、数据投入、数字技术投入和数字治理投入的产出弹性；A表示常数项。

基于所构建的"数字＋"生态经济生产函数模型可知，数字乡村建设促进森林生态产品价值实现是生态经济和数字经济深度融合发展的体现，通过数据、数字技术、数字治理等数字要素赋能森林生态产业发展，将有力推动森林生态产品价值实现，助力森林资源富集地区实现共同富裕。

第一，单独考虑增加数字要素投入。数字经济具有无限供给、零边际成本等特点，通过改进生产技术与方法、高效连接供给与需求、提升管理水平与效能，提高传统要素的资源配置效率。数字要素包括数据要素、数字技术要素、数字治理要素等。如果将数字要素纳入传统的C－D生产函数，并假设数字要素的边际成本很小或为零，单独考虑增加数字要素投入的数字经济生产函数（图 14-1）可能呈现以下特征：①递增的边际产出。由于数字要素的边际成本很小或为零，每增加一个单位的数字要素，产出的增加量相对较大。生产函数曲线会显示递增的斜率，表示增加更多的数字要素将导致较大的边际产出增加。②扩展的生产可能性边界。数字要素的边际成本很小或为零意味着可以无限制地增加数字要素的投入，从而扩展生产可能性边界，这意味着通过增加数字要素投入的数量，可以实现更高的产出水平。③提高效率和创新能力。考虑数字要素投入的生产函数的特征之一是效率和创新能力的提高，数据、数字技术、数字治理的应用可以帮助创新生产方法、优化生产流程、提升决策水平，从而提高效率和创新能力，进一步提高产出水平。④潜在非线性关系。考虑到数字基础设施建设等方面的约束，数字要素投入的生产函数可能呈现非线性关系。具体而言，在初始阶段，增加数字要素投入的数量可能带来快速增长的边际产出。然而，随着数字要素投入的进一步增加，边际产出的增长速度可能逐渐减缓，导致生产函数曲线逐渐趋于平缓。

　　第二，同时考虑增加生态资本要素和数字要素投入。由于数字经济在微观层面上能够发挥规模经济、范围经济、网络经济效应并形成长尾效应，在中观层面助推产业转型升级，在宏观层面提高生产效率（任保平等，2022），因此，考虑数字要素和生态资本要素的投入时，数字乡村建设带来的数据要素、技术要素和治理要素都能够与生态资本要素融合，全面渗透生态产品的生产、经营、销售、流通和管理等各个环节，大幅提高生态产品价值实现效率。因此，同时考虑增加数字要素和生态资本要素投入的生产函数（图 14-1）可能呈现以下特征：①生态产品边际产量递减。考虑到自然生态系统的生态承载力，虽然数字赋能生态产品源头资源管理有助于提高生态产品供给效率和潜力，但生态资本的边际成本仍较高，生态产品的边际产量依然呈现递减的特征。②生态资本"枯竭点"推后。数字赋能生态资本要素，通过数字技术和数字治理提升生态资源修复保护水平，数字孪生、元宇宙等技术实现生态产品的线上体验和销售，提高生态资源利用率，提升"绿水青山"向"金山银山"的转化效率。因此，数字赋能生态产品产业链是建立在有效保护生态资源基础上的适度开发和利用，可使生态资本"枯竭点"推后或消失。③限制生产可能性边界。由于生态资本边际成本较高，生态资本投入数量的限制将对生态产品产量的增长产生制约作用，因此"数字＋"生态经济生产函数曲线将逐渐靠近生产可能性边界。

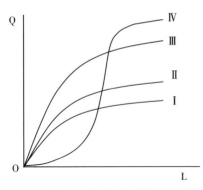 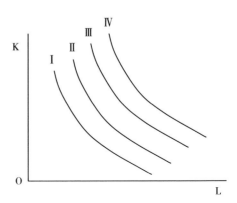

(a) 不同投入要素下生产函数的产量曲线　　(b) 不同投入要素下生产函数的等产量曲线

Ⅰ：传统生产要素投入的生产函数特征；Ⅱ：仅考虑生态资本要素投入的生态经济生产函数特征；Ⅲ：同时考虑增加数字要素和生态资本要素投入的"数字＋"生态经济生产函数特征；Ⅳ：仅考虑数字要素投入的数字经济生产函数特征。

图 14-1 "数字＋"生态经济生产函数的产量曲线和等产量曲线

## 14.3.2 数据赋能森林生态产品价值实现的理论逻辑

作为新型生产要素的数据是信息传输的载体，具有虚拟性、非竞争性、部分排他性、边际成本递减、规模报酬递增、正外部性等特征（蔡继明等，2022），是数字经济具有战略性地位和创新引擎作用的微观基础，成为推动山区和农村农林业发展并实现弯道超车的重要基石。2023年12月，国家数据局等17部门联合印发《"数据要素×"三年行动计划（2024—2026年）》，旨在充分发挥数据要素乘数效应，赋能经济社会发展。中国林业产业发展主要得益于劳动力、资本与自然资源等传统要素投入驱动，属于典型的"硬要素驱动型"模式。然而，单纯依靠要素高投入的传统林业发展模式，使森林生态产品价值实现效率偏低且提升困难，难以满足林业高质量发展促进共同富裕的需求和使命。作为"软要素"的数据赋能森林生态产品价值实现主要是利用其承载的有价值信息，打破要素配置结构失衡、效率低下、流动不畅的障碍，提高劳动力、资本等其他传统要素之间的协同性，引领要素以市场化方式形成集聚（谢康等，2022）。数字乡村建设推动数据这一关键生产要素嵌入森林生态产品价值实现全链条，发挥倍增作用，与土地、劳动力、资本、技术、管理等林业其他生产要素聚合形成先进生产力（图14-2），提高林业资源配置效率，推动森林生态产品价值实现。数据赋能森林生态产品价值实现的理论基础包括数据化理论、信息可视化理论、信息黏性理论、金融创新理论、数据驱动决策理论等。

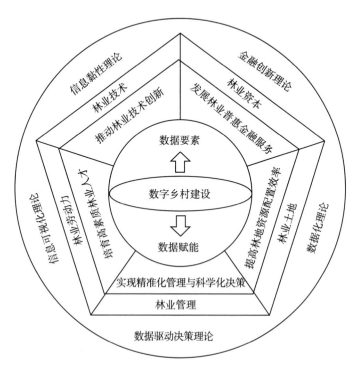

图 14 - 2 数据赋能森林生态产品价值实现的理论逻辑

基于数据化理论，数据化是将信息从物理格式转换为数字版本的过程，能够更精准地感知物理世界（森林、林地和林木等构成的森林资源），并将这种感知的结果在不同主体之间无缝、无成本、无时差传输，减少因信息不对称或者信息差所带来的额外成本。具体而言，数据与林地要素融合，不仅能够实现对森林资源的实时监测并根据不同类型森林的监测需求进行个性化监测，还能够针对森林资源的病虫害、火灾等进行分析研判和预测预警。

信息可视化理论认为，通过图形和图像等符合人类认知习惯和需求的方式来表达和传递数据信息，能够更有效地帮助人们理解和处理大量的数据信息，提高信息处理和传递的效率与准确性。具体而言，数据与林业劳动力要素结合使林业从业人员能够通过信息共享等方式更新知识储备，促进相互之间的合作，从而提升技能水平，尤其是能够推动受教育水平较低的林农以更易接受的形式和更低的成本学习并运用林产品生产、加工和林业管理等方面的新技术和新方法。

基于信息黏性理论，信息黏性是将特定信息传播给信息搜寻者所必需的增量支出（Von Hippel，1994），主要包括获取信息的成本、吸收信息的成本和处理信息的成本（Mankiw 和 Reis，2010）。由于存在信息黏性，并不是所有主体都基于最全、最新的信息做出决策。因此，将以数据形式存储的信息和产品零成本传输到山区和林区，使数据和信息的积累推动林业人力资本升级和林业技术创新，有助于森林生态产品价值实现。

金融创新理论认为，金融创新是一种需求诱发、利润驱动的金融现象，不仅推动新的金融产品或服务的发明与创造，还能给人们带来丰厚的利润。数据赋能发挥成本节约效应和创新激励效应，与林业资本要素融合，不仅能够嵌入林业金融资源和融资服务，降低金融服务边际成本，提高信贷资金配给程度，还能够依托网络平台强大的信息流整合能力、计算机云数据处理优势，提高金融资源的配置效率，提供覆盖林业全产业链、全生命周期的金融产品和服务，发展林业普惠金融服务，让小型涉林企业或农民享受优质金融服务。

数据赋能林业管理要素有助于降本增效。数据驱动决策理论认为，在决策过程中充分利用数据来制定战略、规划资源、评估风险等，具有更高的准确性和预测性，能够更好地应对市场的变化和竞争的挑战。数据与林业管理要素融合，通过整合现有各类林业数据到大数据平台，将不同来源、不同业务、不同格式的数据进行统一标准、科学配置、集中存储、规范管理，实现各级林业数据资源的统一整合、访问与共享，让不同层级的林业决策管理部门得到一致信息和精准信息，不仅有助于降低林业资源管理的成本，还能提高林业管理决策的准确性和科学性。

数据要素能够赋能林业产品生产制作工序和服务的各个环节，重塑现代林业产业体系，实现要素资源的跨边界配置与优化。数据赋能发挥长尾效应（武宵旭和任保平，2022），能够挖掘并分析传统林业产业发展模式下难以发现的潜在需求，将闲置和零散的林业主体或要素汇聚起来，并依托大数据平台通过供需的精准对接，减少产品和服务供需中间环节由于信息甄别不当导致的资源错配问题。如数据要素能够聚合并高效匹配林地流转供需信息资源，提高林地资源配置效率。由此可见，数据能够成为指挥林业实体经济运行的"大脑"和"中枢"，并作为"黏合剂"，全面融入林业传统生产要素，促进要素间的连接和流通，打造各类生产要素一体化的林业要素体系，充分发挥数字要素主导现代林业产业运行的决定性作用。

值得注意的是，数据要素赋能森林生态产品价值实现可能存在数据要素"陷阱"（徐翔等，2023）问题，面临数字鸿沟加剧的风险。基于"梅特卡夫法则"，用户数量及用户所提供的数据要素规模越大，对数据要素的使用越充分，越有利于增加自身迭代式创新的能力，从而扩大市场份额、压倒对手（徐翔等，2023）。然而，这将使资源较少、能力较弱的小企业和农民等主体难以充分享有数字红利。此外，数据要素利用受到消费者隐私厌恶的制约（刘征驰等，2023）。

### 14.3.3　技术赋能森林生态产品价值实现的理论逻辑

内生增长理论认为，技术进步是推动经济增长的核心动力。数字技术已成为推动森林生态产品价值实现的重要驱动力（王晓丽等，2024）。随着物联网、大数据、云计算、人工智能、区块链、数字孪生、元宇宙等数字技术的迅猛发展（李丽莉等，2023），数字乡村建设将推动数字技术与林业产业发展深度融合（表14-1），形成以数字技术为依托的新型林业发展模式（孙久文和张翱，2023）。偏向型技术进步理论认为，技术进步不是中性的，它偏向于某一生产要素而演进，从而有利于某些生产要素和个体（张俊和钟春平，2014）。数字乡村建设有助于推动森林生态产品价值实现相关的技术进步，赋能森林生态资源资产化、森林生态资产资本化和森林生态资本资金化，如依托大数据精准勾勒客户画像、人工智能解决人为判断偏差、云计算智慧化生产体系、区块链构建强信任关系（武宵旭和任保平，2022），以及数字孪生、元宇宙的虚实融合等功能，有效破解制约森林生态产品价值实现的"度量难、交易难、抵押难、变现难"及"评估难、担保难、处置难、流转难"等突出难题（王晓丽等，2024），着力推动森林生态产品价值实现的模式和机制发生巨大变革。

在森林生态资源资产化环节，数字技术能够赋能森林资源的保护和修复及森林资源资产化的权属界定，推动森林生态资源资产化。具体来说，物联网监测、卫星遥感监测、智能视频监控、无人机巡护和热成像智能识别等数字技术的综合运用不仅能够跟踪森林生态系统实时状况，及时发现森林消长变化及森林有害生物、火灾等生态灾害，提高森林资源保护和培育的效率，还能够赋能林地林木的权属落界与管理，使林地面积计算更精准、林权界址更清晰、管理服务更便捷。基于交易成本理论，交易成本是双方获取信息、交谈、协商、谈判直至签约等交易过程中所耗费的成本或费用。产权理论认为，产权的存在主要是为了解决存在交易成本时，如何通过初始权利配置提高资源利用效率的问题；清晰的产权能解决外部不经济问题，并在制度上保障资源配置的有效性。因此，数字技术能够有效解决森林生态资源资产化过程中的重要制约和核心困境，即明确生态产品权责归属。

表 14-1　数字技术的特征及其赋能森林生态产品价值实现的理论基础

| 数字技术 | 特征 | 技术赋能的理论基础 | 政策背景 |
| --- | --- | --- | --- |
| 物联网 | 物联网是通过信息传感设备，按约定的协议，将任何物体与网络相连接，物体通过信息传播媒介进行信息交换和通信，以实现智能化识别、定位、跟踪、监管等功能 | 物联网技术赋能森林生态产品价值实现在于能够有效链接林业物质世界和信息网络世界，实现对林木生长环境、林业资源、林木生长状态等信息的实时监测、分析和处理，进而能够有效缓解信息不对称和降低交易成本，还可以通过改变林业信息沟通方式和管理模式，提高林业资源的利用效率和管理与保护水平，进而推动森林生态产品价值实现效率的提升 | 2016 年国家林业局发布的《关于推进中国林业物联网发展的指导意见》明确指出要推动林业核心业务物联网应用，实现物联网技术与林业高度融合 |
| 大数据 | 大数据技术是指通过采集、存储、处理、分析等手段，从海量的数据中提取有价值的信息和知识，帮助人们更好地了解世界、预测未来、优化决策的一种技术 | 大数据技术赋能森林生态产品价值实现，主要体现在能够低成本、高效率、全方位地掌握并管理森林资源现状与发展趋势信息，森林生态产品的生产与供需信息，以及林业多主体决策与管理信息，推动森林资源和生态产品管理信息化、现代化、智能化 | 2013 年国家林业局发布《中国智慧林业发展指导意见》，明确指出要充分利用云计算、物联网、大数据、移动互联网等新一代信息技术，通过感知化、物联化、智能化的手段，形成林业立体感知、管理协同高效、生态价值凸显、服务内外一体的林业发展新模式 |

（续）

| 数字技术 | 特征 | 技术赋能的理论基础 | 政策背景 |
| --- | --- | --- | --- |
| 云计算 | 云计算是指通过计算机网络形成的计算能力极强的系统，能够快速、高效地处理海量数据，可存储、集合相关资源并可按需配置，向用户提供个性化服务；具有服务规模可动态伸缩（弹性）、按需分配服务、虚拟化、高可靠性、泛在接入等特点 | 云计算技术赋能森林生态产品价值实现主要体现在能够有效整合多层级、多主体、多环节、分散式的林业资源数据和决策管理信息，形成安全、稳定、高效、共享的综合一体化信息服务体系，挖掘与分析海量林业数据资源，实现对林业资源的智慧服务（刘亚秋等，2011），进而提高森林资源数据利用效率，提升林业决策水平，推动林业管理降本增效 | 2017 年国家林业局发布的《关于促进中国林业云发展的指导意见》明确指出要发展中国林业云，降低建设运维成本，提高资源使用效率，提升林业信息安全保障水平，加强数据共享利用，提升林业信息化服务能力 |
| 人工智能 | 人工智能是研究、开发用于模拟、延伸和扩展人的智能的理论、方法、技术及应用系统的一门新的技术科学，能够拟人类智能，实现自主学习、自我优化、自适应和自主决策等功能，从而实现自动化、智能化 | 人工智能赋能森林生态产品价值实现在于能够实现林业跨界资源低成本、高效率地再配置，由过去以人工为主导转向自动化智能化方式，推动创新森林资源在生态保护、生态修复、生态灾害防治、生态产业、生态管理等方面的配置方式，提升决策水平与管理效能 | 2019 年国家林业和草原局发布的《关于促进林业和草原人工智能发展的指导意见》指出，要以林业现代化需求为导向，以新一代人工智能与林业融合创新为动力，实现人工智能技术在林业重点建设领域中的示范应用 |
| 区块链 | 区块链是一种新兴的分布式信息技术，能够直接改变以往以货币为介质的市场经济中信息不对称等问题，构建在没有中介辅助下的多个参与方之间的资产交易、价值传递的网络 | 区块链技术能够搭建信任机制重塑森林资源管理方式与权益交易模式，广泛应用于森林经营管理、森林生态产品追溯和森林火灾监测等领域（刘江等，2023），有力推动森林生态产品价值实现。此外，区块链技术能够有效解决林权抵押授信的问题，将中心化的林权抵押贷款系统重构为一个去中心化的系统，通过搭建一种可信的跨机构数据交换及业务执行平台来实现跨机构的信任业务处理模式 | 2021 年工业和信息化部、中央网信办印发《关于加快推动区块链技术应用和产业发展的指导意见》，明确要发挥区块链在产业变革中的重要作用，促进区块链和经济社会深度融合，加快推动区块链技术应用和产业发展 |

（续）

| 数字技术 | 特征 | 技术赋能的理论基础 | 政策背景 |
|---|---|---|---|
| 数字孪生 | 数字孪生是充分利用物理模型、传感器更新、运行历史等数据，集成多学科、多物理量、多尺度、多概率的仿真过程，在虚拟空间中完成映射，从而反映相对应的实体装备的全生命周期过程，具有实时同步、忠实映射、高保真度特性 | 林业数字孪生应用是智慧林业的具体实现手段，将突破虚拟与现实之间的融合、实时更新、智能反馈技术难点，服务于智慧林业的业务需求，从而实现实体—数字模型交互的平行管理与分析决策。数字孪生已在森林动植物智能观测、生态多样性监测、森林质量和健康诊断、森林经营与管理决策、灾害应急响应等方面开展应用，解决了林业全生命周期的信息同步、智能反馈、自然交互和真实体验等难点，驱动林业向数字化、可视化与智能化方向发展 | 2021年国务院发布《"十四五"数字经济发展规划》、中央网络安全和信息化委员会发布《"十四五"国家信息化规划》提出要积极推动数字孪生技术的发展和应用 |
| 元宇宙 | 元宇宙是由区块链、人工智能、交互传感技术等集成类技术赋能的一个实时在线网络，是数字和物理世界相互作用形成的有机生态体系，具备沉浸式体验、开放性、虚拟身份、不断演化、虚实互动、新的确权方式等特点 | 元宇宙技术能够复刻现实世界的森林生态系统，推动林业的数字化衍生、智能化栽培种植与管理展现，通过打造"天空地"一体化生态感知体系，实现林业智慧感知、智慧管理、智慧服务，推动林业信息决策管理定量化和精细化，为政府监管部门提供智能化分析，助力科学决策 | 2023年工业和信息化部办公厅等五部门联合印发《元宇宙产业创新发展三年行动计划（2023—2025年）》，明确元宇宙是新一代信息技术集成创新和应用的未来产业，是数字经济与实体经济融合的高级形态，有望通过虚实互促引领下一代互联网发展，加速制造业高端化、智能化、绿色化升级，支撑建设现代化产业体系 |

在森林生态资产资本化环节，数字技术可以赋能森林生态产品信息普查、生态产品价值核算及品牌价值打造等方面，助力森林生态资本实现价值增值。具体来说，森林生态产品基础信息调查可以全面借助网格化监测、高分辨率卫星影像和地形图等数字技术和数据产品，摸清各类生态产品数量、质量等底数，以及推动森林生态产品目录清单的形成。依靠卫星遥感影像等数字技术可以实现生态产品价值长时序、精准计算，并做到生态产品实物量和价值量在空

间上的表达，尤其是与森林生态系统比重较大的调节服务产品的价值（孔凡斌等，2022a），为森林生态资产资本化奠定价值量化基础。品牌资产理论认为，通过建立和维护包括品牌认知、忠诚度和联想等方面的品牌资产，实现品牌价值创造、维护和增值，可提升企业品牌价值和市场竞争力，从而实现长期可持续发展。数字技术可直接助力区域公用品牌培育、品牌知识产权保护、品牌传播推广等工作，通过打造特色鲜明的生态产品区域公用品牌、提升生态产品溢价，推进森林生态产品价值实现增值。

在森林生态资本资金化环节，数字技术不仅能够在培育生态产品市场、协调生态产品定价和畅通生态产品交易等森林生态产品经营开发方面发挥重要作用，还可以推动森林生态产品保护补偿的数字化发展。具体而言，首先，针对森林生态产品经营开发，培育、构建并发展全国统一的数字化森林生态产品市场是森林生态资本资金化的前提。考虑到森林生态产品在不同区域存在差异的客观实际，在制定并实行森林生态产品行业标准、监管机制、治理体系的基础上，数字技术赋能推动森林生态产品在不同区域和消费主体间有效配置和自由流动。其次，推进森林生态产品定价制度建设是森林生态资本资金化的基础。数字技术的运用能够消除信息不对称性、提高价值评估公平性并规范定价行为，有助于减少交易双方之间的信息模糊，提高交易双方的信誉和交易数据的透明度，降低交易成本。森林物质供给产品和文化服务产品的定价已通过市场机制或政府调控得以确定，森林调节服务产品的定价制度至今仍是亟待解决的问题，人们对森林旅游康养的认知和需求逐渐加强使解决这一问题有了突破口。最后，在畅通生态产品交易方面，依托数字技术建立整体联动、开放共享的生态产品库，通过搭建大数据平台，吸引并汇集客户的需求，根据客户的需求定制服务和产品，实现森林生态产品供需精准对接。此外，依靠数字技术完善绿色金融系统，有助于建立信任机制和透明交易体系，实现生态产品的点对点交易，降低中间环节的成本和风险，有力拓展生态产品权益交易途径。其中，区块链技术能够构建一种让关键利益相关者（买家、卖家、托管人、监管者）保持共享及不可删除记录的数据库（赵金旭和孟天广，2019），可以有效解决林权抵押授信的问题，通过将中心化的林权抵押贷款系统重构为一个去中心化的系统，提供跨机构的信任业务模式，降低业务执行成本。

然而，农业技术扩散理论和农业技术创新理论认为，农业新技术的传播和采纳具有一定的门槛，在初始采纳阶段存在"淘汰效应"（李大胜和李琴，

2007）；新技术成果为农业生产带来的新增效益在各农业主体之间的分配是不均匀的，获益最大的是首先采用新技术成果的农业主体（裴孟荣和袁飞，1996）。因此，技术赋能森林生态产品价值实现面临技术的反向选择问题，甚至可能扩大收入差距。

### 14.3.4  治理赋能森林生态产品价值实现的理论逻辑

森林资源是典型的公共池塘资源。公共池塘资源理论认为，公共池塘资源是兼具非排他性和竞争性的准公共物品，如果没有相应的制度以明确资源使用者和管理者的权利和义务，那么资源退化将成为必然（Ostrom 等，1999）。基于集体行动理论，经济活动中个人理性并不必然导致集体理性。那么，公共池塘资源治理中"公共地悲剧""囚徒困境""集体行动困境"是难以避免的。如果将人类公共事务（如森林治理）视作一群相互依赖的委托人的自我治理过程，能在所有人都面对搭便车、规避责任或其他机会主义行为诱惑的情况下，取得持久共同收益（实现森林资源的可持续利用）而非必然陷入"公地悲剧"的前提是制度设计符合资源特性与社会情境（Ostrom 等，1999）。公共池塘资源自主治理理论认为，"新制度的供给问题""可信承诺问题"及"相互监督问题"是公共池塘资源治理必须解决的三大问题，需要政府、社会组织、企业和个人共同参与。因此，数字乡村建设推动治理要素赋能森林生态产品价值实现着眼于解决上述三大问题。

数字治理是数字技术与治理理论融合渗透的现代综合治理创新形态。基于数字治理理论，数字技术赋能增强政府的效率和公民参与度，实现平等参与，共同协作拟定政策以解决公共问题，并将政策形态化为企业及公民可理解的标准来实施，能够实现政府内部运行及政府、企业、公民社会等主体之间经济社会互动的精准化治理、智能化应对与科学化决策（徐晓林和周立新，2004）。因此，数字治理的维度包括政府内部运行、政府与政府，以及政府与公民社会、政府与企业之间的互动（徐晓林和周立新，2004）。数字治理能够兼顾"赋能"政府组织内部及"赋权"外部市民社会，使任何一位具备数字化素养的主体都能成为信息的生产者、传播者，甚至参与到政府决策过程中来，进而促进政府管理决策走向"以公民为中心"的治理转型之路，推动不同治理主体之间的互动，实现"共商共治共享"的治理模式（沈费伟和叶温馨，2020），进而实现治理提质增效（图 14-3）。

政府内部运行及政府与政府之间的互动，分别是指政府组织的横向和纵

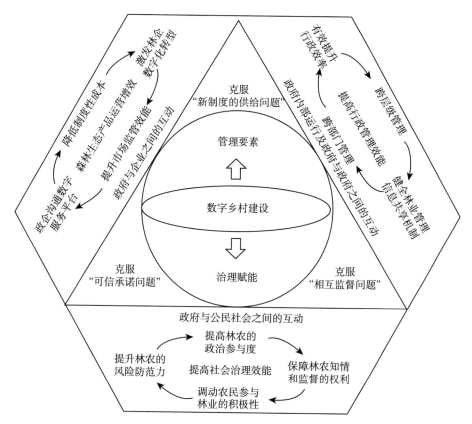

图 14-3　治理赋能森林生态产品价值实现的理论逻辑

向关系。其中，政府组织的横向关系是指不同部门的同级关系，如地方政府间的横向关系及政府组织内部内设机构之间的互动。政府组织的纵向关系是指直接上下级关系，如县级政府、乡级政府、乡政府各职能部门之间的互动。无论是政府内部运行还是政府与政府之间的互动，部门机构的划分使本来完整统一的政府职能被切割，各部门之间缺乏横向信息反馈与自动协调平衡机制，导致部门运转效率不高。聚焦森林资源和林业产业发展的保护修复、监督与管理，推进森林资源优化配置并提高林业产业发展效率是林业部门主要任务之一。数字赋能推动政府组织人、财、物、信息等资源的全面整合，尤其是森林资源各类数据信息的整合，推动健全林业管理信息共享机制，不仅可以提高林业相关政府组织跨部门、跨层级管理的适应性和灵活性及行政管理效率，还能够依托数据和技术平台进行科学预测，提高决策的客观性、准确性和科学性，并及时更新和完善已有制度体系，有力解决"新制度的供给问题"。

政府和企业作为经济社会中的两大运行组织，二者之间的互动关系存在着多种交换模式（金太军和袁建军，2011）。协作共赢是政府和企业之间互动的最终目标。然而，政府和企业之间的互动因缺乏协商与决策的能力、缺少尊重与信任等导致合作绩效低下，主体定位不清晰导致职责和权限混乱，公共问责和监督机制的缺失使"双赢"目标难以实现。因此，有效市场与有为政府的协同并进和高效发力对资源主导型地方避免陷入"资源诅咒"至关重要。森林"资源诅咒"现象至今仍普遍存在（谢煜和王雨露，2020；徐彩瑶等，2023b），数字赋能政府和企业之间的互动或将是破解森林"资源诅咒"的有效途径之一。一方面，数字治理赋能有助于降低制度性成本，通过推动"互联网＋企业服务"模式，建立政企沟通数字服务平台以解决政企"可信承诺问题"，缩短企业的业务办理流程，提供优质便利的涉企服务，优化营商环境。数字治理赋能有力推动政府发挥"扶持之手"帮助林业企业发展，进而为以市场机制实现森林生态产品价值提供条件。另一方面，数字治理赋能有效激发林业企业数字化转型内生动力，通过发挥资源配置优化效应、生产成本降低效应和创新发展驱动效应，助力林业产业转型升级，推动林业一二三产业深度融合，培育林业新业态新模式，推动森林生态产品产业链实现智能化、平台化、品牌化发展，提高森林生态产品运营效率。此外，数字治理赋能构建政企协同智慧化监管新格局，运用数字技术建立新型监管机制以解决政企"相互监督问题"，实现"事前—事中—事后"全链条全领域监管，实现信息数据共享、技术资源共用、监管执法互助，提升市场监管效能，维护公平竞争的市场秩序。

政府与公民社会之间的互动主要聚焦"政府—社会组织—公民"三者，三者之间的合作与协调关系宏观层面有利于实现社会和谐共建，建设和美乡村，微观层面有助于让村民享受发展成果，调动村民参与林业生产、管理和经营的积极性，助力森林生态产品价值实现。然而，公民参与机制不健全、价值体系不均衡、利益诉求多元化等问题是构建政府与公民社会协调关系所面临的挑战（徐顽强，2020）。数字治理赋能政府与公民社会之间互动的核心在于解决政民"可信承诺问题"，不仅可以通过拓宽治理边界，推动公民社会政治参与；通过重塑治理流程，提升公民社会治理效能；还可以通过优化治理工具，增强公民社会风险防范力（黄新华和陈宝玲，2022）。森林生态产品价值实现及林业发展关系林农的切实利益，而森林生态产品价值实现及林业发展归根结底要靠农民。数字治理赋能政府与农民之间的互动，坚持以农民为中心，一方面，数字赋能提高农民的政治参与度，构建多方参与、多元共治和多点联动的数字机制（黄新华和陈宝玲，2022）以克服政民"相互监督问题"，通过丰富农民表达、交流和互动的途径，保障农民知情、参与和监督的权利，有利于制定符合农民利益和需求的政策和制度。另一方面，数字赋能创建不见面审批、一站式办理、最多跑一次、集成套餐移动政务等治理模式（黄新华和陈宝玲，2022），降低交易成本，能够从根本上搭建政府与公民社会的有效联结，提高公共服务效率。此外，数字赋能还能提升农民对风险的防范力和应对力。

## 14.4　数字乡村建设赋能森林生态产品价值实现的创新实践路径

生态产品是释放生态红利、促进经济高质量发展的载体。森林生态产品具有稀缺性、公共物品性、弱可替代性等特征属性，其价值实现需要包括良好的生态本底、社会需求、完善的市场机制等在内的前提条件。数字乡村建设主要通过数据赋能、技术赋能和治理赋能，创新解决森林生态资源资产化环节的森林生态产品调查监测难、森林生态资产资本化环节的价值核算难，以及森林生态资本资金化环节的经营开发难和交易变现难等问题，为森林生态产品价值实现提供强劲动能，同时通过数字乡村建设赋能生态财富共享机制，为可持续推进森林生态产品价值实现提供保障（图 14-4）。

### 14.4.1　数字乡村建设赋能生态保护与权属界定促进森林生态资源资产化

数字乡村建设通过数据、技术和治理赋能森林资源的保护和修复及森林资源资产化的权属界定，克服森林生态产品调查监测难的问题，有力推动森林生态资源资产化。

第一，依托数据赋能和技术赋能完善森林资源及生态产品动态监测体系，实现森林资源动态实时监测与立体感知，提升森林资源保护水平，持续扩大优质森林生态产品供给。同时，优化监测体系的级联效应，健全国家—省—市—县各级及各部门之间数据传输网络和共享机制，构建村、乡、县、市、省、国家"六级联动"的数字化监测平台，为全面保护、有效管理和可持续利用森林资源提供支撑。实践中，上海市开发智慧林业一体化平台"Smart Forestry AI"，林业场景中出现的林地空秃、林下套种、违章建筑等可快速识别并通过数字化方式呈现，实时展示整个区域的违规场景，让林业监管与稽查变得"智

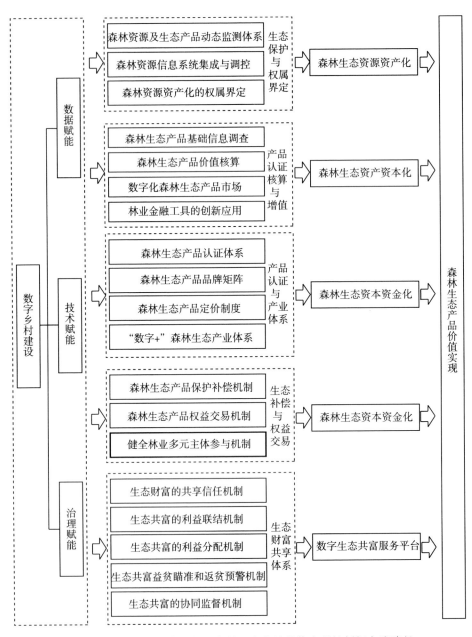

图 14-4　数字乡村建设促进森林生态产品价值实现的创新实践路径

慧"起来。浙江省开化县在全国率先打造林业数字孪生智治系统，综合森林生态资源数据，不仅为发展林下经济提供精准指导，还让松材线虫病防控变得更加科学有效，发挥良好示范引领作用。

第二，依托技术赋能和治理赋能实现森林资源信息系统集成与调控，逐步提升森林灾害防控与治理能力。通过综合运用智能视频监控、物联网监测、卫星监测、无人机巡护和热成像智能识别等数字技术，森林有害生物、火灾等生态灾害的防治防控能力显著提升。实践中，浙江省推动数字化管理和松材线虫病疫情防控工作深度融合，创建"天空地"一体化实时监测体系和林区灾害智能防控平台，整合护林巡护系统和"数字森防"智控综合管理平台等资源，实现"人防＋物防＋智防"全链条闭环管理，一体化推进森林资源保护，成效显著。

第三，依托数据、技术和治理赋能林权数字化改革，推动森林资源资产化的权属界定。通过运用卫星遥感、无人机等技术助力林地林木的权属落界与管理，实现林地面积准确到户、落界上图，为森林资源管理与林农权益服务效能的提升奠定基础。与此同时，进一步依托林地权属落界成果，在明确林地权属范围、面积和资源情况的基础上，有效核定林地流转的价值，为经营权流转、抵押贷款、碳汇交易等森林生态产品价值实现提供基础。实践中，福建省武平县通过引入区块链技术，实现林权数据和林农档案上链与共享，有效破解林业数据壁垒坚固、信息不对称、林权抵押贷款程序冗长等难题，在提高森林生态产品价值实现效率和促农增收方面成效显著。

## 14.4.2　数字乡村建设赋能产品价值核算与增值促进森林生态资产资本化

数字乡村建设通过数据、技术和治理赋能森林生态产品信息调查、森林生态产品价值核算、培育生态产品市场及创新生态林业绿色金融工具，助力森林生态资本实现价值增值，推进森林生态资产资本化。

第一，依托数据和技术赋能森林生态产品基础信息调查，高效推进森林生态产品目录清单编制工作。通过全面运用网格化监测、高分辨率卫星影像和地形图等数字技术和数据产品进行森林生态产品基础信息调查，精确掌握不同类型生态产品数量、质量等基础信息，进而形成森林生态产品目录清单。

第二，依托数据、技术和治理赋能森林生态产品价值核算，实现跨部门跨层级的森林生态产品管理。运用卫星遥感影像、云计算等数字技术可以实现森林生态产品价值长时序、精准核算，并实现森林生态产品实物量和价值量的空间可视化表达，尤其是占森林生态系统比重较大的调节服务类生态产品的价值核算与表达（孔凡斌等，2022a），为森林生态资产资本化奠定价值量化基础。实践中，作为全国首个生态产品价值实现机制试点市的浙江省丽水市，依托卫星遥感、物联网等技术手段，建立了立体化、实时化、数字化全域生态环境监测网络和"空天地"一体化的生态产品信息数据资源库，实现了对全市生态底数及变量的实时获取和分析管控；针对生态系统生产价值"难度量、难抵押、难交易、难变现"的问题，数字化平台还能实现 GEP（生态系统生产总值）精准核算，并自动生成核算报告、发布交易需求。

第三，通过数据、技术和治理赋能构建并发展全国统一的数字化森林生态产品市场，为森林生态资产资本化提供重要保障。考虑到森林生态产品在不同区域存在差异的客观实际，加快数据、技术和治理赋能推动森林生态产品认证体系、行业标准、监管机制、治理体系的制定和完善，推动森林生态产品在不同区域和消费主体间有效配置和自由流动，形成全国统一的数字化森林生态产品市场。

第四，加快数据、技术和治理赋能林业金融工具的创新应用，为森林生态资产资本化拓展融资渠道，丰富衍生林业相关产业和交易形式，拓展森林生态产品价值实现路径。要加快绿色债券、绿色信贷、绿色保险等绿色金融工具在森林生态产品价值实现实践中的应用，为森林生态产业发展壮大提供持续的资金支持。实践中，多地积极探索设立"两山银行""森林银行"等金融服务平台（崔莉等，2019），开发生态债券、生态保险等金融产品，推动森林生态资产资本化。与此同时，创新设立林业碳汇、林下经济、古树名木等的保险，推动森林生态产品价值实现。此外，利用数字技术赋能林业绿色信息监测与分析模型，量化环境效益和转型风险，提升绿色金融风险防控能力和市场效率，助推林业绿色金融发展，为森林生态资产资本化提供持续动力。例如，江西省吉安市安福县就"林业碳汇遥感指数保险"达成协议并签署保险合同，把森林受到保险合同中约定的自然灾害和意外事故对林木的损失指数化为碳汇损失，通过卫星遥感技术进行碳汇监测和理赔服务，为森林碳汇的经济价值提供保障。

### 14.4.3 数字乡村建设赋能产品认证与产业体系促进森林生态资本资金化

数字乡村建设通过数据、技术和治理赋能森林生态产品认证、森林生态产品品牌建设、协调森林生态产品定价、构建"数字＋"森林生态产业体系，推动森林生态产品可交易化，为森林生态产品经营开发提供动力，进而促进森林生态资本资金化。

第一，加快构建全国统一的森林生态产品认证体系，创造森林生态资本资金化的前提条件。要在明确森林生态产品内涵与分类的基础上，建立统一的森林生态产品标准、认证、标识体系，这是推动森林可持续经营、培育森林生态产品市场的必然要求，也是加强森林生态产品供给侧结构性改革、提升森林生态产品供给质量和效率的重要举措。因此，需要加快数字赋能构建森林生态产品认证体系，推动森林生态产品规范管理，促进森林生态产品价值实现。实践中，实施国家森林生态标志产品建设工程是党的十八大以来林业产业发展的重点工程之一[①]，依托该工程建立起产品标准体系、生产基地体系、追溯体系、检测体系和便捷的保险赔付机制等。因此，森林生态产品认证体系构建可以融合森林生态标志产品建设所建立起的体系和机制。

第二，着力打造特色鲜明的森林生态产品品牌矩阵，推动森林生态资本资金化重要内容落地生效。数字技术可直接助力包括区域公用品牌、企业品牌、产品品牌等在内的品牌矩阵培育、品牌知识产权保护、品牌传播推广等工作。例如，由湖南、江西两省共同打造的以湘赣两省革命老区红色基因文化内涵、地域特性及产业发展特色为基础的农业区域公用品牌"湘赣红"，通过打造品牌数字地图，将每个产品的原产地进行数字化上图，实现产品源头可追溯。同时，利用时空技术记录农事生产活动的全过程，从而实现生产过程数字化，消费者可通过照片或视频查看农事活动场景，且依托数字技术保证农事活动信息不可篡改，大大增强了消费者对品牌的信任度。

第三，探索推进森林生态产品定价制度建设，夯实森林生态资本资金化的基础。森林物质供给类生态产品和文化服务类生态产品的定价绝大部分已通过市场机制或政府调控得以确定，森林调节服务类生态产品的定价制度至今仍有待解决。理论上，生态产品价格应充分考虑生态产品生产资料属性及其外部性，采用以满足"提供优质生态产品"为目标的市场化路径进行定价（张英等，2016）。实践中，森林调节服务类生态产品的市场价格远低于其社会价值。人们对森林康养的认知和需求的逐渐加强，使森林调节服务类生态产品价值的实现有了突破口。党的十八大以来，我国森林康养蓬勃发展，全国各类型森林康养基地 4 000 余家，成为新时期林草行业发展新业态，森林旅游康养产业发

---

① 2017 年，国家林业局发布《关于实施森林生态标志产品建设工程的通知》，提出实施森林生态标志产品建设工程。2017 年、2018 年中央 1 号文件明确提出实施森林生态标志产品建设工程，目的是增加绿色、生态、安全林产品的有效供给，引导绿色生产和绿色消费，促进林业产业绿色健康发展。

展成效明显。虽然数字技术在森林康养旅游产业的运用已经开展，但目前所提的"互联网＋森林康养"仅体现在互联网销售和宣传两个环节（刘易莎，2021）。为此，要加快运用数字技术赋能和治理赋能推动森林生态产品在森林康养产业各类项目中的占比，结合各类项目的市场需求，精确指导包括调节服务类生态产品在内的森林生态产品定价，形成数字森林生态产品定价机制，推动森林生态产品价值的溢价增效。

第四，加快构建"数字＋"森林生态产业体系，突破森林生态资本资金化的重要环节。数字技术和数字治理赋能森林生态产业体系，畅通生态产品生产、加工、储运、销售和消费等环节，破解森林生态资本资金化环节的经营开发难和交易变现难的问题。具体而言，要依托数字技术建立整体联动、开放共享的森林生态产品数字化交易中心，推动森林生态产品全产业链实现信息共享，拓宽销售渠道，把优质特色森林生态产品推向社会大众；要根据客户需求定制服务和产品，实现森林生态产品供需精准对接；要通过建立森林生态产品信息集中发布和预测预警系统，维护森林生态产品生产者、经营者、消费者权益；要建立森林生态产品质量追溯机制，健全森林生态产品全过程监督体系，实现森林生态产品信息可查询、质量可追溯、责任可追究；还要建立森林生态产品创新服务平台，着力突破森林生态产品价值实现的瓶颈制约。实践中，南京市公共资源交易中心以数据资源共建、共享、共用为突破口，创新打造"全景展示、数据汇集、分析研判、监测预警、评价评测"的"阳光四季"公共资源交易一体化智慧云平台，将服务、监管、监控、预测、预警、评价等功能高度贯通，实现交易全程"一屏统管"。

### 14.4.4　数字乡村建设赋能生态补偿与权益交易促进森林生态资本资金化

数字乡村建设通过数据、技术和治理赋能完善森林生态产品保护补偿机制、森林生态产品权益交易机制，健全多元主体参与机制，是数字赋能促进森林生态资本资金化与农村共同富裕的重要路径和保障条件。

第一，探索数据、技术和治理赋能完善森林生态产品保护补偿机制的实践路径。着力解决森林生态补偿的精准性不够高、生态补偿整体效率偏低等突出问题，实现生态补偿对象的信息整合，精准服务到每一位补偿个体。具体来说，要通过融合地理信息系统（GIS）、遥感技术（RS）和全球定位系统技术（GPS）即3S技术，实现高效率、低成本的实时探测、精准定位，为森林生态补偿数字化发展提供重要基础。运用Web服务共享技术推动实现不同补偿主体之间的链接，从而实现资源的交互与共享，以合理指导各主体进行活动。通过汇集多媒体技术、仿真技术与网络 Web 技术的虚拟化技术，推动实现将虚拟化场景与数据处理和分析相结合，用于指导森林生态补偿可应用的仿真与预测。

第二，依托数据、技术和治理赋能森林生态产品权益交易机制，拓展森林生态产品权益交易的实践路径，有效促进森林调节服务产品价值实现。固碳服务是森林生态系统调节服务的重要组成部分，对于碳中和目标的实现具有重要意义（徐彩瑶等，2023a）。要广泛推广碳汇贷这一森林生态系统固碳服务产品典型价值实现模式，依托数字技术打造林业碳汇数字化交易平台，开发"林业碳汇贷""森林碳汇保险"等产品，以有效推动林业碳汇生态产品价值实现。此外，区块链技术能够赋能林权抵押贷款的技术应用，构建一种让关键利益相关者（买家、卖家、托管人、监管者）保持共享及不可删除记录的数据库（赵金旭和孟天广，2019），以有效解决林权抵押授信的问题。还可以通过将中心化的林权抵押贷款系统重构为一个去中心化的系统，提供跨机构的信任业务模式，以有效降低业务执行成本。实践中，福建省武平县在全国率先推出用林权证直接抵押贷款的普惠金融产品"惠林卡""兴林贷"，上线林业金融区块链融资平台，可以较好地解决林农贷款"评估难、担保难、处置难、流转难"等问题。

第三，加快数据、技术和治理赋能健全林业多元主体参与机制，全面推动政府、企业、公民组织形成利益共同体，切实保障森林资源高质量保护和可持续经营，促进农村集体经济发展和农民收入增加。要充分调动农民参与，积极吸纳社会资本和民间资本，打造"政府监督、企业管理、村民参与"的森林生态产品的可持续经营开发模式，以有效缓解政府财政压力，盘活森林生态产品存量，实现森林生态产业化发展成果共享。要重点推动建立健全数字治理赋能多元主体参与机制，协同推动森林生态产品价值实现与农村经济发展和农民收入增长，以数字治理为切入口构建森林生态产品价值实现协同治理共同体，以数据共享与协同为基础，依托大数据和区块链等数字技术，通过跨部门的数据共享、组织重构、流程再造、业务联动、窗口建设等助推多元主体间完整数据的呈现，推动森林生态产品价值实现治理效能的整体提升。

## 14.4.5　数字乡村建设赋能生态财富共享体系促进森林生态产品价值实现

收入分配差距作为财富分配制度性缺陷的直接体现，不仅是制约森林生态产品价值实现的现实问题，也是影响森林生态产品价值实现可持续推进的根源所在。数字乡村建设赋能推进森林生态资源资产化、森林生态资产资本化、森林生态资本资金化等森林生态产品价值实现的各个环节，这决定了生态财富"蛋糕"的大小。生态财富共享体系的构建则决定了生态财富"蛋糕"的分配，这是保障森林生态产品价值实现持续推进和健康发展的基础。数字乡村建设依托数据、技术和治理赋能建立健全生态财富共享体系，通过构建生态财富的共享信任机制、利益联结机制、益贫瞄准和返贫预警机制、协同监督机制，搭建数字生态共富服务平台，激发林农参与森林生态产品价值实现的内生动力，为持续推进森林生态产品价值实现提供重要保障。

第一，数字乡村建设赋能生态财富的共享信任机制，是生态财富共享体系的基础条件。农村是森林资源的富集区，尤其是集体所有制框架下的森林生态资产，因其产权的集体性、成员权的公平性及收益的共享性等特性，具有生态财富共享的先天优势。生态财富共享的信任机制旨在保障共享的安全性，是生态财富共享的前提，也是推动实现共同富裕的制度性基础。在生态财富共享体系中，生态资产与个人信息的共享是不可避免的。数字赋能生态财富共享的信任机制，通过区块链等数字技术，有效破除信息、数据等在林业不同部门、不同主体之间的壁垒并重塑信任保障体系，实现多元林业主体参与资产分配与财富共享，为数字乡村建设协同推进森林生态产品价值实现奠定基础。实践中，浙江省龙泉市林业局率先研发林地征占用、林权管理、林木采伐和木材运输等十几个业务应用系统，构建数字服务平台——"益林共富"多跨场景应用，推动林区治理信息化向数字化转变，以数字化落界化解山林纠纷、创新林权流转促产业发展、整合数据实现智能化监管，其中的"产业链动"子场景，促成9家外地竹木电商企业回归龙泉，6家电商企业跻身竹木产品类目全国销售前十；以三产引二产促一产，带动竹木产业高质高效发展，有效释放本地毛竹需求1800多万株，交易额达2.3亿元，促进林农增收。

第二，数字乡村建设赋能生态共富的利益联结机制，是生态财富共享体系的核心内容之一。森林生态产品价值实现的各个环节涉及不同主体参与，构建行之有效且科学合理的多元主体利益联结机制是生态共富的动力和生态财富共享体系得以运转的关键。鼓励社会资本与林农开展合作经营，引导林业龙头企业、国有林场、新型林业经营主体等以股份、合作、托管等模式，与林农建立紧密的利益联结机制，让林农分享加工、销售等产业链各个环节的增值收益，是森林生态产品价值实现促进山区农村共同富裕的重要路径。数字赋能生态共富的利益联结机制，通过数据赋能实现信息互通、公开透明以破除林农信息不对称问题，依托大数据、物联网、区块链等数字技术赋能，通过建立数字风险基金等形式实现林业全产业链权责明晰、收益紧密联结以破解林农主体地位较弱且抗风险能力较差的问题，通过数字治理赋能实现林业多元主体共建共营共治的林业发展新格局，有力推动森林生态产品价值实现促进农村共同富裕。

第三，数字乡村建设赋能生态共富的利益分配机制，是生态财富共享体系的核心内容之二。利益分配机制决定了"蛋糕"的分配，是森林生态产品价值实现的动力源泉。农民林业专业合作社旨在通过互助合作的方式，维护林农权益、促进林农增收。理论上，农民林业专业合作社等林业合作组织能够有效解决千家万户的小生产与千变万化的大市场连接的交易费用大和风险成本高的问题，是推动森林生态产品价值实现促进共同富裕的重要组织形式。然而，农民林业专业合作社由于在实际运营过程中可能存在利益联结机制不健全导致利益分配不均，从而产生可持续性不强或名不副实、形同虚设等问题。利益分配不均或收益有限是林农合作意愿较弱的症结所在（廖文梅等，2012）。建立合理的利益分配机制是农民林业专业合作社的重要内容。数据、技术、治理等数字要素嵌入森林生态产品收益分配，通过数据和技术赋能全生命周期记录并建立政府、村集体、企业和林农等不同主体之间采用按交易量（额）返还、按股分红或双重分配等形式进行初次分配的利益纽带，通过治理赋能协同开展生态补偿等财政转移支付形式的二次分配，以及捐赠、帮扶等形式的第三次分配，推动森林生态产品价值实现促进共同富裕的利益合理、公平分配，有力保障森林生态产品价值实现。

第四，数字乡村建设赋能生态共富的益贫瞄准和返贫预警机制，是生态财富共享体系的利益保障机制，也是重要的兜底性措施。数字乡村建设赋能搭建益贫防返贫监测预警平台，构建益贫防返贫监测一张图，对帮扶基本信息、致贫原因、"两不愁三保障"、收支情况、帮扶措施、帮扶记录等信息进行可视化动态分析，对接医保、卫健、教育、民政、住建、残联等部门，利用信息共享和线上数据分析，实现对因病、因学、因灾、因残等返贫致贫风险的预警，及时发现存在返贫可能性的农户，并通过平台提醒帮扶单位或责任人采取针对性帮扶措施，同时借助大数据等数字技术，建立益贫瞄准机制，优先安排低收入林农参与森林生态保护修复、森林质量提升工程和森林生态产业发展。

第五，数字乡村建设赋能生态共富的协同监督机制，是生态财富共享体系的重要保障。生态财富共享体系的执行与落实需要完善的法律与监管机制作支撑。数字乡村建设赋能林业产业发展实现全面制度化监督，构建全流程、全链条、全天候的权力运行监督机制，确保权力运行可查、可控、可追溯，破解跨部门跨区域的权力监督问题。同时数字技术赋能公众参与监督，让林农及时了解林业产业发展情况，提高林业产业管理透明度。

最后，数字生态共富服务平台是生态财富共享体系的重要载体，是推动森林生态产品价值实现和农村共同富裕的集成中心。数字生态共富服务平台以森林资源管理、林业产业发展、生态财富共享、行政管理监督等为一级模块，以森林生态产品价值实现及其促进共同富裕的不同环节和面向的多元主体为二级模块，实现对森林资源、林业产业和生态共富的全面监测、集中管理、综合调度，为持续推进森林生态产品价值实现提供重要支撑。

# 参 考 文 献

安强身，刘俊杰．数字经济发展与地区全要素生产率提升：基于中国省际面板数据的实证
检验［J］．长安大学学报（社会科学版），2022，24（2）：32－44.

安同良，杨晨．互联网重塑中国经济地理格局：微观机制与宏观效应［J］．经济研究，
2020，2：4－19.

白金珂，李笑雨，王力．1980s 与 2020s 青藏高原南部土壤质量变化［J］．应用生态学报，
2023，34（5）：1367－1374.

蔡继明，刘媛，高宏，等．数据要素参与价值创造的途径：基于广义价值论的一般均衡分
析［J］．管理世界，2022，38（7）：108－121.

曹婧博，康琛宇．数字经济驱动中国资源型城市高质量发展的门槛效应［J］．资源科学，
2023，45（11）：2234－2247.

曹林，周凯，申鑫，等．智慧林业发展现状与展望［J］．南京林业大学学报（自然科学
版），2022，46（6）：83－95.

曾晨，程轶皎，吕天宇．基于生态系统健康的国土空间生态修复分区：以长江中游城市群
为例［J］．自然资源学报，2022，37（12）：3118－3135.

曾贤刚，虞慧怡，谢芳．生态产品的概念、分类及其市场化供给机制［J］．中国人口•资
源与环境，2014，24（7）：12－17.

曾贤刚．生态产品价值实现机制［J］．环境与可持续发展，2020，45（6）：89－93.

曾永明，骆泽平，汪瑶瑶．人口流迁对长江经济带区域经济差距的影响及空间溢出效应
［J］．热带地理，2021，41（6）：1258－1269.

陈花丹，何东进，游巍斌，等．基于能值分析的天宝岩国家级自然保护区森林生态系统服
务功能评价［J］．西南林业大学学报，2014，34（4）：75－81.

陈慧霖，李加林，田鹏，等．浙江省沿海县域生态效率评价［J］．生态学杂志，2022，41
（4）：760－768.

陈坤，朱庆莹，陈银蓉．城镇非均衡发展对农业生产效率提升的影响与空间效应分析［J］．
农业现代化研究，2022，43（1）：80－88.

陈梅，纪荣婷，刘溪，等．"两山"基地生态系统生产总值核算与"两山"转化分析：以
浙江省宁海县为例［J］．生态学报，2021，41（14）：5899－5907.

陈倩茹，陈彬，谢花林，等．数字赋能生态产品价值实现：基本逻辑与典型路径［J］．中

国土地科学，2023，37（11）：116 - 127.

陈少强，覃凤琴 . 生态补偿财政政策：现状、问题与建议［J］. 地方财政研究，2023（2）：
51 - 58.

陈诗一，陈登科 . 雾霾污染、政府治理与经济高质量发展［J］. 经济研究，2018，53（2）：
20 - 34.

陈潭 . 国家治理的大数据赋能：向度与限度［J］. 中南大学学报（社会科学版），2021，27
（5）：133 - 143.

陈志刚，姚娟 . 环境规制、经济高质量发展与生态资本利用的空间关系：以北部湾经济区
为例［J］. 自然资源学报，2022，37（2）：277 - 290.

陈遵一 . 安徽农业生态效率评价：基于 DEA 方法的实证分析［J］. 安徽农业科学，2012，
40（17）：9439 - 9440，9443.

陈遵一 . 基于生态效率视角的安徽工业发展现状分析［J］. 经济研究导刊，2011（36）：
125 - 126.

程开明，李泗娥 . 全要素生产率指数：演变、比较及展望［J］. 统计学报，2022，3（1）：
11 - 26.

程文杰，孔凡斌，徐彩瑶 . 国家试点区森林调节类生态产品价值转化效率初探［J］. 林业
经济问题，2022，42（4）：354 - 362.

崔莉，厉新建，程哲 . 自然资源资本化实现机制研究：以南平市"生态银行"为例［J］.
管理世界，2019，35（9）：95 - 100.

戴芳，冯晓明，宋雪霏 . 森林生态产品供给的博弈分析［J］. 世界林业研究，2013，26
（4）：93 - 96.

邓慧慧，杨露鑫 . 雾霾治理、地方竞争与工业绿色转型［J］. 中国工业经济，2019（10）：
118 - 136.

邓旋 . 财政支出规模、结构与城乡收入不平等：基于中国省级面板数据的实证分析［J］.
经济评论，2011（4）：63 - 69.

邓元杰，姚顺波，侯孟阳，等 . 退耕还林还草工程对生态系统碳储存服务的影响：以黄土
高原丘陵沟壑区子长县为例［J］. 自然资源学报，2020，35（4）：826 - 844.

丁鹏 . 浙江省县域经济差异演变及其协调发展研究［D］. 杭州：浙江大学，2013.

董孟君 . 基于 GEP 的资源枯竭型城市生态用地时空演变及其效应研究［D］. 徐州：中国矿
业大学，2022.

董敏杰，李钢，梁泳梅 . 中国工业环境全要素生产率的来源分解：基于要素投入与污染治
理的分析［J］. 数量经济技术经济研究，2012，29（2）：3 - 20.

董雪兵，孟顺杰，辛越优 . "山海协作"促进共同富裕的实践、创新与价值［J］. 浙江工
商大学学报，2022（5）：111 - 122.

董祚继 . 探索一条符合中国实际的乡村振兴之路：浙江省农村全域土地综合整治的实践与

前瞻 [J]. 今日国土，2020 (12)：19 - 24.

窦亚权，杨琛，赵晓迪，等. 森林生态产品价值实现的理论与路径选择 [J]. 林业科学，2022，58 (7)：1 - 11.

樊杰，赵浩，郭锐. 我国区域发展差距变化的新趋势与应对策略 [J]. 经济地理，2022，42 (1)：1 - 11.

范利平，葛晓霞. 广西右江百色水利枢纽工程生态产品价值核算研究 [J]. 水利水电快报，2023，44 (1)：96 - 102.

方锋. 长株潭地区生态产品价值实现的路径选择研究 [D]. 长沙：湖南农业大学，2020.

方剑强，黄培松. 浅谈龙泉市林权数字化权属落界的实践模式 [J]. 浙江国土资源，2022 (11)：22 - 23.

冯彦，董超，包庆丰. 中国城镇化对森林生态安全的影响 [J]. 生态学报，2022，42 (7)：2984 - 2994.

付凌晖. 我国产业结构高级化与经济增长关系的实证研究 [J]. 统计研究，2010，27 (8)：79 - 81.

付名煜，叶琳，金陈泰，等. 康养产业激活乡村振兴"一池春水" [N]. 丽水日报，2021 - 04 - 15 (6).

傅琳琳，毛小报，毛晓红. 浙江省"绿水青山就是金山银山"转化的实践模式与路径创新 [J]. 浙江农业科学，2020，61 (12)：2469 - 2473，2477.

干春晖，郑若谷，余典范. 中国产业结构变迁对经济增长和波动的影响 [J]. 经济研究，2011，46 (5)：4 - 16，31.

干春晖，郑若谷. 改革开放以来产业结构演进与生产率增长研究：对中国 1978—2007 年"结构红利假说"的检验 [J]. 中国工业经济，2009 (2)：55 - 65.

高帆. 县域发展的战略意义、基本特征及政策建议 [J]. 国家治理，2022 (10)：13 - 19.

高吉喜，李慧敏，田美荣. 生态资产资本化概念及意义解析 [J]. 生态与农村环境学报，2016，32 (1)：41 - 46.

高锦杰，张伟伟. 绿色金融对我国产业结构生态化的影响研究：基于系统 GMM 模型的实证检验 [J]. 经济纵横，2021 (2)：105 - 15.

高利红，苏达. 乡村振兴与生态产品价值实现的法律协同 [J]. 中南民族大学学报（人文社会科学版），2023，43 (5)：119 - 127，186.

高攀，南光耀，诸培新. 资本循环理论视角下生态产品价值运行机制与实现路径研究 [J]. 南京农业大学学报（社会科学版），2022，22 (5)：150 - 158.

高晓龙，程会强，郑华，等. 生态产品价值实现的政策工具探究 [J]. 生态学报，2019，39 (23)：8746 - 8754.

高晓龙，林亦晴，徐卫华，等. 生态产品价值实现研究进展 [J]. 生态学报，2020，40 (1)：24 - 33.

高晓龙，郑华，欧阳志云 . 生态产品价值实现愿景、目标及路径研究 ［J］. 中国国土资源经济，2023，36（5）：50-55.

葛宣冲 . 欠发达地区乡村生态资源价值化的发展路径探究 ［J］. 现代经济探讨，2022（11）：116-122.

龚勤林，陈说 . 基于资本循环理论的区域优势转化与生态财富形成研究：兼论绿水青山就是金山银山的理论逻辑与实现路径 ［J］. 政治经济学评论，2021，12（2）：97-118.

顾海峰，卞雨晨 . 绿色信贷能否缓解银行系统性风险：基于中国 22 家上市银行的证据 ［J］. 经济理论与经济管理，2022，42（11）：42-56.

郭炳南，王宇，张浩 . 长江经济带数字经济时空演变、区域差异及空间收敛 ［J］. 华东经济管理，2023，37（4）：24-34.

郭峰，熊云军，石庆玲等 . 数字经济与行政边界地区经济发展再考察：来自卫星灯光数据的证据 ［J］. 管理世界，2023，39（4）：16-34.

郭家堂，骆品亮 . 互联网对中国全要素生产率有促进作用吗？ ［J］. 管理世界，2016，10：34-49.

郭占恒 . 推动山区 26 县跨越式高质量发展 ［J］. 浙江经济，2022（2）：11-12.

韩宝龙，欧阳志云 . 城市生态智慧管理系统的生态系统服务评估功能与应用 ［J］. 生态学报，2021，41（22）：8697-8708.

郝政，刘艳峰，蒲小彤 . 组态视角下生态产品价值实现的路径研究：基于 30 个省市的模糊集定性比较分析 ［J］. 福建论坛（人文社会科学版），2022（12）：87-100.

何德旭，程贵 . 绿色金融 ［J］. 经济研究，2022，57（10）：10-17.

何林源 . 生态产品价值实现政策的发展历程 ［J］. 浙江农业科学，2023，64（4）：985-991.

何维达，温家隆，张满银 . 数字经济发展对中国绿色生态效率的影响研究：基于双向固定效应模型 ［J］. 经济问题，2022（1）：1-8，30.

何晓玲，赵希元 . 浙江奋力建设共同富裕林业示范区 ［J］. 浙江林业，2021（7）：18-19.

何银春，陈果，曾斌丹，等 . 长江国家文化公园高质量景区空间分布格局及其影响因素 ［J］. 地域研究与开发，2023，42（6）：93-100.

何映红，韦素琼 . 海岛地区"两山"转化机制和路径研究：以平潭综合实验区为例 ［J］. 亚热带资源与环境学报，2022，17（2）：87-94.

洪子燕，杨再 . 从黄土高原的历史变迁讨论种草种树和生态产品的转化问题 ［J］. 豫西农专学报，1985（1）：70-76.

侯建坤，陈建军，张凯琪，等 . 基于 InVEST 和 GeoSoS-FLUS 模型的黄河源区碳储量时空变化特征及其对未来不同情景模式的响应 ［J］. 环境科学，2022：1-14.

胡凯群，林美霞，奓涛，等 . 快速城镇化过程中的城市蔓延与生态保护冲突空间识别与量化评估：以长三角生态绿色一体化发展示范区为例 ［J］. 生态学报，2022，42（2）：

462 - 473.

胡平波，钟漪萍．政府支持下的农旅融合促进农业生态效率提升机理与实证分析：以全国休闲农业与乡村旅游示范县为例［J］．中国农村经济，2019（12）：85 - 104．

胡歆韵，杨继瑞，郭鹏飞．数字经济与全要素生产率测算及其空间关联检验［J］．统计与决策，2022，38（4）：10 - 14．

胡援成，肖德勇．经济发展门槛与自然资源诅咒：基于我国省际层面的面板数据实证研究［J］．管理世界，2007（4）：15 - 23，171．

胡振通，王亚华．中国生态扶贫的理论创新和实现机制［J］．清华大学学报（哲学社会科学版），2021，36（1）：168 - 180，206．

黄如良．生态产品价值评估问题探讨［J］．中国人口·资源与环境，2015，25（3）：26 - 33．

黄文正．人力资本积累与产业结构升级的关系：基于 VAR 模型的实证分析［J］．经济问题探索，2011（3）：24 - 27．

黄小燕，李侠．数字经济对产业结构升级的效应研究：以安徽省为例［J］．宜春学院学报，2023，45（2）：34 - 40．

黄新华，陈宝玲．治理困境、数字赋能与制度供给：基层治理数字化转型的现实逻辑［J］．理论学刊，2022（1）：144 - 151．

黄永春，宫尚俊，邹晨等．数字经济、要素配置效率与城乡融合发展［J］．中国人口·资源与环境，2022，32（10）：77 - 87．

冀玄玄，姜军松．粮食主产区农业生态效率时空演变及影响因素研究［J］．统计与决策，2024，40（1）：91 - 96．

江艇．因果推断经验研究中的中介效应与调节效应［J］．中国工业经济，2022（5）：100 - 120．

姜钰，姜佳玮．林业技术进步对林业产业结构升级影响的空间效应［J］．东北林业大学学报，2021，49（5）：148 - 152．

金绍荣，任赞杰．乡村数字化对农业绿色全要素生产率的影响［J］．改革，2022（12）：102 - 118．

金太军，袁建军．政府与企业的交换模式及其演变规律：观察腐败深层机制的微观视角［J］．中国社会科学，2011（1）：102 - 118，222．

靳诚，陆玉麒．我国生态产品价值实现研究的回顾与展望［J］．经济地理，2021，41（10）：207 - 213．

靳文辉，王星云．地方政府组织结构的优化进路［J］．理论探索，2020（2）：54 - 59．

柯善咨．中国城市与区域经济增长的扩散回流与市场区效应［J］．经济研究，2009，44（8）：85 - 98．

孔凡斌，程文杰，徐彩瑶，等．国家试点区森林生态资本经济转换效率及其影响因素［J］．

林业科学，2023b，59（1）：1-11.

孔凡斌，程文杰，徐彩瑶.数字经济发展能否提高森林生态产品价值转化效率：基于浙江省丽水市的实证分析［J］.中国农村经济，2023a（5）：163-184.

孔凡斌，崔铭烨，徐彩瑶，等.浙江省森林生态产品价值实现对城乡差距的影响［J］.林业科学，2023c，59（1）：31-43.

孔凡斌，陆雨，徐彩瑶.数字经济发展、森林生态产品价值实现与城乡收入差距［J］.林业科学，2024，60（5）：1-21.

孔凡斌，王宁，徐彩瑶，等.浙江省山区26县森林生态产品价值实现对城乡收入差距的影响［J］.林业科学，2023d，59（1）：44-58.

孔凡斌，王宁，徐彩瑶."两山"理念发源地森林生态产品价值实现效率［J］.林业科学，2022a，58（7）：12-22.

孔凡斌，王宁，徐彩瑶.山区林业产业发展对城乡收入差距的影响机制：基于就业与收入中介效应的视角［J］.自然资源学报，2024，39（1）：62-83.

孔凡斌，徐彩瑶，陈胜东.中国生态扶贫共建共享机制研究［M］.北京：中国农业出版社，2022.

孔凡斌，徐彩瑶.生态共富的理论逻辑与乡村实践路径［J］.管理学刊，2023，36（3）：132-148.

孔凡斌，苟龙巧，廖文梅.林业经济增长理论与实证研究：综述与展望［J］.林业经济问题，2013，33（2）：187-192.

冷天熙，钱发斌，胡文萍.基于人工智能深度学习的卫星影像分类研究［J］.林业调查规划，2021，46（1）：1-4.

黎元生.生态产业化经营与生态产品价值实现［J］.中国特色社会主义研究，2018（4）：84-90.

李斌，胡晓霞，吕磊，等.基于数字孪生技术的晶圆级测试平台［J］.电子工业专用设备，2022，51（5）：32-35，46.

李博，秦欢，孙威.产业转型升级与绿色全要素生产率提升的互动关系：基于中国116个地级资源型城市的实证研究［J］.自然资源学报，2022，37（1）：186-199.

李大胜，李琴.农业技术进步对农户收入差距的影响机理及实证研究［J］.农业技术经济，2007（3）：23-27.

李丹.我国林业资源发展存在问题及对策分析［J］.新农业，2023（3）：48-50.

李风，叶邦宣，项柳洲.浙江松阳林下经济惠及农户1200余户［N］.中国自然资源报，2022-03-29（1）.

李凤霞，王小军，张伟.开放大学服务数字乡村建设的路径研究［J］.成人教育，2023，43（1）：57-62.

李谷成，李烨阳，周晓时.农业机械化、劳动力转移与农民收入增长：孰因孰果？［J］.中国农村经济，2018（11）：112-127.

李谷成．人力资本与中国区域农业全要素生产率增长：基于 DEA 视角的实证分析［J］．财经研究，2009，35（8）：115-128.

李桂花，杨雪．乡村振兴进程中中国农村生态环境治理问题探究［J］．哈尔滨工业大学学报（社会科学版），2023，25（1）：120-127.

李海峥，梁赟玲，Fraumeni B，等．中国人力资本测度与指数构建［J］．经济研究，2010，45（8）：42-54.

李红昌，Tjia L，胡顺香．中国高速铁路对沿线城市经济集聚与均等化的影响［J］．数量经济技术经济研究，2016，33（11）：127-143.

李宏伟，薄凡，崔莉．生态产品价值实现机制的理论创新与实践探索［J］．治理研究，2020，36（4）：34-42.

李丽，王心源，骆磊，等．生态系统服务价值评估方法综述［J］．生态学杂志，2018，37（4）：1233-1245.

李丽莉，曾亿武，郭红东．数字乡村建设：底层逻辑、实践误区与优化路径［J］．中国农村经济，2023（1）：77-92.

李青原，肖泽华．异质性环境规制工具与企业绿色创新激励：来自上市企业绿色专利的证据［J］．经济研究，2020，55（9）：192-208.

李晓西，夏光．中国绿色金融报告 2014［M］．北京：中国金融出版社，2014.

李杏，章孺，M W Luke Chan．人口老龄化对产业结构的影响：基于 SYS-GMM 的分析［J］．河海大学学报（哲学社会科学版），2017，19（1）：29-36，89.

李志斌．森林资源资产特点及评估存在的问题和建议［J］．中国林业经济，2008（3）：12-14.

李志萌，何雄伟，马回，等．长江经济带生态产品价值实现机制探讨［J］．企业经济，2022，41（1）：45-54.

李致远，谢花林．我国森林资源生态产品价值实现的基本逻辑、核心机制与模式［J］．生态学报，2024（12）：1-16.

李忠，刘峥延．推动生态产品价值实现机制落地见效［J］．中国经贸导刊，2021（11）：41-44.

李周，王宏伟，郑宇．森林丰富地区的贫困问题研究［J］．林业经济，2000（4）：1-7.

廖冰，张智光．林业对生态文明的贡献及其"结构微笑曲线"［J］．林业科学，2020，56（7）：163-174.

廖茂林，潘家华，孙博文．生态产品的内涵辨析及价值实现路径［J］．经济体制改革，2021（1）：12-18.

廖文梅，吴雄平，孔凡斌，等．林业合作组织经营模式、运行机制分析：基于江西省的实践经验［J］．林业经济问题，2012，32（6）：482-487，492.

廖文梅. 南方集体林区林业经济增长的产业结构演变及其差异分析：基于 13 个省（区）1995—2011 年的统计数据 [J]. 林业科学，2014，50（8）：131 - 140.

廖信林，杨正源. 数字经济赋能长三角地区制造业转型升级的效应测度与实现路径 [J]. 华东经济管理，2021，35（6）：22 - 30.

林伯强，谭睿鹏. 中国经济集聚与绿色经济效率 [J]. 经济研究，2019，54（2）：119 - 132.

林淑君，郭凯明，龚六堂. 产业结构调整、要素收入分配与共同富裕 [J]. 经济研究，2022，57（7）：84 - 100.

林璟焱，徐昔保. 长三角地区生态系统生产总值时空变化及重要生态保护空间识别 [J]. 资源科学，2022，44（4）：847 - 859.

林亦晴，徐卫华，李璠，等. 生态产品价值实现率评价方法研究：以丽水市为例 [J]. 生态学报，2023（1）：1 - 9.

刘伯恩. 生态产品价值实现机制的内涵、分类与制度框架 [J]. 环境保护，2020，48（13）：49 - 52.

刘方舟，刘澈元. 人类命运共同体理念的演进理路、理论特质和时代价值 [J]. 江西财经大学学报，2023（1）：12 - 23.

刘耕源，王硕，颜宁聿，等. 生态产品价值实现机制的理论基础：热力学，景感学，经济学与区块链 [J]. 中国环境管理，2020，12（5）：28 - 35.

刘广超. "林草兴"之于"生态兴"的基础性作用 [J]. 福建师范大学学报（哲学社会科学版），2023（1）：39 - 47.

刘辉，白晓菲. "两山"理论的实践发展及其在生态文明中的意义 [J]. 农业经济，2022（9）：41 - 43.

刘江，赵荣，陈绍志. 区块链技术在林业中的应用 [J]. 世界林业研究，2023，36（3）：16 - 21.

刘江宜，牟德刚. 生态产品价值及实现机制研究进展 [J]. 生态经济，2020，36（10）：207 - 212.

刘金林，傅晓强，梁立成，等. 龙泉市"十四五"时期林业保护发展格局与对策 [J]. 现代园艺，2023，46（1）：76 - 79.

刘柯，王兆萍，杜然，等. 绿色金融和数字技术耦合协调发展水平测度、时空演化及降污减排效应 [J]. 经济问题探索，2024（9）：113 - 129.

刘美娟，仲俊涛，王蓓，等. 基于 InVEST 模型的青海湖流域产水功能时空变化及驱动因素分析 [J]. 地理科学，2023，43（3）：411 - 422.

刘蒙罢，张安录，熊燕飞. 长江经济带城市土地利用生态效率空间差异及其与产业结构升级的交互溢出效应 [J]. 中国人口·资源与环境，2022，32（10）：125 - 139.

刘明洁，熊广成. 发展生态产业 培育"淅有山川"：河南省淅川县生态产品价值实现机制

的探索和启示 [J]. 资源导刊, 2020 (12): 20-21.

刘培林, 钱滔, 黄先海, 等. 共同富裕的内涵、实现路径与测度方法 [J]. 管理世界, 2021, 37 (8): 117-129.

刘鹏, 钟光耀. 构建中国特色"一核三线"新型市场监管理论体系 [J]. 中国人民大学学报, 2022, 36 (6): 134-146.

刘奇. 积极探索生态产品价值实现路径 [J]. 理论导报, 2021 (6): 18-20.

刘锡良, 文书洋. 中国的金融机构应当承担环境责任吗: 基本事实、理论模型与实证检验 [J]. 经济研究, 2019, 54 (3): 38-54.

刘晓青. 人与自然关系视域下美丽中国与健康中国的统一性探析 [J]. 岭南学刊, 2022 (4): 111-115.

刘璇, 李长英. 产业结构变迁、互联网发展与全要素生产率提升 [J]. 经济问题探索, 2022 (7): 124-138.

刘亚秋, 景维鹏, 井云凌. 高可靠云计算平台及其在智慧林业中的应用 [J]. 世界林业研究, 2011, 24 (5): 18-24.

刘耀彬, 胡凯川, 喻群. 金融深化对绿色发展的门槛效应分析 [J]. 中国人口·资源与环境, 2017, 27 (9): 205-211.

刘业轩, 石晓丽, 史文娇. 福建省森林生态系统水源涵养服务评估: InVEST 模型与 meta 分析对比 [J]. 生态学报, 2021, 41 (4): 1349-1361.

刘易莎. 森林康养旅游产业数字化转型升级体系的重构 [J]. 旅游纵览, 2021 (21): 55-57.

刘赢时, 田银华, 罗迎. 产业结构升级、能源效率与绿色全要素生产率 [J]. 财经理论与实践, 2018, 39 (1): 118-126.

刘在洲, 汪发元. 绿色科技创新、财政投入对产业结构升级的影响: 基于长江经济带 2003—2019 年数据的实证分析 [J]. 科技进步与对策, 2021, 38 (4): 53-61.

刘征驰, 陈文武, 魏思超. 数据要素利用、智能技术进步与内生增长 [J]. 管理评论, 2023, 35 (10): 10-21.

刘智勇, 李海峥, 胡永远, 等. 人力资本结构高级化与经济增长: 兼论东中西部地区差距的形成和缩小 [J]. 经济研究, 2018, 53 (3): 50-63.

刘宗飞, 姚顺波, 刘越. 基于空间面板模型的森林"资源诅咒"研究 [J]. 资源科学, 2015, 37 (2): 379-390.

鲁万波, 贾婧. 高速铁路、城市发展与区域经济发展不平等: 来自中国的经验数据 [J]. 华东经济管理, 2018, 32 (2): 5-14, 2.

罗军舟, 金嘉晖, 宋爱波, 等. 云计算: 体系架构与关键技术 [J]. 通信学报, 2011, 32 (7): 3-21.

罗琼. "绿水青山"转化为"金山银山"的实践探索、制约瓶颈与突破路径研究 [J]. 理论学刊，2021（2）：90-98.

罗斯炫，何可，张俊飚. 改革开放以来中国农业全要素生产率再探讨：基于生产要素质量与基础设施的视角 [J]. 中国农村经济，2022（2）：115-136.

罗知，齐博成. 环境规制的产业转移升级效应与银行协同发展效应：来自长江流域水污染治理的证据 [J]. 经济研究，2021，56（2）：174-189.

吕彬，杨建新. 生态效率方法研究进展与应用 [J]. 生态学报，2006（11）：3898-3906.

吕明元，陈磊. "互联网＋"对产业结构生态化转型影响的实证分析：基于上海市2000—2013年数据 [J]. 上海经济研究，2016（9）：110-121.

马奔，温亚利. 生态旅游对农户家庭收入影响研究：基于倾向得分匹配法的实证分析 [J]. 中国人口·资源与环境，2016，26（10）：152-160.

马才学，杨蓉萱，柯新利，等. 城市扩张背景下生态用地格局与生态效率的多尺度关联分析 [J]. 生态科学，2022，41（5）：1-10.

马国霞，於方，王金南，等. 中国2015年陆地生态系统生产总值核算研究 [J]. 中国环境科学，2017，37（4）：1474-1482.

马骏，周盼超. 产业升级对提升长江经济带生态效率的空间效应研究 [J]. 南京工业大学学报（社会科学版），2020，19（2）：73-88，112.

毛世平. 技术效率理论及其测度方法 [J]. 农业技术经济，1998（3）：38-42.

梅怡明. 农业生态资本运营的福利效应研究 [D]. 武汉：中南财经政法大学，2020.

欧阳志云，王如松，赵景柱. 生态系统服务功能及其生态经济价值评价 [J]. 应用生态学报，1999（5）：635-640.

潘丹. 命令控制型和市场激励型环境规制对造林面积的影响：来自中国县级层面的准自然实验证据 [J]. 资源科学，2021，43（10）：2026-2041.

潘家华. 生态产品的属性及其价值溯源 [J]. 环境与可持续发展，2020，45（6）：72-74.

潘世磊. 农业生态资本投资效应研究 [D]. 武汉：中南财经政法大学，2019.

彭浩帆，龙凤，葛察忠，等. "双碳"目标下林业资源型城市经济—环境—碳排放耦合协调发展研究：以伊春市为例 [J]. 环境工程技术学报，2023，13（5）：1771-1778.

彭文英，滕怀凯. 市场化生态保护补偿的典型模式与机制构建 [J]. 改革，2021（7）：136-145.

秦国伟，董玮，宋马林. 生态产品价值实现的理论意蕴、机制构成与路径选择 [J]. 中国环境管理，2022，14（2）：70-75，69.

丘水林，庞洁，靳乐山. 自然资源生态产品价值实现机制：一个机制复合体的分析框架 [J]. 中国土地科学，2021，35（1）：10-17，25.

邱坚坚，刘毅华，袁利等. 人地系统耦合下生态系统服务与人类福祉关系研究进展与展望 [J]. 地理科学进展，2021，40（6）：1060-1072.

裘孟荣，袁飞. 论农业技术创新与扩散的宏观管理 [J]. 农业技术经济，1996（1）：

21－24.

阙伟亮. 林下经济新模式 拓展林农致富路［J］. 绿色中国，2014（21）：66－68.

任耀武，袁国宝. 初论"生态产品"［J］. 生态学杂志，1992（6）：50－52.

邵帅，范美婷，杨莉莉. 资源产业依赖如何影响经济发展效率：有条件资源诅咒假说的检验及解释［J］. 管理世界，2013（2）：32－63.

邵雅静，杨悦，员学锋. 黄河流域城镇化与生态系统服务的时空互动关系［J］. 水土保持学报，2022，36（3）：86－93，99.

沈费伟，叶温馨. 基层政府数字治理的运作逻辑、现实困境与优化策略：基于"农事通""社区通""龙游通"数字治理平台的考察［J］. 管理学刊，2020，33（6）：26－35.

沈辉，李宁. 生态产品的内涵阐释及其价值实现［J］. 改革，2021（9）：145－155.

盛伟，廖桂蓉. 教育人力资本、外部性及时空异化效应：劳动力市场效率视角［J］. 南开经济研究，2021（5）：240－256.

史常亮，揭昌亮，石峰，等. 中国林业技术效率与全要素生产率增长分解：基于 SFA－Malmquist 方法的估计［J］. 林业科学，2017，53（12）：126－135.

斯丽娟，曹昊煜. 绿色信贷政策能够改善企业环境社会责任吗：基于外部约束和内部关注的视角［J］. 中国工业经济，2022（4）：137－155.

宋维明，杨超. 1949 年以来林业产业结构、空间布局及其演变机制［J］. 林业经济，2020，42（6）：3－17.

孙博文，彭绪庶. 生态产品价值实现模式、关键问题及制度保障体系［J］. 生态经济，2021，37（6）：13－19.

孙博文. 建立健全生态产品价值实现机制的瓶颈制约与策略选择［J］. 改革，2022（5）：34－51.

孙久文，张翔. 数字经济时代的数字乡村建设：意义、挑战与对策［J］. 西北师大学报（社会科学版），2023，60（1）：127－134.

孙文浩，卞建民，李一涵，等. 长白山北坡流域水资源涵养功能与矿泉水开发阈值研究［J］. 水资源与水工程学报，2022，33（3）：89－97.

孙永强，万玉琳. 金融发展、对外开放与城乡居民收入差距：基于 1978—2008 年省际面板数据的实证分析［J］. 金融研究，2011（1）：28－39.

孙正林，薛铮. 黑龙江省国有森工林区人力资源问题研究［J］. 中国林业经济，2012（3）：30－33.

唐代生，吴云华. 论我国数字林场的体系结构及应用前景［J］. 中南林业科技大学学报，2009，29（5）：179－183.

唐建军，龚教伟，宋清华. 数字普惠金融与农业全要素生产率：基于要素流动与技术扩散的视角［J］. 中国农村经济，2022（7）：81－102.

唐健雄，蔡超岳，刘雨婧. 旅游发展对城市生态文明建设的影响及空间溢出效应：基于我国 284 个地级及以上城市的实证研究 [J]. 生态学报，2023，43（7）：2800 - 2817.

唐哲，魏修建. 产业结构升级对绿色经济增长的空间溢出效应检验 [J]. 统计与决策，2024，40（1）：114 - 118.

王兵，牛香，宋庆丰. 中国森林生态系统服务评估及其价值化实现路径设计 [J]. 环境保护，2020，48（14）：28 - 36.

王丹丹，许金萍，李艳芳，等. 湖州气象在"两山"理念转化及生态产品价值实现中的贡献 [J]. 浙江气象，2022，43（3）：9 - 16.

王海平，周江梅，林国华，等. 产业升级、农业结构调整与县域农民收入：基于福建省 58 个县域面板数据的研究 [J]. 华东经济管理，2019，33（8）：23 - 28.

王杰，刘斌. 环境规制与企业全要素生产率-基于中国工业企业数据的经验分析 [J]. 中国工业经济，2014（3）：44 - 56.

王金南，夏晖. 推动生态产品价值实现是践行"两山"理念的时代任务与优先行动 [J]. 环境保护，2020，48（14）：9 - 13.

王金南，王志凯，刘桂环，等. 生态产品第四产业理论与发展框架研究 [J]. 中国环境管理，2021，13（4）：5 - 13.

王立平，王明杰. 数字经济、财政分权度与税收努力 [J]. 西安财经大学学报，2023，36（2）：38 - 50.

王莉雁，肖燚，欧阳志云，等. 国家级重点生态功能区县生态系统生产总值核算研究：以阿尔山市为例 [J]. 中国人口·资源与环境，2017，27（3）：146 - 154.

王淑贺，王利军. 黄河流域水贫困与经济高质量发展的耦合协调关系 [J]. 水土保持通报，2022，42（3）：199 - 207.

王小鲁，樊纲. 中国地区差距的变动趋势和影响因素 [J]. 经济研究，2004（1）：33 - 44.

王晓丽，彭杨贺，杨丽霞，等. 数字技术赋能森林生态产品价值实现：理论阐释与实现路径 [J]. 生态学报，2024（6）：1 - 13.

王晓丽，彭杨贺，杨丽霞，等. 数字技术赋能森林生态产品价值实现：理论阐释与实现路径 [J]. 生态学报，2024，44（6）：2531 - 2543.

王馨，王营. 绿色信贷政策增进绿色创新研究 [J]. 管理世界，2021，37（6）：173 - 188，11.

王岩，许谭，申昊轩，等. 森林生态产品价值实现探讨：要点、问题与促进措施 [J]. 中国林业经济，2023（3）：12 - 16.

王遥，任玉洁. "双碳"目标下的中国绿色金融体系构建 [J]. 当代经济科学，2022，44（5）：1 - 13，139.

王颖. 数字技术在生态产品价值实现中的应用研究 [J]. 现代工业经济和信息化，2022，12（5）：9 - 11，16.

王宇飞，靳彤，张海江．探索市场化多元化的生态补偿机制：浙江青山村的实践与启示［J］．中国国土资源经济，2020，33（4）：29-34，55.

王玉林，周亚虹．绿色金融发展与企业创新［J］．财经研究，2023，49（1）：49-62.

魏秀华，杨建州，曹玮．人力资本、产业结构与林业经济增长的交互效应：基于南方集体林区的实证分析［J］．福建论坛（人文社会科学版），2019（12）：144-153.

文传浩，曾艳梅，薛琴，等．双重环境规制视角下绿色金融对产业生态化的影响研究［J］．当代经济，2024，41（4）：27-39.

邬樱，李爱群．"城市-建筑-人"耦合视角下数字孪生技术应用与分圈层场景构建［J］．工业建筑，2023，53（4）：180-189.

吴采丽．大数据为贵州生态林业插上"云翅膀"［N］．贵州日报，2022-02-21（2）.

吴平，祝瑗穗．乡村振兴背景下绿色金融助力生态产品价值实现的路径研究［J］．农村金融研究，2022（3）：53-62.

吴远征，张智光．林业生态安全效率及其影响因素的 DEA-Tobit 模型分析：基于生态与产业共生关系［J］．长江流域资源与环境，2021，30（1）：76-86.

武宵旭，任保平．数字经济背景下要素资源配置机制重塑的路径与政策调整［J］．经济体制改革，2022（2）：5-10.

武小龙，张露．中国城乡发展差距水平及其波动效应的实证［J］．统计与决策，2017（13）：96-100.

向君．自然资源禀赋、环境规制对地区绿色经济增长效率的影响［J］．统计与决策，2023，39（8）：51-56.

肖文海，蒋海舲．资源富集生态功能区可持续脱贫研究：以生态价值实现为依托［J］．江西社会科学，2019，39（12）：53-59.

谢晨，李周，张晓辉．森林资源禀赋、改革路径选择与我国农村林业发展［J］．林业经济，2007（1）：45-52.

谢高地，曹淑艳．发展转型的生态经济化和经济生态化过程［J］．资源科学，2010，32（4）：782-789.

谢高地，鲁春霞，冷允法，等．青藏高原生态资产的价值评估［J］．自然资源学报，2003（2）：189-196.

谢高地，张彩霞，张雷明，等．基于单位面积价值当量因子的生态系统服务价值化方法改进［J］．自然资源学报，2015，30（8）：1243-1254.

谢高地，甄霖，鲁春霞，等．一个基于专家知识的生态系统服务价值化方法［J］．自然资源学报，2008（5）：911-919.

谢花林，陈倩茹．生态产品价值实现的内涵、目标与模式［J］．经济地理，2022，42（9）：147-154.

谢康，易法敏，古飞婷．大数据驱动的农业数字化转型与创新［J］．农业经济问题，2022

（5）：37 - 48.

谢乔昕．环境规制、绿色金融发展与企业技术创新 [J]．科研管理，2021，42（6）：
　　65 - 72.

谢婷婷，刘锦华．绿色信贷如何影响中国绿色经济增长？ [J]．中国人口·资源与环境，
　　2019，29（9）：83 - 90.

谢煜，王雨露．"森林资源诅咒"的存在性、传导机制及破解对策：综述与展望 [J]．世
　　界林业研究，2020，33（2）：9 - 14.

熊立春，赵利媛，王凤婷．产业政策对林业产业结构优化影响研究进展 [J]．世界林业研
　　究，2022，35（4）：76 - 81.

徐彩瑶，孔凡斌．数字乡村建设赋能森林生态产品价值实现的理论逻辑与实践路径 [J]．
　　中国人口·资源与环境，2024，34（11）：163 - 177.

徐彩瑶，任燕，翟郡，等．数字乡村建设对浙江省山区 26 县林业产业发展升级的影响
　　[J]．林业科学，2024，60（5）：67 - 88.

徐彩瑶，任燕，孔凡斌．浙江省土地利用变化对生态系统固碳服务的影响及其预测 [J]．
　　应用生态学报，2023a，34（6）：1610 - 1620.

徐彩瑶，王宁，孔凡斌，等．森林生态产品价值实现对县域发展差距的影响：以浙江省山
　　区 26 县为例 [J]．林业科学，2023b，59（1）：12 - 30.

徐光顺，冯林．数字普惠金融对城乡收入差距影响的再检验：基于农户人力资本投资调节
　　效应的视角 [J]．农业经济问题，2022（5）：60 - 82.

徐海红．生态劳动与生态产品的关系逻辑 [J]．重庆工商大学学报（社会科学版），2022，
　　39（3）：38 - 47.

徐佳，崔静波．低碳城市和企业绿色技术创新 [J]．中国工业经济，2020（12）：
　　178 - 196.

徐顽强．社会治理共同体的系统审视与构建路径 [J]．求索，2020（1）：161 - 170.

徐伟，李直儒，施慧斌，等．基于 Super - SBM 模型和 Malmquist 指数的中国工业创新效
　　率评价 [J]．宏观经济研究，2021（5）：55 - 68.

徐翔，赵墨非，李涛，等．数据要素与企业创新：基于研发竞争的视角 [J]．经济研究，
　　2023，58（2）：39 - 56.

徐晓林，周立新．数字治理在城市政府善治中的体系构建 [J]．管理世界，2004（11）：
　　140 - 141.

徐勇，樊杰．区域发展差距测度指标体系探讨 [J]．地理科学进展，2014，33（9）：
　　1159 - 1166.

许斐然，贾卫国．产业结构优化对我国林业产业发展影响分析 [J]．中国林业经济，2022
　　（1）：66 - 70.

许联芳，张海波，张明阳，等．南方丘陵山地带土壤保持功能及其经济价值时空变化特征

［J］. 长江流域资源与环境，2015，24（9）：1599 - 1605.

许宪春，雷泽坤，窦园园，等. 中国南北平衡发展差距研究：基于"中国平衡发展指数"的综合分析［J］. 中国工业经济，2021（2）：5 - 22.

许旭，张子言. 花卉苗木产业转型升级迈向共富路［N］. 湖州日报，2022 - 09 - 20（A07）.

许周迎，田昕加，鲁青艳. 数字经济视角下森林生态产品价值实现的重塑：现状、机遇与挑战［J］. 世界林业研究，2024：1 - 9.

闫伊亮. 基于土地利用的喀什地区人类活动强度时空变化研究［D］. 乌鲁木齐：新疆师范大学，2022.

严成樑，李涛，兰伟. 金融发展、创新与二氧化碳排放［J］. 金融研究，2016（1）：14 - 30.

严立冬，陈光炬，刘加林，等. 生态资本构成要素解析：基于生态经济学文献的综述［J］. 中南财经政法大学学报，2010（5）：3 - 9，142.

严立冬，麦琼翎，屈志光，等. 生态资本运营视角下的农地整理［J］. 中国人口·资源与环境，2012，22（12）：79 - 84.

严立冬，谭波，刘加林. 生态资本化：生态资源的价值实现［J］. 中南财经政法大学学报，2009（2）：3 - 8，142.

杨晨旭，刘霞辉. 共同富裕视角下的人力资本配置与包容性增长［J］. 中国流通经济，2022，36（9）：71 - 85.

杨桂红，张颖，毛宇飞. 人力资本对林业生态经济增长的影响：基于我国 31 个省区系统聚类分析［J］. 陕西师范大学学报（哲学社会科学版），2015，44（5）：167 - 176.

杨建芳，龚六堂，张庆华. 人力资本形成及其对经济增长的影响：一个包含教育和健康投入的内生增长模型及其检验［J］. 管理世界，2006（5）：10 - 18，34，171.

杨世迪，韩先锋，宋文飞. 对外直接投资影响了中国绿色全要素生产率吗［J］. 山西财经大学学报，2017，39（4）：14 - 26.

杨文仙，李石华，彭双云，等. 顾及地形起伏的 InVEST 模型的生物多样性重要区识别：以云南省为例［J］. 应用生态学报，2021，32（12）：4339 - 4348.

杨怡，吴丽玉，张齐家，等. 数字普惠金融对农业绿色增长的影响：兼论农村人力资本投资的调节作用［J］. 经济问题探索，2022（6）：165 - 180.

易信，刘凤良. 金融发展、技术创新与产业结构转型：多部门内生增长理论分析框架［J］. 管理世界，2015（10）：24 - 39，90.

殷宝庆. 环境规制与我国制造业绿色全要素生产率：基于国际垂直专业化视角的实证［J］. 中国人口·资源与环境，2012，22（12）：60 - 66.

殷浩栋，霍鹏，汪三贵. 农业农村数字化转型：现实表征、影响机理与推进策略［J］. 改革，2020（12）：48 - 56.

尹科，王如松，周传斌，等. 国内外生态效率核算方法及其应用研究述评 [J]. 生态学报，2012 (11)：3595 - 3605.

尹小娟，钟方雷. 生态系统服务分类的研究进展 [J]. 安徽农业科学，2011，39 (13)：7994 - 7999，8071.

尹勇，苏欣怡，谢晓琪. 产业结构升级对市域经济韧性的空间效应 [J]. 经济地理，2023，43 (8)：86 - 92，112.

游和远，吴次芳. 农地流转、禀赋依赖与农村劳动力转移 [J]. 管理世界，2010 (3)：65 - 75.

于春波，徐波，张绪成，等. 对林权抵押贷款的风险识别 [J]. 科技与企业，2012 (23)：5 - 6.

于浩，郑晶. 生态优势转化为经济优势的实现路径研究：以国家生态文明试验区为例 [J]. 林业经济，2019，41 (8)：87 - 94.

于丽瑶，石田，郭静静. 森林生态产品价值实现机制构建 [J]. 林业资源管理，2019 (6)：28 - 31，61.

于新. 劳动价值论与效用价值论发展历程的比较研究 [J]. 经济纵横，2010 (3)：31 - 34.

虞慧怡，张林波，李岱青，等. 生态产品价值实现的国内外实践经验与启示 [J]. 环境科学研究，2020，33 (3)：685 - 690.

袁广达，王琪. "生态资源—生态资产—生态资本"的演化动因与路径 [J]. 财会月刊，2021 (17)：25 - 32.

袁杭松，陈来. 巢湖流域产业结构演化及其生态环境效应 [J]. 中国人口·资源与环境，2010，20 (S1)：349 - 352.

袁红英. 加快建设人与自然和谐共生的现代化 [J]. 城市与环境研究，2022 (4)：12 - 17.

袁绪，潘攀. 区块链在林权抵押贷款方面的研究与应用 [J]. 中国金融电脑，2018 (12)：44 - 46.

袁玉乔，周业晶，张杰，等. 梁子湖流域生态产品价值实现途径优化研究 [J]. 环保科技，2023，29 (2)：1 - 6.

岳书敬，刘朝明. 人力资本与区域全要素生产率分析 [J]. 经济研究，2006 (4)：90 - 96，127.

岳书敬. 区域经济增长中人力资本与全要素生产率研究 [D]. 成都：西南交通大学，2006.

岳媛媛，苏敬勤. 生态效率：国外的实践与我国的对策 [J]. 科学学研究，2004 (2)：170 - 173.

詹蕾，郭平，颜建军. 环境税政策与产业结构优化：基于省级面板数据的空间计量分析 [J]. 经济地理，2022，42 (5)：114 - 124.

詹姝珂，王仁曾，刘耀彬．金融科技与绿色金融协同对产业结构升级的影响：基于异质性
　　环境规制视角［J］．中国人口•资源与环境，2023，33（11）：152-162.

张爱芹，赖德胜．人力资本密度对我国区域创新的影响：基于我国省级数据的实证分析
　　［J］．中国流通经济，2021，35（11）：67-77.

张滨，吕洁华．要素投入驱动、产业结构升级与林业经济增长的空间效应解析：以黑龙江
　　省重点国有林区为例［J］．林业科学，2020，56（6）：142-151.

张兵，刘丹，郑斌．农村金融发展缓解了农村居民内部收入差距吗：基于中国省级数据的
　　面板门槛回归模型分析［J］．中国农村观察，2013（3）：19-29，90-91.

张波，白丽媛．"两山理论"的实践路径：产业生态化和生态产业化协同发展研究［J］．
　　北京联合大学学报（人文社会科学版），2021，19（1）：11-19，38.

张冬勇，俞春莲，陈新建．走三产融合之路 实现常山油茶"两山"转化［J］．浙江林业，
　　2020（9）：20-21.

张帆．金融发展影响绿色全要素生产率的理论和实证研究［J］．中国软科学，2017（9）：
　　154-167.

张国强，温军，汤向俊．中国人力资本、人力资本结构与产业结构升级［J］．中国人口•
　　资源与环境，2011，21（10）：138-146.

张海涛，李加林，田鹏，等．基于土地利用变化的东海区大陆海岸带生境质量时空演变研
　　究［J］．生态学报，2023，43（3）：937-947.

张寒，周正康，杨红强，等．劳动力成本上升对农户营林投入结构的影响：基于林业社会
　　化服务供约束的视角［J］．中国农村经济，2022（4）：106-125.

张建平，李林泽．绿色金融、绿色政策与实体企业的绿色转型［J］．中国人口•资源与环
　　境，2023，33（10）：47-60.

张靖，肖翔，李晓月．环境不确定性、企业社会责任与债务违约风险：基于中国 A 股上市
　　公司的经验研究［J］．经济经纬，2018，35（5）：136-142.

张俊，钟春平．偏向型技术进步理论：研究进展及争议［J］．经济评论，2014（5）：
　　148-160.

张科，朱齐超，施政奕．浙江：从美丽环境到美丽经济［J］．浙江林业，2023（2）：8-9.

张李杨，朱敏，周靖，等.1287 万亩公益林筑就丽水生态屏障［N］．丽水日报，2021-03-
　　04（5）.

张莅黎，赵果庆，吴雪萍．中国城镇化的经济增长与收敛双重效应：基于 2000 与 2010 年
　　中国 1968 个县份空间数据检验［J］．中国软科学，2019（1）：98-116.

张林波，虞慧怡，郝超志，等．国内外生态产品价值实现的实践模式与路径［J］．环境科
　　学研究，2021a，34（6）：1407-1416.

张林波，虞慧怡，郝超志，等．生态产品概念再定义及其内涵辨析［J］．环境科学研究，
　　2021b，34（3）：655-660.

张林波，虞慧怡，李岱青，等. 生态产品内涵与其价值实现途径 [J]. 农业机械学报，2019，50 (6)：173-183.

张宁，杜克锐. 效率与生产率分析教程：理论、应用与编程 [M]. 济南：山东大学出版社．2022.

张宁哲. 东北地区产业结构优化对经济增长影响的研究 [D]. 长春：吉林大学，2021.

张倩. 长三角地区森林资源丰裕度与经济发展研究 [D]. 南京：南京林业大学，2021.

张荣博，钟昌标. 智慧城市试点、污染就近转移与绿色低碳发展：来自中国县域的新证据 [J]. 中国人口·资源与环境，2022，32 (4)：91-104.

张少华，蒋伟杰. 能源效率测度方法：演变、争议与未来 [J]. 数量经济技术经济研究，2016，33 (7)：3-24.

张少华，蒋伟杰. 中国全要素生产率的再测度与分解 [J]. 统计研究，2014，31 (3)：54-60.

张诗晓，张浚茂，张文康，等. 泛珠江流域土地利用时空变化特征及驱动因子 [J]. 应用生态学报，2020，31 (2)：573-580.

张淑惠，孙燕芳. 新基建对区域"创新-生态-经济"耦合协调发展的影响：基于空间溢出效应和传导机制的检验 [J]. 中国人口·资源与环境，2023，33 (10)：187-198.

张文明，张孝德. 生态资源资本化：一个框架性阐述 [J]. 改革，2019 (1)：122-131.

张文明. 完善生态产品价值实现机制：基于福建森林生态银行的调研 [J]. 宏观经济管理，2020 (3)：73-79.

张曦文. 湿地保护 多省持续加大制度护航力度 [N]. 中国财经报，2022-06-09 (7).

张夏恒，李想. 元宇宙技术下的审计方法研究 [J]. 财会研究，2022 (10)：36-42.

张先锋，陈琳，吴伟东. 交通基础设施、人力资本分层集聚与区域全要素生产率：基于我国 285 个地级市面板数据的经验分析 [J]. 工业技术经济，2016，35 (6)：92-102.

张兴，姚震. 新时代自然资源生态产品价值实现机制 [J]. 中国国土资源经济，2020，33 (1)：62-69.

张绪成，张秋虹. 森林资源资产的特点及资产主体认定 [J]. 中国资产评估，2010 (8)：35-36.

张轩畅，刘彦随，李裕瑞，等. 黄土丘陵沟壑区乡村生态产业化机理及其典型模式 [J]. 资源科学，2020，42 (7)：1275-1284.

张煊，王国顺，王一苇. 生态经济效率评价及时空差异研究 [J]. 经济地理，2014，34 (12)：153-160.

张雪溪，董玮，秦国伟. 生态资本、生态产品的形态转换与价值实现：基于马克思资本循环理论的扩展分析 [J]. 生态经济，2020，36 (10)：213-218，227.

张亚立，韩宝龙，孙芳芳. 生态系统生产总值核算制度及管理应用：以深圳为例 [J]. 生态学报，2023，43 (17)：7023-7034.

张英，成杰民，王晓凤，等．生态产品市场化实现路径及二元价格体系［J］．中国人口·
　资源与环境，2016，26（3）：171－176．

张园园，吴强，孙世民．生猪养殖规模化程度的影响因素及其空间效应：基于 13 个生猪养
　殖优势省份的研究［J］．中国农村经济，2019（1）：62－78．

张志强，徐中民，程国栋．生态系统服务与自然资本价值评估［J］．生态学报，2001
　（11）：1918－1926．

章奇．中国地区经济发展差距分析［J］．管理世界，2001（1）：105－110．

赵金旭，孟天广．技术赋能：区块链如何重塑治理结构与模式［J］．当代世界与社会主义，
　2019（3）：187－194．

赵金旭，孟天广．区块链如何重塑治理结构与模式［J］．社会科学文摘，2019（11）：
　5－7．

赵士洞，张永民．生态系统评估的概念、内涵及挑战：介绍《生态系统与人类福利：评估
　框架》［J］．地球科学进展，2004（4）：650－657．

赵爽，米国芳，张晶珏．数字经济、环境规制与绿色全要素生产率［J］．统计学报，2022，
　3（6）：46－59．

赵涛，张智，梁上坤．数字经济、创业活跃度与高质量发展：来自中国城市的经验证据
　［J］．管理世界，2020，36（10）：65－76．

赵同谦，欧阳志云，郑华，等．中国森林生态系统服务功能及其价值评价［J］．自然资源
　学报，2004（4）：480－491．

赵玮璇，朱玥，尹红．平台经济价格歧视行为分析：基于法学和经济学双维度的思考［J］．
　中国价格监管与反垄断，2021（11）：20－25．

郑晶，于浩．供给侧改革视角下中国省域生态产品有效供给及影响因素［J］．应用生态学
　报，2018，29（10）：3326－3336．

郑景丹，付军，安冰，等．基于层次分析法的派阳山森林公园森林康养资源评价研究［J］．
　绿色科技，2022，24（23）：158－161．

周琛影，田发，周腾．绿色金融对经济高质量发展的影响效应研究［J］．重庆大学学报
　（社会科学版），2022，28（6）：1－13．

周海华，王双龙．正式与非正式的环境规制对企业绿色创新的影响机制研究［J］．软科学，
　2016，30（8）：47－51．

朱红根，陈晖．中国数字乡村发展的水平测度、时空演变及推进路径［J］．农业经济问题，
　2023（3）：21－33．

朱竑，陈晓亮，尹铎．从“绿水青山”到“金山银山”：欠发达地区乡村生态产品价值实现
　的阶段、路径与制度研究［J］．管理世界，2023，39（8）：74－91．

朱锦维，柯新利，何利杰，等．基于价值链理论的生态产品价值实现机制理论解析［J］．
　生态环境学报，2023，32（2）：421－428．

朱霖，李智勇，樊宝敏，等. 北京妙峰山森林文化条件价值评估 [J]. 林业科学，2015，51 (6)：9-16.

朱喜安，马樱格. 数字经济对绿色全要素生产率变动的影响研究 [J]. 经济问题，2022 (11)：1-11.

朱信凯. 深入贯彻落实习近平生态文明思想 推进农业绿色发展与乡村生态振兴 [J]. 环境与可持续发展，2022，47 (6)：50-55.

朱颖，张滨，倪红伟，等. 基于公共产品供给理论的森林生态产品产出效率比较分析 [J]. 林业经济问题，2018，38 (2)：25-32，102.

Arellano M，O Bover. Another look at the instrumental variable estimation of error-components models [J]. Journal of Econometrics，1995，68 (1)：29-51.

Banker R D，Charnes A，Cooper W W. Some models for estimating technical and scale Inefficiencies in data envelopment analysis [J]. Management Science，1984，30 (9)：1078-1092.

Battese G E，Coelli T J. Frontier production functions，technical efficiency and panel data：With application to paddy farmers in India [J]. Journal of Productivity Analysis，1992，3 (1)：153-169.

Battese G E，Corra G S. Estimation of a production frontier model：With application to the pastoral zone of Eastern Australia [J]. Australian Journal of Agricultural Economics，1977，21 (3)：169-179.

Battese G，Rao D S P，O'Donnell C. A metafrontier production function for estimation of technical efficiencies and technology gaps for firms operating under different technologies [J]. Journal of Productivity Analysis，2004，21 (1)：91-103.

Boussemart J P，Leleu H，Shen Z. Environmental growth convergence among Chinese regions [J]. China Economic Review，2015 (34)：1-18.

Boussemart J-P，Ferrier G，Leleu H，et al. An expanded decomposition of the Luenberger productivity indicator with an application to the Chinese healthcare sector [J]. Omega，2020，91 (C).

Briec W，Kerstens K. Infeasibility and directional distance functions with application to the determinateness of the luenberger productivity indicator [J]. Journal of Optimization Theory and Applications，2009，141 (1)：55-73.

Burkhard B，Crossman N，Nedkov S，et al. Mapping and modelling ecosystem services for science，policy and practice [J]. Ecosystem Services，2013 (4)：1-3.

Canadell J，Jackson R B，Ehleringer J B，et al. Maximum rooting depth of vegetation types at the global scale [J]. Oecologia，1996，108 (4)：583-595.

Caves D W，Christensen L R，Diewert W. The economic theory of index numbers and the measurement of input, output and productivity [J]. Econometrica, 1982, 50 (6): 1393 – 1414.

Charnes A, Cooper W W, Rhodes E. Measuring the efficiency of decision making units [J]. European Journal of Operational Research, 1978, 2 (6): 429 – 444.

Charnes A, Cooper W W. Preface to topics in data envelopment analysis [J]. Annals of Operations Research, 1984, 2 (1): 59 – 94.

Chavas J P, T L A Cox. Generalized distance function and the analysis of production efficiency [J]. South Economic Journal, 1999, 66 (2): 294 – 318.

Chen J D, Liu J L, Qi J, et al. City and county level spatio temporal energy consumption and efficiency datasets for China from 1997 to 2017 [J]. Scientific Data, 2022, 9 (1): 101.

Costanza R, d'Arge R, de Groot R, et al. The value of the world's ecosystem services and natural capital [J]. Nature, 1997, 387 (6630): 253 – 260.

Cowan E. Topical issues in environmental finance [R]. Asia Branch of the Canadian International Development Agency, 1999, 1, 1 – 20.

Daily G. Nature's Services: Societal Dependence on Natural Ecosystems [M]. Washington, DC: Island Press, 1997.

Debreu G. The coefficient of resource utilization [J]. Econometrica, 1951, 19 (3): 273 – 292.

Duarte M, Restuccia D. The role of the structural transformation in aggregate productivity [J]. The Quarterly Journal of Economics, 2010, 125 (1): 129 – 173.

Elisabeth V H, P Vedeld, E Framstad, et al. Forest ecosystem services in norway: Trends, condition and drivers of Change (1950—2020) [J]. Ecosystem Services, 2022, 58: 101491.

Emin Z B. Characterizing and assessing key ecosystem services in a representative forest ecosystem in turkey [J]. Ecological Informatics, 2023, 74: 101993.

Fare R, Grosskopf S, Lovell C A K. Production Frontiers [M]. Cambridge: Cambridge University Press, 1993.

Färe R, Grosskopf S, Pasurka C A. Pollution abatement activities and traditional productivity [J]. Ecological Economics, 2007, 62 (3): 673 – 682.

Farrell M J. The measurement of productive efficiency [J]. Journal of the Royal Statistical Society. Series A (General), 1957, 120 (3): 253 – 290.

Ferrier G D, Leleu H, Valdmanis V G. The impact of CON regulation on hospital efficiency [J]. Health Care Management Science, 2010, 13 (1): 84 – 100.

Han G, Cai X. The linkages among natural resources, sustainable energy technologies and human capital: An evidence from N – 11 countries [J]. Resources Policy, 2024,

90：104787.

Hansen B E. Threshold effects in non - dynamic panels：Estimation, testing and inference [J]. Journal of Econometrics，1999，93（2）：345 - 368.

Kerstens K，Shen Z，Van de Woestyne I. Comparing Luenberger and Luenberger - Hicks - Moorsteen productivity indicators：How well is total factor productivity approximated? [J]. International Journal of Production Economics，2018，195：311 - 318.

Kuznets S. Economic growth and income inequality [J]. The American Economic Review，1955，45（1）：1 - 28.

Labatt S，White R. Environmental Finance：A Guide to Environmental Risk Assessment and Financial Products [M]. Canada：John Wiley & Sons Inc，2002.

Lee C C. How does green finance affect green total factor productivity? Evidence from China [J]. Energy Economics，2022，107：105863.

Liu R，Wang D，Zhang L，Zhang L. Can green financial development promote regional ecological efficiency? A case study of China [J]. Natural Hazards，2019，95：325 - 341.

Luo，K.，Y. Liu，P. Chen，and M. Zeng. Assessing the impact of digital economy on green development efficiency in the Yangtze River economic belt [J]. Energy Economics，2022，112：106127.

Lyu Y，W Wang，Y Wu and J Zhang，2023，How does digital economy affect green total factor productivity? Evidence from China [J]. Science of The Total Environment，857（2）：2 - 16.

Mayer A，Zelenyuk V. Aggregation of Malmquist productivity indexes allowing for reallocation of resources [J]. European Journal of Operational Research，2014，238（3）：774 - 785.

Mussard S，Peypoch N. On multi - decomposition of the aggregate Malmquist productivity index [J]. Economics Letters，2006，91（3）：436 - 443.

O'Donnell C J. Econometric estimation of distance functions and associated measures of productivity and efficiency change [J]. Journal of Productivity Analysis，2014，41（2）：187 - 200.

Oh D，Lee J. A metafrontier approach for measuring Malmquist productivity index [J]. Empirical Economics，2010，38（1）：47 - 64.

Oh D. A metafrontier approach for measuring an environmentally sensitive productivity growth index [J]. Energy Economics，2010，32（1）：146 - 157.

Ostrom E，Burger J，Field C B，et al. Revisiting the commons：Local lessons, global challenges [J]. Science，1999，284（5412）：278 - 282.

Pastor J T，Lovell C A K. A global Malmquist productivity index [J]. Economics Letters，

2005, 88 (2): 266 - 271.

Rambaldi A N, Rao D S P, Dolan D. Measuring productivity growth performance using metafrontiers with applications to regional productivity growth analysis in a global context. 2007.

Rohlfs J. A theory of interdependent demand for a communications service [J]. Bell Journal of Economics & Management Science, 1974, 5 (1): 16 - 37.

Sachs J D, Warner A M. The curse of natural resources [J]. European Economic Review, 2001, 45 (4): 827 - 838.

Schaltegger S, Sturm A. Ökologische rationalität: ansatzpunkte zur ausgestaltung von ökologieorientierten management instrumenten [J]. die Unternehmung, 1990: 273 - 290.

Solow R M. Technical change and the aggregate production function [J]. Review of Economics and Statistics, 1957, 39 (3): 312 - 320.

Tapscott D. The digital economy: promise and peril in the age of networked intelligence [M]. New York: McGraw Hill, 1996: 13 - 42.

Tone K. A slacks - based measure of efficiency in data envelopment analysis [J]. European Journal of Operational Research, 2001, 130 (3): 498 - 509.

Tone K. Dealing with undesirable outputs in DEA: A Slacks - Based Measure (SBM) approach [J]. Nippon Opereshonzu, Risachi Gakkai Shunki Kenkyu Happyokai Abusutorakutoshu, 2004, 2004: 44 - 45.

von Hippel E. "Sticky Information" and the locus of problem solving: Implications for innovation [J]. Management Science, 1994, 40 (4): 429 - 439.

Wang N, Xu C Y, Kong F B. Value realization and optimization path of forest ecological products: Case Study from Zhejiang Province, China [J]. International Journal of Environmental Research and Public Health, 2022, 19 (12): 7538.

Wang Z, He W. Regional energy intensity reduction potential in China: A non - parametric analysis approach [J]. Journal of Cleaner Production, 2017, 149: 426 - 435.

Yang J, Huang X. The 30m annual land cover dataset and its dynamics in China from 1990 to 2019 [J]. Earth System Science Data, 2021, 13 (8): 3907 - 3925.

Yilmaz S, Haynes K E, Dinc M. Geographic and network neighbors: Spillover effects of telecommunications infrastructure [J]. Journal of Regional Science, 2002, 42 (2): 339 - 360.

Ying L G. China's changing regional disparities during the reform period [J]. Economic Geography, 1999, 75 (1): 59 - 70.

Zhang C Q, Li W H, ZhangB, et al. Water yield of Xitiaoxi River basin based on InVEST modeling [J]. Journal of Resources and Ecology, 2012, 3: 50 - 54.

Zhang S，Wu Z，Wang Y，et al. Fostering green development with green finance：An empirical study on the environmental effect of green credit policy in China ［J］. Journal of Environmental Management，2021，296：113159.

Zhao J，Dong K. Is environmental regulation a powerful weapon to mitigate China's PM2. 5 emissions? The role of human capital ［J］. Journal of Asian Economics，2023，87：101634.

Zhou P，Ang B W，Wang H. Energy and CO$_2$ emission performance in electricity generation：A non‐radial directional distance function approach ［J］. European Journal of Operational Research，2012，221（3）：625－635.

Zofio J，Lovell C. Yet another Malmquist productivity index decomposition ［J］. 1998.

**图书在版编目（CIP）数据**

森林生态产品价值实现效率评价及其提升路径：理论、方法与浙江实例 / 徐彩瑶著. -- 北京：中国农业出版社，2024. 10. -- ISBN 978-7-109-32771-9

Ⅰ. F762.4

中国国家版本馆 CIP 数据核字第 2024LP1730 号

---

中国农业出版社出版

地址：北京市朝阳区麦子店街 18 号楼

邮编：100125

责任编辑：何 玮

版式设计：小荷博睿　　责任校对：吴丽婷

印刷：北京中兴印刷有限公司

版次：2024 年 10 月第 1 版

印次：2024 年 10 月北京第 1 次印刷

发行：新华书店北京发行所

开本：700mm×1000mm　1/16

印张：19

字数：331 千字

定价：88.00 元

---